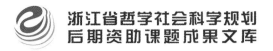

浙江省哲学社会科学规划
后期资助课题成果文库

# 民国时期城市土地政策研究：以重庆为例

Minguo Shiqi Chengshi Tudi Zhengce Yanjiu
Yi Chongqing Weili

韩宏伟　著

中国社会科学出版社

## 图书在版编目(CIP)数据

民国时期城市土地政策研究：以重庆为例 / 韩宏伟著 . —北京：中国社会科学出版社，2018.4

（浙江省哲学社会科学规划后期资助课题成果文库）

ISBN 978 – 7 – 5203 – 1364 – 3

Ⅰ. ①民…　Ⅱ. ①韩…　Ⅲ. ①城市 – 土地政策 – 研究 – 中国 – 1937 – 1945　Ⅳ. ①F299.232.1

中国版本图书馆 CIP 数据核字 (2017) 第 273401 号

| | | |
|---|---|---|
| 出 版 人 | 赵剑英 | |
| 责任编辑 | 宫京蕾 | |
| 特约编辑 | 乔继堂 | |
| 责任校对 | 郝阳洋 | |
| 责任印制 | 李寡寡 | |

| | | |
|---|---|---|
| 出　　版 | 中国社会科学出版社 | |
| 社　　址 | 北京鼓楼西大街甲 158 号 | |
| 邮　　编 | 100720 | |
| 网　　址 | http：//www.csspw.cn | |
| 发 行 部 | 010 – 84083685 | |
| 门 市 部 | 010 – 84029450 | |
| 经　　销 | 新华书店及其他书店 | |

| | | |
|---|---|---|
| 印刷装订 | 北京君升印刷有限公司 | |
| 版　　次 | 2018 年 4 月第 1 版 | |
| 印　　次 | 2018 年 4 月第 1 次印刷 | |

| | | |
|---|---|---|
| 开　　本 | 710 × 1000　1/16 | |
| 印　　张 | 20 | |
| 插　　页 | 2 | |
| 字　　数 | 330 千字 | |
| 定　　价 | 85.00 元 | |

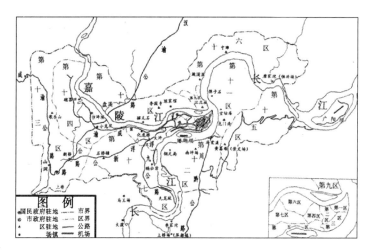

**1943 年重庆市全区图**

说明：第一、二、三、四区为巴县老城区，第五、六、七区为1928年建立重庆市时扩展的新市区，第八、九、十、十一、十二是1933年扩展的新市区，第十三、十四、十五、十六、十七是1939年以后扩展的新市区。1943年，重庆市面积为300平方千米。

资料来源：重庆市地方志编纂委员会：《重庆市志》第1卷，四川大学出版社1992年版，第686页。

**抗战时期重庆市主城区图**

说明：民权路原为都邮街，精神堡垒即现在的解放碑所在地。

资料来源：金擎宇编：《中国地理教科书》，亚光舆地学社出版1946年版，第23页。

# 目　　录

# 绪　　论

## 一　选题缘由

土地问题历来为学术界研究的热点，亦是近代中国社会亟待解决的现实问题。土地有市地、农村地之分，自然有城市土地问题与农村土地问题之别。

我国为农业大国，近代中国以农立国，土地问题的核心是解决农村农民的土地问题。基于此，时人谈及土地自然多关注农地，笔者从当时 140 余种期刊登载的有关土地问题的文章中，发现论者主要讨论的是农村土地及其政策，很少论及市地；《内政消息》1935 年《土地问题研究中文参考书报之介绍》所列 83 种书刊，明确是市地研究的只有 4 种。对此种情况，胡应荣所讲的理由可能具有代表性："土地可分为农地及市地二种。我国人民务农者占全国人口总数四分之三，农地极为重要，故本文讨论之范围，亦以农地利用为限。"① 20 世纪二三十年代，是土地问题研究的一个高峰，这些研究多关注现实，应用近代经济学等方法，反映出当时农村凋敝、土地问题尖锐的情况以及对于农村土地政策的见解与主张，只是缺少对市地的关注。

近年来，学界论及民国时期土地问题，也多是关注农村，土地政策不言而喻即是农村土地政策。故一般论著名曰土地政策之研究，多是农村土地政策，基本不做市地、农村地的区分，较少注意时人"平均地权"用于城市土地，"耕者有其田"用于农地之辩②。因此，对于民国时期的城市土地问题、政策等关注不多，遑论城市土地行政。

其实，孙中山在阐述其平均地权土地政策时，把解决土地问题的重点放在城市或商品经济发达地区，绕开了农村的土地问题。在广州时期，制

---

① 胡应荣：《中国之土地利用问题》，《大公报》1937 年 3 月 24 日，第十一版。

② 万国鼎：《平均地权辩妄留真》，《人与地》1941 年第 1 期。

定了《广东都市土地税条例》及《都市土地登记测量及征税条例》，"二法均限于地价税一项，而且专以适用于都市为准"；① 1924 年，在农民运动讲习所演讲中，第一次明确提出解决农村土地问题的方法即"耕者有其田"②。可见，孙中山对于解决土地问题有市地、农地之分，否则没有提出"耕者有其田"的必要。因此，国民政府时期，一方面，国民党基于自己的政治目标，参照平均地权的原则，尝试推行土地政策；另一方面，以城市为统治中心，难以过多关注农民，在推行土地政策时，采用实用主义的方式侧重于解决城市土地问题。③

城市土地是一种重要的资源，在承载城市的各项活动以及创造国民财富等方面具有非常重要的作用，而对城市土地的管理也将会对经济生活的许多方面产生直接或间接的影响，如对城市自然环境、城市布局以及城市居民生活、城市文化教育等。无疑，在当代中国城市化进程加速的背景下，对国民政府推行城市土地政策的地政工作，在学术及实践上都值得研究。

土地行政理论在我国是近二十年才不断深化和逐步完善的，但在构建完全意义上的土地行政理论尚需时日。④ 那么，对于民国时期城市土地行政的考察也许可以为土地行政，尤其为城市土地管理提供些理论依据。

总之，国民政府时期的城市土地政策、土地问题及土地行政有很大的研究空间和学术意义，本书就此进行初步探讨。

## 二　概念界定

（一）土地与市地

1. 土地

1930 年的《土地法》对土地界定为："本法所称土地，谓水，陆，及

---

① 吴尚鹰：《土地问题与土地法》，商务印书馆 1935 年版，第 25 页。

② 孙中山：《耕者有其田》，赵靖、易梦虹编：《中国近代经济思想资料选辑》（下），中华书局 1982 年版，第 148 页。

③ 以蒋介石为代表的国民政府，认为我国土地农村集中情形，并不如人想象那样严重，主张重视分配问题，有助于阶级斗争，增加纠纷的危险，使分配问题愈发严重，故在农村则应从利用方面来解决分配问题，解决农村土地问题应以解决土地利用为主。而对于城市土地的集中垄断则予以承认并相当重视，主张以地价为手段解决城市土地问题。参见冯小彭《土地行政》，台湾五南图书出版公司 1981 年版，第 23 页。

④ 李元、吕萍：《土地行政学》，中国人民大学出版社 2007 年版，前言第 1 页。

天然富源。"① 土地不仅包括陆地，也包括水及地球表面下的各种矿产，《土地法》以农村地、市地、林地、矿地及水等为对象，此与广义上的土地定义②基本一致。富源地本来包括矿地、林地及水，土地法将其与水并列，这样富源地只包括矿地及林地；至于陆地当然包括农地与市地。

国民政府时期土地行政以《土地法》为依据，故《土地法》对土地的定义，即为当时土地行政的土地范围，土地行政管理的土地是以陆地为主。

2. 市地

1930 年的《土地法》对市地界定为"市行政区域内之土地"，③ 该定义较为宽泛。对于城市土地范围，《广东都市土地登记及征税条例》规定得较为详细，包括宅地（有建筑宅地及无建筑宅地）、农地及旷地。宅地即"凡都市内土地，认为宜于住宅、商店或工场之用者"；农地即"宅地区域外所有屋地、农地、菜地、苗圃、鱼塘、桑地及其他种植之土地"；旷地即"都市土地，除宅地农地外"。④

从经济学的角度看，作为农村用地的对立面，城市土地是随着城市的起源和发展而不断发展的一个动态的概念。从行政区划的角度，城市土地是指城市行政管辖区内所有陆地、水域及其地上与地下空间的总和，包含三个层次：一是城市建成区的土地，即城市建设用地；二是城市规划区范围内的土地，除城市建成区外还包括其外延扩建区域；三是城市行政辖区内的土地，包括城市行政区域内的全部土地。⑤

本书所研究的城市土地，不是广义上城市行政区域内的所有土地即包括地上和地下的空间；只是从狭义的角度，依据《土地法》，把城市土地界定为城市行政区域内用于非农业用途的土地，主要是城市建成区以及城市规划区的土地。

（二）土地行政

《土地行政概要》认为："因土地而发生之问题是为'土地问题'；谋解决此土地问题之方案与计划，是为'土地政策'；实施土地政策之手段

---

① 特载：《土地法》，《三民半月刊》1930 年第 5 卷第 1、2 期合刊。

② 广义上，土地并不仅仅包括陆地，还包括水、空间、空气、风力及地下矿藏。

③ 特载：《土地法》，《三民半月刊》1930 年第 5 卷第 1、2 期合刊。

④ 《附录》，《广州市市政公报》1926 年第 215 号。

⑤ 孟星：《城市土地的政府管制研究》，复旦大学出版社 2005 年版，第 5、6 页。

即'土地行政'是也。"①

20 世纪三四十年代地政学家有关土地行政的观点众说纷纭,萧铮认为:"土地行政,简言之,即土地管理也";郑振宇指出:"土地行政为执行土地法令所赋予之任务";鲍德征强调:"土地行政,乃实施土地政策之程序也";林钦晨在《土地行政讲义》一书中明示:"土地行政为业务行政之一种,系国家依土地法规之规定,就实行土地政策之机构工作范围及其活动之程序,为缜密之设计与实行";而唐陶华则主张:"土地行政者为执行国家之土地政策,而处理其事务之行动也"。② 董中生明确以为依照土地法令之规定付诸实施即土地行政,简称地政;③ 黄桂的观点是:"土地行政为实施土地政策解决民生问题之基本工作"。④

总之,上述对于土地行政的定义,主要包括以下三个要点:第一,土地行政是为执行国家的土地政策而发生的;第二,须具有土地法规所赋予的使命;第三,土地行政的使命乃注重于设计与实行。由此,土地行政是指地政机关执行国家土地政策,依照土地法令付诸实践的基本管理工作。

(三)城市土地问题与地政

城市土地问题分为土地利用和地权分配两个方面,主要表现为投机垄断⑤与房荒。它的核心是土地的自然增价,属于分配范围,同时也是社会问题,即人与人的问题;城市地权不均,许多人会丧失取得土地的均等机会,并引起土地集中、投机盛行及房荒,造成市地利用问题。

城市土地行政是指地政机关通过实施土地政策,依照土地法令,为解决土地问题对地籍、地权、地用、地税等方面进行的组织与管理行为。国民政府时期,城市地政的目的即为解决土地问题。首先,促进土地利用。在土地测量完成后,凡是城市没有利用的土地,设法利用;利用不充分的,促使地尽其利;用而不合理的,设法予以纠正,"务使地无不用,用而尽利"。其次,调整地权分配。土地测量登记完成后,政府拥有一套完

---

① 四川省档案馆藏:《国父关于土地问题之遗教,四川省地政局施政报告、办事细则、组织章程,通用薄各县市区府呈报登记私土数量册,土地面积报告表》,全宗号:147,目录号:3,案卷号:3062,页码不详。

② 王晋伯:《土地行政》,文信书局 1943 年版,第 9 页。

③ 董中生:《土地行政》,大东书局 1948 年版,第 3 页。

④ 黄桂:《土地行政》,江西省地政局印行,1947 年,第 1 页。

⑤ 冯小彭:《土地行政》,台湾五南图书出版公司 1981 年版,第 21、23 页。

善的册籍，地权分配了如指掌，针对富豪地主，进行立法限制其兼并，防止土地集中与投机。再次，实施土地税政策。土地测量完成后，市地位置优劣及收益地价等，皆已调查清楚，可以采用增值税或者涨价归公的政策，部分或全体地收归国有，使"土地之利益，文明之福祉，国人平等以享之"。①

孙中山认为通过解决土地问题，能够使土地资本转变为工商业资本及城市建设的财源，如果不重视解决城市土地问题，商业资本流向土地，必然导致城市土地投机垄断，城市居民生活困难，商业凋敝；反之，城市地权平均分配，土地利用进步，则土地资本转变为工商业资本，促进经济的繁荣。在《建国方略》中，规划三大港口及其他城市建设所需资金，土地资本是设想的主要来源。

孙中山对于城市自治的关注，不同于留美归国的知识分子。他不但关注民权问题，而且关注民生问题。地方自治如果仅注重民权问题的解决，充其量只能够达到政治建设中人尽其才的目的，与地尽其利、物尽其用无关。只有达到民权、民生，这样的地方自治才有价值，不解决民生的民权，地方选举在城市往往是由权势者、在农村是由地主包办，等于把金字塔建立在沙滩上，没有基础，容易倾倒。没有民生主义的地政工作，难以解决土地问题，容易造成经济地位不平等，真正的民主政治不会实现，地方自治有名无实。地政为仁政的开始，确有道理。②

土地问题的存在，会引发城市政治变乱、经济衰退、社会不安。良好社会秩序主要是建立在人民的良好生活上，而人民的良好生活，则有赖于良好的土地行政。只有加强城市土地行政，才可以解决土地问题，土地行政与土地问题的关系非常重要。③ 了解城市土地行政与土地问题的关系，对于探讨20世纪三四十年代城市土地政策及其实施情况，是一个较为恰当的切入点。

（四）土地陈报与地籍整理

1. 土地陈报

民国时期，土地陈报原为整理土地的简易办法，属于地政工作范围。

---

① 张导纯：《土地陈报与地政》，《陕政》1944年第5卷第11、12期合刊。
② 冯小彭：《土地行政》，台湾五南图书出版公司1981年版，第51页。
③ 同上书，第25页。

后来根据单行法令规定，一变而为纯粹的田赋清理，它的工作范围、法令根据、采用方法及最后目的，均迥异于地政，仅相当于地政中的地籍整理。

因此，土地陈报是财政中的田赋整理，[①] 虽与地政中的地籍整理相当，但是属于财政局的工作。换言之，土地陈报是财政工作中的一部分，其程序包括册书编查、业户陈报、乡镇长陈报、审查抽丈、公告、发证及改订科则等。土地陈报采用方法较为简单，以土地编查为始，经过业户陈报、乡镇长陈报、公告、归户、造册及改订科则等，结束于征收田赋。显然，土地陈报不属于城市地政的工作范围。

2. 地籍整理

地籍整理是土地行政的第一步工作，是将土地的坐落、形状、面积、性质、使用状况以及土地权利等项，按照法定土地测量与登记的程序，整理清楚，绘制详确地籍图册，建立完善地籍制度，作为市政依据，并确保产权。[②] 依据 1930 年《土地法》，地籍整理包括地籍测量与土地登记两项工作；地籍测量又称为土地测量，包括三角测量、图根测量、户地测量、计算面积及制图。[③]

土地陈报是整理土地的一种简易方法，其目的是通过整理地籍，改良赋税，以迅速解决财政问题；对土地不作测量，只需业户陈报与乡镇长陈报，即所谓的治标方法。地籍整理是地政工作的基础，程序复杂，其目的是为推行土地政策提供技术条件；要求测量土地且达到精确，即所谓治本方法。

地政的目的是通过实施土地政策，改革土地制度、解决土地问题，以实现平均地权。至于实施地政过程中的税收增加或减少，是其附带作用，不是地政的目的，明显区别于财政局所主办的土地陈报。

---

① 民国时期关于土地陈报的书籍有关吉玉：《田赋·土地陈报·土地税》，中国文化服务社印行，1943 年 8 月；《河南省第一期土地陈报陕县试办报告》，河南省土地陈报处编印，1936 年 10 月；《土地陈报特刊》，浙江省民政厅编印，1930 年；《江苏省土地陈报纪要》，江苏省财政厅编印，1935 年。以上资料多是对于土地陈报在农村开展的说明，对于研究民国时期的土地陈报有很大的史料价值，由于本书是研究城市地政，故仅仅列出这些书籍，并未利用。

② 黄桂：《土地行政》，江西省地政局印行，1947 年 2 月，第 6 页。

③ 张肩重：《土地税务实》，财政部直接税署印行，1946 年 8 月，第 27 页。

## 三　学术综述

20 世纪 80 年代末中国城市史研究兴起，国内的城市史研究围绕几个新兴大城市，对从传统到现代的变迁过程进行全方位考察，力图从总体上说明各城市的地理、经济、政治、文化的多层级结构状态及其演变的过程。

自 90 年代起，近代城市史研究从少数大城市向中小城市，从通商口岸城市向其他类型的城市扩展。在既有的成果中，以城市的经济状况和政治功能的研究最为突出，[①] 并表现为两个趋向：首先，由个案城市研究向区域研究的发展。区域城市史研究被认为是拓宽和深化城市史研究的重要途径，代表着近代城市史研究的发展趋势，包括东南沿海城市与中国近代化、北京与周围城市关系史、近代华北区域的城市研究、东北地区城市发展研究等。[②] 其次，城市社会研究兴起。有关城市史的研究成果，城市社会方面占了大部分，从城市人口、家庭、婚姻、社会结构、社团、宗教、习俗风尚到流氓、黑社会、娼妓等，都成为研究的热点。这一时期，相关市政方面的研究比较薄弱，且局限于上海、北京等一两个大城市，具体研究内容多集中在城市管理、城市基础设施建设等较为狭小的范围。[③]

有学者以为，对于中国近代市政研究，国外"具有显而易见的学术开创意义"的是司昆仑（Kristin Stapleton）的论文《民国时期的市政发展：历史传承和异域影响》，该文从宏观角度探讨了 20 世纪二三十年代的中国市政改革运动。在司昆仑的影响下，美国涌现出一批研究成果，美国史学界对民国时期"市政改革"运动的研究在领域的开拓、视角的创新方面都做出了重要贡献，如他们将研究重心放在分析和探讨市政改革运动中的国家、城市空间和社会变迁之间的关系，以及市民城市意识增强等深层次

---

① 张海鹏：《1999 年中国近代史学术动态概述》，《近代史研究》2001 年第 1 期。

② 张仲礼：《上海城市经济的近代化及对长江流域经济的影响》；隗瀛涛、谢放：《上海开埠与长江流域城市近代化》；王笛：《近代长江上游城市系统与市场结构》；熊月之、潘君祥：《论东南沿海城市与中国近代化》；高晓燕：《试论东北边疆地区城市发展的特点》；王革生：《清代东北沿海通商口岸的演变》和《清代东北商埠》；杨天宏：《清季东北"自开商埠"述论》和《清季自开商埠海关的设置及其运作制度》等。

③ 熊月之、罗苏文、周武：《略论近代上海市政》，《学术月刊》1999 年第 6 期。

问题上。但是，他们对"市政改革之于城市物质层面实实在在的近代化变迁似嫌着力不足"。① 其研究方法主要是"冲击—反映"模式和"公民社会及公共领域"理论。由于史学观念的差异和西人对中国城市社会的隔膜，许多观点值得商榷，如过分强调西方影响，夸大市民社会的公共观念和民主意识等。②

"第一部系统研究北京城市近代化的学术专著"是史明正的《走向近代化的北京城——城市建设与社会变革》。他认为，城市化不仅包括人口的增长、贸易和商业的繁荣及市民阶级政治意识的萌发，还包括基础设施的发展。对城市面貌变迁的研究十分重要，其原因是作为硬件的城市面貌变化反映并强化了作为软件的城市居民的工作、居住、流动、阶级划分、社会认同及生活水平等种种社会变革。因此，对作为城市化多重内涵之一的城市空间的发展进行研究，有助于丰富对近代中国社会变迁的理解。③

该书主要探讨了1900—1928年北京市政机构的发轫、公共工程建设及公用事业的发展。将政府权力扩展到城市区域规划和土地使用，并对贫民救济、基础教育和公共卫生等城市社会问题进行了一系列改革。书中涉及了城市土地管理，如因为开发改修前门，"前门内千步廊一带的小摊主，他们必须拆除自己的房屋和商摊以便建筑新路让出空地。商人们以雪崩似的请愿方式要求内务部保护他们的商业利益。他们的理由是：数百户家庭皆依赖这一地区的经营而谋生，如果被赶走，许多人就将面临饥饿甚至死亡的威胁，他们还指出政府允诺的微不足道的补偿金根本无法救他们的命"④。这已经涉及城市土地征收与补偿的问题，同时还关注了土地立法，他认为"国家征地权的概念首次在北京城市建设中出现了"。1915年北洋政府通过了《土地征用法》，1918年市政公所颁布《征地暂行规定》，土地征用政策逐渐为人们所接受；北京的房地产，在京都市政公所

---

① 赵可：《市政改革与城市发展》，博士学位论文，四川大学，2000年。

② 涂文学：《"市政改革"与中国城市早期现代化》，博士学位论文，华中师范大学，2006年。

③ ［美］史明正：《走向近代化的北京城——城市建设与社会变革》，王业龙、周卫红译，北京大学出版社1995年版，第3页。

④ 同上书，第90页。

颁布的法令管理下，开始呈现出合理化的趋势。①

　　以上仅涉及修筑马路，有关占用私人土地、拆迁私人房屋等方面，还缺少深入探讨。在考察相关冲突问题时，史明正只是关注商业利益，没有论及更深层次的城市土地问题，以及因为城市发展带来的土地涨价等情况，缺失城市土地政策的研究。总之，该书论述了北京近代化的城市建设，而且事实上已经触及城市土地管理的部分特征，其初步探讨很有启发价值，也留下了很大的研究空间。②

　　赵津的《租界与中国近代房地产业的诞生》一文不但深入探讨了房地产在奠定中国城市化最初物质基础上的作用，而且还涉及城市土地投机。③ 研究近代市政建设，避开城市的土地问题，市政建设就会失去其"物质基础"，难以发现各种城市问题及市政改革运动中的矛盾根源；土地投机与城市地价上涨密切相关，不深入探讨土地投机的两面性，则不易理解城市土地政策实施的困境。

　　有学者以市政改革运动为主线研究近代中国市政史，指出 20 世纪二三十年代是中国近代城市发展的重要历史时期。这一时期的市政改革运动直接导致了民国时期城市建设高潮的出现，促进了民国时期大中城市的发展和城市近代化水平的提高。这些研究侧重于尚处在起步阶段的 20 世纪二三十年代的市政改革运动，综合运用多学科的研究方法，探讨市政运动与城市近代化发展的关系问题。④ 但是在市政改革运动的实践中，作为城市的核心问题——土地问题，研究者显然注意不够，往往在"市政改革之于城市物质层面实实在在的近代化变化"的充分描述下，忽略城市发展中人地矛盾以及由此产生的城市土地问题，正是由于城市的土地问题制约着

---

　　① ［美］史明正：《走向近代化的北京城——城市建设与社会变革》，王业龙、周卫红译，北京大学出版社 1995 年版，第 92—95 页。

　　② 有的学者针对土地征收法赋予城市土地所有者的权利、北京市政公所"办事谨慎、认真处理与土地争执有关的问题以保证估价的合理"，及"缺乏锐意进取的主持人"，等等，使得北京市政建设"落伍于时代潮流"，提出要重新回顾史明正就北京近代化城市建设和社会发展问题提炼的一些观点和结论并"商榷和讨论"。详见张锋《朱启钤与北京市政建设》，硕士学位论文，首都师范大学，2007 年。笔者以为应该值得商榷和讨论的是这些学者的观点和结论。

　　③ 赵津：《租界与中国近代房地产业的诞生》，《历史研究》1993 年第 6 期。

　　④ 赵可：《市政改革与城市发展》，博士学位论文，四川大学，2000 年。

民国时代城市的进一步发展，因而在光鲜的物质层面背后才会出现梁思成的忧虑："它会生病的。"①

张仲礼主编的《东南沿海城市与中国近代化》一书，有专章论述近代城市体制变化、新式市政管理的开始、近代城市建设、市政和市容的差异等四个方面的内容。该书与郑祖安以侧重上海市发展与建设的角度写作的《百年上海城》一起，基本代表了国内在市政体制及城市管理近代化领域的研究水平，有人认为他们只是从城市管理和城市建设近代化角度研究，而忽视了市政改革运动这个内在因素的重大变化。② 笔者认为，虽然《东南沿海城市与中国近代化》一书未关注城市地政，而其第八章专论东南沿海城市房地产业的近代化，却涉及了城市的土地问题，这是一般市政研究易于忽视的。该章通过对东南沿海城市房地产业近代化过程的研究，得出房地产业均同沿海各地的城市化进程呈明显的正相关关系的结论，指出"城市房地产的商品化成了城市区域功能分化的重要动因"。③ 显然，已经关注到房地产业在城市经济方面的积极作用及投机性经营所起的消极作用。

此外，金炳亮的《孙科与广州市政建设》，把都市近代化看作是近代史的重要课题。市政建设是都市近代化的主要内容，也是社会从中世纪封建专制走向近代化的重要标志。中国都市近代化始于广州，而广州的市政建设与孙科的三任广州市市长有极大关系。④ 王军也对孙科在广州市的市政建设进行了研究，认为孙科的广州建市的理念及实践为后来民国时期的都市建设提供了模式。⑤ 陈晶晶对《广州市暂行条例》进行研究，认为市政理念随着晚清通商开埠传入中国，市政近代化实践由上海、北京等地率先进行，但是直至 20 世纪 10 年代末，全国没有一个具有鲜明近代化特点的市政组织制度。"《广州市暂行条例》于 1920 年的颁布，可以看作一个里程碑，因为从此无论全国还是地方制订市制时，都不约而同地以它为范本。"⑥ 在我国近代市

---

① 转引自王佃利、张莉萍、高原主编《现代市政学》，中国人民大学出版社 2011 年，前言《探寻城市的美好》第 1 页。

② 赵可：《市政改革与城市发展》，博士学位论文，四川大学，2000 年。

③ 张仲礼主编：《东南沿海城市与中国近代化》，上海人民出版社 1996 年版，第 374 页。

④ 金炳亮：《孙科与广州市政建设》，《岭南文史》1991 年第 4 期。

⑤ 王军：《孙科三任广州市长》，《协商论坛》1999 年第 7 期。

⑥ 陈晶晶：《中国市政组织制度的近代化雏形——〈广州市暂行条例〉》，《中山大学研究生学刊》（社会科学版）1999 年第 4 期。

政体制改革的探索中，赵可注意到20世纪20年代我国留美知识分子的作用，在他们的宣传和号召下，美国的市政体制改革运动成为诱发中国20世纪20年代市政改革运动的重要因素，并且深刻影响着中国国内20年代的城市观念和城市发展。① 朱年发对塘工局在上海早期市政建设中的作用进行探讨，认为1906年成立的浦东地区最早的市政建设机构——塘工局，是一些热心的乡绅呈请当局组织而成，为浦东市政建设的早期开拓者。②

总之，20世纪90年代研究近代市政的专著，除了史明正的《走向近代化的北京城——城市建设与社会变革》和赵可的博士学位论文《市政改革与城市发展》两部，其他著述中涉及市政的篇章有张仲礼主编的《东南沿海城市与中国近代化》中的第十三章"东南沿海五口市政近代化与城市发展"、郑祖安侧重上海市发展与建设角度写作的《百年上海城》，还有上海、天津、重庆、武汉近代城市史的几部著作③中对近现代市政问题的论述，及金炳亮、王军、陈晶晶等人有关市政的论述。这些研究一般较少或者没有论述城市土地政策及市地行政。

最近十来年，又有多篇博士学位论文研究单个城市的近代市政，而专著尚不多见。2006年涂文学的博士学位论文以市政、"市政改革"与城市现代化关系为主线，从城市政府体制、城市规划、建设与管理、市政现代化效仿西方、城市现代化过程中的官民关系、官商关系等角度，运用多学科研究方法，对20世纪二三十年代汉口市政与"市政改革"进行了较为全面、系统的探讨。④ 该文偏重于研究市政制度的建设、市政管理状况、城市空间和社会变迁之间的关系。最具特色的是对汉口近代市政建设中官商关系的探讨，不过似乎仍然是对国家、社会、地方互动的分析的运用。

① 赵可：《20年代我国留美知识分子对市政体制改革的探索》，《四川大学学报》（社会科学版）1999年第4期；《论留学生在1920—1930年代市政改革实践中的重要作用》，《徐州师范大学学报》（哲学社会科学版）2010年第6期。

② 朱年发：《塘工局与上海浦东早期市政建设》，《档案与史学》1994年第3期。

③ 张仲礼主编：《近代上海城市研究》，上海人民出版社1990年版；罗澍伟主编：《近代天津城市史》，中国社会科学出版社1993年版；隗瀛涛主编：《近代重庆城市史》，四川大学出版社1991年版；皮明庥主编：《近代武汉城市史》，中国社会科学出版社1993年版。

④ 涂文学：《"市政改革"与中国城市早期现代化》，博士学位论文，华中师范大学，2006年。

文章对于城市土地问题很少涉及，在解读汉口市政建设挫折的原因时，认为"因抗战的爆发而中断，城市现代化的宏伟蓝图被战争的烈焰无情地烧毁"。这样的结论值得商榷，如果能从城市土地问题深入下去，未必不会有新的判断。

2010 年刘春玲的博士学位论文对青岛 1898—1949 年市政建设和市政管理进行了较为全面、系统的研究与论述。① 该论文对近代青岛市政建设的发展脉络、特征和城市整体发展规律作了系统的探讨与总结，克服了仅从技术层面研究市政建设的缺陷，从城市管理等方面进行深入研究。在城市规划、建设道路及住宅建设相关内容中对城市土地问题及土地政策有所涉及。

2011 年张忠的博士学位论文对哈尔滨市早期市政近代化进行探讨。他从社会史视角进行研究，在国家与社会的视野下对市政发展进行解读，以哈尔滨市政的早期近代化为主线，以中观市政概念的基本组成部分：城市政权体制、城市规划与开发、公共工程建设、公用事业经营和公共事务管理为研究对象，引入多学科研究方法，在理清城市早期发展基本史实的基础上，对哈尔滨市政的早期近代化进程进行较为全面、系统的探讨，以期更好地揭示中国城市近代化进程中市政发展的特点、作用与得失。②

以上研究成果，涉及城市土地管理，其考察的时间一般止于 20 世纪 30 年代初，为以后进一步的研究奠定了基础，但是较少关注城市土地政策及地政工作。

近十来年有关市政研究的成果，仍然偏重于沿海沿江各大城市。上海、武汉、北京成"三足鼎立"之势，为三个研究中心；北方城市的天津关注亦多，东北的沈阳、哈尔滨已经进入研究的视野；内陆的成都、昆明、贵阳、西安、长沙都有所涉及，重庆作为沿江城市也不容忽视。市政研究的宏观、微观层面，理论、具体方法都很广泛，成果颇丰，③ 而对于

---

① 刘春玲：《青岛近代市政建设研究》，博士学位论文，吉林大学，2010 年。

② 张忠：《哈尔滨早期市政近代化研究（1898—1931）》，博士学位论文，吉林大学，2011 年。

③ 研究者们的研究视角不但从地域上由上海、北京、武汉向重庆、南京、天津、石家庄、成都、长沙、济南、杭州、宁波、哈尔滨、乌鲁木齐等城市拓展，而且就研究内容来看也由总体城市发展史而逐渐细化深入到对市政组织管理制度、市政与城市的关系、市政人物、租界、市民社会团体甚至城市摊贩、人力车等专题的研究。详见刘志琴《近三十年中国近现代市政研究综述》，《河北大学学报》（哲学社会科学版）2012 年 5 月第 3 期。

城市土地问题探讨很少。有些文章略有论及，如张伟在其《租界与近代上海房地产》中，探讨了房地产发展对于城市近代化的作用。他认为上海租界初期随着人口的高速增加，获得了大的发展，其中房地产的发展就是非常重要的内容。许多外国人或富有的华人在其发展中获得了巨大的利益，同时，这种房地产的发展也对近代上海城市的发展在相当的历史时期内产生了巨大的影响。① 该文对 20 世纪 90 年代有关房地产研究有所发展，突出了房地产在城市化过程中的积极作用。

　　周丽丽、王威认为孙中山父子对广州道路建设的贡献尤为值得注意，马路建设卓有成效，加快了广州城市化进程。② 陈广认为民国初年，广州马路建设在官方政策的引领与有效作为下取得了长足进步。从广州市政公所到广州市工务局，市政当局所实施的集资、收用民业及路政管理政策逐步走向规范化与制度化，但与此同时也出现强制性倾向。③ 殷杰对 20 世纪二三十年代的广州市失业救济状况进行了探讨，认为广州市在 20 世纪二三十年代，无论经济、文化还是市政建设，都取得了令人瞩目的成绩。但是受到当时世界经济危机的影响，广州工商业遭到了重大打击，就业形势严峻，失业增多，市政府积极采取措施，如设立工人失业登记处，取缔荐人馆，增设公立职业介绍所，提供小贩贷款，提倡家庭手工业等。这些措施的实施只能算是杯水车薪，但对于缓解社会压力、推动劳工福利事业的发展具有重要意义。④ 张晓晓针对《近代史研究》2010 年第 4 期所刊唐博《民国时期的平民住宅及其制度创建——以北平为中心的研究》一文进行商榷，认为"平民住宅最早兴建于 1934 年南京市政当局整顿市容"的结论不够准确，南京早于 1928 年即开始兴建。⑤ 刘凤凌认为抗战时期人口迁移为重庆的城市近代化发展提供了契机，促进了重庆的规模扩展、人口增加、功能发展和卫星市镇兴起。⑥ 郑涛以管理学的视角，从国民政府迁都

　　① 张伟：《租界与近代上海房地产》，《西南交通大学学报》（社会科学版）2002 年第 3 期。
　　② 周丽丽、王威：《孙中山父子与民初广州马路建设》，《中国市场》2010 年第 23 期。
　　③ 陈广：《试析民初广州路政政策及演变——以马路建设为例》，《牡丹江师范学院学报》（社会科学版）2008 年第 5 期。
　　④ 殷杰：《二十世纪二三十年代广州市失业救济状况论述》，《中国市场》2010 年第 35 期。
　　⑤ 张晓晓：《南京平民住宅问题补正》，《近代史研究》2011 年第 3 期。
　　⑥ 刘凤凌：《论抗战时期人口迁移与重庆城市化进程》，《重庆文理学院学报》（社会科学版）2009 年第 3 期。

重庆、行政体制转型、规模扩大等方面，考察抗战时期重庆市道路交通建设与管理的背景，分析其管理的组织机构、规划和有关举措，从管理主体、计划、管理理念和做法及资金筹措方面，探讨战时重庆道路交通建设和管理对现代市政管理的启示。[①] 刘凤凌的研究又提供一个角度，即从卫星城市出发考察近代市政发展的状况，把近代城市规划的理论与民国时期的市政实践相结合。

总之，以上有关市政论著对城市土地问题都有涉及，研究角度新，有各自的特点，对于深入研究民国三四十年代城市土地政策及重庆市的土地行政提供了有益借鉴。

近十年来，也有一些关于民国时期城市土地行政研究的论著，有的在法律史的研究中对土地立法有所涉及，有的在民国时期市政建设研究中对土地征收、土地整理、土地陈报进行探讨，也有的在地价及城市规划研究中略有提及。

张群考察国民政府住宅立法的沿革和内容，从比较法的角度对具体制度进行分析，并从理论上探讨了南京政府住宅立法的性质和对适用的影响，认为当时的住宅立法虽然模仿西方法制，做出了一系列好的规定，但在体系上附庸于土地法，在具体制度设计上过于粗疏，导致其操作性不强，没有起到应有的积极作用。[②]

王瑞庆的硕士学位论文《1927—1937 年南京市征地补偿研究》，主要介绍国民政府定都南京后在市政建设过程中进行征地时的补偿情况。以南京市为个案进行研究，来探讨南京国民政府成立后土地征收补偿的立法及其实施情况。重点论述 1927—1937 年十年间南京市土地征收的损失补偿情况。[③] 郭春华在研究南京国民政府时期土地征收立法概况的基础上，分析了土地征收的目的范围、用途及补偿、程序，[④] 这只是对于民国时期土地征收制度的一个提纲挈领的概括。后又著文从政府的法律条文出发，着

---

① 郑涛：《抗战时期重庆道路交通建设与管理初探》，《重庆交通大学学报》（社会科学版）2009 年第 6 期。

② 张群：《南京国民政府住宅立法研究——以土地法为中心》，《安徽大学法律评论》2007 年第 2 期。

③ 王瑞庆：《1927—1937 年南京市征地补偿研究》，硕士学位论文，南京师范大学，2008 年。

④ 郭春华：《试论南京国民政府的土地征收制度》，《民国档案》2004 年第 4 期。

重介绍了征地补偿方式，既原则执行，又灵活变通，并指出土地补偿的标准悬殊，地价差别大，公信力不强，土地补偿费拒领现象较为普遍。① 总体来看，郭春华的研究虽属于城市土地行政范围，但仅是对民国时期土地征收以及补偿的相关法律文献的概括总结。

贾彩彦认为近代上海开埠，租界设立，华界与租界的两种土地管理制度在整个近代长期并存。租界的土地管理制度促进了华界土地管理制度的变革，近代上海土地管理制度在变革、发展中体现出很深的西方土地管理思想的烙印。②

程郁华的博士学位论文《江苏省土地整理研究：1926—1936》，从实证的角度探讨了国民政府在农村进行土地整理失败的原因。对地籍整理、土地清丈等土地行政做了论述。该文涉及的农村土地行政比较全面，资料翔实，但很少涉及城市土地行政。③ 夏扬则从法学角度探讨了近代地政制度的建立，认为近代地政制度的建立是在传统法律制度转型的大背景下完成的，国家颁布法律，改革旧有制度，建立新的规范，之后国家通过大规模的地政实践完成了近代地政制度的建立。④ 而论述地政实践以上海及江苏为例，涉及时间段是战前十年左右，显然与"大规模"不是很吻合。

杜恂诚研究近代上海的房地产，认为上海房地产呈长期上涨趋势。当时的房地产消费结构体现了移民城市流动性大的特征，也与当时的房屋建筑结构相关。租房消费是主流。绝大多数人按收入状况的不同租住不同地段不同等级的房子，居住状况呈两极分化趋势。近代上海房地产价格与国内外资金在上海的汇聚状况密切相关，近代史上几次房地产价格的超常大涨都是游资在起推波助澜的作用。⑤

赵津在《近代政府对城市土地经济运行的宏观调控》一文中以上海、南京、天津为例，从城市规划、土地行政管理机构、土地立法等方面，以近代城市土地市场发育演变的视角切入，探讨中国城市现代化历史进程中

① 郭春华：《国民政府时期的征地补偿》，《南京农业大学学报》（社会科学版）2005 年第4 期。

② 贾彩彦：《近代上海土地管理制度思想的西方渊源》，《财经研究》2007 年第 4 期。

③ 程郁华：《江苏省土地整理研究：1926—1936》，博士学位论文，华东师范大学，2008 年。

④ 夏扬：《中国近代地政制度之建立》，《行政法学研究》2006 年第 3 期。

⑤ 杜恂诚：《收入、游资与近代上海房地产价格》，《财经研究》2006 年第 9 期。

政府扮演的重要角色。① 该文在理论层面的探讨，对于启发本书思路、开阔视界大有裨益。

从土地行政方面论述民国时期城市土地管理的并不多见，2009 年四川师范大学甄京博的硕士学位论文《土地管理与都市社会——以成都市为中心的考察（1936—1949）》研究了近代土地管理与都市的社会关系，仅是从土地管理方面宽泛的论述，没有探讨城市土地行政。

台湾地区，研究土地行政问题的代表性著作是来璋的《土地行政学》。在这部书里，来璋认为，土地行政是指国家行政中专门管理土地事务的部门，任务在执行法令、实现土地政策、解决土地问题。② 地政专家冯小彭也有专著出版，他主张土地行政属于专业行政，任务是执行土地法令，推行土地政策，解决土地问题；职掌是管理土地。主管业务，一是地籍整理，使全国每宗土地的坐落、性质、面积、权利关系及使用情形等，均有图册翔实记载，以为一切施政的依据，并确保产权。二是规定地价，确定公私土地的法定地价，一方面作照价征税、涨价归公、照价收买，土地征收补偿地价的依据；另一方面并划分地价公私有的范围，实现地利共享，抑制地价暴涨，遏制土地投机，以维持地价随着经济发展而有正常变动。三是调整地权分配，达到平均地权之目的。四是促进土地利用发挥不同土地之功能达到地尽其利之目标。他总结道，"土地行政，简单地说，就是管理土地的行政，即整理地籍、规定地价、调整地权分配、土地利用，以达到国计民生均足的行政"。③

大陆近年来在土地行政管理上研究的理论专著有刘胜华、刘家彬的《土地管理概论》，他们认为民国时期土地管理是通过土地立法和地籍整理来进行的，地籍整理是核心，土地登记为主要内容和形式，同时把土地行政机关的考察也作为研究内容之一。④ 李元、吕萍在《土地行政学》中也认为民国时期，"土地行政以地籍管理为核心，地籍管理又以土地登记为主要内容"⑤。

总体而言，目前市政研究成果丰硕，也有涉及土地管理的相关研究。

---

① 赵津：《近代政府对城市土地经济运行的宏观调控》，《近代史研究》1994 年第 3 期。
② 转引自李元、吕萍《土地行政学》，中国人民大学出版社 2007 年版，第 4 页。
③ 冯小彭：《土地行政》，台湾五南图书出版公司 1981 年版，第 14、15 页。
④ 刘胜华、刘家彬：《土地管理概论》，武汉大学出版社 2005 年版，第 48 页。
⑤ 李元、吕萍：《土地行政学》，中国人民大学出版社 2007 年版，第 44 页。

无疑，所有这些研究成果都包含了城市土地行政的意义。然而，学术界对民国时期城市土地管理、土地征收、土地整理、土地行政、地政等概念及其各自内涵的解释多有歧义，关于城市土地问题、地政及政策也缺少系统研究。

## 四　关注问题

如上所述，近年来学界对于 20 世纪三四十年代城市问题关注较少，当然对于城市土地管理也就缺乏系统探讨。从国民政府定都南京到抗战爆发十年间是中国社会发展的一个比较快速的时期，城市化进程有所加速，国民政府如何解决城市土地问题？针对城市土地问题，国民政府的土地政策是什么？在解决城市土地问题方面具体实施的方案是什么？抗战时期，国民政府迁都重庆，西南的城市发展迎来了机遇，重庆市由一个地区性的中心城市一跃成为全国乃至世界性的大都市，市区面积从不到 100 平方千米拓展到 300 多平方千米，其他西南城市如成都、昆明、桂林等也获得长足发展。那么，这些后方城市是否存在城市土地问题？城市土地问题的原因何在？推行城市土地政策的效果如何？这些问题值得探讨。

此外，有关市政的研究成果，较少关注或者涉及城市社会福利以及大众的参与。城市建设规划一直是由通过严格培训的专家来设计、构建和管理，即"顶层设计"。孙中山未必担忧"顶层设计"，但是，出于"防患于未然"，一再强调"平均地权"，颇值得深思。退居台湾的蒋介石，在实施城市平均地权政策的时候，强调其社会目的是使"社会均富、安和、乐利、发展地方建设，特别以之用于平民住宅、平民医院以及一切社会福利事业。经济目的是促进土地资源的合理分配和有效利用。财政目的是地价税、土地增值税的收入，可充实地方财政的基础"[①]。抗战时期重庆等城市的地政工作，基本没有进行到政策的层面。那么，城市建设是否能够顾及一般民众的利益？

20 世纪 80 年代以来的城市研究在现代化语境下，展现的市政建设多是物质层面的变化，以"现代化""城市化"等话语掩盖了许多面相。在城墙拆除、道路开辟、公园建设背后，建设区域内的原住民心态和实际感受是什么？城市建设的实际成果及地价上涨的利益最终被谁享有？

---

① 　陈郁芬：《都市平均地权实施绩效之评估》，台湾成文出版社 1981 年版，"序"第 28 页。

有关市政研究的论文，基本把我国近代市政改革的蓝本指向 20 世纪 20 年代的广州，研究途径虽然是个案范围内的市政史精细化研究，但很少论及市政建设中的土地问题。为探讨城市规划与市地管理之间的关系留下了空间，启发笔者进一步思考城市规划与土地政策的深层联系。

政策是一个国家、政党推行的制度在政治上的集中体现，要通过具体的制度来实施；土地行政是政治制度中的行政制度的组成部分，受政策的指导，并受制于政治制度，也深受经济制度、民族文化制度、伦理制度等诸多因素的影响。因此，抗战时期城市土地政策的推行必然具体体现在地政工作中，必须与民国的基本政治制度相适应，并以其经济制度为基础。所以，研究这一时期城市土地政策及其地政实践，必须考虑当时的政治经济制度，还有相关城市历史、地域特点，以及时代背景。

总之，城市土地管理内容丰富，本书以抗战时期重庆市的土地行政为例，重点研究城市土地政策的实施情况及其效果，并试图对上述相关问题做出回答。

## 五　资料与方法

民国时期，对土地行政系统研究较早的是王晋伯，1943 年由文信书局出版其地政专著《土地行政》，之后 1947 年黄桂的《土地行政》由江西地政局印行，1948 年大东书局印行了董中生编著的《土地行政》。土地行政在当时仍然属于新生事物，"在今日犹不失为一崭新之事业"，"而在一般行政官吏与社会群众固犹未能了解其内容与重要也"。[①] 而城市土地行政研究，笔者没有看到相关专著。

《地政月刊》《地政通讯》等杂志刊登了一些调查资料，翻译了欧美日等国的地政理论，[②] 主要内容以农村土地行政为主，城市土地行政仅是略有涉及。针对土地行政问题，伍受真在《民国经界行政述要》一文中

---

① 黄桂：《土地行政》，江西省地政局印行，1947 年，"土地行政序"第 3 页。

② 如：包德澂《土地重划概论》《土地登记概论》等，萧铮《德国土地改革运动》《德国地籍登记簿册》，洪季川《训政时期土地整理问题》，庄强华译《近代日本之土地问题》，王先强译《都市地域制度概述》，王雍皡《土地测量商榷》，谢承瑞《航空测量》，伊士兰著、郑寿麟译《中国土地测量计划》等。参见《地政月刊》1933 年第 1 卷第 1、2、4、5 期。

初步探讨了民国初年的土地行政;① 曾济宽《我国地政机关的组织系统之商榷》论述了地政的意义、范围、地政发生的原因和目的,认为地政机关的性质是"普通行政机关".② 该文对于研究民国时期的土地行政有很大参考价值。1934 年郑震宇的《中国土地行政概况》是这一时期土地行政的综合研究之作。萧铮主编的《中国地政研究丛刊·民国二十年代中国大陆土地问题资料》为 20 世纪 20 年代土地行政研究的汇编,其中吕思俭著的《市地利用之研究》等也提供了一些研究城市土地的资料。

以上皆为研究城市土地行政及土地政策提供了珍贵资料,是后来者进一步分析的基础。

笔者查阅的档案资料主要有:重庆市档案馆第 53 全宗之第 35、71、242、262、263、299、300、960、1149、1214、1418、1436、2555 卷,第 54 全宗之第 685 卷,第 60 全宗之第 29 卷,第 61 全宗之第 283 卷,第 64 全宗之第 13、21、24、25、45、47、142、564、573、613、714、719、874、879、1094、1127、1174、1194、1196、2031、2032、2095、2164、2284、2323、2325、2326、2328、2342、2347、2349、2358、2728、2953、3507 卷,第 65 全宗之第 731 卷,第 67 全宗之第 281、336 卷,第 277 全宗之 52 卷;其他还有重庆市图书馆藏民国书籍,四川省档案馆藏第 147 号全宗(四川省地政局),其中有许多涉及本书的案卷。此外还有当时的政府公报,如《重庆市市政公报》《广州市市政公报》《上海特别市市政公报》及《成都市政府公报》等;各类报刊资料,如《大公报》《申报》《新蜀报》《新华日报》《新新新闻》《地政通讯》《地政月刊》《人与地》《东方杂志》及《地理学报》等上百种;新中国成立后出版的文史资料、地方志及相关专著和论文,也提供了许多有价值的材料。其他还包括成都市档案馆藏第 31 全宗(成都市土地管理处),该全宗主要是当时成都市土地管理处的政府档案,总计 286 卷;成都市档案馆藏第 32 全宗(成都市新村筹备处),总计 130 卷。

在研究方法上,本书主要以城市土地行政内容为视角,借助法学、土地经济学、土地行政学、土地资源管理学、土地利用规划学等学科的一些基本原理围绕城市土地政策这一主题展开研究。在研究中还运用了许多统

---

① 伍受真:《民国经界行政述要》,《地政月刊》1933 年第 1 卷第 11 期。

② 曾济宽:《我国地政机关的组织系统之商榷》,《地政月刊》1933 年第 1 卷第 6 期。

计表，从大量的数据及其变动趋势中，尽可能分析得出可靠的结论；运用案例来分析土地行政过程中的冲突，且在文中插入一些表来充实内容，直观地说明问题，弥补单纯文字表述的不足。

## 六　主要内容及不足之处

第一部分是绪论，主要介绍本书选题缘由、有关概念的界定、既有学术研究综述、关注的问题、主要资料来源与研究方法、主要内容及不足之处。

第一章论述城市土地政策理论渊源及孙中山平均地权理论的形成，并对时人的认识有所申述，落脚点在城市土地政策的原则与内容。

第二章阐述城市土地政策的实施方案，说明民生主义的城市土地政策基本立法情况。为了顺利推行土地政策，必须通过立法将抽象的土地政策划为具体的规定，以利实施；而且理论上政策与立法之间必须相通，政策的改变自可从法律的制定、修改中显现出来，尤其在《土地法》历次修改过程中，亦可看出政策措施变动情形。因此在本章透过《土地法》与政策的关系，并对城市土地政策即规定地价、照价征税、照价收买、涨价归功等方面进行分析，来考察平均地权的城市土地政策与其实施方案之间的张力。

第三章探讨重庆城市土地地价变动趋势与原因，分析重庆的地政工作得以开展的背景。抗战爆发后，国民政府为了取得抗战的胜利，巩固大后方，除了在农村进行土地陈报改良田赋之外，亦注意城市市政建设，尤其关注重庆等几个西南大都市。与此同时，大量人口进入西南，工厂、学校、团体齐聚重庆等城市，造成了严重的城市问题。

第四章梳理重庆市地籍整理，并论及地政机关建立及立法情况；以重庆市的地籍整理实践为例详细探讨地籍整理的内容与程序。因为解决城市土地问题，需要政府机关来推行地政。地政的首要工作为地籍整理，同时进行规定地价，最终落脚点是征收土地税以实现平均地权。

第五章根据档案资料，对于抗战时期重庆市规定地价及征收土地税的实际情况详加研究，并探讨土地税征收的困境。

第六章通过分析土地政策与市政规划之间的关系，研究抗战时期重庆市政建设中"物质规划"与"社会规划"成果，并探讨土地征收中的冲突以说明城市建设应该顾及一般民众的切身利益。

　　结语总结全文，平均地权虽然是解决城市土地问题的良策，但是平均地权的理想与改善财政意图的冲突，致使缓不济急的城市地政未能引起国民政府的重视。

　　本书不足之处：一是资料的来源方面，由于重庆市档案馆的数字化工程尚未完成，笔者无法看到 1944 年之后的地政档案材料，使得对地价税征收情况的探讨相对薄弱；二是由于本人经济学理论的缺乏，虽有大量的数据、图表，但解读不够深入全面，对地价的变动趋势与通货膨胀在当时重庆市经济影响的评估研究较弱，所论难免偏颇。真诚希望各位专家、学者多多批评指正。

# 第一章

# 城市土地政策原则与内容

政策，是为了达到预期目标而制订的一种具体的行动计划，或者说是政治上解决某种问题的具体的、有计划的方案，即站在政治立场上去解决某种社会问题的计划。[①] 20 世纪二三十年代，时人受美国土地经济学家伊利等人的影响，在土地政策上，基本采纳其见解，认为土地政策是政府用以达到土地使用上某项目的的一定计划，即解决土地问题的一种方法。[②] 本章就国民政府时期土地政策的理论渊源及孙中山平均地权理论的形成进行考察，并对 20 世纪二三十年代学者的相关评论有所申述，进而讨论城市土地政策的原则与内容。

## 第一节　城市土地政策理论探源

19 世纪后期，德、法、美等国相继完成工业革命，城市的数量和规模迅速发展，欧美国家的城市化水平空前提高。孙中山"伦敦蒙难脱险后，暂留欧洲"，"两年之中，所见所闻……始知徒致国家富强，民权发达，如欧洲列强者，犹未能登斯民于极乐之乡也"。他目睹欧美的发展及发展中出现的一系列城市问题，如环境污染、设施落后、交通混乱、住房拥挤等，汲取欧美城市发展的经验、教训，设想"为一劳永逸之计，乃采取民生主义，以与民族民权问题同时解决"以防患于未然。[③] "平均地权

---

① ［美］伊利、莫尔豪斯：《土地经济学原理》，滕维藻译，商务印书馆 1982 年版，第 11 页。

② 赵新建：《民生主义的土地政策》，《认识》1930 年第 3 期。鲍幼申对土地政策的看法是"政府关于解决土地分配问题与使用问题的一种方针和计划"，详见鲍幼申《三民主义与土地政策》，《三民半月刊》1930 年第 4 卷第 2 期。

③ 张继、萧铮：《平均地权与土地改革》，商务印书馆 1944 年版，第 31 页。

之产生，其空间是中国，其时间是资本主义未成熟之期。"因此，孙中山强调平均地权的土地政策必须在资本主义未发达之前实施完成，否则即将遭受不可想象的困难。①

## 一　平均地权思想的由来与确立

按照历史的线索，平均地权思想的内容，从其产生到孙中山去世，有多次变化。改革旧有土地制度，变革其土地所有关系，把社会生产力从旧的生产关系中解放出来，适应民族工商业发展的客观需要及满足农民对土地的要求，这是当时中国特定历史条件下向革命者提出的客观历史任务。对贫苦农民充满同情的孙中山，早在1902年就有解决农村土地问题的初步设想。他提出"后王之法，不躬耕者，不得有露田"；"露田占有不超过二十亩"；同时认为不从事农业生产的地主不得占有耕地，"夫不稼者，不得有尺寸耕土"。②1905年，孙中山明确提出土地制度的改革思想即倡议"平均地权"之说。中国同盟会成立之时，"即以平均地权四字揭示天下"。③

1905年11月26日，《民报》在日本东京创刊，孙中山为其撰写了发刊词，正式揭出民族、民权、民生三大主义，并阐扬革命理论。孙中山在三民主义的解释演讲录中说："要讲到民生主义，又非用前同盟会所定平均地权之方法不可，此刻的革命事业，本没有成功，要想革命完全成功，当先解决土地问题"；他在民生主义第二讲里指出："国民党对于民生主义定了两个办法，第一个是平均地权，第二个是节制资本，只要照这两个办法，便可以解决中国的民生问题"，平均地权是民生主义中的一个主要办法，也是孙中山革命40年来一贯的主张。④

然而，在民国建立之前，孙中山平均地权的方法侧重涨价归公，办法较为简单。同盟会编制革命方略，其中军政府宣言（俗称中国同盟会宣言）明示："文明之福祉，国民平等以享之。当改良社会经济组织，核定

---

① 李从心：《平均地权之理论与实施》，国民图书出版社1942年版，第102、103页。

② 刘兴华：《孙中山思想论稿》，黑龙江人民出版社1991年版，第115页。

③ 同盟会时期，凡会员加盟，须自具志愿书，并矢誓实行四事：（一）驱除满虏；（二）恢复中华；（三）创立民国；（四）平均地权。详见吴尚鹰《土地问题与土地法》，商务印书馆1935年版，第2页。

④ 祝绍风：《本党土地政策理论与实际》，《陕政》1944年第6卷第1、2期合刊。

天下地价。其现有之地价，仍属原主所有；其革命后社会改良进步之增价，则归于国家，为国民所共享。肇造社会的国家，俾家给人足，四海之内，无一夫不获其所。敢有垄断以制国民之生命者，与众共弃之!"① 此中只有"核定天下地价"及"增价归于国家"的规定。

1906 年 12 月 2 日在《民报》周年纪念会上，孙中山在其《三民主义与中国民族之前途》的演讲词中，既阐述了民生主义必须解决土地问题的理由，也提出了解决的办法：

> 我们实行民族革命政治革命的时候，须同时想法子改良社会经济组织，防止后来的社会革命，这真是最大的责任。于今先说民生主义所以要发生的原故，这民生主义是到十九世纪之下半期才盛行的。以前所以没有盛行民生主义的原因，缘由于文明没有发达；文明越发达，社会问题越着紧……我们这回革命，不但要做国民的国家，而且要做社会的国家，这决是欧美所不能及的。欧美为什么不能解决社会问题？因为没有解决土地问题。……中国资本家现在还没有出世，所以几千年地价从来没有加增，这是与各国不同的。比方现在香港上海地价，比内地高至数百倍，因为文明发达，交通便利，因此涨到这样。假如他日全国改良，那地价一定是跟着文明日日涨高的；到那时候，以前值一万银子的地，必涨至十万数百万。上海黄浦滩边的地，本无甚价值，进来更加至每亩为数十万元，这就是最显的证据了。就这样看来，将来富者日富，贫者日贫，十年之后，社会问题便一天紧似一天了。这种流弊，想是人人知道的，不过眼前没有这种现象，所以容易忽略过去。然而眼前忽略，到日后却不可收拾。故此今日要寻个解决的法子，这是我们同志应该留意的。闻得有人说，民生主义是要杀四万万人之半，夺富人之田为己有，这是未知其中道理，随口说去，那不必去管他。解决的法子，社会学者所见不一，兄弟所最信的，是定地价的法子。比方地主有地价值一千元，可定价为一千，或多至二千。那地将来因为交通发达，价涨至一万，地主应得二千，已属有益无损，赢利八千，当归国家。这于国计民生，皆有大益。少数

---

① 孙中山：《同盟会革命方略之军政府宣言》，陈劭先：《中山文选》，文化供应社 1948 年版，第 49 页。

富人，把持垄断的弊窦，自当永绝；这是最简便易行之法。欧美各国地价，已涨至极点，就算要定地价，苦于没有标准，故此难行。至于地价未涨的地方，恰好急行此法，所以德国在胶州湾，荷兰在爪哇，已有实效。中国内地文明没有进步，地价没有增涨，倘若实行起来，一定容易。兄弟刚才所说社会革命，在外国难，在中国易，就是在此。行了此法之后，文明越进，国家越富，一切财政问题，断不至难办。现今苛捐尽数解除，物价也渐便宜了，人民也渐富足了，把几千年捐输的弊政，永远断绝。漫说中国从前没有，就欧美日本虽说富强，究竟人民担负租税，未免太重。中国行了社会革命之后，私人永远不用纳税，但收地租一项，已成地球上最富的国。这社会的国家，决非他国所能及的。我们做事，要在人前，不要落在人后。这社会革命事业，定为文明各国将来所取法的了。①

综上，在核定地价的基础上，孙中山又完善了"涨价归公"的办法。这里所说的"定地价"与"涨价归公"的办法，实际上就是以后同盟会所正式标榜的"平均地权"的具体办法的组成部分。然而总的说来，对于平均地权的实施办法，尚无具体明确说明。② 同时，孙中山分别以香港、上海、青岛为例，强调平均地权的土地政策必须在资本主义未发达之前实施完成，否则即将遭受不可想象的困难。如果抓住时机，则"这社会革命事业，定为文明各国将来所取法的了"。

民国建立后，侧重于照价收税这种单税法，办法相对于前一阶段显得具体而完密，并且由"平均地权"派生出"节制资本"，成为民生主义的"双翼"。③ 孙中山1912年10月15日在对中国社会党的一次讲演中指出：

> 美人有卓尔基亨利者（Henry George）……曾著一书名为《进步与贫困》，其意以为世界愈文明，人类愈贫困，盖于经济学均分之不

---

① 孙中山：《三民主义与中国民族之前途》，王晓波编撰：《现代中国思想家孙中山》，巨人出版社1978年版，第194、196、197页。

② 祝平：《土地政策要论》，文信书局1944年版，第10页。

③ 孙中山又增订三民主义的内容，在《民生主义·第二讲》中说："国民党对于民生主义定了两个办法，第一个是平均地权，第二个是节制资本，只要按照这两个办法，便可以解决中国的民生问题。"详见祝绍凤《本党土地政策理论与实际》，《陕政》1944年第6卷第1、2期合刊。

当，主张土地公有，此说风行一时，为各国学者所赞同……原夫土地公有，实为精确不磨之论，人类发生以前，土地已自然存在，人类消灭以后，土地必长此存留，可见土地实为社会所有，人于其间又恶得而私之耶？或谓地主之有土地，本以资本购来，然试叩其第一占有土地之人，又何自购乎？故卓尔基亨利之学说，深合于社会主义之主张，而欲求生产分配之平均，亦必先将土地收回公有，而后始可谋社会永远之幸福也。

……世界地面本属有限，所有者垄断其租税，取生产三分之一之利，而坐享其成，与工作者同享同等之利益，不平之事，孰有过于此者。人工一分，既劳心力，自应得其报酬。土地本为天造，并非人工所造，故其分配不应如斯密亚丹之说也。故土地之一部分，据社会主义之经济学理，不应为个人所有，当为公有，盖无疑矣。[①]

从上述演讲中，表明他深受亨利·乔治的地价税及亚当·斯密的地租论的影响，正式提出"定地价税兼随时收买"。同年在另一次演讲中，更明白地规定平均地权的方法为照价征税、照价收买及涨价归公，"此后关于平均地权的方法，均一秉此说，迄无变更"。[②]

1916 年以后，孙中山主张照价收税与照价收买并举。首先，要求由地主报价，目的侧重于涨价归公，单税法的色彩已经比 1912 年间轻得多；其次，在一般原则之外，对土地利用作了大规模的设计，并主张征收市地、交通要点为国有，移民垦殖边疆及耕者有其田。内容更为"充实完备"，是成熟定型时期。[③] 显然，这一时期孙中山主张的平均地权思想，由早年受亨利·乔治启发转变到效法德国城市土地改革经验，并试图实践，"总理对于德人前在胶州所行土地政策甚相推许"，1924 年聘请单威廉为市地顾问即是明证。孙中山针对解决土地所有者"不劳所得"与佃农地租而提出"平均地权"与"耕者有其田"的两个原则，但是他认为当时中国现状，"国民经济之工商业不发达"，农村土地矛盾不明显。因

---

[①] 孙中山：《社会主义之派别与方法》，赵靖、易梦虹编：《中国近代经济思想资料选辑》（下），中华书局1982年版，第39、40页。

[②] 祝平：《土地政策要论》，文信书局1944年版，第10页。

[③] 祝绍风：《本党土地政策理论与实际》，《陕政》1944年第6卷第1、2期合刊。

此，他讲解平均地权时"恒注重于'土地投机'与土地之'自然增值'，其所举实例，亦恒限于上海广州等诸大都市"。①

1924年国民党一大通过了大会"宣言"，分析了中国的现状、重新解释了三民主义，确定了国民党的政纲。政纲对内政策的十五条中半数有关"民生主义"内容，内有四条则涉及土地问题。因此，孙中山称"这个宣言，系此次大会之精神生命"。② 宣言中的土地纲领内容为："国民党之民生主义，其最要之原则不外二者：一曰平均地权；二曰节制资本。盖酿成经济组织之不平均者，莫大于土地权之为少数人所操纵，故当由国家规定土地法、土地使用法、土地征收法及地价税法。私人所有土地，由地主估价呈报政府，国家就价征税，并于必要时依报价收买之，此则平均地权之要旨也。"③ 纲领目的，是革除地主阶级对于土地的垄断和由此产生的绝对地租，而达到"土地之税收，地价之增益，公地之生产，山林川泽之息，矿产水利之利，皆为地方政府之所有"，④ 以便兴办各种公共事业，为国家所共享。实施纲领的方法："由国家规定土地法、土地使用法、土地征收法及地价税法。私人所有土地，由地主估价呈报政府，国家就价征税，并于必要时依报价收买之。"此处强调运用国家的法律力量来解决土地问题，为日后制定土地法规奠定了基础。

同时，该土地纲领是孙中山的"平均地权"思想新发展的总结。随着国民革命的兴起，孙中山进一步提出了"耕者有其田"的口号，将"平均地权"的重心，着力于解决农村土地问题，增进农民的生计，增强国民革命的实力，宣言明确指出："中国以农立国，而全国各阶级所受痛苦，以农民为尤甚。国民党之主张，则以农民之缺乏田地沦为佃户者，国家当给以土地，资其耕作，并为之整顿水利，移植荒徼，以均地力。农民之缺乏资本至于高利借贷负债终身者，国家为之筹设调剂机关，如农民银行等，供其匮乏，然后农民得享人生应有之乐。"⑤ 显然，比较重视解决贫苦农民缺乏土地和生产资金的问题，并且"严定田赋地

① 祝平：《土地政策要论》，文信书局1944年版，第60、61页。

② 金德群主编：《中国国民党土地政策研究》，海洋出版社1991年版，第118页。

③ 沈云龙主编：《近代中国史料丛刊第九十八辑·中国国民党第一二三四次全国代表大会汇刊》，文海出版社1934年版，第55页。

④ 同上书，第60页。

⑤ 同上书，第56页。

税之法定银，禁止一切额外征收"；"清查户口，整理耕地，调整粮食之产销，以谋民食之均足"，"改良农村组织，增进农人生活"，等等。①以上规定，相对于同盟会成立以来"平均地权"的论说主要侧重于"市地"问题，是个重大的发展。1924 年 8 月 17 日，孙中山在《民生主义·第三讲》中正式提出了"耕者有其田"的口号，而且多次演讲阐述了这一基本思想。②

总之，孙中山改革土地制度的平均地权思想，早在中国同盟会时期，即已倡议，到 20 世纪 20 年代中期完备。孙中山平均地权思想的形成，并不单纯是继承中国古代"均田"思想，更多的是受到欧美资本主义国家社会矛盾激化的冲击，力图避免出现资本主义发展而产生的弊端，"诚可举政治革命、社会革命毕其功于一役"。③ 先注重于城市土地问题，以平均地权为原则，后针对农地，提出"耕者有其田"。正如江观纶所说："土地问题益见严重，有识之士，奔走呼号，莫不以解决土地问题为当务之急。国父中山先生远在乙巳年（即 1905 年）于日本创立中国同盟会，盟约凡四条，即列有平均地权一项，以为号召，后复有耕者有其田之主张，而完成本党之土地政策。"④

## 二　孙中山实施平均地权的设想

### （一）实施方法

综上所述，孙中山土地改革思想的总原则是平均地权，即解决土地问题的基本纲领；实施方法是"核定地价、照价征税，涨价归公、照价收买"，后针对农地提出"耕者有其田"。平均地权所要解决的问题，是征收土地所有者的不劳所获，因此，所定办法是照价征税、照价收买及涨价归公；耕者有其田所要解决的问题是佃农所缴纳的地租，因此，主张以政治法律手段解决。⑤

首先，核定地价。在同盟会成立宣言中，孙中山明示："文明之福祉，

---

① 沈云龙主编：《近代中国史料丛刊第九十八辑·中国国民党第一二三四次全国代表大会汇刊》，文海出版社 1934 年版，第 61 页。

② 金德群主编：《中国国民党土地政策研究》，海洋出版社 1991 年版，第 123 页。

③ 刘兴华：《孙中山思想论稿》，黑龙江人民出版社 1991 年版，第 121 页。

④ 江观纶：《由土地整理谈到实行本党土地政策》，《服务月刊》1942 年第 4、5 期合刊。

⑤ 祝平：《土地政策要论》，文信书局 1944 年版，第 59 页。

国民平等以享之。当改良社会经济组织，核定天下地价。其现有之地价，仍属原主所有；其革命后社会改良进步之增价，则归于国家，为国民所共享。肇造社会的国家，俾家给人足，四海之内，无一夫不获其所。敢有垄断以制国民之生命者，与众共弃之！"①

　　如何定地价？国民党改组时期，孙中山对于定地价进行了明确的说明，即由地主自己定价。1924 年他在《民生主义·第二讲》中说："依我的主张，地价应该由地主自己去定。"② 然后政府照价收税，照价收买为条件，进而涨价归公。

　　为何由地主申报地价？征收地价税，较早出现于近代欧美，即以土地买卖价格或者地租金为征收地税标准，后又出现"收益查定法"，即查定土地收益，以此为标准征收税额，其盛行于欧美诸国。第一，以土地买卖价格为征收标准。"非完全之方法，因为土地之买卖，事实上究属稀少，不能以此稀少之事作为一般土地征税之标准"。另外，我国土地价格随着工商业的发展日益上涨，土地投机盛行使土地价格难以成为土地征税的标准。第二，按照地租金为征税标准。该法流行于英国、荷兰，仅适宜于它们国情，而且该法只就地主所收租金，实行征税，而对耕作者的利润，则置于征税之外，因此，"在理论上亦难以认其为完全的征税标准"。第三，收益查定法是从土地所生的总收入中扣除生产劳力费的剩余额，即以土地纯收益为标准的地税征收办法，如果查定正确，确实是个理想征税法。德国、奥地利、法国、美国等先后采取这种办法。然而，查定收益，制作正确的土地总簿，非常困难；而且土地收益常随经济变化而变动，造成固定在土地总簿上的征税额与经济变动不一致的弊端。因此，各国立法，常规定更正土地总簿期限，避免弊端，使得与现实不至于相差太远。③

　　综上，对于"各种征税标准，孙中山避而不就"，而主张"申报地价"以作为地税征收标准。④ 核定地价之后，要照价征税、涨价归公及照价收买。余群宗认为这实质上是"征税与收买主义并行"，其意是土地征

---

　　① 孙中山：《同盟会革命方略之军政府宣言》，陈劭先：《中山文选》，文化供应社 1948 年版，第 49 页。

　　② 孙中山：《民生主义·第二讲》，赵靖、易梦虹编：《中国近代经济思想资料选辑》（下），中华书局 1982 年版，第 116 页。

　　③ 余群宗：《论地税上之地价》，《地方行政》1941 年第 2 卷第 2 期。

　　④ 同上。

税与收买皆以人民申报的地价为标准，可以避免人民短报避税，多报则税重，这正与1914年英国土地国有协会秘书长海德尔（Jose Hyder）所发表的土地收买价格的决定办法不谋而合。显然，余群宗亦认为孙中山的申报地价政策与英国土地改革有所渊源，此点与祝平探讨孙中山平均地权思想来源所主张的观点一致（详见下一小节）。

平均地权的核定地价政策，其主要作用在于划分公私财产权益界限，以作为实现地租国有的依据。因此，土地所有权人在自行申报真实地价、完成规定地价的法定程序后，他的土地私有财产权范围得以确定。此后，凡是行使使用、收益、处分等权利，都要以此为限；土地所有权人在规定地价范围受国家法律保障，并负缴纳地价税的义务；凡是不属于由地主个人投资改良而地价上涨的部分，则全部归公，由社会大众共享。因此，平均地权规定地价的意义大不同于估定一般财产价值仅作为征收财产税的依据。规定地价不合理，不仅影响地价税的征收，更使涨价归公无法实施，"影响所及，土地所有权人，乃至社会大众，均受不利"。①

其次，照价征税。征收地价税的目的不仅仅是改善国家财政、改良赋税制度、公平人民负担，主要在于促进地尽其利。因为按照孙中山的设想，施行地价税以后，可以避免土地所有者把土地作为投机工具，对土地粗放经营甚至荒废，从而合理利用土地。因此，征收地价税是平均地权的核心。孙中山深受约翰·穆勒②的土地经济思想影响，主张照价征税中不包括土地改良物的价值，而只是以素地价值为限，他说："讲到照价抽税和照价收买，还有一个重要的事件，要分别清楚。就是我们所说的地价是单指素地而言，其他人工之改良及地面之建筑不算在内。"③ 征收地价税，仍然属于财产税性质。

再次，涨价归公。根据孙中山的设想，规定地价，实施涨价归公，可以划分地价公有私有界限，人民依法申报地价，应属于私人持有土地地价的明确范围。④ 孙中山对于涨价归公这样讲述："地价定了以后，我们更有一种法律的规定。这种规定是什么呢？就是从定价那年以后，那块地皮

---

①　陈郁芬：《都市平均地权实施绩效之评估》，台湾成文出版社1981年版，第162页。

②　胡伊默：《土地改革论》，中华大学经济学会印行，1949年8月，第254页。

③　孙中山：《民生主义·第二讲》，赵靖、易梦虹编：《中国近代经济思想资料选辑》（下），中华书局1982年版，第118页。

④　冯小彭：《土地行政》，台湾五南图书出版公司1981年版，第195、196页。

的价格，再行涨高，各国都是要另外加税，但是我们的办法，就是以后所加之价完全归为公有。因为地价涨高，是由于社会改良和工商业进步。……这种把以后涨高的地价收归众人公有的办法，才是国民党所主张的平均地权，才是民生主义。"① 孙中山认为由于现有地产，多由个人改良，或出价购买，自然仍归私人所有；规定地价以后的社会改良价值，也就是由于社会进步，工商业发展所生的涨价，即应由国家所有，使国民共享。② 换句话说，就是承认现下地主所有的土地权利，一旦核定地价，将来由于国家建设、社会进步的结果，"在土地部分所显示的利得"，应当"归之公有"即涨价归公。

最后，照价收买。照价收买不仅是为了校正地主申报地价，使征收地价税及涨价归公有所准绳，而且是为了在国家实行大规模建设时，如果公用土地供给不足则便于收买土地，不至于缺乏建设用地或购买土地时过于昂贵。照价收买是平均地权办法中的补助办法而已。由此，有人主张依此办法实现土地国有，祝绍风以为这"未免误会原意了"。③

总之，平均地权的办法是核定地价、照价征税、照价收买与涨价归公，规定地价是后三者的根据，涨价归公是"税去地主"的手段，照价收买为防止业主虚报地价的方法，四者连成一个整体，互为关联，如果缺少任何一种，其他的就要受到牵制，换句话说，"也就是影响到平均地权土地政策的实现的"。④

（二）《实业计划》⑤ 与城市土地政策

《实业计划》是孙中山所著《建国方略》的三个组成部分之一，是孙中山经济建设思想与实践多年积累的结果，也是社会经济、政治发展状况与国际变化的直接反映。⑥ 其中所包含的土地政策内容，是《实业计划》

---

① 孙中山：《民生主义·第二讲》，赵靖、易梦虹编：《中国近代经济思想资料选辑》（下），中华书局1982年版，第117页。

② 冯小彭：《土地行政》，台湾五南图书出版公司1981年版，第196页。

③ 祝绍风：《本党土地政策理论与实际》，《陕政》1944年第6卷第1、2期合刊。

④ 黄振钺：《土地政策与土地法》，中国土地经济学社印行，1948年1月，第37页。

⑤ 蒋介石曾经说"经济建设，必须以实业计划为准则"，参见祝平《土地政策要论》，文信书局1944年版，第77页。

⑥ 孙中山：《建国方略》，罗炳良主编：《影响中国近代史的名著》，华夏出版社2002年版，第4页。

关注的核心问题。如果实行"实业计划",对于这个核心问题不加注意,就会"失之毫厘谬以千里,把国父的整个计划变了质,结果必致和国父所预定的目标,大相背逆"。《实业计划》的理想是实现民生主义,《实业计划》"是民生主义的实行,尤其是关于土地政策,几乎是在每一个计划中都紧紧的把握住,没有丝毫放松"。① 以下为《实业计划》中有关土地政策部分的内容:

今余所计划之地(北方大港),现时毫无价值可言,假令于此选地二三百方里置诸国有,以为建筑将来都市之用,而四十年后,发达程度,即令不如纽约,仅等于美国费府,吾敢信地值所涨,已足偿所投建筑资金矣。(第一计划第一部北方大港)

土地应有国家买收,以防专占投机之家置土地于无用,而遗毒害于社会。国家所得土地,应均为农庄,长期贷诸移民,而经始之资本、种子、器具、屋宇,应由国家供给,依实在所费本钱,现款取偿,或分年摊还。(第一计划第三部蒙古新疆之殖民)

乍浦、澉浦间及其附近,土地之价每亩当不过五十元至一百元,国家当划取数百英方里之地于其邻近,以供吾等将来市街发展之计划所用。假如划定为二百英方里,每亩价值百元,每六亩当一英亩,而六百四十英亩当一英方里,故二百英方里地价当费七千六百万元。以一计划论,此诚为巨额。但政府可以先将地价照现时之额限定,而仅买取所须用之地,其余之地,则作为国有地未给价者留于原主手中,任其使用,但不许转卖耳,如此,国家但于发展计划中需用若干地,即随时取若干地,而其取之,则有永远不变之定价,而其支付地价,可以徐徐,国家将来即能以其地所增之利益,还付地价。如此,惟第一次所用地区之价须以资本金支付之,其余则可以其本身将来价值付之而已足。至港面第一段完成以后,此港发达,斯时地价急速腾贵,十年之内,在其市街界内地价将起自千元一亩至十万元一亩之高价,故土地自体已发生利益矣。(第二计划第一部东方大港甲)

此新河(指新黄浦)将约三十英方里之地圈入,作为市宅中心,且作为一新黄浦滩,而现在上海前面缭绕漱洄之黄浦江,则填塞之以

---

① 祝平:《土地政策要论》,文信书局1944年版,第69页。

作为马路及商店地也。此所填塞之地，当然为国家所有，固不待言；且由此线以迄新开河中间之地，及其附近，亦均当由国家收用。（第二计划第一部东方大港乙）

此外尚有停水洼地，千数百英方里，循现在之势以往，不过十年至二十年便成陆地……以至贱计之，填积之地值二十元一亩，如使十年之后，五百英方里之地可备耕作之用，其所得之利已为三千八百四十万元。（第二计划第二部甲）

其旧道（指长江）在镇江前面及上下游者，则须填塞之，所填之地，即为镇江城外沿江市街，估其价值，优足以偿购取瓜洲陆地及开凿工程之费。（第二计划第二部丙）

此城市界内界外之土地，当照吾前在乍浦计划港所述方法，以现在价格收为国有，以备南京将来之发展。（第二计划第三部乙）

凡此三联市（指武汉）外围之地，均当依上述大海港之办法收归国有，然后私人独占土地与土地之投机赌博，可以预防，如是则不劳而获之利，即自然之土地增价，利可尽归之公家。（第二计划第三部巳）

今日高于海面十六英尺之湖底，即时可以变作农田，则以洪泽合之其旁诸湖，依詹美生君之计算，六百万亩之地，咄嗟可至也。如此以二十元为其一亩之价，则此纯粹地价已足一万二千万元，此政府之直接收入也，而又有一万七千英方里地，向苦水潦之灾者，今既无忧，所以昔日五年而仅两获者，今一年而可再获。（第二计划第四部乙）

广州城附近之地，今日每亩约值二百元，如使划定以为将来广州市用之地，即应用前此所述方法收用之，则划定街道加以改良之后，地价立可升高至原价之十倍至五十倍矣。（第三计划第一部）

在广州河汊，最有利之企业，为填筑新地。此项进行，已兆始于数百年前。于是其所增新地供农作之用者，岁逾百十顷。但前此所有填筑，仅由私人尽力经营，非有矩矱，于是有时私人经营，有阻塞航路，诱致洪水等等事情，危及公安，如在磨刀岛上游之建筑工事，闭塞西江正流水路过半，其最著者也。论整治西江，吾意须将此新坦削去。为保护公安计，此河汊之填筑工作，必须归之国家。而其利益，则须以偿因航行及防水灾而改良此水路系统之所费。（第三计划第二部甲）

（中国西南）其既开之地，价尚甚廉，至于未开地及含有矿产之区，虽非现归国有，其价之贱，去不费一钱可得者亦仅一间耳。所以若将来市街用地及矿产地，预由政府收用，然后开始建筑铁路，则其获利必极丰厚。然则不论建筑铁路投资多至若干，可保其偿还本息，必充足有余矣。（第三计划第三部）

人口甚密之区，依诸种原因，仍有可耕之地流为荒废，或则缺水，或则水多，或则因地主投机求得高租善价，故不肯放出也。中国十八省之土地，现乃无以养四万万人，如将废地耕种，且将已耕之地依近世机器及科学方法改良，则此同面积之土地，可使其出产更多，故尽有发达之余地。惟须有自由农业法以保护、奖励农民，使其获得己力之结果。（第五计划第一部）

就国际发展食物生产计划言之，须为同时有利益之下列二事：一、测量农地。二、设立农器制造厂。……中国土地向未经科学测量制图，土地管理、征税皆混乱不清，贫家之乡人及农夫皆受其害。故无论如何，农地测量为政府之应尽第一种义务……地质探险，当与地图测量并行，以省费用。测量工事既毕，各省荒废未耕之地，或宜种植，或宜放牧，或宜造林，或宜开矿，由是可估得其价值，以备使用者租佃，为最合宜之生产。耕地既增加之租税，及荒地新增之租税，将足以偿还外债之本息。（第五计划第一部）

以预定科学计划建筑中国一切居室，必较之毫无计划更佳更廉。若同时建筑居室千间，必较之建筑一间者价廉十倍。建筑愈多，价值愈廉，是为生计学定律。居室为文明一因子，人类由是所得之快乐，较之衣食更多。人类之工业过半数，皆以应居室需要者。故居室工业，为国际计划中之最大企业，且为其最有利益之一部分。吾所定发展居室计划，乃为群众预备廉价居室。（第五计划第三部）①

归纳以上所引《实业计划》的内容，可以得出以下要点。

（1）市地应随时归国家收用：第一计划第一部北方大港、第二计划

① 孙中山：《建国方略》，罗炳良主编：《影响中国近代史的名著》，华夏出版社2002年版，第131、138、146、148、151、152、157、168、171、173、187、190、193、197、261、262、268页。

第一部东方大港乙、第三计划第一部；

（2）边疆未开发土地应归国家收买，开辟为农庄：第一计划第三部蒙古新疆之殖民；

（3）土地涨价一律归公：第二计划第一部东方大港甲；

（4）政府应防止私人从事土地的独占与投机：第二计划第三部巳；

（5）政府先定地价，得随时照价收买：第二计划第一部东方大港甲；

（6）举办土地重划：第二计划第二部甲、第二计划第四部乙、第三计划第一部；

（7）国家掌握土地，以备都市的发展需要：第二计划第一部东方大港乙、第二计划第三部乙；

（8）地主不得坐享土地的不劳而获之利益：第二计划第一部东方大港甲、第二计划第三部巳；

（9）改变土地使用以增加生产：第二计划第二部甲、第二计划第二部丙、第二计划第四部乙；

（10）开发地利如由私人自由经营，必易于危及公众安全，铁路用地应归国有：第三计划第二部甲；

（11）铁路线所占土地及矿产应预由政府收用：第三计划第三部；

（12）应改良土地利用方法并改革租佃制度，并使人口密集区域的荒地尽量开发：第五计划第一部；

（13）应有自由农业法使农民获得劳动的结果，以奖励生产：第五计划第一部；

（14）土地未经测量，致使土地的管理与征税，混乱不清，人民皆受其害，因此农地测量为政府应尽之义务：第五计划第一部；

（15）政府在测量时应同时举办地质探险，分别估定土地的性质与价值，租与人民使用，为最合宜的生产：第五计划第一部；

（16）实行房屋救济，政府应为人民广建居室：第五计划第三部；

（17）矿业国营：第三计划第三部。

上述各点，皆是土地政策的重要原则与方法的运用，孙中山在《实业计划》中虽然没有明确提出土地政策的名词，实际上"不啻为土地政策"。"土地政策是实业计划之理想，实业计划是土地政策之实行"，《实业计划》的成功与否，要以"土地政策实施为断，倘土地政策没有实施，那实业计划决无成功之望，所以土地政策，实在是实业计划中的核心问题，绝不容我们忽视的"。①

在《实业计划》中，孙中山尤其关注的是当时经济建设的资金。他设想可以依据土地政策的运用，取之于土地，达到"动员土地资金促进工业化"②，进而实现民生主义的理想。可以这样认为，在资金的筹措方面，体现其平均地权的思想；在建设步骤方面，则是先改造运输，之后收取新增繁华地带的经济效益，再进行建设新住宅区；在土地征收方面，将土地收归国有，以作储备。总之，以涨价之利来筹集资金，体现了孙中山涨价归公的思想，而其筹集资金的主要方式诉诸对城市土地的管理开发上。

孙中山《建国方略》中的《实业计划》，是一部全面的经济规划著作。他的改良方略体现了城市规划的理念，如三大港的规划，沿海港口的规划。贾彩彦在上海城市土地管理思想的研究中对此有所评价，认为虽然孙中山规划简单，在提及商业区和住宅区的规划中并无详细的分类，"而民国时期无论是都城南京的规划还是上海的设计，都体现出丰富的都市计划思想，在中国传统都市计划理念中增添了近代西方城建的内容，使城市建设发生了根本的转变，也说明中国城市土地管理思想的逐渐发展"。③

孙中山的城市土地管理思想，主要是他的平均地权思想，是民国城市土地政策的理论基础与原则。国民政府颁布的《土地法》比较系统地体现了核定地价、征收地价税、市地涨价归公的思想，只是在具体实施措施上考虑到可行性问题，又有所变通。

## 三 时人对平均地权理论的探源及阐释

祝绍风认为孙中山以约翰·穆勒的素地价值理论为基础，并吸收亨利·乔治及达马·熙克等人的土地地租理论，提出"素地地租归公原理""土地自然增值归公原理"，在此基础上，根据中国的实际情况有所发展，进而完备了平均地权的原理，提出"土地易于垄断原理""改良土地分配促进地尽其利原理"及"平均地权防患于未然原理"。④ 吴尚鹰高度评价亨

① 祝平：《土地政策要论》，文信书局1944年版，第76页。

② 同上书，第77页。

③ 贾彩彦：《近代上海城市土地管理思想（1843—1949）》，复旦大学出版社2007年版，第123页。

④ 祝绍风：《本党土地政策理论与实际》，《陕政》1944年第6卷第1、2期合刊。

利·乔治的代表作《进步与贫困》，并以此来论证平均地权及其实现方法的合理性，"土地问题之所以发生……总理所谓土地因政治改良，与社会进步，所增之价于土地私有制下，全由私人享受所致。而土地增价之由来，为人口增加之结果，其理至明、事至显也"。[1] 他对孙中山平均地权理论的探源，显然与祝绍风的路径一致。

孙中山为何提出平均地权的学说？祝绍风分析的理由是孙中山认为当时中国还没有所谓近代资本家，贫富不均是由于土地兼并与地主剥削；出身于农村的孙中山，家世业农，对农民疾苦有所体察，对农民充满同情，后来他在欧洲看到贫富不均的现象，联想到中国问题，而中国社会问题，不在劳资生活的悬殊，而在于佃农与地主的生活差异，尤其是广东农村，佃农较多，因而引起平均地权的思想；中国历代都有土地问题，在古代土地私有制确立后，就有所谓的均产运动，后来均田制度虽被破坏，而从事土地革命运动的人，确实接踵不断，到了太平天国运动，就有天朝田亩制度的出现，孙中山的平均地权政策，显然是受这些历史的影响；欧洲的社会改革运动，不仅有关劳资问题，也有土地改革，约翰·穆勒主张土地涨价归公，亨利·乔治著《进步与贫困》也论到土地，主张征收土地单一税，孙中山研究政治经济问题，这两个人的著作，在当时也很流行，不会不受他们的影响。[2] 对于最后一点，孙中山自己也有所回忆，"及伦敦蒙难脱险，暂留欧洲，日必赴博物院或图书馆，浏览二三小时，余皆从事考察，凡政治经济风俗人情悉及之。时复遍游法德比诸国，并结交其朝野贤豪。两年之中，所见所闻，殊多心得"。[3]

高信则从近代赋税原理出发分析平均地权的思想来源，他认为近代赋税原理，已经不再以征税为单纯的财政目的。因此，德国学者瓦格涅以为"课税不仅筹备税款而已，且可矫正因竞争所生财富之分配"；美国学者亨利·格曼创立"赋税之社会原理"，以为"政府应当利用课税权力，作为政治或社会的机构"。这二人对于课税必须达到财富分配公平的观点所见略同；孙中山"手定之地价税制，尤注重地权之平均"。[4] 他由此推知

---

[1]　吴尚鹰：《土地问题与土地法》，商务印书馆1935年版，第4页。

[2]　祝绍风：《本党土地政策理论与实际》，《陕政》1944年第6卷第1、2期合刊。

[3]　张继、萧铮：《平均地权与土地改革》，商务印书馆1943年版，第31页。

[4]　高信：《论战时地价税制》，《人与地》1941年第11期。

孙中山的平均地权思想除了深受亨利·乔治、达马·熙克等土地改革家影响外，亦受欧美经济理论的启发，尤其在地税与公平方面。高信的分析也有道理，注意到关注社会公平的财富再分配，也许更接近孙中山手定征收地价税的初衷。

祝平通过探讨英国土地改革运动的发展轨迹，主张孙中山平均地权理论更多是受到英国影响。他对此有过实地考察，在伦敦拜会了民治土地党领袖皮斯（J. W. Groham Peace），与皮斯交谈得知："孙中山先生在伦敦蒙难前后——一八九六至一八九七年，曾在伦敦研究土地问题，郊游彼邦土地改革领袖人物，并参加土地改革者集会，当时英国土地国有社（Land－nationalization Society）及土地改革协会（Land Reform Union）领导土地改革运动，正在热烈时期，而以土地国有派对于一般社会运动的影响为尤著。"他进一步推理，认为此两派土地改革的主张，对于中山先生均有深切的影响。"故在1905年同盟会党纲第四条就订有主张'土地国有'的条文，又在所提出口号中有'平均地权'一项。"祝平接着说明孙中山对于平均地权方法的完善，他说："此后在每次重要讲演中，对于土地改革的理论，时有发挥，至1912年，在民生主义与社会革命的演讲中乃提出'征地价税兼随时收买'的具体办法，同年在民生主义的实施演讲中，更明白规定平均地权之法为：（一）照价纳税，（二）土地国有（作者按：'土地国有'即英文 Land－nationalization，即英国土地国有派主张的'收买土地'）。此后关于平均地权的办法，均一秉此说，迄无变更。"[1] 祝平认为孙中山平均地权的理论基础来自英国土地改革运动者，同时在其形成过正中，也深受德国的影响。"又以总理对于德人前在胶州所行土地政策甚相推许。"孙中山的土地改革思想主要针对两个问题：土地所有者之"不劳所得"与佃农之地租问题。故提出"平均地权与耕者有其田之两大原则"。[2]

邵元冲从平均地权的内容出发来探讨其渊源，他认为孙中山平均地权的主张，包括两方面的内容，一方面是用法律的规定，依据土地价值和土地使用的不同，来分别地税等级，使人民负担公平；另一方面就是为大多数的农民着想，要"从平均地权的工作上，达到耕者有其田的目的"，而

---

① 祝平：《土地政策要论》，文信书局1944年版，第10页。
② 同上书，第60页。

就这两方面总的意义上来看，"总理特别注重在地税"。而关于地税，他分享着祝绍风的观点，认为孙中山是从美国人亨利·乔治单税制的理论研究而来；但又有所补充，邵氏指出孙中山后来又从德国在中国青岛推行的土地行政实际办法，以及其他许多专家的书籍里面得到很多经验与心得，这一分析又和祝平有相同之处。①

万国鼎考察得比较全面，他认为李嘉图的地租论是 19 世纪末 20 世纪初欧美土地改革家们的理论基础，如约翰·穆勒由此提出"不劳增值"应归公有，继之亨利·乔治与达马·熙克最为著名。万国鼎考证认为约翰·穆勒的《政治经济学原理》在 1871 年已经刊行修正了第七版，是古典经济学派集大成的作品，亨利·乔治的《进步与贫困》于 1879 年出版，他本人 1883—1884 年又在英国宣传旅行。1896 年孙中山"蒙难伦敦"，"留欧考察之时，密尔（穆勒）、乔治二氏之名著，必在阅览之列。英国正有土地改革运动，德法亦然，其必影响总理之思想明矣"。因此，他认为孙中山平均地权思想的初期"颇有取于密尔之说，而侧重于涨价归公。然既服膺乔治之说……则土地单税法与土地国有，亦为总理所常道"。②

万国鼎由此对于平均地权的内容做了比较系统的阐释，他认为孙中山关于土地问题的言论颇多且涉及范围很广，但只是限于原则上的讨论，并没有拟订详细的条规，因此，时人解释颇为分歧，要么偏激，要么望文生义，要么断章取义，更甚者取其所好，摒其所恶，创为曲说。万氏对孙中山的土地改革思想理解为，平均地权是民生主义的基础，是孙中山土地政策的根本思想，平均地权的方法主要是地主报价，照价征税，涨价归公及照价收买。收买是为了防止地主少报地价，而报价是为征税和涨价归公做准备。总之，平均地权并不立即推翻土地私有制，而承认地主现有的地价，"从而税之"，日后因为人口增加社会进步而增涨的地价归公。对于平均地权是实现公有，他赞同萧铮所说的"未免误会原意了"。他对"公有论"进行了批驳，"总理之所谓公有，重在实质而不是形式。以规定地

---

① 邵元冲：《遵照总理遗教推行地政》，《上海党声》1935 年第 1 卷第 35 期。

② 万国鼎：《平均地权思想之演进》，张继、萧铮等：《平均地权与土地改革》，商务印书馆 1944 年版，第 39 页。

价征收地价税与涨价归公为公有办法，而不必将土地收归国有"。① 平心而论，万国鼎的分析比较周密，所论恰当。

张肩重从土地税分类的标准来阐述孙中山地价税政策的来龙去脉。所谓土地税，是赋税的一种，赋税分类非常复杂，其分类标准包括"课于经济地租之土地税""依照土地面积或肥瘠而课之土地税""课于土地总产额之土地税""课于农业利润之土地税""依照土地买卖价值而课之土地税"。归纳起来有三类：以面积与肥瘠为征税标准的土地税、以收入为征税标准的土地税、以地价为征税标准的土地税。这三类反映了经济发展不同阶段，征税标准逐渐缜密，地价税作为标准更合理，"且简而易行，因此晚近各国遂多以地价为课税标准"。所谓按价课税，张肩重定义为，"乃以土地未改良价值，或基地地价为根据，所课征之土地税也"。从财政观点来看，地价税就是讲地上建成物及其他改良物除外，专就基地"实得"或预期收入还原价值，然后征税，因此，地价税征收标准是经济地租，无论以土地的市价或者以土地周年租金，从赋税观点看，其精髓包含两个原则：一切土地，无论是否开发使用、是否收地租，都应该按照其全价值征税；按照地价税理论，地上一切改良物及房屋皆应免税。因此地价税是各种土地税最完美的，而且是地方上最重要的收入，地价上升，以地价征税富有弹性税率不复杂，按照社会观点，地价上涨，税也增高，则投机停止。因此孙中山主张征收土地税，以平均地权为原则，由地主申报地价，政府按照地价征税，土地涨价归公，并且以照价收买的办法，控制业主谎报地价。这种土地税就是以地价为征税标准的土地税，其实施办法"较各国之现行土地税更为严谨缜密"。究其根源"于古典经济学派亚当·斯密，而发为具体主张，当推李嘉图与密尔父子，到亨利·乔治一倡土地单一税，其说益明"。但是，张氏申明这些近代西方经济学家的主张"谓之我国土地税理论之泉源则可，谓之为我国土地税理论之根源，则尚非是也"。因此他做出结论："土地税理论固胚胎于各国学者之主张，而具体于我国父之昭示，其办法之严密，尤非世界各国现行土地税所可比拟。"②

以上诸多探源，多强调受英国、美国的影响，而略提及德国。张丕介侧重德国，以为"达氏学说，对于我国土地政策，更多密切之关系"。他

① 万国鼎：《平均地权辩妄留真》，《人与地》1941 年第 1 期。
② 详见张肩重《土地税实务》，财政部直接税署印行，1946 年 9 月，第 3—8、17 页。

翻译出版了达马·熙克的《土地改革论》一书，在书中的"译序"中介绍了达马·熙克的土地改革运动。他说德国的地价税因为达马·熙克等人的推动，普鲁士邦从 1893 年开始实行，嗣后各邦均按照执行，此税法亦渐臻完备。土地增值税，在德国一直难以实行，1898 年在我国青岛市开始实行，并取得成功。[①]

黄通对于达马·熙克土地改革理论也有所研究，他认为达马·熙克的城市土地改革理论不同于亨利·乔治的激进主张，而是一种比较注重实际的社会政策。首先，对于土地与资本严加区别，认为资本是人类劳动产物，收取利息作为劳动报酬是正当的；反之，土地是自然的恩惠，地租为社会产物，因此应作为社会全体所得，不宜于归于一部分人所有。显然与亨利·乔治一脉相承，这也是孙中山平均地权原理的基础。其次，关于实际的行动，他与亨利·乔治相异趣，不主张土地国有或单一税那种激烈的根本改革，而是想采取缓进改良。这一点他继承了高申（Gosson）等人的"税去地主"的理念，"欲以课重税而移地主的不劳而获得之一部归国家，既依其他方法，而缓和私有制度的弊害"。他认为地租应归于社会所有，却不赞成全部无偿归公，且把地租分为过去与将来两种，过去的地租即现今已经成为既得的地租，仍允许归于私人所有，将来的地租，即今后基于社会进步与繁荣，而不是出于所有者的努力而成的新增加地租，应该为社会所得，为社会全体的利益而使用。达马·熙克理论主要注重市地，这是因为德国从 19 世纪末到第一次世界大战前 40 年间，工商业发展速度很快，财富人口集中于城市，地价因而暴涨，房租随之腾贵，大多数市民生活于卫生条件差的情况下，而达马·熙克少年时代有切身体会，故对此问题"自认为焦眉之急，而速求其改革"。[②]

显然，不少地政专家通过研究德国达马·熙克的学说，认为其理论"最近于我之民生主义"，"达氏学说，对于我国土地政策，更多密切之关系，盖青岛土地政策之创造者单威廉氏，乃达氏之忠实弟子，曾任国父之顾问，襄助广州市政之设计……故我国土地问题，达氏知之极稔；而我国土地政策，受达氏学说之影响，亦自无可否认者也。其次，我国近十余年以来，土地改革运动，进展颇速，其领导人为萧铮氏，而氏则曾游于达氏

---

① ［德］达马·熙克：《土地改革论》，张丕介译，建国出版社 1947 年版，第 78 页。
② 黄通：《达氏与德国土地改革运动》，《地政月刊》1935 年第 3 卷第 9 期。

门墙，且保持密切关系者也"①。孙中山结合中国的实际情况，针对市地提出平均地权，防患于未然，且聘请单威廉为市地顾问，具体操作方法多有借鉴德国，"最近于我之民生主义"，这句话可以反过来，说民生主义最近于达马·熙克的学说亦未尝不可。"达氏学说，对于我国土地政策，更多密切之关系"，笔者深以为然。

## 四　上海、广州及青岛城市土地利用情况对孙中山的启发

孙中山平均地权思想及其实行方法的形成和发展，虽然主要理论导源于亨利·乔治，以及英国土地国有派，或者亦受德国土地改革运动的启示，但是透过其多次演讲内容，更反映出上海和广州市的土地情况对其触动而带来的启发。他曾多次提及这两个城市地价暴涨情况，以阐释实施平均地权的重要性。1912 年 4 月，孙中山在解临时大总统职后在同盟会会员饯别会演讲词中讲：

> 从前人民所有土地，照面积纳税，分上中下三等。以后应改一法，照价收税，因地之不同，不止三等……但分三等必不能得其平。不如照价征税，贵地收税多，贱地收税少。……譬如黄浦滩一亩，纳税数元，乡中农民有一亩地，亦纳税数元，此最不平等也。……求平均之法，有主张土地国有的。但由国家收买全国土地，恐无此等力量。最善者，莫如完地价税一法。②

他在另一个讲话中说：

> 比方现在广州市的土地，在开辟了马路之后，长堤的地价，和二十年以前的地价，相差又是有多少呢？大概可说相差一万倍。就是从前的土地，大概一块钱可以买一方丈，现在的一方丈便要卖一万块钱；好像上海黄浦滩的土地，现在每亩要值钱几十万，广州长堤的土

---

① ［德］达马·熙克：《土地改革论》，张丕介译，建国出版社 1947 年版，"译序"第 1、2 页。

② 孙中山：《民生主义与社会革命》，陈劭先：《中山文选》，文化供应社 1948 年版，第 140、141 页。

地，现在每亩值十几万。所以中国土地，先受欧美经济的影响，地主便变成了富翁，和欧美的资本家一样了。经济发达土地受影响的这种变动，不独中国为然，从前各国也有这种事实。不过各国初时不大注意，没有去理会，后来变动越大，才去理会，便不容易改动，所谓积重难返了。我们国民党对于中国这种地价的影响，思想预防，所以要想法来解决。①

依据上述演讲词可以这样认为，孙中山关于城市土地改革的思想，最起码以上海、广州为个案来进行阐释，这大致不错。当然，孙中山在这些个案里只是说明地价的不利因素，对于当时上海、青岛租界区由于地价的合理利用的另一个层面，孙中山亦未必不会注意。因为1924年他聘请曾经主持青岛土地改革的德国人单威廉②为市地顾问，在广州起草都市土地条例。作为实现平均地权的核心手段，孙中山对城市地价非常重视。

以上海为例，地价对于城市化的作用非常突出。晚清地价的价差导致了近代上海城市功能区的形成，也决定了近代上海的城市空间格局。地价导致城市功能区的形成是一个渐变过程。上海开埠时，根本谈不上功能区域的划分。随着城市扩大，先是工业区从中心区分离出来，接着是高级住宅区，最后按地价从高到低依次为商业、金融中心区，一般商业住宅区，高级住宅区，工业区及棚户区，农田用地格局和功能区。由于每块土地所在区位的经济效益不同，城市土地地段之间出现了较为复杂的价格差别，土地投资者不得不按照自己投资用途的特点来选择最经济的土地价位，在城市规划极端薄弱的近代中国，价值规律的自发作用完成了对城市土地资源合理配置及功能区的划分，地价成为城市的天然规划师。"公共租界之地价，以中区为最高，而中区之地价，尤以外滩与南京路成一丁字形之心腹地为最高，中区为金融之中心点，凡各银行洋行重要公司所在之地，如此昂贵之地价，果其地上生产所得，不能获利，甚至不能偿还地价之利息，必其地利获得较多之生产能力。"③

---

① 孙中山：《民生主义·第二讲》，赵靖、易梦虹编：《中国近代经济思想资料选辑》（下），中华书局1982年版，第110、111页。

② ［德］达马·熙克：《德国之土地改革》，高信译，《地政月刊》1935年第3卷第9期。

③ 王少卿：《晚清上海地价及其对早期城市化的影响》，《史学月刊》2009年第4期。

　　土地收益为近代上海城市建设提供了资金保证，成为城市快速发展的助推器。租界当局是地价上涨的最大经营者亦是最大受益者，他们低价购得土地，然后进行土地整理和规划，高地价卖出，取得收益，最后进行公共建设。地价的升高，导致了晚清上海建筑形式的变化。上海是中国近代最早开展住宅商品化的城市。高昂的地价，迫使人们不得不高效利用土地，提高土地附加值，形式向艺术化发展，建筑物向高空发展，管理向规范化发展。到 19 世纪 70 年代以后，上海的高地价地段，建筑形式更加讲究，建筑物普遍增高，导致城市向空间发展，像石库门等民居建筑和各种艺术风格的公共建筑在上海普遍出现。①

　　再以青岛市为例，在德国占据时期，殖民地当局"采用了既防止土地投机又不妨碍商业发展的办法——征收土地税"。其在《置买土地章程》中规定："凡购买土地者，到 1902 年 1 月 1 日止，按买价缴纳 6% 的地税"，这就使商人们不愿把资金放在土地上。同时还规定："如果买主将所买之地转售，可扣除其在该土地上的投资，然后将所获纯利润的 1/3 上缴总督府。"所有这些措施有效地防止了人们把土地集中起来进行不正当的投机活动，也使殖民地当局从垄断土地买卖中获得了巨大利益。据 1898 年 10 月至 1899 年 9 月的统计，德国殖民地当局土地买卖的收入为 176221.66 元，占这个时期总督府全部收入的 92.3%，其他收入如浮标费、船舶通行证即船舶检查费、旅行护照费等只占 7.7%。可见土地及土地有关的税收，是德国在这块殖民地初期的主要财源，同时亦证明德国殖民地当局从垄断土地买卖中获得了巨大利益。德国侵占青岛时期，低价购买的土地计 18500 亩，至 1911 年从垄断土地的买卖中收入累计达 1451600 元。殖民当局制定了严格的城市规划，禁止市内土地权转移，抑制土地投机，避免了土地价格上涨过高，德国殖民政府由此获得市内土地的优先购买权，并首创了土地增值税制度，为实现城市规划建设的目标奠定了基础。②

　　地价在上海所起的促进市政发展作用，以及青岛市征收土地增值税和采取土地市有政策避免了市地矛盾，这些可能引起孙中山的注意，并在其《建国方略》中有所借鉴，且不久聘请单威廉为其城市土地顾问起草相关

---

① 王少卿：《晚清上海地价及其对早期城市化的影响》，《史学月刊》2009 年第 4 期。
② 详见曹胜《德占时期青岛城市建设研究》，硕士学位论文，山东师范大学，2003 年。

法律。在《实业计划》中主张建设世界性港口城市应坚持"抵抗最少"原则，选择适宜之处，进行合理规划设计，避免旧城改造的诸多问题；尤其是在城市扩建征用土地时，能排除阻力，节省大量资金。他说："以'抵抗最少'之原则言，吾之计划，乃在未开辟地规划城市、发展实业皆有绝对自由，一切公共营造及交通计划均可以最新利之方法建设之。即此一层，已为我等之商港将来必须发展至大如纽约者之最重要之要素矣。"①

按照祝平所说，孙中山讲的"土地国有"是英国土地国有派的"土地国有"即征收土地的意思，"但由国家收买全国土地，恐无此等力量"②。土地征收最成功的是德国，该国市政府根据市发展计划先期征收市内或周围比较廉价、荒芜之地，然后进行土地规划，建设道路各种设施，地价上涨，政府转卖给需要者，从而有利于市政建设。政府手里有地，市政建设不需为购地资金发愁，还可以建设廉租房租给市民，解救房荒。总之，对于住宅问题、工业区域、公园设置以及街道拓展等均依次完全解决；市内没有出现借土地为投机垄断把持居奇的商人；地价公平，绝对无暴涨土地价格事实发生；由市政府土地主管机关将土地贷与市民应用；市民如要借土地建筑房屋，得向市政府呈请租借，取税极低。③ 德国这些城市土地政策，在中国的殖民地青岛市提供了直观样本。

因此，对于城市土地问题，鉴于所看到的上海、广州市地价飞涨状况，孙中山解决城市地价的方法，一方面结合上海市地价在建设中的作用进行理想的设想；另一方面借鉴德国租借地青岛市的土地管理经验，直接聘请青岛土地制度的设计者单威廉做其顾问，帮助设计广州市土地改革方案（详见第二章）。

谢放教授认为孙中山中国城市近代化构想的实现，是以"平均地权"的土地国有纲领实施为前提的。他指出，孙中山计划建设的世界大港和一些新建城市大多选择在未开发地区，是基于大规模建设投资所需资本从何而来的考虑。在孙中山看来，按照"平均地权"的办法将土地，特别是城市规划用地收归国有，能为城市的不断发展提供所需土地，城市土地因

---

① 谢放：《孙中山与城市近代化》，《河北学刊》1997 年第 6 期。

② 孙中山：《民生主义与社会革命》，陈劭先：《中山文选》，文化供应社 1948 年版，第 140、141 页。

③ 杨哲明：《都市土地政策之检讨》，《东方杂志》1935 年第 11 期。

工商业发展所增加的价值为国家所有，则足以偿还城市大规模建设的巨额资金。[①]

不过，我们要超越平均地权的一般经济意义，多加思考孙先生提出该理论的社会价值。毕竟城市改革是个综合工程，城市设计中包含着一项更重大的任务：重新建造人类文明。[②] 重温芒福德的这句话，结合孙中山平均地权理想中的社会价值，更加感悟到在城市化进程中，"我们必须创造一种有效的共生模式，一个地区一个地区、一个城市一个城市地不断创造下去，最终让人们生活在一个互相合作的模式当中。面对这个问题在于如何实现协调，如何在那些更重要、更基本的人类价值观念的基础上——而不是在人为财死、鸟为食亡的权利欲和利润欲的基础上协调"。[③] 回顾孙中山的平均地权思想遗产，探讨解决城市土地问题途径，确实有着很大的现实意义。

## 第二节　城市土地政策

### 一　"平均地权"原则下的城市地权之辩

地权是土地所有权的简称，地权问题，即土地分配，是人与人的问题，可以影响社会治乱、国家兴衰，是实施城市土地政策的基础。土地所有权与人民权益关系很大，国民政府认为"彻底改革，实非易事"，因此土地行政机关对于调整地权工作，主张本着平均地权原则，按照土地法的规定，逐渐推展，来解决土地分配问题，建立良好的地权制度。时人认为地权处理目的，一是对不合理的地权分配，予以调整改革，使其合理，建立新的良好的土地分配制度；二是对不合理的地权制度，予以切实管理，实行适当限制，使其合理的存在，并保障合法的权益。在农村表现为实现"耕者有其田"，在城市为实施"平均地权"。[④]

1905 年，孙中山明确提出土地制度的改革思想即"平均地权"之说。

---

① 谢放：《孙中山与城市近代化》，《河北学刊》1997 年第 6 期。

② ［美］刘易斯·芒福德：《城市文化》，宋俊岭、李翔宁、周鸣浩译，中国建筑工业出版社 2009 年版，"导言"第 8 页。

③ 同上。

④ 祝绍风：《本党土地政策理论与实际》，《陕政》1944 年第 6 卷第 1、2 期合刊。

他在三民主义的解释演讲录中说："要讲到民生主义，又非用前同盟会所定平均地权之方法不可，此刻的革命事业，本没有成功，要想革命完全成功，当先解决土地问题。"① "核定天下地价，其现有之地价，仍属原主所有；其革命后社会改良进步之增加，则归国家，为国民所共享。"② 其中"平均地权"从原则上讲是面对所有土地，因此照价收买可以适用于城市和乡村的一切土地。

然而孙中山在后来的一些讲话中提到土地价格问题时，都是以城市土地为例说明城市土地涨价部分应该归公。显然，"平均地权"的论说主要侧重于"防患于未然"的"市地"问题，实施平均地权方案是为城市工商业发展扫清道路。但是，孙中山并没有明确提出市地地权归属，这样使得"服膺党义"的人在高唱"平均地权"的口号下，对市地地权归属有不同解析，于是关于市地地权的归属主张颇多。

20世纪40年代祝绍风对这些观点进行了分类：一是认为平均地权不是土地私有制，也不是土地国有制，而是土地均权制，即土地上没有绝对所有权，亦不是完全归国家所有，完全依照土地的性质而定。二是认为平均地权是要让国民能共享土地改良利益，而不以土地所有权的重新分配为手段，因此仍然是土地私有制。三是认为推行平均地权，对于城市土地，积极推进照价征税、照价收买与涨价归公，可使市地逐渐变为市有，市政建设，得以畅利无阻。③

总之，在土地私有制度下，20世纪30年代城市土地投机严重，垄断居奇，太高的地价房租，阻碍城市土地利用，妨碍市政建设。为了解决市地问题，根据"平均地权"的原则，时人针对地权归属主张颇多，有市地市有说，有市地私有说，有市地限制私有说。

（一）市地市有与市地私有的利弊之争

向绍轩主张"城市土地，维持私有"，不过可以采取"私有征税法，作部分的改良"，主张在维护市地私有的前提下，进行地目清理、整顿地税。吴鼎昌认为"居住地收归国有较耕种土地收归国有可能性为多"，然

① 祝绍风：《本党土地政策理论与实际》，《陕政》1944年第6卷第1、2期合刊。
② 孙中山：《同盟会革命方略之军政府宣言》，陈劭先：《中山文选》，文化供应社1948年版，第49页。
③ 祝绍风：《本党土地政策理论与实际》，《陕政》1944年第6卷第1、2期合刊。

而由于城市土地上的建筑物关系，"完全国有……为有名无实之举"。①

市地私有论者认为市地私有权产生已久，并无不利，应继续维持。其主张理由：（1）市地私有，可以使个人的努力与收益，合为一体，并无中间人存在其间。有地的土地所有权人，因为利用土地的投入，与其所得利益，可以有适当的比例，所以对土地使用，必须用最经济的办法，以达到地尽其利。（2）市地私有，可以为小资产者作储蓄，小资产者购买土地，实为改良投资，对于稳定金融关系甚大，否则此项安稳投资，必将废止。（3）私人在市区内拥有土地后，可长久安居市区，对于市区政治以及治安等关系较深，均愿负责维护，因之市区治安易于稳定。（4）私人常受自利心驱使，利之所在，无不趋之。市地一有开发利用机会，如为私有，必可迅速改良利用，决不会像公有土地改良迟缓。

吴尚鹰在主张土地国有的时候，也不得不承认，"土地私有权的思想，因传统关系，已成为一种强固势力。彼欲维持私有土地者，以土地为不劳而获之利益的根源，不肯放弃，固属一重大原因。然以私有土地为所谓体面与财富之表征，亦为一种极强固之心理。因取消私有制度而抗争，亦在所不免"。因此为了避免土地所有者"无从假借名目为反抗之谋"，且为实行土地法比较便利，"不为土地私有之撤销"。②

当然这些主张的人也认识到私有的弊端，因此想法救济，吴鼎昌拟订了一个都市土地政策大纲，要求规定每户住宅占地作最大限制，市政当局设立土地评价委员会，人民对于其土地不满意的，可以提出抗议，复议为最后标准，市政当局得按评价分别征收土地税及建筑税，且根据以上收入之部分，逐年建筑劳动者适宜的房屋，廉价租给劳动者。这些主张，与向绍轩的救济办法相同。③ 而吴尚鹰认为"以征税手段，使土地私有者，不能坐享其不劳而获之利益，则保存土地私有之形式"，既不妨碍实行平均地权的原则，又有利于实施土地法。④

章植主张市地地权是否公有私有，应该依照四个标准：一是以土地种类与利用方式而定；二是对于当时社会上幸福是否增加为准；三是公有私

---

① 转引自潘楚基《中国土地政策》，黎明书局 1930 年版，第 160 页。

② 吴尚鹰：《土地问题与土地法》，商务印书馆 1935 年版，第 28 页。

③ 转引自潘楚基《中国土地政策》，黎明书局 1930 年版，第 161、162 页。

④ 吴尚鹰：《土地问题与土地法》，商务印书馆 1935 年版，第 28 页。

有为程度高下而定；四是要随时代地域而变迁。他以此四项标准来论述市地地权，得出结论："市地之公有，就社会利益方面着想，殆为应有之趋势"，而市有的方法可以分为"直接法（收买）和间接法（征收增价税）"，并发出呼吁"今日我国正工业革命之秋，都市勃兴，殆意中事，因都市勃兴后而起之财富分配问题，亦必方兴未艾，为平均地权计，则今日为防患未然之图，似有公有市地之需要也"。①

土地市有论者认为"有不少学者对于土地国有，高唱反对论调，而对于土地市有一点，似乎又有很多的人赞成。这自然因为土地国有，是把广大的农村土地也没收归公有，觉得问题太大，而土地市有，则以为都市地域本来不广，而因土地引起的问题却极大，所以又赞成市有"②。"土地国有是极正当的，特别在都市里，谁也痛切地承认其必要。土地私有，从而地主们因都市不断膨胀而获得莫大的利益。所以经济学家称这种增收叫'不劳而获'。这种不劳而获者，正如寄生在我们身上的蛲虫，如我们的营养越是增加，则它们愈益滋长，地主们因都市膨胀的结果而吸收营养的大部以去。如果都市自己所有着全市的土地，则因人口之增加而来的地租之增加，便全部作为都市公有了。……当我们研究都市土地问题之际，首先应该解决的问题便是怎样处置地租和土地所有权的问题。"③

杨哲明认为："土地市有政策，为近来各国大都市所最通行的土地政策。田园新市的建设，就是以土地市有政策为根据。"他说："都市之土地问题，为近代研究'都市政策'之中心。各国大都市之对于土地问题，亦莫不竭力谋划相当的解决办法，因为都市中的土地除少数的公产以外，又大都属于私人的产业，于是对于都市新计划的发展，往往发生极大的困难。就普通的情形而言，如扩张都市的街道，因为都市之土地属于私人所有，则一方面须筹备收买土地的费用，一方面又须筹备街道建筑的费用（甚至于土地被大商人收买，视为投机营业的根据，则收买时的手续更为困难），于都市新计划的实现，自不无多少障碍。此外都市中土地被私人所有，则任意建筑住宅，以高价出租于市民，建筑物即不合都市建筑条例，房租之价格的规定，亦可以任其心之所欲。"因此，"近来研究都市

---

① 章植：《市地应为公有议》，《商学期刊》（上海）1930 年第 3 期。

② 邱致中：《都市土地政策之总批判》，《中心评论》1936 年第 3 期。

③ 同上。

土地问题者，莫不主张都市土地应归都市所有"①。

　　同样，董修甲以德、英、美为例，对比说明市地市有与私有对欧美城市建设的利弊。他说德国采取市地市有政策，使"市政府对于市内一切土地及其价值，更易依其所计划者，支配裕如也"；而英美各国，虽然赞许德国土地政策，但是对于市地私有现状却不能改变，私人投机严重，市政府计划受挫。董氏认为上海重蹈了英美覆辙，因此，他主张我国城市应该效法德国，"藉以防止地主之投机，而利建设事业之进行"。②

　　杨氏针对城市土地问题，借助"国际惯例"开出"土地市有"的药方。他考察世界各国，认为土地市有成绩最好的是德国，因此根据德国土地市有情况，他具体列出土地市有政策五个理由：（1）都市欲力谋其自身的发展，则对于公园、广场、街道等公共享受事业的扩张与建筑，不得不努力设法，务使都市成为合乎市民卫生的都市；（2）都市为力谋各部分的建筑工作，公用事业以及公益事业的平均发展不得不筹划充分的财政收入；（3）都市之住宅问题，实为近来各国都市中亟待解决的问题，亦为都市问题中最不易解决的问题；（4）都市中土地价格的高涨，实令人惊异，往往在都市一亩地的价格，值银数百万至数千万两；（5）都市欲图土地的区划整理，往往因为土地私有，进行不能指挥如意。因此土地市有不仅扩大都市财政，而且解决都市住宅问题及发展都市计划，即土地市有的结果是随着财政好转，其重心会转移到建设方面。这样就会很好地"谋市民之公共福利"，尤其在城市住宅方面，更是优点颇多，"都市中的住宅，由都市经营，所收的租价极其低廉；将市有土地，卖与产业公司或建筑公司经营，但都市有监督之权；将市有土地，租借与市民，以供建筑住宅或商店之用"③。

　　潘楚基认为"实际讲起来，都市土地市有，已成为很普遍的趋势"。他从土地私有的危害角度分析，认为中国城市土地不仅上海地价飞涨，如果国家建设真正上了轨道，交通发达，工商业盛兴，任何城市的土地，只要是在"居奇""投机"的"地皮虫"手里，都尽有大涨价特涨价的可能，对于这种地价飞涨的弊害，单纯的租税能否解决，潘氏对此持怀疑态

---

① 杨哲明：《都市土地政策之检讨》，《东方杂志》1935 年第 11 期。
② 董修甲：《上海特别市土地政策之研究》，《东方杂志》1927 年第 14 期，第 7—14 页。
③ 杨哲明：《都市土地政策之检讨》，《东方杂志》1935 年第 11 期。

度。他的理由是，处理土地的方法除了公有外，最严厉的不外征收累进税与涨价归公。但是"土地这样的飞涨，累进税必然的追赶不及"，如果说涨价全部归公，则土地不在交易时，这种涨价就无从取得，即或定期估量其涨价投以租税，而全部的不劳增值，也不能"一括无余"。因此潘氏"根本主张都市土地市有"。①

早在 1928 年，马饮冰在其《都市政策论》一书中就直接提出"都市之土地市有政策，与都市之发达，最有关系"。其理由是，土地市有，可以作为都市计划及其他市营事业的财源。都市财源不足，往往发行公债，这只能应付电灯、煤气、电车等事业，至于道路、下水道、公园、桥梁等常常不能适当或者不能相偿，最有效且最彻底、最公平的方法就是土地市有。土地市有可以免除住宅问题困难，土地问题是住宅问题的基础，土地市有，可以解决住宅问题。城市"今日本亟图住宅问题之解决"，然而因为没有市有土地，困难太大，而德国施行土地市有，住宅问题解决很容易。市地市有，可以支配地价，防止地价暴涨暴跌的情形出现及土地投机之弊，而且地价低廉。城市地价日进无已，土地常常是投机目的物，由地主或资本家垄断利用。为公共利益着想，收归市有，实"最相宜也"。②

祝平在主张土地市有的时候，从经济的角度出发，他认为中国城市经济建设的主要本钱在于土地，只要运用得当，建设资金不但不会缺少，且可绰绰有余。只是由于种种原因使得土地"呆化"及潜在的土地资金难以较多转移成工业资金。他建议，全国城市土地，除自住房屋基地外，一律由政府按照报价或者估定地价，以土地债券征收。他认为上述方法与孙中山遗教以及法令"俱能适应，盖以市地之应归公有，为近代一般经济学者及市政学者共同之主张"。他依据孙中山《实业计划》提出的原则，分析市地私有的弊端为地主操纵市地，垄断居奇，造成地价不合理的上涨与贫富悬殊，并且政府对市政建设、人民经济活动的管理以及市民房屋分配等，皆不能有计划进行。而市地若归公有，政府可能以最经济的原则，作最合理的利用，对于政府与人民"均属有利而无害，故政府应断然处之，无所顾忌"。③

---

① 潘楚基：《中国土地政策》，黎明书局 1930 年版，第 169、170 页。

② 马饮冰：《都市政策论》，南京美利生印书馆 1928 年版，第 74 页。

③ 祝平：《土地政策要论》，文信书局 1944 年版，第 85 页。

　　总之，主张市地市有的人，认为市地市有不但是世界城市发展趋势，而且可免除私有的弊害，更是孙中山平均地权城市土地政策的实现基础。市地市有的理由概括起来为：其一，市地市有，有利于城市建设。市区建设，主要是为土地的分区使用，市地私有，市地分区使用当受阻碍，对于地形不整的土地，若想重划调整，困难更多，所以要发展城市建设，必须使市地市有，求得土地利用的合理。其二，市地涨价，多由城市建设促成，不应归私人所有。要使这种涨价完全归公，只有实行市地市有。其三，城市房荒，多因地价高涨、建筑基地不易觅得而发生；即使有地建筑房屋，如地价高涨，势必使房租高抬，亦可造成房荒。所以欲解决房荒问题，必须使市地市有。其四，市地容易发生土地投机，有钱的资本家常在城市收购土地，待价而沽，故意抬高地价，收取社会自然增价，不劳而获。要取缔土地投机，只有使市地市有。①

　　（二）城市土地市有私有的调和之论

　　土地市有、私有可谓针锋相对，各有其道理，互有利弊。因此有人主张市地限制私有：（1）凡为公众利用者，如道路用地；凡无报酬而有益于社会者，如公园图书馆博物馆用地；以及凡属公共机关所用土地，均应限制私人所有。（2）凡足以引起投机之利益者，如市郊土地，应在地价未涨之际及时收购，将来再出租或放领与人民使用，以免涨价归私人所有，发生不劳而获。（3）市地面积小而价贵，若市地归少数人所有，不仅在使用上发生问题，而且在财富分配上必发生不利的现象，所以私人所有土地面积，应当加以适当限制。

　　不过在市地限制私有说中，针对一般的城市土地使用政策，许多人对于非农地，认为可以公有，争论不大；而关于城市地基的所有问题，学者意见分歧很大。② 主张地基私有的人认为，宅地私有，可以使所有者改良；而且城市土地使用制度的性质是地方的、小规模的，公有管理没有私有好；土地是人民最好的储蓄银行，亦是最好的信用基础。而反对宅地私有的人认为，在公有下，公共机关能直接管理土地的使用，增加社会的幸福，并且在公共管理的发展趋势下，管理住宅地是很简单的事情，且避免资本浪费，进而使政府取得宅地的涨价。

---

① 马饮冰：《都市政策论》，南京美利生印书馆1928年版，第72、73、74页。

② 潘楚基：《中国土地政策》，黎明书局1930年版，第159页。

其实，限制私有之说仍然属于狭义土地市有理论的范畴，至于其不完全赞同市地市有的倾向，主要在于完全市地市有的弊端——在其看来——可以用市地私有来弥补。如果完全市地市有，又不采用没收的办法——国民政府是反对没收私人土地的——则购买资金的筹措将成为问题；且市地市有后，市区内的土地不会出现买卖，将来土地涨价难以实现，土地增价税将失去存在基础，那么涨价归公成为天方夜谭；市地市有后，政府成为大地主，人民向政府租赁土地，管理比较麻烦。

土地私有，市地使用多以自利为目的，难于合理利用。在私有制度下，地主只以赚钱为目的，而租户亦往往随意滥用，卫生设备较差，城市人口日趋集中，疾病容易传染，对于市民健康影响很大；私有制下，市地供不应求，投机商借以抬高地价，取得暴利，有碍城市建设及发展。建筑参差、街道狭隘，必然成为城市面貌的常态。

因此，有人主张市地限制私有，来调和二者之说，各取其利，以更好地发展城市建设。

主张市地限制私有的人，深受德国城市土地政策的影响。近代以来，德国最先主张市有政策，土地市有成绩也最为出色。据时人所述，当时德国各大都市土地市有政策的发展取得了惊人的成绩，如德国屋鲁木市实行土地市有政策以后，对于住宅问题、工业区域、公园设置以及其他如街道扩建等都能够逐渐解决，"市内没有借土地为投机垄断把持居奇的土地商人发现"，地价公平，"绝无暴涨土地价格事实之发生"；由市政府土地主管机关将市有土地贷给市民应用，市民如果要借土地建筑房屋，则可以向市政府呈请租借，收税非常低。德国各城市土地市有，对于市民"实有很大利益"。①

德国各大城市市有土地面积百分率比较高的分别是：弗赖堡 77.7%，弗鲁尔 66.2%，斯德登 62.5%，汉堡 62.1%，郭林 59.5%，柏郎丁 52.8%，但醉 51.7%，埃生 50%，曼青 48.6%。其他城市，也都有范围很大的市有土地。② 可见德国市地市有政策并不是完全的市地市有，是有限制的，市地限制私有说把土地从地主手里买回来，这种办法是学习德国而来的。

---

① 杨哲明：《都市土地政策之检讨》，《东方杂志》1935 年第 11 期。

② 同上。

德国城市土地制度成为 20 世纪二三十年代颇为瞩目的一个模式，而这种模式并不是完全的土地市有，最高者弗赖堡 77.7%，最低者曼青 48.6%，其实是以土地市有为主附以土地私有，即市地公有私有兼顾。"都市系国家政治、经济以及文化的中心，市地归属问题，关系极为重要，限制私有，既可重视个人利益，复重视社会利益，与私有制之偏重个人利益，公有制之偏重社会利益，完全不同，可以说是兼有市有与私有之长，而无二者之短"。①

（三）城市"民生主义的地权制度"的确立

市地所有权的归属问题，争论纷歧，理论上没有一致的认定。市地完全市有，但在当时国民政府保护土地私有制的背景下，不可能采取没收政策，至于彻底施行孙中山所倡导的"平均地权"，按价收买，巨额资金又无从筹备，因此实行上困难之大可想而知。

国民政府的土地政策，号称"民生主义的土地政策"②。民生主义的土地政策是否主张土地国有，这在当时是个争论颇多的问题。"归纳总理平均地权之学说，实为纯社会主义者之见地，而以'天下为公'为大前提。惟总理各种著述中，固时及土地私有制之不当，但审察国内特殊情形，又不主张立时没收私人所有权为国有之办法，而承认一个阶段之存在；虽其终极目的，或仍为土地所有权国有。总理反复言'我们的共产，是共将来，非共现在'，又反复说明地主报价政府依次抽税或收买办法之妥当……私人土地所有权不得超过法定限度……此条文意义，在使私人对土地所有权，须由国家加以种种限制。"③ 显然，萧铮认为民生主义土地政策所说的土地国有，是有其特殊含义的，并不是主张完全将土地收归国有，而是允许土地私有制的合理存在，即国有私有并存，不过私有制受国家的限制而已。

《土地法》的制定者之一吴尚鹰亦分享着萧铮的观点，"吾党揭示之平均地权政策，虽不否认土地私有之继续存在，但为了达到人民有平等享用土地权利之目的起见，及为求民生问题之解决方法，对于土地私有权利，其与社会公共利益互相冲突者，不能不加以限制，则势必所致之事，

---

① 冯小彭：《土地行政》，台湾五南图书出版公司 1981 年版，第 224 页。

② 同上书，第 26 页。

③ 萧铮：《土地所有权之研究与平均地权》，《地政月刊》1933 年第 1 卷第 11 期。

无可避免者也"，① "吾党之土地政策，应完全属于社会公有，地主不得而私者也"。但是吴氏对土地公有亦进行了分类，他认为有两种，一种是不允许土地私有权的存在，国内一切土地，其所有权属于国家，由国家根据人民情况进行土地分配，人民享有土地利益的平等权利，此说为土地国有论；另一种则为土地仍然私有，而土地因为非施用劳力资本所产生的利益，则由人民共享，不得为地主所私有，主张地租公有，此说可谓"土地社会化，亦吾党平均地权政策之微意也"。②

孙中山在民生主义的讲演中说："社会之所以有进化，是由于社会上大多数人经济利益相调和，不是由于社会上大多人的经济利益相冲突。"所以民生主义土地政策，正如吴尚鹰所评价，就是注重经济利益的调和，主张全民利益，利用平均地权而达到，"吾党平均地权政策，其用意为使一般人民有享用土地利益之平等权利，并无撤销私有土地制度之主张"③。

因此，对于城市土地，以平均地权为原则，采取和平的方式，逐渐扩张市有土地规模，保护现实之土地私有，同时核定地价，涨价归公，照价征收，照价征税来制衡私有，成为当时国民政府的一种选择。吴尚鹰明确指出，"总理对于平均地权之方法所昭示于吾人者，为按照地价征税与耕者有其田两大端。然于土地私有制度之下，如何可以避免土地为少数人所垄断，如何可以使一般人民有享用土地利益之平等权利……质而言之，于土地私有权存在之范围内，如何可以实现吾党之平均地权政策，此皆为土地法所应有事"。④

1930年《土地法》第七条规定："中华民国领域内之土地，属于中华民国人民全体所有，其经人民依法取得所有权者，为私有土地。"第八条规定下列土地不得私有："（一）可通运之水道。（二）天然形成之湖泽而公共需用者。（三）公共交通道路。（四）矿泉地。（五）瀑布地。（六）公共需用之天然水源地。（七）名胜古迹。（八）其他法令禁止私有之土地。市镇区域之水道湖泽，其沿岸相当限度内之公有土地，不得变为私有。"第十四条规定："地方政府对于私有土地，得斟酌左列情形，分别

---

① 吴尚鹰：《土地问题与土地法》，商务印书馆1935年版，第9页。

② 同上书，第10、16页。

③ 同上书，第23页。

④ 同上。

限制个人或团体所有土地面积之最高额。"① 土地法又专编《土地征收》，"为社会公益之要求，不能不收用私有土地时，国家得行使其特权，征收私有土地，以为公益之需"。② 因此，用李振的话说，就是"土地法对于土地所有权问题，既不绝对承认土地私有制度之存在，免使土地成为少数人榨取剥削之工具，亦未绝对承认土地公有制度，免引起地主之反响，造成社会之不安，乃根据总理土地政策基本精神，用平均地权之方式，一面承认土地私有制度之存在，一面由国家以法律限制私有土地面积之最高额。惟此种私有土地，其使用收益虽属诸私有，而支配之权则操诸公民全体所构成的政府，政府为办理公共事业，谋国民之福利，需要土地时，自可将私有土地收回使用。质言之，即因'公'的使用价值超越'私'的使用价值，此即土地征收在法理上之根据"③。

以上所分析的土地制度，即所谓的"民生主义的地权制度"。公有私有两种思想与势力的冲突，"近百年来为之继续不断，甚有酿成社会大骚动，致演出革命流血之惨剧。吾国工业逐渐发达，此种利害冲突，亦日趋显著。总理为防微杜渐，希冀遏制将来发生经济革命之流血之祸，所以有平均地权之主张"。这种土地制度，吴尚鹰仍然认为是土地公有的一种，即"土地仍得为私有，而土地非因施用劳力资本所产生之利益，则由人民共同享有，不得为地主所私……此可谓为土地社会化，亦吾党平均地权政策之微意也"④。在城市，市地市有、私有兼顾，保护私有地权并加以限制——实现民生主义的均权，"有私有之利无私有之弊，有公有之利无公有之弊"，"平均地权的均权制度，实为最完善的地权制度"。⑤

如此，民生主义的市地地权其实就是在不改变现有城市土地私有的状况下，以孙中山民生主义为旗号，推行平均地权以达到一般人民有享用土地利益的平等权利。在推行都市平均地权土地政策的时候，通过整理地籍完成地权确立。抗战结束后，关于平均地权城市土地政策的地权问题，有些人又重新提起"市地市有"之说，对此，国民党第六次全国代表大会决议"全国市地一律收归公有"。但是没有上升为法律，对于市地私有权

① 特载：《土地法》，《三民半月刊》1930 年第 5 卷第 1、2 期合刊。

② 吴尚鹰：《土地问题与土地法》，商务印书馆 1935 年版，第 42 页。

③ 李振编：《土地行政》，出版单位不详，重庆市图书馆藏，1940 年，第 31 页。

④ 吴尚鹰：《土地问题与土地法》，商务印书馆 1935 年版，第 16 页。

⑤ 冯小彭：《土地行政》，台湾五南图书出版公司 1981 年版，第 228 页。

没有任何约束力，同时地政人员和计划都市建设的人员，对于如何使用城市土地存在"徘徊观望的心情"。这对于战后城市建设产生了不利的影响，因此地政官员李庆麐呼吁"中央政府对于市地所有权究将采取什么政策，应该立时有个明白的表示"。① 不过，战后由于国内战争爆发，具体到实际操作方面，则另当别论。

## 二 城市土地政策原则与内容

### (一) 原则

"服膺党义"的国民党基于自己的政治目标，在土地政策中对于孙中山的土地改革思想，试图实践。针对土地政策的原则，王龙舆建议"我们欲解决中国土地问题，惟有依照总理的主张，走'平均地权'这一条大道，否则便是'此路不通'"。② 地政专家曾济宽明确指出"以总理所主张之平均地权，为解决我国土地问题之最高原则"③。他认为1930年6月立法院通过的《土地法》，即"根据总理平均地权原则，以规定解决中国土地问题之具体方案"④。对于孙中山的平均地权思想，《土地法》的主要制定者吴尚鹰以为"国民党人为负责实行之前导，民国成立以来，党人服膺党义，奉为解决土地问题之最高原则"⑤。"孙中山先生首先提出'平均地权'的最高原则……解决目前中国最严重的土地问题。"⑥ 正如万国鼎所说，"平均地权实为总理土地政策之纲领。再明显言之，可认为土地政策之总口号"⑦。

1930年5月27日的国府内政报告："总理对民生主义虽没有讲完，而中国国民党应采用的土地政策，其重要的纲领，在总理各种遗著上，已把应走的方向和道路完全指示出来，所以……在事实上研究，看如何去推行总理的遗教，以解决中国的土地问题。"

1941年6月，蒋介石在第三次全国财政会议上做演讲，对国民政府

① 李庆麐：《还乡声中的土地问题》，《大公报》1945年9月29日，第三版。
② 王龙舆：《土地问题的发生及其解决》，《三民半月刊》1930年第5卷第1、2期合刊。
③ 曾济宽：《中国土地问题及其解决方法》，《地政月刊》1933年第6期。
④ 同上。
⑤ 吴尚鹰：《土地问题与土地法》，商务印书馆1935年版，"自序"第2页。
⑥ 束以范：《吾国土地问题的严重及今后应实行之土地政策》，《中国经济》1935年第2期。
⑦ 万国鼎：《平均地权辩妄留真》，《人与地》1941年第1期。

城市土地政策有明确说明。"我以为我国今日政治经济与社会政策最迫切而最需要解决的，莫过于土地问题，故本席今天特就总理全部遗教中有关土地政策的各部分，归纳起来，作一扼要的讲演。"对于如何解决土地问题，他说，"现在我们所用的办法，是很简单容易的；这个办法，就是平均地权"。①

可见，平均地权是当时国民政府解决土地问题的总原则，同时也是解决城市土地问题的总原则。针对怀疑平均地权适用于城市土地的主张，钱实甫以为如果用平均地权来片面解决农民土地问题，"试问都市中的地产之类，又将如何处置"？他认为孙中山不是单纯的农业社会主义者，绝不否认都市的存在，而是尤其着重于产业的发展，并把"土地问题牵连到各个经济问题的部门之中"，平均地权"为整个性的策略"②。

总之，20世纪二三十年代的中国，由于城市人口集中、经济发展及土地投机之风盛行，相对于农村地价，城市地价上涨，市政建设、市民生活受严重影响。国民政府的城市土地政策以平均地权为最高原则，试图消除土地投机、解决城市土地等问题，进而增进城市建设，提高市地利用，确保地利共享，改善市民生活。

土地问题实质上就是土地分配与土地利用，"中国的土地问题，分配之不合理，利用之不适当"③。对于土地分配与土地利用问题，如何解决？是否需要侧重解决某一个问题？1934年地政学会年会得出"生产与分配并重"的结论。但"生产"在前，亦多少反映出侧重于土地利用，故马超俊主张"都市土地问题之严重主要由土地利用所造成"。之所以如此，一方面遵循"遗教"，即孙中山在分配上主张不没收私人土地，而是限制现存私有制；另一方面，国民党害怕搞乱农村社会经济关系，"可能为地主阶级设身处地地考虑，所以不希望通过重新分配土地剥夺或疏远地主；或者像杨格暗示的那样，他们害怕解决租佃制度会引起社会革命，其结果他们既不能控制，也无法预见"④。此精神亦贯彻到城市土地问题的解决上，因此不把解决城市土地分配当作急务，通过平均城市地权，既避免激

---

① 蒋介石：《怎样解决土地问题》，《中央周刊》1942年第4卷第21期。
② 钱实甫：《国父关于土地问题的遗教》，《建设研究》1940年第6期。
③ 高信：《中国土地改革运动的目的和方法》，《统一评论》1937年第4期。
④ ［美］费正清、费维恺编：《剑桥中华民国史（1912—1949年）》下卷，杨品泉、张言等译，中国社会科学出版社1993年版，第172页。

烈改革，又防患于未然。如此，促进城市土地利用的平均地权理论成为解决城市土地问题的指导原则。

（二）内容

国民政府采用实用主义的方式，绕开了农村土地问题，用解决城市土地的必要性和迫切性掩盖了农村土地问题的尖锐性。[①] 其土地政策侧重于解决城市土地问题，根据《土地法》原则，吉田虎雄著文分析认为"此等法律只适用于人口五万以上之都市，对于此外之地方如农耕地等等，则另有规定"。[②]

孙中山在谈论土地问题时往往以城市为例：

> ……文明城市实行地价税，一半平民可以减少负担，并有种种利益。现在的广州市，如果照地价收税，政府便有很大的收入；政府有了大宗的收入，市政经费有着落，便可整理地方。一切杂税固然可以豁免，就是人民所用的自来水和电灯用费，都可以由政府来负担，不必由人民自己去出钱。其他马路修理费和警察的给养费，政府也可以向地税项下拨用，不必另外向人民来抽杂捐和修路费。但是广州现在涨高的地价，都是归地主私人所有，不是归公家所有；政府没有大宗收入，所以一切费用便不可能不向一般人民来抽种种的杂捐。一般普通人民负担的杂捐太重，总是要纳税，所以便很穷，所以中国的穷人很多。[③]

蒋介石秉承孙中山的理念，认为受欧美经济潮流影响最大的土地问题在城市，把解决土地问题的着重点放在城市或商品经济发达地区。对于农村土地问题，他说："大多数地方，还是相安无事，没有人和地主为难。"[④] 对于实行平均地权的办法，蒋氏坚持孙中山主张的"地价陈报

---

① 刘兴华：《孙中山思想论稿》，黑龙江人民出版社1991年版，第115页。

② ［日］吉田虎雄：《论国民政府之土地政策》，H君译，《清华周刊》1929年第32卷第1期。

③ 孙中山：《民生主义·第二讲》，赵靖、易梦虹编：《中国近代经济思想资料选辑》（下），中华书局1982年版，第118页。

④ "今日中国土地，不患缺乏，并不患地主把持，统计全国人口，与土地之分配，尚地浮于人，不苦人不得地，惟苦地不整理。"蒋介石：《对于土地政策的意见》，转引自曾迭《土地政策》，《十日谈》1934年第17期。

与照价抽税或收买，土地增价收归公有"。他以为"平均地权的办法，概括起来，不外乎申报地价、照价抽税、照价收买，和增价归公的四点。这些办法如能切实做到，不啻土地之分配利用与增加生产诸问题，可以完满解决，即社会贫富不均的现象，亦不至发生。而且一般国计民生因此土地政策推行之效果，必格外繁荣兴旺，地方自治事业，更容易充实发展"①。

从蒋介石的论述中可以看出，为了达到城市"土地之分配利用与增加生产诸问题"，国计民生之"格外繁荣兴旺"，发展"地方自治事业"，要做到平均地权的四个办法即"申报地价、照价抽税、照价收买，和增价归公"。

1939年4月23、24日两日，地政学会第五届年会在重庆川东师范举行，蒋介石"莅临致训词"："总理民生主义揭平均地权为纲领，建国大纲第十第十一两条更规定其具体之办法……对于定地价垦荒地，尤详乎言之。"他认为土地生产力的发展必须依赖于合理的使用与分配，土地垄断带来社会不公平，阻碍经济发展，希望该会能够"服膺总理遗教，悉心研究土地改革"，抗战力量的充实赖于"地力之开发甚大，而抗战胜利之日更为彻底推行民生主义政策之良好时机"。因此要求地政学会成员在战时"稽考良规"，"著为方策"，等抗战胜利之后，使"数十年来所倡导关于土地问题之政策，正可期成于旦夕"②。

1941年12月13日，地政学会第六届年会在重庆市中央图书馆召开，蒋介石在给该会的训词中说，"国父在三十余年前即已确立平均地权之政策，此后在建国大纲……于土地政策更有具体之规定"，并期望该会年会能为国民政府抗战时期的田赋征实与地价申报等要政研究出切实可行的方法来。③

1941年底，蒋介石在国民党五届九中全会上的《土地政策战时实施纲要》提案，是其土地政策的集中反映。其中有关城市的土地政策，根据地政学会理事长、地政研究所所长萧铮的解释，其主要一点就是控制战时土地收益的分配，根据该提案第三条规定，战时施行累进制的地价税及土

---

① 蒋介石：《怎样解决土地问题》，《中央周刊》1942年第4卷第21期。

② 中央社电讯：《地政学会五届年会讨论战时土地政策》，《大公报》1939年4月24日，第三版。

③ 本报讯：《地政学会年会开幕，发表该会主张八点，蒋委员长特颁训词》，《大公报》1941年12月14日，第三版。

地增值税，使因战时而增高的地价收益，能提出来供战时财政需要；另外是控制战时土地所有权分配，照该提案第五条规定，战时政府可用土地债权征收土地，以提供国家为公共福利或者经济政策目的的需要；最后是控制土地利用，按照提案第七条规定，战时土地利用，应该严格受国家法令限制，使战时土地利用程度能够充分提高以适应战时促进生产的需要，同时控制荒地，私有荒地须由政府征收。这四点互相辅助、互相补充，即规定累进制地价税有促进土地利用的作用，规定公益征收也是为了提高土地利用。①

从以上蒋介石的训词、提案中可以看出，他所主张的城市土地政策是在平均地权原则下，不改变土地所有权性质，"照价抽税"，把涨价归公改为"征收土地增值税"而已；在特殊时期，其城市土地政策以"土地税"为中心，也是很清晰的。

江观纶在其《由土地整理谈到实行本党土地政策》一文中也列出实行平均地权的方法："（子）定地价，（丑）照价征税，（寅）照价收买，（卯）涨价归公。"②万国鼎把以上四种方法之间的关系及各自作用明确简洁地归纳为"平均地权之法，主要为地主报价，照价征税，涨价归公，及照价收买。收买所以防地主之短报地价，报价所以为征税及涨价归公之准备"③。

束以范提出对土地政策研究要从偏重财政转为民生问题、注意土地赋税转为土地的生产、很少干涉土地使用转为干涉土地使用进而干涉土地的所有权、仅涉及农地转为涉及市地。他开始关注城市的土地问题，其中涉及"私有荒地之征收及其税率之增高政策""土地区的重划政策""征收地价税政策""征收增值税政策""土地征收政策"等。④柳中行认为国民党的土地政策，见于民生主义的平均地权，可惜孙中山没有讲完就去世了，但是土地政策在他的遗训里面可以找到一个端倪……实施城市土地政策就是"增价归公""照价抽税"。⑤

1943年杨登元在其《中国土地政策研究》一书中，亦认为研究城市

① 本报讯：《实施土地政策地政界希望早日进行》，《大公报》1942年10月6日，第三版。
② 江观纶：《由土地整理谈到实行本党土地政策》，《服务月刊》1942年第4、5期合刊。
③ 万国鼎：《平均地权辩妄留真》，《人与地》1941年第1期。
④ 束以范：《吾国土地问题的严重及今后应施行之土地政策》，《中国经济》1935年第2期。
⑤ 柳中行：《中国土地问题》，《新中华》1936年第17期。

土地政策所不可忽视的是规定地价、征收地价税、涨价归公、照价收买以及推行都市设计等等。① 杜振亚则直接说"民生主义的平均地权土地政策，其要目凡四，即'地主报价，照价抽税，照价收买，涨价归公'"②。张肩重亦说土地政策以平均地权为最高原则，"系遵奉国父孙中山先生之申报地价、照价征税、涨价归公、照价收买四项步骤而拟定实施"。③

根据以上分析，参照现代的台湾都市平均地权的推行，再结合当时市政专家董修甲的城市土地政策的定义，可以这样认为：国民政府的城市土地政策内容是在平均地权的总原则下推行规定地价、照价征税、照价收买、涨价归公，其实施方案是《土地法》。

(三) 税去地主与买去地主之辩

黄振钺以为消灭土地私有权有两种办法，一种是激进的办法，另一种是缓和的办法。激进的办法是用革命的手段把地主的土地没收，即踢去地主，苏俄十月革命之后"曾是如此"，虽然解决了土地分配问题，但是不能解决土地利用问题；和缓的方法是用渐进的手段，照价收税、照价收买即税去地主、买去地主，这是平均地权土地政策的主张，"采取缓和的办法，而不是采取激烈的办法乃绝无问题的"。④

高信认为靠土地所有权来"食人膏脂的地主阶级是社会最大最毒的病菌……故中国的土地改革运动希望能将这个阶级消灭"。但是，消灭地主阶级方法又有"和""激"的不同，他分为三种办法：第一，踢去地主，就是把地主的土地全部没收；第二，买去地主，即由政府筹备现金或发行公债，逐渐将地主的土地，进行有偿征收；第三，税去地主，即采用累进地价税及土地增值税的方法，迫使地主自动放弃原有的土地，增加大地主的税负，使其"消灭于无形"。高信反对第一种方法，认为那是"土地革命"，而他主张"土地改革"，因为"深察吾国生产技术，社会组织，人民程度，深知中国此时此地之需要，只是'土地改革'而不是'土地革命'"。高信强调上述思想"也是依据孙总理而来"，即孙中山在民生主义中的说词"我们不必效法俄国，马上要把土地抢过来"，"我们所主张的

---

① 杨登元：《中国土地政策研究》，杂说月刊社编印，1943 年，第 69、70 页。

② 杜振亚：《论定地价》，《人与地》1943 年第 9 期。

③ 张肩重：《土地税实务》，财政部直接税署印行，1946 年 9 月，第 8 页。

④ 黄振钺：《土地政策与土地法》，中国土地经济学社印行，1948 年 1 月，第 20、21、26 页。

共产，是共将来，不是共现在……现在所有地价，还是归地主私有"。故高氏总结道：实施平均地权，"很明显的第一种方法为我们所不取"，即反对"踢去地主"，而赞同"买去地主""税去地主"。①

对于平均地权是"买去地主"，还是"税去地主"，当时亦有一番争论。邵元冲、万国鼎等人对于平均地权方法，以为地价税是核心，正如万国鼎所建议的对地主征收地价税，日后因为人口增加、社会进步而增长的地价归公，用平和手段"税去地主"。② 黄振钺亦是主张"税去地主"，他认为平均地权虽然不是采纳激烈手段强行没收地主土地，但也不是用政府的力量将地主的土地一一收买，"国父极称道亨利·乔治学说，乔治力主土地公有，但是他认为收买土地为公有，是不合理的"，而是用收税的方式收归国有，那么"土地私有制，就名存而实亡"。③ 张肩重认为申报地价、照价征税、涨价归公、照价收买四项步骤的实施手段以租税方法，"税去地主"，从而实现平均地权。④

祝平则有自己的理解，他反对"税去地主"，主张"买去地主"。他认为"税去地主"的理论基础是假定根据地租收取的税是不能"转嫁"的。但是，根据经济学理论，课税于地租，有时也能转嫁。如有的地主和佃户有约在前，佃户需负担一半赋税。因此地税转嫁不单是在理论上有可能，并且在实际上表现出来了。如果加在地租上的税仍可"转嫁"，那么以租税办法征收全部地租等于没收，因此以租税方法来消灭地主，理论上根本不能成立。祝平以最早进行地价税的澳洲为例来说明，澳洲由于各项租税增加很快，高达三倍，生活费用反而激增，"种种不安与失业、贫乏等现象相因而起"，同时"土地价格则猛增不已"。结果，澳洲政府不得不减轻租税，他由此认为租税办法的试验失败了。祝氏又结合中国的特殊情况，以为征收地税必然要测量土地，工程浩大，需资巨大，"究须经若干年代或世纪，也是谁亦不敢断言"。

因此，祝平主张征收土地，"买去地主"。这个办法，不仅可以使土地改革立即切实有效地实施，而且不会因实施土地改革引起社会经济混

---

① 高信：《中国土地改革运动的目的和方法》，《统一评论》1937年第4期。

② 万国鼎：《平均地权辩妄留真》，《人与地》1941年第1期。

③ 黄振钺：《土地政策与土地法》，中国土地经济学社印行，1948年1月，第23页。

④ 张肩重：《土地税实务》，财政部直接税署印行，1946年9月，第8页。

乱。针对征收土地补偿金的支付，是否合理，"固属另一个问题"，但是因为此项补偿金的支付减少是实施土地改革的障碍，则为事实。"考诸各国土地改革的能实施而有效的，几多是采取此项办法。……在中国现状之下，征收土地确是一种可能而有效的途径。"他以为"国父孙中山先生，是吾国提倡近代式的土地改革的第一人，他的平均地权的根本原则和英国华莱斯派收买土地的办法，是不谋而合，有互相发明之处"①。不过祝平的买去地主实现的可能性不大，因为需要巨额资金，长期困扰国民政府的财政问题一直难以解决，而在抗战时期，军事第一，筹措巨资购买土地，显然是不现实的。

对于这个问题，当时国内学者有许多争论，有人认为单用收买的办法，如祝平所论，阎锡山倡导土地村公有，以公债收买全村土地，是这种方法的实践；又有人提出单用租税的方法，如邵元冲、万国鼎等；而高信以为单用任何一种方法都不行，只有两种办法同时实施才可以。他认为这一点在孙中山平均地权的内容里有明确反映：一方面是照价收税，另一方面则是照价收买。高信对于两种手段的关系进行了一番阐释，他说征税是买去地主的前提，通过征税使地主自动放弃土地，"税愈高，地价愈平，地价愈平，购买政策愈易实现"。收买是税去地主的补充，如果不通过收买的补助措施，则土地"永远不能脱离地主手里"。总之，没有照价收税的政策前提，则"地主所有之土地不放，强迫收之，则易激成变乱"。因此，采用两种手段是中国土地改革运动的目的和解决中国土地问题所采用的方法。②

---

① 祝平：《土地政策要论》，文信书局 1944 年版，第 17—20 页。
② 高信：《中国土地改革运动的目的和方法》，《统一评论》1937 年第 4 期。

# 第二章

# 城市土地政策的实施方案

政策施行，必须立法将其目标化为具体的施行准则，作为行政机关实施依据。因此，从根本上说，政策目标与立法应该一致，代表的是同一件事情，唯一差别则为层次不同，前者揭示的是较高层次的抽象原则，后者呈现的则为根据上述原则而订定的具体施行准则。① 从 1930 年 6 月 30 日国民政府公布《土地法》，至 1935 年 4 月 5 日公布《土地法施行法》，两法同于 1936 年 3 月 1 日施行。"此二法者，纯为以民生主义中平均地权理论为骨干之立法。"② 《土地法施行法》是程序法，而《土地法》是实体法，是核心。《土地法》是根据土地政策所制定的法律，目的在于以行政力量实现平均地权，解决土地问题。"假使土地问题是社会所患的一种病症，那么平均地权即是对症所给予的一种诊断，土地法是根据诊断所开的处方，土地问题之能否得到解决，就要全凭这帖药方的效验了。"③ 可见，时人对于 1930 年国民政府颁布的《土地法》寄予厚望。

由于法律、条例的规定颇为复杂，④ 本章只是举出《土地法》加以申

---

① 陈郁芬：《都市平均地权实施绩效之评估》，成文出版社 1981 年版，"序"第 8 页。

② 陈鼎祥：《土地法上之房屋救济》，《乡土杂志》1945 年第 1 卷第 3 期。

③ 黄振钺：《土地政策与土地法》，中国土地经济学社印行，1948 年 1 月，第 27 页。

④ 根据国民政府国防最高委员会颁布的现行法规整理原则，凡经立法院通过后国民政府公布的称"法"及"条例"，为基本法，其中"条例次于法"，为法的补助法；政府其他机关所制定的，分别性质，只能称为"规程""规则""细则""办法"，为"子法"。根据以上原则，立法院修正《法规制定标准法》，明定"规程""规则""细则""办法"四者为命令，而以"法""条例"为法律，需要经过立法院三读程序才能通过。它们合称法规，可以说，"法规者，法律命令之总称也"，有人误以为法令是法规与命令的合称，其实是法规与命令不分。详见彭应环《论整理现行法规》，《大公报》1943 年 7 月 17 日，第三版；《论整理现行法规续》，《大公报》7 月 18 日，第三版。在抗战时期为了弥补《土地法》的不足，制定的一系列条例和《土地法》不一致，显然是不合法理的，违背了法律一致原则，更打乱了母子法之间的关系。

述，而其他在文中出现的法律、条例、规章等或者略述或者予以忽略，并不是说它们不重要，而是因为主客观环境的限制，无法一并完成，将留待以后作为继续探讨的课题。

## 第一节　《土地法》的制定

### 一　市地立法渊源：孙中山城市土地立法设想及实践

1912 年，中华民国政府在南京成立时，孙中山"即提议平均地权，试行本党底民生政策"。但是"吾同志中有不表赞同的"，致使倡议没有得到实施。为此孙中山诘问不赞同实行平均地权的人："君等不曾宣誓不违背党义的吗？"① 实际上，孙中山一有机会，就把实施平均地权政策提到议事日程上来。

1921 年 5 月，就任非常大总统的孙中山，在广东局势稍微稳定之后，关于土地行政即下令设立地土局，② 地政"始见萌芽"。

孙中山对于广州市的土地管理颇为重视，而且有关土地政策的设想亦打算在广州市试行。1921 年 10 月，孙中山审批、颁发了广东省长廖仲恺主持拟定的《广东都市土地税条例》，"于申报地价与地价税率二事，略为规定"③。

《广东都市土地税条例》由孙中山亲手审定，直接体现了孙中山的平均地权政策，在中国土地改革史和中国国民党土地政策史上，具有重要地位，而且是民国时期城市土地管理立法的第一步，对以后我国各城市土地行政具有蓝本的意义。正如吴尚鹰所评价，"根据党纲定为土地法规，且经大元帅明令公布者，该法实为嚆矢"。④

在《广东都市土地税条例》草案"理由书"中指出："平均地权之说，以为改良社会经济之方，整理国家租税之具，其要旨系土地皆有税，且重课其不劳而获之收益。"该条例分为总则、普通地税、地价之判定及

---

① 中山大学历史系孙中山研究室、广东省社会科学院历史研究所、中国社会科学院近代史研究所中华民国史研究室合编：《孙中山全集》第五卷，中华书局 1985 年版，第 477 页。

② 专电，《申报》1921 年 5 月 21 日，第六版。

③ 吴尚鹰：《土地问题与土地法》，商务印书馆 1935 年版，第 25 页。

④ 同上。

登记、普通地税之纳税人、土地增价税，共 5 章 37 条，另附说明 6 条。其基本内容是：

（一）城市、商埠、乡镇，其人口在 5 万以上者，均适用本条例。

（二）每年征收普通地税之税率如下：有建筑宅地，征收地价 15‰；无建筑宅地，征收地价 15‰；农地征收地价 8‰；旷地征收地价 4‰。

（三）各种地价由当事人依限申报后，由地价评议会审查、判定。土地所有人，永租人或典主，认判定地价为不合时，得自收到通知书之日起，30 日内向地价评议会申述异议，请求复判。

（四）土地所有人，永租人或典主，认复判地价为不满意时，得自收到通知书之日起，15 日内申请都市税务官署将土地征收之。

（五）凡土地现时价额，超出于前判定之地价，其超出之价数，即为增价。

（六）土地增价税率如下：土地增价，超过 10% 至 50% 者，课 10%；起过 50% 至 100% 者，课 15%；超过 100% 至 150% 者，课 20%；超过 150% 至 200% 者，课 25%；超过 200% 者，课 30%。[①]

这一土地税条例，内容限于都市土地征税，条例的土地增价税尚未实行涨价完全归公。先由广州市试办，但是"卒以时局多故，未及实行"[②]。

1923 年 2 月，孙中山令设立广东全省经界总局；8 月，审查并颁发了《广东经界总局规程》。全文 13 条，其主要内容是：（1）经界总局以厘正经界、确定民业为宗旨。（2）在全省屋宇田土均由该局次第清丈。（3）屋宇田土典当买卖应税契登记事项，概归该局办理。（4）屋宇田土未经税契验契者，清丈后均责令补税，补验并登记，始得营业。（5）屋宇田土清丈及登记费，均各照价值百分之一计算，契税率及附加等概照章程办理。这一章程的制颁，为建立广东全省经界总局，清丈土地，压抑豪

---

① 金德群主编：《中国国民党土地政策研究（1905—1949）》，海洋出版社 1991 年版，第 113 页。

② 吴尚鹰：《土地问题与土地法》，商务印书馆 1935 年版，第 25 页。

强，整顿税收，增加大元帅大本营财政收入，作了准备。①

但是，广东革命基地不巩固②，加上原有户口册籍、粮册根据多有失散，广东"各县自反正以来，因水旱、天灾、兵燹对于地丁钱粮滞纳者有之，县知事催征不力者亦有之。……各乡户口积欠钱粮，间有数年，或自反正以来，未有清厘者不知凡几"。这对于实施地价税等土地政策，确实困难重重。为此，孙中山认为"清丈田亩"刻不容缓，于12月19日，指令广东省省长廖仲恺按照民生主义，参酌地方情形，拟具实行清丈章程呈候核定施行。廖仲恺亦即督令经界局"拟具实施规则，积极筹备赶速进行"③。

1924年，孙中山聘请德国土地问题专家为广州市政府顾问，单威廉博士"襄助孙中山实现民生主义，居粤二年"，从事实地调查，研究土地问题，拟具意见书，作为起草土地法律的参考资料，商谈地价税问题。单威廉拟出《都市土地登记测量及征税条例草案》，其所拟土地登记征税条例共95条，当时由土地法审查委员会复加审核，准备以广东省政府名义公布施行。④ 该草案共分九部分，主要针对广州市城市土地登记及土地税问题。在草案成稿并译成中文前，孙中山、廖仲恺相继逝世，随之单维廉也不幸车祸遇难。后广东政局发生变化，加上单威廉起草的《都市土地登记测量及征税条例草案》"亦只为大体之规定，简而未详"，⑤ 当时并没有得到贯彻执行。但是，"条例草案"较好地体现了孙中山的平均地权政策，"根据国民党党纲及三民主义而设，亦即所以保障民有业权，使不动产变为流动金，意美法良"⑥。该条例已经略具城市土地行政的基本内容，

① 金德群主编：《中国国民党土地政策研究（1905—1949）》，海洋出版社1991年版，第112页。

② 《广州市市政公报》1925年第185期。总之自1921年以来广州前则"厄于陈炯明"，后则"厄于杨刘诸逆"。

③ 金德群主编：《中国国民党土地政策研究（1905—1949）》，海洋出版社1991年版，第114页。

④ 德国人单威廉博士"在青岛创行增价税制，卓著成效。民十三总理聘至粤，委以草拟广东省并都市土地登记测量及征税条例之任。期年而草案成。民十五，广州市土地局刘子影君译为中文印行，前有市长孙科及局长蔡增基序"。见专载《单威廉土地登记测量及征税条例草案》，《地政月刊》1933年第1卷第9期。

⑤ 吴尚鹰：《土地问题与土地法》，商务印书馆1935年版，第25页。

⑥ 公牍：《广州市市政公报》1927年第254期。

如土地测量、登记，核定地价，征收地价税，地政机关的设立及其组织原则，城市土地规划等，为后来国民政府制定土地法提供了参考资料。

总之，孙中山在广东省实施城市平均地权政策的努力，虽然收效"甚微"，却显示了他矢志不渝地躬行平均地权政策的精神。尤其在广州市土地管理方面的开创性工作及其有关立法，成为20世纪二三十年代国民政府解决城市土地问题的地政开端与法律渊源。

## 二　《土地法》的制定

孙中山在国民党党纲中宣示"由国家制定之土地法、土地使用法、土地征收法及地价税法"的主张，吴尚鹰认为是"总理对于土地问题，于其解决方法上所予吾人之简要暗示也"。内政报告亦明确表达"来谈解决的办法，在土地法尚未公布以前，要想实事求是，说出一贯的道理和办法来，实在是不可能的"。"根据中山先生之民生主义，以制定关于土地之新法则，乃中国国民政府之所有事。"① 国民党准备制定出一部土地法来解决土地问题，作为土地政策的实施方案。而且其宗旨已很明确，"如何可以实现吾党之平均地权政策，此皆为土地法所应有事"。②

对于要制定土地法，黄振铖有段评述："政策是方针的原则的指示，还有待于法律的执行。仅有良好的政策，而没有良好的执行政策的法律，则政策自政策，法律自法律，土地问题是终不会解决的。归结一句，土地问题急于需要解决，政策的选定，故属重要，但政策靠法律来执行，政策重要，土地立法更重要，没有完备的土地法，良好的土地政策还是始终不会推行的。"这也反映时人渴望用改革的方法解决土地问题，要"税去地主""买去地主"，而不想"踢去地主"。③

土地法之所以要制定，吴尚鹰在回顾孙中山的地政实践时说："总理于民国十一年开府广州时，关于土地行政，曾有土地局之设立。旋并颁布土地税法（即上文的《广东都市土地税条例》，笔者注），于申报地价与地价税率二事，略为规定。卒以时局多故，未及实行。然以根据党纲，定

---

① 内政部报告：《解决中国土地问题之方法的研究》，《中央党务月刊》1930年第22期。

② 吴尚鹰：《土地问题与土地法》，商务印书馆1935年版，第23页。

③ 黄振铖：《土地政策与土地法》，中国土地经济学社印行，1948年1月，第26页。关于"买去地主""税去地主"详见本书第一章。

为土地法规，且经大元帅府明令公布者，该法实为嚆矢。嗣于民国十二年间，总理复延聘土地问题专家德国人单威廉博士为顾问，从事实地调查，拟具意见书，为土地起草之参考资料。单威廉博士居粤二年……其所拟之土地登记征税法共九十余条（即上文的《都市土地登记测量及征税条例草案》，笔者注），广州市土地局之办理土地行政事宜，盖引用该法为根据，略为补充。"他进而指出，"前此二法，均限于地价税一项，而且专以使用于都市为准，条文亦属简略，实有扩充之必要，以完成土地法规之整个系统也"。①

1928 年 12 月 26 日立法院将其草拟之"土地法原则"提交给中央政治会议。该原则共 9 项：

一、征收土地税以地值为根据。

二、土地税率采渐进办法。

三、对于不劳而获的土地增益实行累进税。

四、土地改良之轻税。

五、政府征收私有土地办法。

六、免税土地。

七、以增加地价税或估高地值方法，促进土地之改良。

八、土地掌管机关。

九、土地转移，须经政府许可。②

其内容分五大部分，（1）土地税方面：征收土地税以地值为根据；土地税率采取渐进办法；对于不劳而获的土地增益，实行累进税；土地改良物征收轻税；政府机关及地方公有土地，不以营利为目的者，经政府许可，免缴地税。（2）土地征收方面：政府得用价收买私有土地，为国防公益，或公营事业之用；但不得收买土地为营利目的；收用私有土地时，所有土地改良物，政府须予以相当赔偿。（3）土地改良方面：以增加地税或估高地值方法促进土地之改良。（4）土地掌管机关方面：设省及市（以五万人口以上者，为城市）土地局及县土地局，并设一中央机关监督

① 吴尚鹰：《土地问题与土地法》，商务印书馆 1935 年版，第 25 页。

② 黄振钺：《土地政策与土地法》，中国土地经济学社印行，1948 年 1 月，第 27、28 页。

并指挥之；土地掌管机关职权包括管理公有土地、土地测量、土地登记、保管土地册籍、发给土地契据、估计地值、解决因土地法发生之争执、订定地税册及决定土地是否可以移转。（5）关于土地登记，即土地及定着物之登记及其程序；登记费按照申报地价之2‰缴纳。

以上9项原则，除第五项、第八项、第九项对于土地征收、地政机关与登记等事项稍有规定外，其余都注意于实行土地税。平均地权政策的核心是土地税政策，但是9项原则对于土地税政策的实施，贯彻得并不彻底。譬如土地税率采渐进办法，对于不劳而获的土地增益实行累进税，都给土地所有者留下一部分现在地租或未来地租；土地改良物轻税，更有悖地价税政策的原理（详见本章第二节）。

该原则的《附说》部分有这样几句话："本原则决定后，先拟都市土地法，只规定大纲，其余细则，悉由各都市自行斟酌地方情形办理，较为易举，亦为进行初步之所必然也。""本土地法原则，系以总理主张为根据，参以单威廉顾问在广州时讨论之结果，单氏之主张，即系胶州所已实行之办法，以是本原则，亦与胶州办法相近也。""胶州办法实行以后，对于防止土地投机事业，颇著成效，地价亦无突涨之弊，其为良好的土地政策，世人多称之，总理亦尝谓可以取法者也。"[①]

因此，根据"土地法原则"来详细研究，则可以明白"政府今日为什么要急谋解决土地问题，要采用怎样的土地政策，关于土地问题的内容和原理也不难推知了"。[②]正如台湾地政学者分析的，九项原则主要和土地税相关，充分体现了民生主义土地政策之核定地价、照价征收、照价收买、涨价归公内容，而独未列入"耕者有其田"，"实属一大缺陷"。[③]不过从中可以看出，《土地法》乃解决城市土地问题的实施方案，亦验证国民政府的土地政策实际上是绕开了农村土地问题，侧重于城市这个判断。

1928年，国民政府立法院指定土地法起草五人委员会。1929年1月16日，国民党中央政治会议通过上述土地法原则。

立法委员会基于该原则起草《土地法》《土地征收法》等。经过一年半，草案完成，并由立法院议决通过，呈国民政府公布。1930年6月

① 特载：《土地法原则〈附说〉》，《三民半月刊》1930年第5卷第1、2期合刊。

② 曾济宽：《土地问题及其解决办法》，《新声》1930年第13、14期合刊。

③ 冯小彭：《土地行政》，台湾五南图书出版公司1981年版，第38页。

30 日，经国民政府明令公布，"只适用于人口五万以上之都市"的《土地法》成为正式法律。

《土地法》是国民政府关于土地政策的具体规定，也是其实施土地行政的准则。1930 年颁布的《土地法》，"计条文 397 条，根据总理平均地权原则"规定关于解决中国土地问题的方法，内容分为五编：总则、土地登记、土地使用、土地税与土地征收。

吴尚鹰在其《土地问题与土地法》一书中，针对《土地法》这个名称由来进行了解释：根据国民党党纲第十四条规定，即关于各种土地法规名称，列举为土地法、土地使用法、土地征收法及地价税法四种，似乎应该分别制定各个单行法规。后在制定过程中认为，各种法规，既同时起草，且多有相互关系，因此决定"编为整个系统为法典式之制定"，然后分列各篇，总称为《土地法》，并在其政纲所列举的四种法规之外，加入土地登记一篇。其理由是，土地行政中如果不先将关于土地的各种权利做明确登记，则无由整理。登记为土地行政的当然手续，开办土地登记，不影响土地政策的根本原则，在政纲之中没有列入土地登记正在于此。原来政纲之中土地法与其他法规并列，现在既然总称为《土地法》，故将原来应规定于原"土地法"之各条文，组成一篇，称为"总则"，其名称的变更，不过是立法技术问题，无关原则。①

关于总则，总计 5 章 31 条。五章内容主要是关于土地法施行程序、土地私有权限制、土地分段整理、土地测量计划准备与土地行政机关设立。总则各条文是各编共通关系的原则与纲领性规定，性质不专属于某一编的汇总于此。

关于土地登记，总计 4 章 109 条。土地登记目的是使地权确定及转移便利。如果土地权利于法律上不能确定，则所有人及其他权利人对于土地的关系，无所依据，即使登记完成亦不起作用，土地转移将发生滞碍。正如当时中国"关于土地权利之轇轕竟成莫大之纠纷，于个人与社会经济，咸受损失"，其原因在于土地契据不能流通便利所导致。土地登记手续更需要简便，否则登记制度仍然不完善。近代欧美各国采用的土地登记制度是"托仑氏制度"（Robert Torrens System），其办理手续或有异同，而原则基本一致。

---

① 吴尚鹰：《土地问题与土地法》，商务印书馆 1935 年版，第 26 页。

关于土地使用，总计 4 章 86 条。土地使用编所规定的各种使用限制，其主要目的在于使土地没有荒芜弃置，并促使土地达到最经济的利用，以求尽量发展土地效能。

关于土地税，总计 10 章 108 条。征收土地税的最大意义，在使土地因人口增加与社会进步而增长的地价以租税形式征收，使之归于国家所有，以达到为社会公益之用；但是因为投入劳力资本所获得的利益，仍然全部归于资本劳力者所得，不加以侵害，并加以保障。吴尚鹰认为征收地税是国民党解决土地问题的手段，其目的在于使平均地权原则渐趋于实现。至于税款收入，是实行政策的必然结果。换言之，所以采用征税手段，不是以财政收入为主要目的，而是为解决国计民生根本的土地问题。至于孙中山地价税征收的原则主张为不劳而获的土地增值全部归公，不得私有。但是土地法根据国民党政治会议所定的原则，税率规定得"极为低廉"，与孙中山的主张"将地主不劳而获之地价全数归公一节，非一蹴可几"。其原因，吴氏以为国民党中央政治会议的决定在于推行便利，"宁为逐渐改进，依次达到总理所主张之完满程度，此为实施上之缓进急进问题，从行政便利上观之，自有其理由与必要也"。

关于土地征收，总计 6 章 63 条。国民政府用法律保障土地私有制，然而为了社会公益要求，不得不征收私有土地时，国家得行使特权，征收私有土地，以为公益需要。"此为各国立法之共通原则，彼此或有异同者，不过为征收权力范围之大小及办理手续之繁简耳。"[1]

1935 年 5 月，《土地法施行法》公布，直到 1936 年 3 月，《土地法》与《土地法施行法》同时施行。孙科对于两部法律评价甚高，"今观《土地法》及《土地法施行法》所规定，体大而思精，便俗而易行，洵足以阐扬总理遗教，而使吾党之土地政策得以及早实现"。[2] 土地法施行后，各省市地政工作，较以前大有进展，但业务重点只是整理地籍与实施地价税，这便是受土地立法的影响。因为《土地法》的内容，特别重视城市地籍整理与实施地价税，若举办农村地政，便苦于无法的依据，受到限制。

---

[1] 吴尚鹰：《土地问题与土地法》，商务印书馆 1935 年版，第 26—42 页。

[2] 同上书，"孙序"第 1 页。

## 第二节　《土地法》对于城市土地政策的调整

《土地法》的主要起草者吴尚鹰一直强调该法是平均地权的直接体现，他说国民党自孙中山同盟会始，"即以平均地权四字揭示天下。……辛亥革命，同盟会改称国民党，而主义与政策仍一贯也"。"平均地权政策足以解决民生问题"，此"国民党所主张土地政策之由来，今国民党为党治之政府，其对于党之政策，应负实施之责任，此土地法之所由公布，进而求实施矣"。[①]

实际上，《土地法》对于平均地权及其实施方法与孙中山《建国大纲》及《三民主义》的相关演讲有不少调适。

### 一　规定地价：兼采地主申报地价与政府估定地价两种方法

关于规定地价政策，"地价不可不先定，而后从事于公共经营也。地价之法何以为便乎……予以为当由地主自定以为便。……此定地价一事，实吾国民生根本之大计，无论地方自治，或中央经营，皆不可不以此为着手之急务也"[②]。"定地价，为平均地权之基本条件，盖地价不定，则所谓照价征收，照价收买，及涨价归公，均无所依据。"[③]胡品芳认为针对城市土地问题的严重状况，政府推行城市地价申报为"最易收效"，"则积弊得以革除净尽而城市之繁荣民生之发展可期矣"。[④]

如何定地价？孙中山对于定地价进行了明确说明，主张由地主自己定价，而以政府照价收税，照价收买为条件，进而涨价归公。[⑤] 不过，他所讲的照价征税，并不包括土地改良物的价值，而只是以素地的价值为限。[⑥]

---

① 吴尚鹰：《土地问题与土地法》，商务印书馆 1935 年版，第 2、3 页。

② 蒋介石：《怎样解决土地问题》，《中央周刊》1942 年第 4 卷第 21 期。

③ 江观纶：《由土地整理谈到实行本党土地政策》，《服务月刊》1942 年第 4、5 期合刊。

④ 胡品芳：《城市地价申报与城市土地问题》，《地政月刊》1935 年第 6 期。

⑤ 孙中山：《民生主义·第二讲》，赵靖、易梦虹编：《中国近代经济思想资料选辑》（下），中华书局 1982 年版，第 116、117 页。

⑥ 同上书，第 118、119 页。

　　《土地法》却对地主自报地价进行了补充，采取两种形式即业主申报和政府估定来确定地价。《土地法》第二百三十八条规定："依本法声请登记所申报之土地价值为申报地价。依本法估计所得之土地价值，为估定地价。"估定地价由地政机关进行，依据地主申报地价，其一为征收土地时作为补偿地价的标准，其二作为政府主管机关估计地价时的参考资料。《土地法》规定地价的估计，是将所辖区内的土地，就其地价情形相近者，划分为地价区。所谓地价情形相近，是以估计时前五年内的市价为准。估计地价，应对在同一地价区内的土地，参照其最近市价或申报地价，或参照其最近市价及申报地价为总平均计算。但是，因财政需要或经济政策的必要，须就同一地价区内的土地最近市价或申报地价，择其中地段价值较高者，来进行选择平均计算。此项总平均计算或选择平均计算所得的地价数额，为标准地价。①

　　标准地价确定后，分区公告 30 日，经过公告程序后不发生异议，或发生异议经主管地政机关决定或公断的，为估定地价。按照土地法规定，实施照价征税，即以估定地价为依据。地价每五年重估一次，但有重大变更的，不在此限。土地改良物价值的估计，在估计地价时同时进行，对于有增减或重大改变的，也可单独估计。② 这种规定地价方法，对同一块土地，规定有两种价格，即申报地价与估定地价。按照道理，同一土地在同一时间，应有一种法定价格，不论实施涨价归公、照价征税，均应按同一标准为依据。不应因申报地价较低，便以之为涨价归公的标准，估定地价较高，便以之为照价征税的根据，这样是不合理的。

　　《土地法》对于标准地价的规定，时人多有不满，认为按照平均地权政策的规定，申报地价应由所有权人自由申报，在申报前由政府规定报价的参考地价，实无必要。③ 既然采取申报地价为法定地价，同时又有照价征税、涨价归公及照价征收来制衡，就应由所有权人衡量实情，自由申报，这样才合理。而标准地价实际上成为限制报价的标准地价，是否妥善，值得研究。④ 石天倪认为，1930 年《土地法》规定先由人民申报地

①　特载：《土地法》，《三民半月刊》1930 年第 5 卷第 1、2 期合刊。
②　同上。
③　曹鸿儒：《地价税之研究》，《三民半月刊》1930 年第 5 卷第 1、2 期合刊。
④　冯小彭：《土地行政》，台湾五南图书出版公司 1981 年版，第 206 页。

价，然后再由政府参酌报价，划区估定其标准地价，为征税根据，虽然适应行政上的需要，但是缺点很多，手续麻烦，施行亦多困难，"此种办法，殊欠妥适，故原土地法公布以后，迄未见诸实施"。[1]

曹鸿儒认为土地法的规定违背了孙中山的思想，质疑地政机关估定地价的准确性、公平性，并且以世界其他国家地方政府评定地价程序之繁难，"而且易于惹起纠纷"，一再坚持孙中山"地价应该由地主自己去定"的主张，认为简易、准确、公平。[2]

面对批评，国民政府成立土地委员会拟定土地问题研究项目，对土地法提出了一些修改意见。其中关于定地价，修改意见为"地价以所有权人所申报地价为准，如所有权人不依法申报时，得由地政机关估定之"。并进行说明，平均地权的第一个问题，就是定地价。只有定地价之后，照价抽税、涨价归公才可以实行。如何定地价？《土地法》规定有两种：估定地价与申报地价。地价税依照估定地价征收，土地增值税及土地征收，依照申报地价征收，以此种办法规定地价"非特与总理之初旨完全相违，即与事理上亦有说不过处"[3]。

对于申报地价，当时国民政府认为须有适当的社会环境及政治条件，"非骤可全国一致举行"。因此应该有中央政府衡量事实，分别指定适当省市，敕令办理；且地价申报，重在土地价值，故不经测量登记的区域，即可举办，至城市及建设区域之地价，"尤有尽先规定之必要"[4]。可见，国民政府也承认《土地法》侧重城市土地申报地价。

规定地价，首先要调查评估，对此须要特别注意，详密计划，审慎办理，然后所规定的地价才能符合实际，达成理想要求。因为影响地价变动因素很多，首先，地价随人口增减而变动。土地需求与人口有关，人口越多，那么土地需求越大，地价因之必然高涨；反之则必然下降。在一般情况下，人口增加是自然趋势，因此土地地价上涨是必然的。但是农村与城市的土地有区别，我国农村面积广大，人口不会骤然增加很多，因此农村土地地价增长的趋势较缓。城市土地则不然，市地范围较小，而且近代中

---

① 石天倪：《中国土地问题之探讨》，《三民半月刊》1930 年第 5 卷第 1、2 期合刊。

② 曹鸿儒：《地价税之研究》，《三民半月刊》1930 年第 5 卷第 1、2 期合刊。

③ 《中国地政学会拟请修改土地法意见书》，《地政月刊》1935 年第 1 期。

④ 《立法院各委员会审查报告》，《立法院公报》1928 年第 19 期。

国城市化趋势加剧，人口集中，市地地价增长趋势一般比较剧烈。其次，地价随经济变化而有变动。土地是生产三要素之一，所以经济方面的变化，对于地价变动影响很大。如果工商业发达，不但市地地价因需求增加而上涨，农村土地地价也将因农产品价格上涨而高涨，反之则必低落。再如货币因发行数量增加而贬值，一般物价必随之高涨，而地价亦随之高涨。此外土地投机盛行，也可促使地价高涨，因为资本流向土地，地价必然抬高。土地改良、交通发达以及流行利率高低、地租高低等，对于地价变动的影响也大。再次，地价随政局的变化有变动。政治进步，地方安静，各项事业蒸蒸日上，地价必随之高涨；反之地价则低落。同样，政府政策也可以影响地价变动。①

以上只是一般因素，针对市地而言，住宅地地价主要受环境是否适宜、邻近居民的职业性质是否相同、与学校是否接近、交通是否方便等因素有重大关系。商业用地地价，主要受交通是否方便、该地每日各时间往来车辆人数、行人种类等的影响。工业用地地价，主要取决于动力的供应与运输方面。地价涨落，实有许多因素。②

所以，自1930年《土地法》公布后，各省市办理规定地价工作，按照该法所定的规定地价程序，实行起来有非常大的困难，"先由人民报价，嗣后由政府派员估价，但因报价不实或匿不报价，则估价所得结果亦必失真，致引起种种实际之困难"。③

杨登元建议政府在原则上保留业主的报价权，在人民没有申报地价之前，政府可以派员调查收集地价材料，估定适当的标准地价，然后公布，以为人民报价根据，这样可以免去事后行政救济困难，并且可以获得较为真实的效果。④ 由于规定价格是一种专门技术，在初步估价时，对于地价材料的搜集、调查及整理，标准地价的调查估定，必须拥有专门学识经验的人才，才能够胜任。而当时全国各地都缺乏这方面的人才，此为当时各地地价估定工作难以开展的另一因素。

---

① 冯小彭：《土地行政》，台湾五南图书出版公司1981年版，第200页。
② 同上。
③ 杨登元：《中国土地政策研究》，杂说月刊社编印，1943年，第70页。
④ 同上。

## 二　征收地价税：比例税率与累进税率的取舍

（一）解决城市土地问题的土地税政策

所谓土地税，分地价税与土地增值税两种，对于解决城市土地问题政策之一的地价税，孙中山说："……文明城市实行地价税，一般平民可以减少负担，政府便有一宗很大的收入。政府有了大宗收入，行政经费便有着落，便可整理地方。一切杂税固然可以豁免，就是人民所用的自来水和电灯费用，都有政府来负担。其他马路的修理费和警察的给养费，政府也可向地税项下拨用。"[1] 杨登元在其《中国土地政策研究》中指出，如果不实行地价税，对于国家财政则为"漏收"，对社会不平则为"无形之助桀"，长此以往，"经济建设愈猛晋，土地愈有集中之势，国库之损失愈多，社会之不平愈甚，一时之蹉跎，可造民族百年之大患，不亦危乎"?[2]

照价征税是平均地权的重要手段，其主要作用是以征税方法税去素地地租，使归人民共享。基于上述思想，对于地价税的征收，不少学者都很乐观。万国鼎认为，"然若地归市有，或涨价归公，以京市计之，十年之间，增值逾一万万元，移充市政建设之费，岂不沛然有余乎？利害又若是其皎然也"[3]。他进一步指出："市地听令闲置而不税，投机涨价而不税，便兼并而妨碍土地利用，有背国民经济原则。……地税为平均地权之主要工具，故在财政及地政上殊为重要，其整理改革，不容稍缓也。"[4]

石天倪认为"实行地价税，是最有利益，最容易办到的"。他分析说中国是个穷国，财政极其困难，很难着手建设；但是必须谋划建设，如何筹措资金，必须实行地价税。地价税在城市方面，作为改良城市、建设资本之用。认为对增价较快的市地抽税从重非常公平，是平均地权最重要的办法。[5] 曾济宽说："总理解决中国土地问题之方法，故亦主张土地征税，

---

① 孙中山：《民生主义·第二讲》，赵靖、易梦虹编：《中国近代经济思想资料选辑》（下），中华书局1982年版，第118页。

② 杨登元：《中国土地政策研究》，杂说月刊社编印，1943年，第70页。

③ 万国鼎：《中国土地问题鸟瞰》，《人与地》1941年第9、10期合刊。

④ 同上。

⑤ 石天倪：《中国土地问题之探讨》，《三民半月刊》1930年第5卷第1、2期合刊。

但与亨利·乔治之单税制不同。……凡属土地之收益如为增进生产而获得者，方许私有，至不劳而获之自然增价，则收归公有。此实双方兼顾，解决今日中国土地问题至善至美之办法。"① 高信认为"平均地权之办法，于地税政策最为重视"②。

对于地价税，王晋伯称为"良税"，黄桂认为地价税是"现代最合理之土地税法"，这种税制一些国家早已采用，如加拿大在 1873 年开征，新西兰、澳大利亚、英国、德国等相继仿办，1898 年德国人在我国青岛实行，"成绩良好，足资取法"。实施此项税法，最显著的益处，一是地价若因人口增加、社会进步而自然增加，则地价税的负担亦随之加重，地主难于坐享不劳而获之利，土地投机自可制止。二是按照地价征税，则没有使用的土地，即使没有收益也要纳税，业主为谋抵补税款负担，不得不尽力改良利用其土地，因此地尽其利的目的便可达到。三是业主对于其所有的土地，如不能自加改良利用，势必出售其土地，方可避免税款负担，大地主逐渐消灭，需用土地者就会有取得土地机会。因此，"地税高则地价贱而生产事业发达"，成为近代"经济学者所公认为不易之原则"。孙中山以"照价征税"，作为实现平均地权原则的一项土地政策，其精义亦即在此。③

地价税，严格说来是将土地上改良物的价值除外，专就土地的未改良价值即基地价值，按年所征收的税。曾济宽认为根据 1895 年新南威尔斯法律"所谓土地未改良价值，即假定地上并无改良物，依照善意之卖主所提的合理条件，而出售该土地时所可售得之价额"，亦即孙中山所谓素地价值。他以为从财政观点而言，按价征税的目的，在于将经济地租变为地税，收归社会公有。因此，无论其估价的标准，或为市价，或为土地实得，或可能得到的周年租金。从赋税观点而言，一切土地，无论是否已经使用，有无地租收入，皆应按照其全价值课税，而地上改良物及房屋则应予免税，此即地价税精髓所在。④

1930 年内政部决定解决城市土地问题，其方法是征收地价税与涨价

---

① 曾济宽：《中国土地问题及其解决方法》，《地政月刊》1933 年第 6 期。

② 高信：《中国国民党之土地政策》，《民族文化》1941 年创刊号。

③ 黄桂：《土地行政》，江西省地政局印行，1947 年 2 月，第 32、33 页。

④ 曾济宽：《中国土地问题及其解决方法》，《地政月刊》1933 年第 6 期。

归公。内政部在其报告中认为："城市无税①，即今有税，也是根据以前做田地时的税率，不加分别。这种情形，在已往纯农村社会里，人口都散在乡村，不发生城市土地问题，国家自然可以不去理会。现在工商业渐渐发达，人口集中都市，都市土地需要增加，与农田价值相比，相差日远。由是地主的暴富，与中产阶级，劳动阶级，发生居住和生活的困难，为扰乱经济平衡的原因。所以，总理主张征收地税，由人民自由报价，政府再照价抽税和照价收买"。不过对孙中山制定的原则"有几点意见，可以说明：一，照价收买毕竟是很难办到的问题。是不是要另立评价委员会，于抽税时照评定之价，于收买时或照自报之价，以防税收之锐减是应切实研究的第一问题。二，制定税则。通税税则，照总理所定，为值百抽一，累进税则应用如此比例，应以若干地亩为普通限度？这是应当研究的第二个问题"②。

为何要征收土地增值税？董修甲以为，城市土地广大，市政府如要将私有土地完全收购，不仅没有财力，即使有财力，在事实上也难以办到。如果仅仅采用征收土地的办法来防止私人投机土地、操纵地价，仍然难以达到目的。只有采用孙中山的平均地权原则，除了上述地价税外，还要采取土地增值税为补充手段。地价税就是每年征收一次，而地价增值税为新的发明，每隔若干年征收一次，其理由为城市土地因为市政改善而增价，应将土地所增之价，由政府征收地税若干，以充实全市公共利益之用，不使市民不劳而尽获其利。③ 可见这里已经对于孙中山的涨价归公办法进行变更，改为地价增值税。

1930 年的《土地法》按照上述意见，规定征收地价税依照估定地价，征收土地增值税及土地征收依照申报地价。对于土地税征收的两种依据，即地价税依照估定地价征收，土地增值税及土地征收依照申报地价征收，土地委员会在研究这个问题时坦承："揆诸经济学理，凡一件东西，在同

---

① 据晏安杰的《租税论》，北京、南京俱无宅地税，各省之省城中仅杭州、奉天、吉林、齐齐哈尔有之，而其他省城则无。各府县城内及大镇市等有有税者，有无税者，然国民政府在"国家收入地方收入划分标准"内，以宅地税为将来之新收入。以此观之，可知征收该税之地方，实甚少也。详见［日］吉田虎雄《论国民政府之土地政策》，H 君译，《清华周刊》1929 年第 32 卷第 1 期。

② 内政部报告：《解决中国土地问题之方法的研究》，《中央党务月刊》1930 年第 22 期。

③ 董修甲：《上海特别市土地政策之研究》，《东方杂志》1927 年第 14 期。

一时期内，只有一个真实价格。如政府认定申报价格为真实，则政府不论增值税或地价税，皆应照申报价格征收。反之，即应依照估定地价征收，今政府承认一方土地，同时有两个真实价格之存在；此实无根据。况于公平原则上亦有不符。盖政府抽收地价税时，则依估定地价抽收，抽收增值税及征收土地时，则依其申报地价，此与善于剥削之犹太商人，当其买布时，用十六寸之尺，而当其卖布时，则用八寸之尺何异！"① 颇有自嘲之意，其中亦有无奈。

对于征收土地税的对象，《土地法》规定地价税向土地所有权人征收，设有典权的土地，由典权人缴纳；土地所有权的转移为绝卖的，其增值税向出卖人征收；如果为继承或赠与，则向继承人或受赠人征收；在规定地价后，十年届满，或实施工程地区五年届满，而没有转移的土地，其增值税向土地所有权人征收，该项土地设有典权的，向典权人征收增值税，但是土地赎回时应由出典人无息偿还。总之，土地税应由享受利益的人负担，如果因为一时的实际情形由他人代为缴纳的，其最终责任仍然由土地所有权人或实际享受利益的人负担。②

（二）累进税率的确定

孙中山制定地价税政策，注重地权的平均，要想达到此目的，地价税率如何确定，是关键所在。地价税率一般分为比例制及累进制，二者之中又各有轻税率、重税率之分。

首先，比例制。地价税专家单威廉主张以地方上通行贷款利率的平均数为税率标准，曾经假定广州市通行贷款利率平均数为10%，即主张以按照地价10%为广州土地税率。只是因为孙中山"以各国土地税法，大都值百抽一"，因此对于土地税率坚持主张值百抽一，而且廖仲恺认为10%的高税率根本不可行，也主张1%的轻税率，"俟将来逐渐增加"。③1930年的《土地法》因而决定采用渐进方法，把土地分为市地、乡地二种，各区再分为改良地、未改良地与荒地三种，对于市地其税率该法第二百九十一条规定为"市改良地之地价税，以其估定地价数额千分之十至千分之二十为税率"；第二百九十二条，"市未改良地之地价税，以其估定

① 《中国地政学会拟请修改土地法意见书》，《地政月刊》1935年第1期。
② 黄桂：《土地行政》，江西省地政局印行，1947年2月，第30页。
③ 同上书，第33页。

地价数额千分之十五至千分之三十为税率"；第二百九十三条，"市荒地之地价税，以其估定地价数额千分之三十至千分之一百为税率"。① 市地税率比乡地税率要高，原则上非常合理，然而我国市地一直没有税负，骤然征收重税，加上拥有大地产的阻碍，办理起来自然困难。为了能够征收地价税，上海市地价税率定为6‰，较最低税率10‰要低，并且估价标准仅是市价的一半，实际上税率不过3‰，杭州市地价税率略高，为8‰，也是低于《土地法》所规定的最低标准值百抽一。

其次，累进税制。总的来说比例税率，比孙中山规定的值百抽一要重些，不过当时仍然有人认为过轻，"且一律的如此而不加分别，难于达到平均地权的主张，是以仍不公平"，因而建议实行累进税，即随财产的增加而提高税率。如对拥有土地价格一万元以上的地主，征收值百抽一的地价税，五万元以上的地主，征收值百抽二的地价税，十万元以上的地主，征收值百抽三的地价税，以此累进，如此平均地权才有实现的可能。② 理论上说，累进税制在适应地主的负担力方面比比例税制有优势，薛福德在其所著《地价税论》中提出"地价税能否制止土地私有制弊害，全恃课税是否严格以为断。现行地价税率太低，对于分裂大地产殊无大效力。盖因有将来增值之希望，地主宁可纳税，而不愿放弃其土地……故欲求地价税发生最大效力，则应按照下列方法征收：（一）采用累进税率，对于大地主及不在地主课以重税；（二）对于耕种之土地予以最低额之免税"。根据累进税制，黄桂认为1930年《土地法》所定税率有两大缺点，一是税率几乎没有伸缩余地，不能适应地方需要；二是不问地产大小以同等税率征收地价税，不能发挥平均地权的效能。③

1938年4月，临时全国代表大会决议"地价税采用累进税制"。1944年3月国民政府公布战时土地税条例，对于地价税率不论市地乡地改良地、未改良地，一律改用累进制，"实为土地立法上之最大改革"。其所定累进办法，由各市县分别规定累进起点地价，以10万—20万元为度，土地所有权人的地价总额，没有超过累进起点地价的，照价征税15‰，超过累进起点地价，在五倍以内者，就其超过部分，加征20‰；

---

① 特载：《土地法》，《三民半月刊》1930年第5卷第1、2期合刊。
② 曹鸿儒：《地价税之研究》，《三民半月刊》1930年第5卷第1、2期合刊。
③ 黄桂：《土地行政》，江西省地政局印行，1947年2月，第34、35页。

十倍以内者，就其超过五倍部分，加征 3‰；其后每超过五倍，就其超过部分递加 5‰，以加至 50‰为止。按照累进起点地价 10 万元或 20 万元推算，则递加至最高税率时，总地价已经达到 350 万元，或 700 万元以上。1947 年通过的修正土地法，其地价税率仍然按照战时征收土地税条例的规定。[1]

### 三　土地增值税：不彻底的涨价归公

涨价归公基于如下理念，即土地自然增价——地价上涨，不是土地所有人投下劳力、资本加以人为的改良所产生，而是在土地不变形、不变质情况下所增加的价格，是土地交换价值的增加，并非使用价值的增加。所以，土地自然增价是土地交换价值在其本身条件不变情况下，由社会原因而增加的价格，必须采取适当的解决办法加以征收，这样才可以消除土地投机、垄断现象，促使地权分配平均，进而达到地尽其利。因此，平均地权的土地政策，主张涨价归公，"就是要以后所加之价，完全归为公有"。

服膺遗教，涨价归公实为国民政府应有之政策。然而，要真正推行土地增价归公政策，内政报告则认为："总理只留给我们这样一段话：'地价定了之后，我们更有一种法律的规定。是什么呢？就是从定价那年以后，那块地皮的价格再行涨高，各国都要另外加税；但是我们的办法，就是要以后所加之价，完全归为公有。'我们要知道土地增价，必有两种原因：一种是因地主以资本和劳力改良而增价；一种是因科学进步社会进化而增价。如果增价一概归公，又谁去用资本和劳力来改良土地？"因此，该报告提出应注意两点：（1）决定增价的成分，多少应归之于私人资本劳力，多少应属之社会自然进化；此事最难分别清楚，而又非分别不可。（2）土地涨价是否以买卖行为而决定，抑规定经过若干年后重行评价一次？如以买卖行为决定，则买主与卖主两方伙同舞弊，必定难达涨价归公之目的。[2]

可见令国民政府作难的是土地自然增价的计算问题，每块土地的涨价，哪一部分为人改良的增价，哪一部分为自然的增价，并无明显界限划分，所以计算起来很不容易。此外，何时征收增价税，也不好确定，在买

---

①　黄桂：《土地行政》，江西省地政局印行，1947 年 2 月，第 35 页。
②　内政部报告：《解决中国土地问题之方法的研究》，《中央党务月刊》1930 年第 22 期。

卖时征收，担心买卖双方勾结使诈，在若干年后重新评定地价，则工作复杂。总之，涨价归公很难实现。然而不推行涨价归公，一则担心地价上涨，必使土地购买者支出更多资金，从而使经营资金减少，影响社会生产发展；二则使城市、农村一般民众想购买到土地，更加困难，譬如上海市民有宅地所占比例极少；三则土地自然增价的利益，如归私人所有，促使许多人从事土地投机，以获取不劳利益，结果更促使土地地价高涨，房租增加，物价上涨，不仅影响分配，而且有碍生产。

当时国民政府已经注意到涨价完全归公的不现实性，不过内政部只是注意"如果增价一概归公，又谁去用资本和劳力来改良土地？"还没有注意到如果增价一概归公，又谁去买进卖出呢？没有买进卖出，又何来之涨价？何来"金融界肯作抵押、尽量投资，经济上甚为流通"呢？又何来之"以大宗收入"呢？

最终，《土地法》没有执行完全涨价归公的原则，而是按照累进税率征收增值税，其第三百零九条规定："土地增值税之税率，依左列规定：（一）土地增值之实数额，为其原地价数额百分之五十，或在百分之五十以内者，征收其增益实数额百分之二十。（二）土地增值之实数额，超过其原地价数额百分之五十者，就其未超过百分之五十部分，依前款规定，征收百分之二十，就其已超过百分之五十部分，征收其百分之四十。（三）土地增值之数额，超过其原地价数额百分之一百者，除照前款规定分别征收外，就其已超过百分之一百部分，征收百分之六十。（四）土地价增值之实数额，超过原地价数额百分之二百者，除照前条规定分别征收外，就已超过百分之二百部分，征收其百分之八十。（五）土地增值之实数额，超过原地价数额百分之三百者，除照前款规定分别征收外，就其超过百分之三百部分，完全征收。"①

1935 年提出修改意见，明确土地增值税征收办法，自申报地价后，实行征收土地增值税。土地增值税以转移时的地价，或申报满三年后的估定价格超过现所申报地价，并且不是因投入劳力资本而增高的价值作为标准来征收。

对于把涨价归公改为增值税，翁之镛则不以为然，他在一次谈话中说，如欲实施平均地权的土地政策，涨价归公必须实行，现行《土地

---

① 特载：《土地法》，《三民半月刊》1930 年第 5 卷第 1、2 期合刊。

法》必须更张。《土地法》把土地税分为地价税与增值税，地价税是常税应轻，故以无条件的涨价归公补偿，而《土地法》规定不实施涨价归公，只是征收增值税，"绝非国父本意，应将地价增值税改为涨价归公"。①

## 四　照价征收：从地价税的辅助手段成为法律上独立的土地征收政策

对于照价收买土地政策，是孙中山针对核定地价为了防止地主申报地价过低的一个补助政策。这个政策并不是要收买全国土地，即人民的土地，而是让民众自己报价，按价收税，同时政府还可以按价收买，如果不报价就无条件地没收。1912 年 4 月解临时大总统职后，孙中山在同盟会会员饯别会演讲词中讲道：

> 由国家收买全国土地，恐无此等力量。最善者，莫如完地价税一法。如地价税一百元时完一元之税者，至一千万元则当完一十万元。此在富人观之，仍不为重。此种地价税法，英国现已行之。……因其法甚美……然只此一条件，不过使富人多纳数元租税而已。必须有第二条件，国家应在地契之中，应批明国家当须地时，临时可照地契之价收买，方能无弊。如人民料国家将买此地，故高其价，然使国家竟不买之，年年须纳最高之税，则已负累不堪，必不敢。即欲故低其价以求少税，则又恐国家从而买收，亦必不敢。所以有此两法互相表里，则不必定价而价自定矣。②

1924 年，他在《民生主义第二讲》中说得更具体详细：

> 依我的主张，地价应该由地主自己去定，比方广州长堤论地价，有值十万元一亩的，有值一万元一亩的，都是由地主自己报告到政府。至于各国的土地税法，大概都是值百抽一，地价值一百元的抽税

① 本报讯：《土地涨价归公：翁之镛氏谈实施办法》，《大公报》1942 年 8 月 21 日。
② 孙中山：《民生主义与社会革命》，陈劭先：《中山文选》，文化供应社 1948 年版，第141 页。

一元；值十万的，便抽一千元；这是各国通行的地价税。我们现在所定的办法，也是照这种税率来抽税。地价都是由地主报到政府，政府照他报的地价来抽税。许多人以为地价由地主任意报告，他们以多报少政府岂不是要吃亏吗？譬如地主把十万元的地皮，到政府只报一万元。照十万元地价，政府该抽税一千元；照地主所报一万元来抽税，政府只得一百元，在抽税机关一方面，自然要吃亏九百元。但是政府如果定了两种条例，一方面照价抽税，一方面又可以照价收买，那么地主把十万元的地皮，只报一万元，他骗政府九百元的税，自然是占便宜；如果政府照一万元的价钱去收买那块地皮，他便要失去九万元的地，这就是大大吃亏了。所以照我的办法，地主如果以多报少，他一定要怕政府照价收买，吃地价的亏；如果以少报多，他又怕政府照价抽税，吃重税的亏。在利害两方面互相比较，他一定不情愿多报，也不情愿少报，要定一个折中的价值，把实在的市价报告到政府。地主既是报折中的市价，那么地主和政府自然是两不吃亏。①

同年，中国国民党的宣言明示"私人所有土地，由地主估报价值于国家，国家就价征税，并于必要时，得以报价收买之"②。在此基础上，1930年制定并颁布的《土地法》规定，为国防公益，或公营事业之用，政府得用价收买私有土地。这样使照价收买土地又增加了一个功能，由只是征收地价税的一个补助措施，成为发展国家建设事业在法律上独立的一个土地政策。

针对土地收买，董修甲根据孙中山的平均地权理念，并参考德国城市土地政策，为上海市设计的方案别有特色。他认为欧洲各国法律，以德国的法律最为著名，对于城市土地，"概许市政府严订章程以管率之，更许市政府将市内外土地，随意收买，随意转卖。……而英美各城市之土地，不能由政府随意支配之。……然则上海特别市，应以何者为法乎？……应效法德国之土地政策。"

根据他设计的方案，上海特别市应将市内各区之廉价土地，秘密调查

---

① 孙中山：《民生主义·第二讲》，赵靖、易梦虹编：《中国近代经济思想资料选辑》（下），中华书局1982年版，第116、117页。

② 王龙舆：《土地问题的发生及其解决》，《三民半月刊》1930年第5卷第1、2期合刊。

清楚，尽量购买，并应调查各区土地于将来城市建设上，为必需者，亦尽量预先购置之。市政府所购置之土地，应该建筑各种公共房屋、建筑廉价房屋出租于贫苦之市民、建筑廉价房屋出售于市民、以所余土地转售市民。政府所有收买土地费用，均须分期发行公债充之，第一年先发行十年长期公债50万元，实收40万元；以8万元作奖励费，2万元充一切手续费；公债每股定为10元（以本埠或外埠本国人为限）；利息定为月息八厘，自购票之日起计算，按月付息；以所收买之土地全数，为担保品；还本期，自第三年起，每年抽签还本一次。这样上海市拥有市地将会很多，其结果不仅市民"无从操纵地价"，而且市政府"亦可于土地上获得无穷之利益，可谓一举两得"。① 董氏的设计方案，显然是推行土地照价收买政策的设想，并参考了当时德国的城市土地政策。

1930年《土地法》中没有对"照价收买"做出明文规定。根据孙中山的设计，照价收买为配合核定地价而为，后来在土地法修正原则中规定以申报地价为法定地价，申报前须要先由地政机关参照最近五年土地收益及市价，查定标准地价作20%以内增减；不依法申报，或不为申报时，即以标准地价作为其地价并征收之。由此推知申报地价，低于标准地价80%者，要照价收回，以制衡民众申报地价。

《土地法》在"市地"一节中，规定地段面积过小或其形式不整齐，不适宜建筑独立房屋时，应斟酌接连地段情形，准许由接连地段的所有人请求主管机关依法征收；繁华地段的空地，市政府须斟酌地方需要情况，规定两年以上的建筑期限，逾规定期限而不建筑，可以允许需用土地人请求征收其全部或一部；征收建筑的土地，其建筑期限，由征收完毕之日起，不得超过一年，逾期而不建筑，必须征收。② 这些相关规定与地权调整及促进土地利用有关，主要是促进城市土地利用。

杨登元从实行都市计划预防土地投机的角度出发，认为城市"征收私人土地之行政实属必要"，尤其抗战时期，重庆市进入一个崭新的建设时期，因此须要早为大量公有土地的预备，以免将来城市繁荣后须要以高价收买土地。他建议征收对象为：短报地价的土地、拥有大量的土地且超过政府规定限额的，不合理的利用（如土地荒废等），适宜于实施国家经济

① 董修甲：《上海特别市土地政策之研究》，《东方杂志》1927年第14期，第7—14页。
② 特载：《土地法》，《三民半月刊》1930年第5卷第1、2期合刊。

政策或公共利益事业使用的土地等等，凡此均在征收之列。作为敌伪之逆产，政府得无偿没收，至于征收土地后所发生的补偿地价问题，可以比照农地征收办法，以土地公债给之。①

## 第三节 《土地法》的修改

### 一 偏重市地的《土地法》

1930 年 6 月颁布的《土地法》，为 5 篇，凡 397 条。第一篇总则，分 5 章，包括土地所有权、土地重划及地政机关等方面的规定；第二篇土地登记，分 5 章，包括土地登记及一切程序之规定；第三篇土地使用，分 4 章，包括市地乡地使用限制，及使用条件之规定；第四篇土地税，分 10 章，包括地价申报估计，土地税征收减免之种种规定；第五篇土地征收，分 7 章，包括征收准备、征收程序及补偿地价等之规定。

除第二篇土地登记为事务程序之规定外，对于城市土地四大政策都有明确的实施方案，以期达到"市地尽其利"，而对于农地涉及得很少。纵观《土地法》全文，其中绝大多数条文分属于土地行政法规和征收土地税的财政法规，多达 346 条，其他 51 条只是关于改良土地关系的规定，也不过是限田限租之类条文。与其说法典体现了孙中山平均地权遗教与地尽其利原则，不如说土地法的原则更体现了蒋介石的意志，"今日中国土地，不患缺乏，并不患地主把持，统计全国人口，与土地之分配，尚地浮于人，不苦人不得地，惟苦地不整理"②。土地法原则申明"国家整理土地之目的，在使地尽其用，并使人民有平均享受使用土地之权利，总理之主张平均地权，其精义在乎此"。虽落脚点在"平均地权之精义"，而开场白则明示以蒋介石之"整理土地"为要务。

《土地法》的参与制定者吴尚鹰自负地认为，这是一部"最富于土地改革主义的土地法典"。实质上，诚如日本人吉田虎雄所评论"此等法律只适用于人口五万以上之都市，对于此外之地方如农耕地等等"，则只能

---

① 杨登元：《中国土地政策之研究》，杂说月刊社编印，1943 年，第 72 页。

② 蒋介石：《对于土地政策的意见》，转引自曾迭《土地政策》，《十日谈》1934 年第 17 期。

另行规定。① 土地法的 9 项原则大都与土地税有关，"民生主义土地政策所主张的规定地价、照价征税、涨价归公、照价收买等项，固都与土地税有关，但耕者有其田的主张，亦系民生主义土地政策的重要部分，在立法原则中，并未列入，实属一大缺陷"。②

可见，这是一部偏重解决市地问题的法律。"先拟都市土地法，其余细则悉任各都市自行斟酌地方之情形办理，较为易举"，"本土地法原则……即系胶州所已实行之办法，以是本原则，亦与胶州办法相近也"，③胶州即青岛市，显然都市以外之地不适用；其中明确规定土地增价税在都市之外乡村，不征收，其理由是"土地增价税之征收，各国多限于都市，而不及于乡村，特别不及于农耕地。盖土地之急激增价，限于都市；在乡村此倾向为缓慢……农地之买卖颇为稀少，征收增价税，亦有困难"④。总之，增价税难以实行，涨价归公又不易于实行于农地，《土地法》如何在农村实行平均地权呢？"惜乎未能贯彻总理'耕者有其田'之主张……是诚吾人所不敢苟同者也"。⑤ 正是基于此，《土地法》成为时人批评的对象。

## 二　时人对《土地法》内容的评论

黄振钺著书对于《土地法》的内容，进行了比较系统的阐释与评论。关于规定地价，他认为要实行照价收税，涨价归公和照价收买，必先要有地价作为根据，如何能够获得一个确实的地价，最为重要。按照孙中山的意思，地价由地主自由申报，按照他的设计，政府虽然听任人民自由申报地价，但是可以采取照价收买防止地主少报，又用照价收税防止地主多报地价。政府有了控制人民据实申报地价的手段，无须担心人民虚报地价。但是《土地法》却有两种地价的规定，

---

① ［日］吉田虎雄：《论国民政府之土地政策》，H 君译，《清华周刊》1929 年第 32 卷第 1 期。

② 冯小彭：《土地行政》，台湾五南图书出版公司 1981 年版，第 38 页。

③ 法规：《土地法》之《附说》，《三民半月刊》1930 年第 5 卷第 1、2 期合刊。

④ ［日］吉田虎雄：《论国民政府之土地政策》，H 君译，《清华周刊》1929 年第 32 卷第 1 期。

⑤ 蔡旨直：《中国土地问题之检讨》，《山西建设》1936 年第 10 期。

一为申报地价①，二为估定地价②。政府每年征收土地税，以政府估定地价为标准，至于征收土地增值税则以申报地价为标准，但是政府仍然保留其照申报地价收买的权利。这反映政府在收税时去其重，而收买时取其轻，黄氏评论"有失公平的原则"。③

其实《土地法》如此规定，是把孙中山的设想以法律条文形式化为实际操作手段，但是却误解了本意。在孙中山的设想里，规定地价只有一个标准即地主申报的地价，让定地价的主动权在业主手里，然后辅助以照价收买、照价收税的手段，弱化政府的控制权；而《土地法》的规定地价标准却是两个，表面上与孙中山的设想不矛盾，但是把规定地价的主动权完全操纵在政府手里，使人民自由申报地价成为虚设，强化政府的控制力，显然违背了孙中山的原意，因此引起时人批评。

关于照价征税，《土地法》对于税地分别规定，区别为市地（市行政区域内的土地）、乡地（市地以外的土地）两类。再下分为三种：改良地（依法使用的土地）、未改良地（没有依法使用的土地）和荒地（没有改良物的土地）等。《土地法》对以上各种土地规定的是比例税制，黄振钺认为对于拥有大量土地的所有权人，不起到任何作用，在土地税方面，很难迫使他们抛售超额的土地，从而失去利用照价收税调整土地分配的意义。④不过，黄氏对于征收地价税亦有误解。征收地价税不仅是为了国家财政，改良赋税制度，以及人民负担公平；其主要目的，在于促进地尽其利。因为按照孙中山设想，施行地价税以后可以避免土地所有者把土地作为投机工具，对土地粗放经营甚至荒废，使土地得以有效利用。征收地价税，属于财产税性质，孙中山在土地分配上主张不没收私人土地，而是限制现存私有制；通过平均地权，既避免激烈改革，又防患于未然。所以土地法委员会审查修正草案的时候，认为《土地法》中关于地价税的各项规定，并没有变更的必要。

---

① 即由业主在申请第一次土地所有权登记的时候，在土地申请登记书的地价一栏内，自行填报的地价。
② 即由主管地政机关，就同一地价区内的土地，依据申报地价或者最近的市价，或者申报地价与最近市价的总平均数，或者选择平均计算，来求得全区标准地价，经公告期满且未发生异议，或者发生异议经主管地政机关决定或公断决定的地价。
③ 黄振钺：《土地政策与土地法》，中国土地经济学社印行，1948年1月，第35页。
④ 同上书，第37页。

关于涨价归公，《土地法》规定采用征收土地增值税的方式。根据该法规定，在征收增值税时，先算出土地增值的总数额，根据总数额算出增值的实际数字，然后根据这个实际数额，按照规定税率在规定时期内征收。在土地增值总数额中，市地须扣除超过原地价数额（申报地价或前次转移时的买卖地价）的15%，乡地扣除超过原地价数额的20%后，才算作土地增值的实际数额。土地增值税是根据土地增值的实际数额征收的。吴尚鹰对此解释"乃虑及原价值数额以外尚有因施劳力资本之增值部分，特宽为规定，以免碍及资力之发展"①。黄振钺以为土地法的规定及起草人吴氏的解释"不但在理论上缺少根据，而且事实上也讲不过去"。他认为市地事实上的增值，皆是政治安定、市政建设、工商发达、人口增加等促成的结果，决不是地主施用劳力资本所能造成的。至于乡地，也只有在水利建设、修筑铁路、公路成为工矿区，农业品涨价等因素之下才会发生特殊的涨价。对此他主张必须完全按照孙中山涨价归公的办法来执行。不过"如果增价一概归公，又谁去用资本和劳力来改良土地"？国民政府在制定土地法的时候必须考量上述问题，对此，参与起草《土地法》的吴尚鹰解释道："依地价税之理论原则，应全数以征税方式收为公用。但本法取渐进主义，只收取一部分。"② 所以，时人对于《土地法》背离"总理遗教"的批评，1946年颁布的新土地法并没有接受，"也与旧法同样的宽纵地主独占土地涨价的重大错误"。③

但是，对于土地税轻重，还有另外的看法。浦敏璿认为土地法的根本原则以"三民主义中平均地权为依归"，用意虽然是为了地尽其用，但是"随处为劳农方面着想，而待遇地主实过苛。以我国实情言，本无阶级之别，乃土地法削足适履，严刻业主，适足以促成两大壁垒，互相斗争。孟子曰，徒善不足以为政，徒法不能以自行，兹部土地法，亦将蹈此前愆者也"④。显然，浦氏对于《土地法》的评论与黄振钺截然相反。

对于照价收买的政策在土地法上转变成独立的土地征收政策，黄振钺并没有责难，但是他对于土地法只关注土地征收而忽略土地收买用于

---

①　吴尚鹰：《土地问题与土地法》，商务印书馆1935年版，第134页。

②　同上书，第135页。

③　黄振钺：《土地政策与土地法》，中国土地经济学社印行，1948年1月，第40页。

④　浦敏璿：《土地法总评》，《县政研究》1939年第1卷第4期。

防止人民少报地价的作用提出批评。他认为由于政府制定的《土地法》在这方面的"阙如",造成地价不能如实申报,而平均地权的土地政策是以地价为核心,那么征收地价税与土地增值税所要求的目的则难以达到。①

### 三 《土地法》的修改

《土地法》虽然是解决城市土地问题的方案,但是 1930 年颁布后,其"施行法"在 1935 年前一直没有完成,致使其长达五年没有实施,因此各级地政工作者"每惑无所遵循"。土地法本身"尚多窒碍难行之处",②如规定的土地整理程序缺乏弹性。1935 年 5 月将《土地法施行法》制定公布,1936 年 3 月《土地法》与《土地法施行法》同时施行。《土地法》施行后,各省市地政工作,较以前大有进展,但业务重点是地籍整理与实施地价税。因为《土地法》的内容,特别重视城市地籍整理与实施土地税,若举办农村土地行政工作,则处于无法律依据,因而受到限制,这也是其备受批评的根源。

《土地法》施行后,未能收到良好效果,"一方面系受时局的影响,另一方面就是未能完全依据政策来立法,过分迁就,缺乏改革"③,在如何实行土地增值税方面,一直缺少实体性规定。《土地法》实行之前,各方面多主张修改,实施后主张修改的意见更多。如黄通一方面认为土地法可谓"体大思精,洋洋壮观"。同时也指出"惟近年以还,我国外以国际形势剧变",内以经济社会发展,土地整理与土地政策的推行,"尤属急不容缓,现行土地法,已不足以适应事实上之需求,故有修正之必要"。④

结合以上各节内容,《土地法》侧重城市、忽略农地,内容方面针对平均地权政策的调适及具体技术层面都成为批评对象,正如黄通所提出的修正要点:其一,修正旧土地法的烦琐难行,以达到行政、技术的简捷,明定测量程序、厘整登记手续及规定地价等;其二,为了达到"平均地

---

① 黄振钺:《土地政策与土地法》,中国土地经济学社印行,1948 年 1 月,第 42 页。

② 土地委员会编:《全国土地调查报告纲要》,全国经济委员会原版,中央土地专门委员会加印,1937 年 1 月 26 日,第 73 页。

③ 冯小彭:《土地行政》,台湾五南图书出版公司 1981 年版,第 38 页。

④ 黄通:《土地法修正之意义》,《新中华》1937 年第 5 卷第 11 期。

权""耕者有其田"及地尽其利的目的而采取积极有效方法,如关于保护佃农、扶植自耕农、垦荒、土地重划、设立土地银行与发行土地债权、累进税制等。① 显然《土地法》的修改势在必行。

1936 年 10 月,经由中央土地专门委员会提出修改《土地法》原则 24 项及修正《土地法》草案 5 篇、20 章、275 条,其中修正《土地法》原则 24 项为:

一、土地应根据使用性质(如耕地、林地、牧地、鱼池等)分类,本法所用土地种类名称,应求统一。

二、应明定国家为实施土地政策及调整分配,得设立土地银行及发行土地债券之条款。

三、应明定中央政府为扶植自耕农,关于下列各款,得另订条例:参酌地方情形,规定一自耕农应有耕地面积最低限度,并限制其处分;限制自耕地之负债最高额;自耕地之继承办法。

四、土地裁判所之规定应删,第一次土地所有权登记时,市县司法机关附设土地裁判法庭,以二审终结之。

五、土地测量、登记应合为一篇,关于土地测量,应在本法为大体规定。

六、登记程序应从简易,其公告期间,缩短为一个月至三个月,登记费用应酌减,登记图册书状之种类式样及记载方法各条应删,而付予中央地政机关以命令规定之权,地政机关所发之权利书状,应为权利之唯一凭证。

七、在第一次登记时,关于土地权利所发生之争议,应明定先由主管地政机关调解之,不服调解时,得向土地裁判法庭呈诉。

八、土地登记遇土地所有权人非家长时,应注明家长姓名。

九、无人申请登记之土地,得依法为公有之登记。

十、房屋救济,应为经常之规定,关于准备房屋无庸规定。

十一、耕地出租人为不在地主时,或承租人继续耕作五年以上,而其出租人非农民或非老弱孤寡藉土地为生活时,承租人得依法请求征收其土地。

---

① 黄通:《土地法修正之意义》,《新中华》1937 年第 5 卷第 11 期。

十二、耕地租用契约，应经主管地政机关之审核并登记。

十三、为减轻地租之负担，应明定地租最高额，为登记后土地价百分之八，但承租人得依习惯以农产物代缴。

十四、荒地须由大规模垦荒之组织始能开荒者，得另设垦务机关办理，并得由土地银行等加以协助，原法代垦人规定应删。

十五、承垦人于荒地垦熟后，应无偿取得土地所有权，并于相当长期之免税。

十六、土地重划系地政机关促进土地利用之主要措施，应无须土地所有权人之同意，原法第二百一十八条应删，并应增加耕地因灌溉排水或其他农事上之需要改良，亦得为土地重划。

十七、重划土地相互补偿，一律以地价为计算标准。

十八、以申报地价为法定地价（原法关于估定地价之条款应删），申报前得先由地政机关参照最近五年土地收益及市价，查定标准地价为百分之十以内增减，不依法申报，或不为申报时，即以标准地价为其地价。

十九、地价税率依照第五届全国代表大会之决议，采用累进制，不分税地区别，起税点地价为千分之十至二十，惟荒地及不在地主之土地税得酌量加重。

二十、特殊建设区域，因地价激增，致土地税收较原额有增益时，得呈准以增益部分偿该项建设经费。此种区域内无移转土地之增值税，得于建设开始后第六年征收之。

二十一、土地增值实额内，应扣除土地所有人投施劳力资本为特别改良所得之增值及已缴之特别征费。

二十二、国家实施土地政策，或兴办铁道水利及国防军用而征收土地时，得于发给补偿金前，进入土地工作，并得以土地债券为补偿，或分期补偿。

二十三、佃农依法请求征收佃耕地时，其地价的补偿得先付原价三分之一至二分之一，余额由地方政府担保其分年偿还。

二十四、征收程序及手续，应力求节捷。①

---

① 黄振钺：《土地政策与土地法》，中国土地经济学社印行，1948年1月，第27—32页。

　　上述 24 项原则，比起草土地法的 9 项原则更合理充实，而且直接涉及农地的就有十条（第一、二、三条，第十一至十六条及第二十三条），其他为程序、技术内容。地价税政策大有改进，税率起点仍然是"值百税一"，而且对于改良地不再征税，不过涨价归公仍然是部分归公。除此外，该原则注意到土地使用、国家征收土地的补偿、设立土地银行，尤其注意到扶植自耕农与实现耕者有其田，以及对于当时的佃农，主张保佃减租等项。但是原则草案及修正法草案全文，在土地专门委员会与法制专门委员会审查后，呈送中央政治会议核议，结果被搁置。

　　1937 年 5 月 5 日，中央政治会议又提出讨论。针对第十九项，该会议认为如果按照每一个土地所有权人所有土地的价值数额累进计算，在户籍法未能有效实施前，难以实行；而且累进税的计算以及征收手续等项，都比较繁杂，在行政程序上更是难于办理，因此决议"暂予保留"，交立法院议定后再核议；其余 23 项，决议全部通过。上述所通过的各项原则提交立法院以后，又经转饬土地法委员会审查，认为原《土地法》中关于地价税的各项规定，并没有变更的必要，提经立法院 1938 年 3 月 17 日会议，按照土地法委员会意见通过。

　　抗战胜利前后，立法院土地委员会根据已经通过的决议，"反复研讨、详加审议"，修订实施，最终于 1946 年 4 月完成修正《土地法》，公布施行。[①] 这样整个抗战时期，《土地法》是"带病实施"，[②] 国民政府制定颁布一系列战时土地法规来弥补其缺失（详见本书第四章第二节），破坏了一致性原则，不合法理（详见本书第五章）。

　　修正后的《土地法》，仍然分为 5 篇，除第二篇改称为"地籍"外，其余各篇名称，与旧法相同。第一篇是"总则"，改为"法例""地权""地权限制""公有土地"和"地权调整" 5 章，共计 35 条。第二篇是"地籍"，改为"通则""地籍测量""土地总登记"和"土地权利变更登记" 4 章，共计 44 条。第三篇是"土地使用"，改为"通则""使用限制""房屋及基地租用""耕地租用""荒地使用"和"土地重划" 6 章，共计 63 条。第四篇是"土地税"，改为"通则""地价及改良物价""地

---

　　① 黄振铖：《土地政策与土地法》，中国土地经济学社印行，1948 年 1 月，第 32、33 页。

　　② 《土地法》首先是国民政府公布实施的基本法，整个抗战时期没有明文废止，但是又通过了修正案却没有修改，因此笔者称之为"带病实施"。

价税"土地增值税""土地改良物税""土地税之减免"和"欠税"7章，共计65条。第五篇是"土地征收"，改为"通则""征收程序"和"征收补偿"3章，共计40条。修正法全文共分5篇，25章，247条，与1930年《土地法》相比，少了5章、150条。①

修正后的《土地法》，与旧《土地法》比较，删去很多。除删去有关程序法条外，还依照上述修正土地法原则，加入许多新义理。冯小彭认为民生主义土地政策"耕者有其田"的主张，在修正《土地法》中，随着时代演变、事实需要，已作更进一步的发展。首先，确立农地农有原则，规定私有农地所有权的转移，其承受人以承受后能自耕者为限。其次，创立自耕农场，规定各级政府为创立自耕农场需用土地时，经行政院核定，得征收私有荒地、不在地主所拥有的土地及出租土地超过限额标准的。再次，最小面积单位的规定，即市县地政机关于其管辖区域内土地，得斟酌地方经济情形，依其性质及使用种类为最小面积单位的规定，并禁止其再行分割。最后，自耕地负债最高额限制，省或院辖市政府得限制每一自耕农耕地，负债最高额，并报中央地政机关备案。此外关于地籍、地租、地税方面亦有若干修正补充，并创立土地债券的立法依据。

冯小彭认为这部修正的《土地法》，较之旧《土地法》，确实有不少改进之处。其改进重点是调整地权分配，促进"耕者有其田"的实施。因此，土地行政措施，也就特别着重于地权问题的解决。此外地籍、地税等项，与旧《土地法》的规定出入较小，至于有关促进土地利用的规定，则尚嫌不够。至于他认为旧《土地法》"未能完全依靠政策来立法，过分迁就，缺乏改革"，指的是仅体现平均地权的城市土地政策而忽略"耕者有其田"的农村土地政策；新《土地法》在依据土地政策方面除了依据"核定地价、照价征收、照价收买、涨价归公"的城市土地政策之外，又依据了"耕者有其田"，所以冯先生才有上述论断。

实际上，关于农民切身问题的地权分配法律条文，由于内战爆发，且局势不可收拾，未能实施。在国民党败退台湾后，才得以实践，此举"符合政府现行体制，配合当前社会经济发展"。② 而且针对《土地法》在大

---

① 黄振钺：《土地政策与土地法》，中国土地经济学社印行，1948年1月，第34页。

② 冯小彭：《土地行政》，台湾五南图书出版公司1981年版，第41页。

陆实践得失，冯小彭的总结颇有道理，也确实是教训得出来的："今后如何修订有关土地使用的立法，以求土地行政能有正确的依据，实为一项重要问题。土地法系有关土地的基本立法，自应审慎周详，不容草率，但也不应过分保守迁就，必须依据政策，针对问题，作切合实际的规定。尤其注意防微杜渐，防患于未然，高瞻远瞩，走在问题之前，不要站在问题的后面。待问题严重时，再来修正补订，常会出现法尚未立，而问题已演变到不可收拾的地步。所以土地立法一定要把握时机，支应土地行政的需要，然后才能据以解决土地问题。"①

总之，国民政府希望执行平均地权的城市土地政策，并通过《土地法》的实施达到杜绝兼并之弊，实施涨价归公，以塞投机之源。正如曾任四川省地政局局长的冯小彭②所论述，一旦实施《土地法》，推行平均地权的城市土地政策，那么就会首先消除土地投机，促使地权分散。方法是按照《土地法》，一方面用累进课税制度，征收地价税，土地越多，则负担越重，使拥有土地过多的地主，不得不将其所有土地划分出售，使集中的土地逐渐趋于分散；另一方面，对私有并没有建筑房屋的城市土地，限制其面积最高额，超额土地限期出售，逾期则由政府依法征收转售需要土地的人，以供建筑使用。

其次，增进城市建设，提高市地利用。城市建设，必须使城市土地的利用符合城市规划的需要、社会公共福利的要求，才能发挥土地的真正价值。城市平均地权的实施，采用市地使用严格管理制度，凡应利用而没有利用的市地，则限期使用，需要土地而无土地可用的，则设法给予利用土地的机会；反之，有地而不予以利用的，则予以必要的限制及处罚，对于不当的利用更予以严格管制。配合适当的市地改良措施，采取积极建设与消极管制双管齐下的办法，使所有城市土地均能较合理、有效地利用，以此促进城市建设。

最后，确保地利共享，改善人民生活。城市人口增加，工商发达，必然增加土地需要，促使地价上涨。如果土地的自然增值，均为地主所有，坐享暴利，产生分配上极不公平的现象。而城市规划公布后，所加诸市地的限制或特许，也常造成土地所有权人彼此间权益的不

---

① 冯小彭：《土地行政》，台湾五南图书出版公司1981年版，第42页。
② 本报讯：《川地政概况》，《大公报》1944年6月27日。

平衡。

　　因此，城市平均地权实施后，通过涨价归公办法的运用，将土地自然涨价收归公有，并用以提高地利、改善人民生活，不但使社会大众能真正共享地利，而且可消弭不平及土地投机之源。①

---

① 陈郁芬：《都市平均地权实施绩效之评估》，成文出版社 1981 年版，第 29、30、45、46 页。

# 第三章

# 城市地价的变动及原因

抗战爆发后，后方城市如重庆、昆明、贵阳等处，因国府西迁，人口增加，地价增长惊人，"国家建设，突飞猛进，社会进步，地价陡涨，到处为豪右投机垄断，土地资本且有压倒工业资本之势"①。国民政府地政署成立后亦不得不面对"城市地方，向为土地投机之渊薮，在战时以人口激增，地价高涨，而投机兼并之风尤盛"的局面，决定以完成后方城市地籍整理，普遍实行市地地价税与土地增价税，"以期抑制土地投机，取缔不劳而获"为首要目标②。本章就抗战时期后方城市地价变动及原因进行考察，希望有助于了解重庆市土地政策推行的背景。

## 第一节　地价变动趋势

### 一　20 世纪二三十年代的城市地价变动

国民政府侧重解决城市土地问题，有其现实原因。一方面，"这个政府本身更适合于城市"，其"在 1928 年将土地税收下交给省政府③，只是到 1941 年才改正"；"而这部分占国民总产值近 65％，如果南京政府它自己保留了土地税"必将影响其对农村土地政策的实施态度；"被剥夺了农

① 江观纶：《由土地整理谈到实行本党土地政策》，《服务月刊》1942 年第 4、5 期合刊。

② 王南原、刘岫青：《一年来办理城市地籍整理业务之检讨》，《地政通讯》1943 年第 2 期。

③ 1928 年，第一次全国财政会议划分国地收支系统，将田赋划归地方，以充裕地方财政，田赋遂为地方收入之大宗。黄桂：《土地行政》，江西省地政局印行，1947 年 2 月，第 30 页。

业方面的收入"，"只把城市经济看作一个财源"①，因此，能够给政府带来"大宗收入"的城市土地行政必然引起国民政府重视，1930 年公布的《土地法》侧重解决市地，以征收土地税。另一方面，由于城市土地私有，其使用、买卖一直没有限制，以致大量市地为少数人所操纵垄断，从事投机，不仅坐享暴利，也妨害城市土地利用，影响城市建设发展；人口集中，经济有所发展，推动地价飞涨，造成城市居民居住条件恶化，而房荒又带来人心慌，这些影响到国民政府在城市统治的根基。对此，地政学家萧铮甚为忧虑，他在为一本地价研究的专著所作序中说："市地利用，无法改进；住宅问题，愈激愈烈；劳苦群众之生活，既日益困难；一般市民之健康道德，同受重大之威胁。……遂成为罪恶之渊薮。"②　"时至今日，都市计划之设施，都市土地之课税，都市土地之租借，与夫都市土地之所有等问题，关系土地价值，至大且巨。……都市土地地价之研究，是不可容或忽视矣。"③

20 世纪 30 年代，对于城市区位造成的城市土地地价差异及市地价格变动已经引起时人的关注，"闹市之地，价值千万，稍形偏僻，辄减巨倍……是以都市地价之进展状况，颇值得吾人之注意，应加以研究焉"。④地政学院成立之初，万国鼎提出研究南京市地价的课题，后交予高信等负责，出版了《南京市之地价与地价税》一书。⑤ 高信在对城市土地的特性论述中，特别注意区位问题，他以为"市地之利用，其要点不在乎土壤之肥瘠，而在乎位置之良否"。⑥

城市土地的一个特性是价格易于增长，近代以来，我国城市尤其沿海开放城市发展较快，"地价之增涨，有惊人之迅速"。⑦ 中国各大城市的地价相对于农地，20 世纪 20 年代初至 30 年代初，均有日益增加的趋势。

---

① ［美］易劳逸：《1927—1937 年国民党统治下的中国——流产的革命》，陈谦平、陈红民等译，中国青年出版社 1992 年版，第 275、277、284、285 页。

② 萧铮：《序》，高信《南京市之地价与地价税》，正中书局 1935 年版，第 1 页。

③ 张辉：《上海市地价研究》，正中书局 1935 年版，第 1 页。

④ 同上。

⑤ 高信：《南京市之地价与地价税》，正中书局 1935 年版，"引言"第 6 页。

⑥ 同上书，第 1 页。

⑦ 同上书，第 2 页。

表 3 – 1　　　　　各省历年农地地价变迁（1912—1933）

| 省名 | 县数 | 水田 | | | 平原旱地 | | | 山坡旱地 | | |
|---|---|---|---|---|---|---|---|---|---|---|
| | | 1912 年 | 1931 年 | 1932 年 | 1912 年 | 1931 年 | 1932 年 | 1912 年 | 1931 年 | 1932 年 |
| 察哈尔 | 8 | 144 | 119 | 106 | 123 | 124 | 107 | 126 | 117 | 106 |
| 绥远 | 9 | 72 | 92 | 103 | 62 | 83 | 99 | 81 | 89 | 95 |
| 青海 | 8 | 93 | 149 | 110 | 124 | 149 | 126 | 121 | 154 | 154 |
| 甘肃 | 22 | 84 | 109 | 109 | 101 | 114 | 105 | 80 | 116 | 100 |
| 陕西 | 39 | 160 | 135 | 117 | 210 | 176 | 144 | 164 | 157 | 124 |
| 山西 | 74 | 85 | 148 | 124 | 87 | 171 | 135 | 91 | 187 | 146 |
| 河北 | 106 | 86 | 150 | 124 | 91 | 142 | 120 | 96 | 176 | 138 |
| 山东 | 87 | 55 | 122 | 117 | 61 | 133 | 118 | 62 | 133 | 121 |
| 江苏 | 47 | 80 | 117 | 104 | 73 | 119 | 105 | 78 | 111 | 107 |
| 安徽 | 30 | 90 | 146 | 111 | 86 | 153 | 107 | 94 | 153 | 112 |
| 河南 | 61 | 70 | 99 | 68 | 69 | 28 | 98 | 66 | 95 | 100 |
| 湖北 | 21 | 82 | 113 | 102 | 83 | 106 | 100 | 79 | 107 | 101 |
| 四川 | 58 | 78 | 110 | 107 | 78 | 105 | 104 | 76 | 103 | 102 |
| 云南 | 27 | 49 | 91 | 98 | 40 | 86 | 93 | 32 | 83 | 91 |
| 贵州 | 21 | 61 | 96 | 99 | 60 | 92 | 98 | 59 | 87 | 93 |
| 湖南 | 38 | 89 | 107 | 109 | 76 | 116 | 104 | 67 | 102 | 110 |
| 江西 | 23 | 92 | 121 | 105 | 98 | 108 | 102 | 88 | 112 | 104 |
| 浙江 | 42 | 107 | 130 | 109 | 116 | 133 | 107 | 114 | 134 | 107 |
| 福建 | 23 | 110 | 121 | 415 | 109 | 126 | 113 | 107 | 124 | 119 |
| 广东 | 43 | 60 | 93 | 100 | 59 | 92 | 98 | 57 | 91 | 95 |
| 广西 | 39 | 62 | 93 | 100 | 58 | 93 | 100 | 58 | 87 | 98 |

说明：本表历年地价的百分数，是根据各地田地价格计算而得，以 1933 年为 100。

资料来源：张森：《中国都市与农村地价涨落之动向》，《地政月刊》1934 年第 2 期。

　　由表 3 – 1 可知，绥远、河南、云南、贵州、广东、广西等地地价，逐年增高，而察哈尔、青海、陕西、浙江、福建诸省，则逐年降低：其 1933 年地价，竟然低于 1912 年。其余各省以 1931 年地价为最高，1932 年及 1933 年逐渐减低；但比 1912 年仍然较高。"近来各地报纸，对于各地农村地价跌落情势，颇有记载……由此足见各地农村地价跌落之一斑。"又内政部曾于民国二十一年举办各省农村经济概况之调查，关于地价一项，亦在调查之列。各省资料在整理之中，从发表的土地价格变迁情况，可以看出年来农村地价之加速的跌落。"①

表 3 - 2　　　　　　　各省乡村地价历年变动指数（1912—1934）

| 省别 | 水田 | | | | | 旱地 | | | | |
|------|------|------|------|------|------|------|------|------|------|------|
| | 1912 年 | 1931 年 | 1932 年 | 1933 年 | 1934 年 | 1912 年 | 1931 年 | 1932 年 | 1933 年 | 1934 年 |
| 江苏 | 69.59 | 85.00 | 85.00 | 77.84 | 75.99 | 68.21 | 87.54 | 85.44 | 79.37 | 74.39 |
| 浙江 | 76.64 | 93.60 | 87.29 | 77.10 | 72.01 | 75.73 | 93.55 | 85.10 | 76.27 | 70.26 |
| 安徽 | 74.83 | 83.50 | 79.26 | 72.91 | 67.48 | 81.08 | 86.36 | 76.13 | 71.08 | 72.16 |
| 江西 | 53.70 | 96.30 | 81.48 | 68.52 | 57.41 | 56.67 | 100.00 | 83.33 | 76.67 | 66.67 |
| 湖南 | 62.65 | 98.68 | 103.04 | 100.13 | 84.31 | 87.32 | 94.66 | 99.06 | 97.63 | 87.32 |
| 湖北 | 104.83 | 87.14 | 90.39 | 92.11 | 89.89 | 108.66 | 88.03 | 86.69 | 90.67 | 92.42 |
| 四川 | 77.23 | 95.35 | 86.25 | 80.66 | 72.51 | 72.75 | 97.46 | 89.37 | 84.23 | 76.67 |
| 河北 | 59.58 | 93.82 | 83.69 | 76.08 | 76.19 | 59.53 | 95.51 | 82.99 | 72.24 | 68.04 |
| 山东 | 62.67 | 94.11 | 86.19 | 78.93 | 76.90 | 53.69 | 95.68 | 82.07 | 77.58 | 76.90 |
| 河南 | — | 101.82 | 102.49 | 97.15 | 94.48 | — | 102.84 | 103.38 | 99.31 | 96.94 |
| 山西 | 59.73 | 93.05 | 80.29 | 72.08 | 69.97 | 55.23 | 89.86 | 75.90 | 64.54 | 61.69 |
| 陕西 | 100.31 | 101.71 | 103.33 | 108.11 | 111.46 | 116.16 | 96.49 | 100.73 | 105.69 | 115.95 |
| 甘肃 | 76.93 | 109.23 | 124.21 | 130.38 | 131.80 | 89.12 | 112.37 | 125.39 | 128.65 | 128.65 |
| 宁夏 | — | 85.67 | 70.22 | 69.85 | 69.85 | — | — | — | — | — |
| 青海 | 44.75 | 101.18 | 94.82 | 82.22 | 74.11 | 58.54 | 98.51 | 78.66 | 71.85 | 80.53 |
| 福建 | — | 95.48 | 87.86 | 82.14 | 80.22 | — | 96.57 | 91.13 | 86.20 | 84.02 |
| 广东 | — | 92.76 | 89.27 | 93.29 | 88.83 | — | 97.42 | 94.33 | 95.75 | 91.92 |
| 广西 | — | 88.78 | 89.26 | 88.27 | 79.29 | — | 85.57 | 88.93 | 90.28 | 81.09 |
| 云南 | 59.04 | 103.52 | 102.43 | 104.63 | 106.36 | 55.94 | 106.52 | 105.62 | 106.01 | 107.26 |
| 贵州 | 40.89 | 99.75 | 96.49 | 88.81 | 75.05 | 39.55 | 100.83 | 100.61 | 94.30 | 79.30 |
| 总指数 | 60.92 | 94.13 | 88.84 | 84.79 | 80.50 | 66.42 | 95.42 | 88.79 | 84.68 | 80.62 |

　　说明：以 1930 年地价为基数。

　　资料来源：土地委员会编：《全国土地调查报告纲要》，全国经济委员会原版，中央土地专门委员会加印，1937 年 1 月 26 日，第 57、58 页。

　　表 3 - 2 以 1930 年地价为基数，计算五年乡村水田、旱地地价的指数。从 1930 年到 1934 年五年的乡村地价，其中以 1930 年为最高，与 1912 年相比较，总的高出 1/3 以上。而 1931 年以后，则地价跌落，是各

---

省普遍一致的现象。

表 3 – 3　　　　　各省城厢地价历年变动指数（1912—1934）

| 省别 | 宅基地 | | | | | 商业地 | | | | |
|---|---|---|---|---|---|---|---|---|---|---|
| | 1912 年 | 1931 年 | 1932 年 | 1933 年 | 1934 年 | 1912 年 | 1931 年 | 1932 年 | 1933 年 | 1934 年 |
| 江苏 | 54.44 | 95.10 | 92.09 | 97.26 | 90.43 | 50.71 | 104.66 | 99.06 | 103.72 | 103.72 |
| 浙江 | 62.51 | 96.91 | 94.99 | 88.42 | 86.17 | 54.51 | 99.60 | 97.96 | 89.31 | 84.53 |
| 安徽 | 66.44 | 84.21 | 86.36 | 84.93 | 77.35 | 77.09 | 92.36 | 94.63 | 95.04 | 87.82 |
| 江西 | 42.66 | 100.00 | 103.89 | 114.22 | 109.43 | 35.18 | 85.84 | 93.84 | 102.43 | 98.69 |
| 湖南 | 28.21 | 91.14 | 95.50 | 96.08 | 99.98 | 20.82 | 93.32 | 88.35 | 94.06 | 88.08 |
| 湖北 | 99.57 | 99.19 | 101.48 | 102.95 | 97.12 | 75.59 | 90.85 | 97.71 | 91.96 | 90.57 |
| 四川 | 47.80 | 102.82 | 89.72 | 87.78 | 91.05 | 41.93 | 100.44 | 96.04 | 114.80 | 134.46 |
| 河北 | 56.19 | 95.52 | 89.84 | 87.62 | 79.35 | 56.42 | 98.36 | 92.61 | 85.83 | 81.45 |
| 山东 | 51.32 | 97.61 | 90.82 | 87.62 | 87.54 | 51.89 | 97.39 | 92.34 | 91.88 | 90.79 |
| 河南 | — | 99.89 | 90.68 | 99.49 | 100.22 | | 96.91 | 93.65 | 97.56 | 99.03 |
| 山西 | 64.67 | 93.54 | 92.25 | 87.15 | 87.03 | 55.12 | 93.44 | 85.58 | 83.73 | 84.67 |
| 陕西 | 102.29 | 110.24 | 115.01 | 133.40 | 138.25 | 95.70 | 103.67 | 110.17 | 128.21 | 149.89 |
| 甘肃 | 78.07 | 104.66 | 119.61 | 127.50 | 129.45 | 79.36 | 105.99 | 115.97 | 126.10 | 129.86 |
| 宁夏 | — | 112.91 | 112.91 | 112.91 | 112.91 | | 119.92 | 120.73 | 124.39 | 124.39 |
| 青海 | 34.58 | 99.01 | 101.38 | 105.78 | 102.24 | 24.80 | 99.00 | 97.83 | 99.55 | 95.79 |
| 福建 | — | 111.18 | 96.24 | 92.14 | 90.00 | | 117.68 | 96.15 | 91.26 | 88.40 |
| 广东 | — | — | 100.00 | 96.66 | 86.95 | | | 100.00 | 94.77 | 93.38 |
| 广西 | — | 112.69 | 105.02 | 101.23 | 90.88 | | 111.77 | 99.99 | 97.57 | 82.91 |
| 云南 | 66.91 | 97.81 | 97.34 | 98.27 | 98.14 | 42.34 | 100.81 | 98.81 | 100.58 | 105.39 |
| 贵州 | 41.33 | 106.37 | 107.13 | 110.98 | 102.69 | 40.68 | 104.21 | 106.96 | 112.73 | 103.97 |
| 总指数 | 42.63 | 104.04 | 98.84 | 99.16 | 94.75 | 34.69 | 102.14 | 93.69 | 95.39 | 91.03 |

说明：以 1930 年地价为基数，广东省 1930 年地价没有报告，故以 1932 年地价为指数。

资料来源：土地委员会编：《全国土地调查报告纲要》，全国经济委员会原版，中央土地专门委员会加印，1937 年 1 月 26 日，第 61 页。

由于各省城市地价没有详细调查表，因此列出表 3 – 3 城厢（靠近城市的郊区）的地价进行对比。1930—1934 年五年的城厢地价，大概以 1930 年、1931 年为最高，较之 1912 年，平均高出一倍以上，其增长趋势，要大于农村地价。1931 年以后，城厢地价也逐渐跌落，只是不如农村地价跌落明显。主要原因是"农村凋敝，工商交困"，乡村的不安宁，使富裕的人迁入城市，城市人口因此增加，使城厢地价虽有跌落，不若农村剧烈。[①]

根据张森在1934年初的研究资料[②]及国民政府土地委员会1934年8月至1935年7月底的调查[③]报告，可以看出农村地价总体跌落的态势，而城乡接合部的地价跌落不明显。农村水田与旱地在1930年达到最高点以后，逐年下降，趋势基本一致；城厢地价在1931年达到最高点以后亦呈下降趋势，但是比较和缓，尤其城厢住宅地，下降幅度不大，1932—1934年几乎持平，说明人口增加影响地价变动。由于没有具体的城市地价调查数据，只能根据张森、国民政府土地委员会调查的城市地价信息及当时报纸、杂志所登载的一些资料透视城市地价变动情况。以下是根据城市地价上涨调查的一些记录，对于城市地价在20世纪二三十年代的变动趋势做一考察，主要通过上海、南京等城市来说明，是因为它们的资料比较翔实，没有其他特殊含义。

针对城市土地地价变化，时人多慨叹上涨速度，其中"最显著者，莫如上海，而上海地价涨高最可惊者，尤莫如租界"，"上海公共租界之地价，近几十年来，日趋腾贵，有加无已"[④]。

表3－4　　　　　上海市公共租界历年地价估计（1903—1930）

| 年份 | 估价面积（亩） | 估价总值（两） | 每亩平均估价（两） | 每亩平均增价（百分比） |
|---|---|---|---|---|
| 1903 | 13126102 | 60423773 | 4603 | 100.00 |
| 1907 | 15642625 | 116047257 | 9656 | 209.77 |
| 1911 | 17093908 | 141550946 | 8281 | 179.90 |
| 1916 | 18450870 | 162718256 | 8819 | 191.59 |
| 1920 | 19460174 | 203865634 | 10476 | 227.47 |

---

① 土地委员会编：《全国土地调查报告纲要》，全国经济委员会原版，中央土地专门委员会加印，1937年1月26日，第62页。

② 张森：《中国都市与农村地价涨落之动向》，《地政月刊》1934年第2期。参见刘克祥《1927—1937年的地价变动与土地买卖——30年代土地问题研究之一》，《中国经济史研究》2000年第1期。另外，王方中《本世纪30年代（抗战前）农村地价下跌问题初探》对农村地价下跌现象有所研究。

③ 土地委员会编：《全国土地调查报告纲要》，全国经济委员会原版，中央土地专门委员会加印，1937年1月26日，第1—6页。

④ 张森：《中国都市与农村地价涨落之动向》，《地政月刊》1934年第2期。

续表

| 年份 | 估价面积<br>（亩） | 估价总值<br>（两） | 每亩平均估价<br>（两） | 每亩平均增价<br>（百分比） |
|---|---|---|---|---|
| 1922 | 20338092 | 246123791 | 12102 | 262.92 |
| 1924 | 20775993 | 336712494 | 16207 | 352.08 |
| 1927 | 21441319 | 399921955 | 18652 | 405.21 |
| 1930 | 22131379 | 597243161 | 26909 | 584.59 |

资料来源：张辉：《上海市地价研究》，正中书局1935年版，第90页。

根据表3－4，公共租界地价，自1903年至1930年，逐年增高。1903年平均每亩地价为4603两，至1907年，则增加了1倍；1911年及1916年虽然略有降低，但是与1903年相比，则仍然是增高；1927年与1930年增长最快，分别增加了3倍与4.8倍。

表3－5　　　　　上海租界分区地亩价值比较　　　（单位：白银两/亩）

| 区别 | 1916年 | 1925年 | 1932年 |
|---|---|---|---|
| 中区 | 45000 | 85000 | 170000 |
| 北区 | 18000 | 35000 | 70000 |
| 东区 | 6500 | 11000 | 22000 |
| 西区 | 6000 | 10000 | 21000 |
| 大西区 | 500 | 4000 | 8000 |
| 新西区 | 150 | 1300 | 2000 |

资料来源：邱致中：《都市土地政策之总批判》，《中心评论》1936年第3期。

表3－5显示上海地价1916年到1932年16年间各区最少增高4倍，最多达18倍，同时中区每亩45000两是新区每亩150两地价的300倍。据赵津研究，上海公共租界乃至全上海市地价最昂贵的区位主要集中在南京路，该处地价一直处于近代中国地价史的巅峰，1933年南京路沿路两旁地产价格平均每亩值银24.4万两，涨幅在1933年达到顶峰。[①]

对于法租界地价缺少统计资料，根据1931年上海市土地局调查，十年来的地价变化为：

---

① 赵津：《城市的"天然规划师"——论地价变动在近代中国城市发育中的作用》，《改革》1999年第1期。

法租界前十年与现今的估价约增一点八五倍至五倍，例如公馆马路外滩，前十年每亩估价十万两，今年每亩估价十八万五千两（增一点八五倍）。又霞飞路、华龙路口前十年每亩估价三千六百两，今年每亩估价一万八千两（增五倍）。①

据张辉调查，法租界旧区公馆马路与黄浦滩爱多亚路转角之地，在1881 年估计价格为 4500 两，至 1928 年则增至 14 万两，1930 年增至 15.8 万两，至 1932 年则增至 18.5 万两。1881 年全区最低地价为 500 两，而至1927 年最低估价为 1500 两，至 1930 年，全区最低地价为 3500 两。②

从上述调查资料中的数字观察可知，法租界的地价也如公共租界的地价一样直线进展。进入 20 世纪 30 年代初，地价快速增长，与公共租界情况相似。

另据上海普益地产公司秘书 J. S. Patter 调查所得，1860 年，沿南京路西藏路浙江路一带，有地 34 亩半，只以 2245.75 元出售，1863 年，在跑马厅所在地，每亩地价 61.5 元，1866 年临近静安寺土地 23 亩，只以 41元出售，到 1882 年，在南京路工部局市政厅所在地，尚不过每亩 7687.5元，而到 1927 年竟然涨价到 41 万元一亩。乍浦路某地在 1895 年的时候每亩只有 6150 元，到 1934 年已经增长数倍。1911 年工部局所在地也不过值银 14.35 万元一亩，到 1927 年则每亩值银 41 万余元。即使是偏僻地如沪西徐家汇交通大学第一次购地时，每亩只需要 164 元，第二次购买时就已经增加到 400 元，1934 年每亩需价高达 6150—8200 元。③

对于华界地价情况，根据 1931 年上海市土地局调查，十年来华界地价涨落趋势：

沪南区地价前十年与现今之估价约增二·五倍至四倍，例如十六铺一带，前十年每亩估价二万元，今年每亩估价八万元（增高四

---

① 张森：《中国都市与农村地价涨落之动向》，《地政月刊》1934 年第 2 期。

② 张辉：《上海市地价研究》，正中书局 1935 年版，第 91 页。

③ 同上书，第 92 页。根据上海市土地局当时的折算标准，银一两折合银圆 2.05 元，一般一两为一千文。参见《上海特别市市政公报》1927 年第 1 期。1935 年 11 月国民政府币制改革后，法币为通行货币，规定一元法币兑换一银圆。1942 年以后通胀严重，则另当别论。本书凡是1935 年以前，货币单位元为银圆，1936 年以后货币单位元即为法币元。

倍）；又应家角张家宅一带，前十年每亩估价二百元，今年每亩估价
五百元（增二点五倍）。又闸北区前十年与现今之估价约增二倍至四
倍，例如北四川路虬口路一带，前十年每亩估价一万元，今年每亩估
价四万元（四倍），潭子湾西北乡间前十年每亩估价一百元，今年每
亩估价二百元（二倍）。①

　　从上述资料可见华界地价也是持续增高，其增高比例与租界相似。总
之，综观以上各项数字表，可知上海市各区地价都是逐渐向上发展。租界
地区增长速度迅速；而华界由于战争等原因，一度地价低落，然而总的趋
势则为向上增高，只不过不如公共租界法租界地价涨价迅速而已。由此，
可以这样判断：上海地价变动是上涨的趋势。
　　南京地价上升幅度最大的是新形成的商业区新街口、太平路、中山东
路、中山北路及鼓楼一带。1928年后，这些地区一跃成为市中心，地价
增高数十倍以上。如新街口，1922年每方丈地价仅20元（银圆，下同），
1926年为85元，1930年升至400元，1931年更达620元，10年内增值
30倍。②

表 3-6　　　　　　　　　南京地价增长　　　　　　（银圆/亩）

| 时间\地域 | 1912—1913 | 1926 | 1928 | 1929 | 1931 | 1933 |
|---|---|---|---|---|---|---|
| 城内繁华区 | 300 | 1200 | 1400 | 1600 | 3600 | 3600 |
| 城内偏僻区 | 10—20 | | | | | |
| 下关 | 500 | 4000 | | | | |
| 新街口 | | | 1000 | | 30000 | |

　　资料来源：土地委员会编：《全国土地调查报告纲要》，全国经济委员会原版，中央土地专门委员会加印，1937年1月26日，第62页。

　　表3-6，1932年，南京市虽然受"一·二八"事变影响没有明显增长，但是平均地价每亩仍在3600元；南京各处地价虽然没有像新街口那样激增，但是定都以后的四五年间，多数较以前增加十倍，只有下关地价增长有限。

① 张辉：《上海市地价研究》，正中书局1935年版，第92页。
② 高信：《南京市之地价与地价税》，正中书局1935年版，第44页。

表 3 - 7　　　　　　　　　　1928 年地价调查统计　　　　（银圆/平方丈）

| 地区 | 最高价 | 最低价 | 平均价 | 地区 | 最高价 | 最低价 | 平均价 |
|------|--------|--------|--------|------|--------|--------|--------|
| 东一区 | 100 | 5 | 33 | 西四区 | 31 | 7 | 13 |
| 东二区 | 60 | 5 | 21 | 北一区 | 60 | 2 | 16 |
| 东三区 | 100 | 10 | 21 | 北二区 | 20 | 6 | 13 |
| 东四区 | 25 | 5 | 9 | 北三区 | 20 | 2 | 10 |
| 南一区 | 200 | 10 | 28 | 中一区 | 20 | 13 | 28 |
| 南二区 | 40 | 5 | 14 | 中二区 | 100 | 12 | 34 |
| 南三区 | 40 | 4 | 10 | 中三区 | 40 | 15 | 23 |
| 南四区 | 30 | 2 | 6 | 中四区 | 200 | 18 | 46 |
| 西一区 | 40 | 3 | 20 | 下关一区 | 220 | 10 | 77 |
| 西二区 | 53 | 4 | 18 | 下关二区 | 210 | 6 | 56 |
| 西三区 | 22 | 4 | 8 | 全市 | 220 | 2 | 24 |

资料来源：高信：《南京市之地价与地价税》，正中书局 1935 年版，第 40 页。

表 3 - 8　　　　　　　1930 年土地局地价调查统计　　　　（银圆/平方丈）

| 城内 | 最高价 | 最低价 | 平均价 | 城外 | 最高价 | 最低价 | 平均价 |
|------|--------|--------|--------|------|--------|--------|--------|
| 东区 | 110 | 3 | 21 | 下关 | 220 | 10 | 80 |
| 南区 | 200 | 8 | 27 | 水西门外 | 60 | 5 | 22 |
| 西区 | 56 | 3 | 18 | 中华门外 | 70 | 4 | 20 |
| 北区 | 70 | 4 | 17 | 通济门外 | 55 | 3 | 18 |
| 中区 | 400 | 11 | 36 | 全市 | 400 | 3 | 28 |

资料来源：高信：《南京市之地价与地价税》，正中书局 1935 年版，第 41 页。

表 3 - 9　　　　　　　　1931 年土地买卖地价统计　　　　（银圆/平方丈）

| 地区 | 最高价 | 最低价 | 平均价 | 地区 | 最高价 | 最低价 | 平均价 |
|------|--------|--------|--------|------|--------|--------|--------|
| 第一区 | 714 | 4.5 | 88 | 第五区 | 410 | 3 | 41 |
| 第二区 | 500 | 12 | 76 | 第六区 | 118 | 3 | 24 |
| 第三区 | 416 | 8 | 58 | 第七区 | 450 | 10 | 104 |
| 第四区 | 143 | 4 | 34 | 全市 | 714 | 3 | 61 |

资料来源：高信：《南京市之地价与地价税》，正中书局 1935 年版，第 41 页。

| 表 3 - 10 | | | 1932 年土地买卖地价统计 | | | | （银圆/平方丈） |
|---|---|---|---|---|---|---|---|
| 地区 | 最高价 | 最低价 | 平均价 | 地区 | 最高价 | 最低价 | 平均价 |
| 第一区 | 288 | 3.3 | 45 | 第五区 | 200 | 3 | 39 |
| 第二区 | 160 | 2 | 46 | 第六区 | 230 | 4 | 32 |
| 第三区 | 600 | 11 | 104 | 第七区 | 174 | 18 | 102 |
| 第四区 | 200 | 10 | 47 | 全市 | 600 | 2 | 59 |

资料来源：高信：《南京市之地价与地价税》，正中书局 1935 年版，第 41 页。

根据以上高信调查的地价资料（表 3 - 7 至表 3 - 10），地价增长趋势明显。

广州市也不例外，1932 年 12 月 2 日《中央日报》载有一段对广州市地价上升速度的调查：

> 以广州现时之市价而论，较于 22 年前，其增长固已不止十倍，即以比之已开辟马路之地，距数年之前，其价亦突涨至四五倍，例如数年之前，普通之马路，如惠爱路、丰宁路—德路等，四旁临马路而作商店用之地，每井（六十井为一亩，等于一平米）最高不过值银 500 元左右。较僻之马路，则值三四百元……距今三数年间，地价突飞猛进，其增进之速率竟至出乎一般意料之外，降至现在，几有寸金尺土之势。……凡面临马路之地，放低限度，每井可值一千元，地位较优可作商店之用者，则每井地可值二千元至三千元；繁华马路之商店地位，则非每井五千元以上不可得。

天津华界，宜兴埠村南地价 1863 年每亩价值 18 两（银圆，下同），1908 年为 200 两；河东郭庄子 1898 年每亩 10 两，1909 年达 350 两，11 年间增加 30 多倍。1912 年天津华界 8 个行政区平均地价每亩 366 元（银圆，下同）上升至 3553 元，增长了 8.71 倍。[①]

连云港地区的涨价尤为神速，该港 1935 年春决议建设，于是墟沟之地，原来值 24 元（银圆，下同），3 个月内涨五六百元；墟沟街内由每亩

---

①　萧铮主编：《民国二十年中国大陆土地问题资料》，（台）成文出版社、［美］中文资料中心合作出版，1977 年，第 42954、42955、42976—42979 页。

60 元涨为 1500 元，地处四乡盐碱不毛地方，原无底价可言，也涨为一二百元，经过 3 个月就涨价数十百倍。[①]

针对城市地价情况，无论张森还是土地委员会皆缺乏详尽数字，只有一些描述性介绍，但颇能揭示当时城市土地变动面相。张森认为不仅上海，其他各大都市如南京、广州等城市的地价均趋增长。他分析并认为各市地价虽有涨有落，然而总体是增长，且往往增长极速，与乡村地价变动明显不同，城市土地增长"尤以新兴都市为然"，于是"人心诱动，争相投机，益促地价之高涨。至若乡村土地虽亦受地点关系之影响，而乡地收益恃乎农产，农产价格受国内外之竞争，虽有高下，相差有限，地价不能悬殊也"[②]。土地委员会调查分析："各市地价，虽有涨有落，然大体趋增，且往往增涨极速，与乡村地价之变动绝异。……增值之多寡亦殊不一，尤以新兴都市为然。"

根据以上分析，总的来说，相对于当时中国农村地价跌落，城市地价一路高涨。近代中国越是新兴城市，特别是对外开放、经济活跃的沿海沿江城市，如上海、南京、广州等地，地价都呈翻番增长趋势。可以这样判断：中国各大都市地价，20 世纪 20 年代初至 30 年代初，有日益高涨的趋势。

地价上涨及同一城市不同区之间地价差别之大，引起时人担忧，"地主们或投机者们并未加上丝毫的劳动，甚至他们地皮在何处，差不多也不知道。同时中区的地主之幸运比边区大三百倍，也是他们始料所不及的。这种非血汗的不劳而获，竟为私人甚至最少数人所占有，算是极不公平！"并针对这种现状提出"应该尽可能地把它作为都市底收入，使利益分散于市民全体"[③]。

## 二　重庆市的地价变动（1937—1945）

自抗战以来，重庆市作为战时首都，是全国政治中心、军事中心，人口日增，工商业日益繁荣，从过去的一个区域性商业都市，一跃而成为繁

---

① 万国鼎：《土地问题鸟瞰》，《人与地》1941 年第 9、10 期合刊。

② 土地委员会编：《全国土地调查报告纲要》，全国经济委员会原版，中央土地专门委员会加印，1937 年 1 月 26 日，第 63 页。

③ 邱致中：《都市土地政策之总批判》，《中心评论》1936 年第 3 期。

盛的大都市。因此房租高昂，土地价格也日益增长，市民负担过重，使居住在重庆的人们，大有居住难之叹。而土地投机者及占有土地的人，反而借此不劳而获，"使经济不平等之现象愈觉明显，而总理平均地权之主张没而不彰，诚可浩叹"。在了解重庆市地价变动情况前，首先考察其区域及面积变化。

（一）重庆的区域与面积

由于人口大量迁入和向郊县分流，重庆城市规模迅速扩大。重庆市市区面积扩张，第一次于1928年，正式划定新市区范围，左起化龙桥，沿嘉陵江顺流而下，至黄花园天心桥，与旧城孤儿路接界，右滨扬子江，由鹅公岩黄沙坎顺流而至燕喜洞，与旧城南纪门接界。山脊部分，前与通远门七星岗接界，后依浮图关至关外的福建茶亭。纵长约4千米，横宽约一千米半，面积8平方千米，是旧城的2倍。第二次市区扩大于1933年，划定新市界，越出半岛范围，老城和江北、南岸一起构成三足鼎立的格局。合计水陆面积93.5平方千米（约140250市亩），均属重庆市范围，这是重庆市地域扩充后第一次正式划界。[①] 而实际上，重庆市实际接收面积120000市亩，其中城区宅地约25000市亩，城外宅地、水田、旱地及山林约77000市亩，河流道路约有18000市亩。[②]

抗战前重庆有城市建成区12平方千米，这一时期重庆经济有缓慢增长；到抗战前夕，重庆市人口仅次于成都[③]，为抗战时期作为"陪都"奠定了基础。抗战爆发后，重庆市升格为抗战时期的陪都，随着沿海、沿江工矿企业和国民政府各机关及大量的人口涌入重庆。狭窄的市中心很难容下众多机关、学校[④]和企业，重庆市区面积必须逐渐扩大，

---

① 陈尔寿：《重庆都市地理》，《地理学报》1943年第10卷，第119页。

② 重庆市档案馆藏：《重庆市财政局土地行政工作报告书》，全宗号：0064，目录号：0008，案卷号：02728，第45页。

③ 1933年的人口统计，成都市人口已经突破40万人，达440859人之多，重庆市人口不过20余万人；1936年成都市近46万人，而重庆市则快速增长已达44余万人，接近成都市。有关数字详见何一民《近代成都城市人口发展述论》，《近代史研究》1993年第1期。

④ 抗战发生后，东部迁到四川的高校有48所，陆续迁到重庆的有中央大学、中央政治学校、复旦大学、交通大学等26所，此外还有一批中学、中等师范学校迁往重庆，重庆北碚对岸的夏坝、小龙坎、磁器口之间的沙坪坝、江津的白沙镇形成三个学校文化区。参见隗瀛涛主编《重庆城市研究》，四川大学出版社1989年版，第35页。

开辟新城区。

抗战时期，众多的机关、学校、企业迁入重庆市区，市区人口过多、密度过大，加上日机不断地侵袭轰炸，全市机关、学校、商店都要求疏散到市郊。由于人口大量迁入和向郊县分流，重庆城市规模迅速扩大。

早在1939年2月初，国民政府即开始对全市机关、学校、商店、住户进行疏散，成渝公路和川黔公路两侧80千米的范围划归重庆管辖，并令中央、中国、交通、农业四银行沿成渝、川黔路两侧修建平民住宅，建立了迁建区；重庆市政府随即划定江北、巴县、合川、璧山、綦江等地为疏散区。2月22日，重庆市政府邀请各机关团体组织筹建疏建委员会，①该委员会主任由行政院指定卫戍总司令刘峙担任，决定市民分为土著、客籍、机关公务员及其眷属三种。土著一般主动迁居，外来市民疏散困难，该委员会商请银行投资建立临时住宅，沿公路修建，交通工具由市政府统制，尽量满足疏散市民需要。②

机关疏散最难，1939年3月，国民政府决定由中央各机关共同组成迁建委员会，专事讨论中央各机关迁移及迁移后的建设事务，行政院政务处长蒋廷黻担任主任委员。该委员会制定办法统一指挥单位迁移，安排疏散区内房屋营造和安置人员，决定各中央机关疏散至重庆市附近100千米范围以内。③随后，各党政机关陆续迁到郊区或迁建区办公，仅在市区设立办事处对外联系，部分厂矿企业也在迁建区分设新厂。迁建工作对重庆人口与部门的合理分布，拓展城市区域起了促进作用，不但扩展了重庆市区，同时也为卫星市镇的出现和发展创造了条件。④

1939年5月，日军对重庆市中心区大轰炸后，市区民众和国民政府军政机构纷纷向郊区疏散。沙坪坝地区被划为疏散区之一，不久该区由疏散区划归重庆市政府，设立了3个行政区。抗战时期，近20所大专院校

---

① 该委员会于1939年4月10日正式成立，详见本市消息《疏建会议》，《大公报》1939年4月11日。

② 本报特讯：《疏建问题，卫戍总部积极筹划中》，《大公报》1939年3月30日。

③ 中央社讯：《各机关迁移办法决定迁散渝市附近百千米以内》，《大公报》1939年3月26日。

④ 刘凤凌：《抗战时期人口迁移与重庆城市化进程》，《重庆文理学院学报》（社会科学版）2009年第3期。

和几十家医疗单位陆续迁入当时还属巴县辖区的以沙坪坝、磁器口、歌乐山为中心的重庆西郊北郊地区。[①] 沙坪坝地区很快成为重庆近郊著名的卫星市镇，后来发展成为重庆市的文化区。

地处江北、巴县、璧山及合川等四县交界的北碚，是一个普通小镇。由于 1939 年划为迁建区，一些重要机关团体和大专院校、文化团体陆续迁入，极大地推动了城区建设发展，开始成为具有一定现代市政基础、城市环境较优美的重庆卫星市镇。战时的北碚，有"小陪都"之称，成为重庆最有影响力的一个卫星城镇。[②]

交通方便的南岸和江北，也迁入了众多人口和企业，得到了较快发展。据 1945 年不完全统计，全市 1356 家工厂中，位于南岸地区有 342 家，江北地区有 146 家，两地合计人口占重庆市人口的 1/3 强。[③] 在内迁工厂之后兴办的这批工矿企业，成为推动重庆城市持续发展的重要动力。

总之，随着迁建工作的开展，重庆市政府把大量迁入人口陆续疏散到市郊，建成一批迁建区。大批机关、工厂、学校团体及市民迁建和疏散市郊各地，迁建和疏散地区迅速发展起来，为市区拓展奠定了基础，而战时重庆政治地位的迅速提高，经济文化事业的迅猛发展，迫切需要扩大市区。

1939 年 5 月，重庆改为行政院直辖市。市政府认为省市界限应该再重新划定，以便于重庆市的发展建设需要，并拟定划界图请求行政院核定，行政院认为"所拟各项，均极适当"，明令施行。于是重新划定新市县界限，重庆市区开始了第三次扩张。[④] 其实，市区扩张于 1939 年 4 月已经开始准备，[⑤] 经过数次分阶段进行，第三次重新划界后重庆市区面积扩

---

① 重庆市地方志编纂委员会总编室编：《重庆市志》，四川大学出版社 1992 年版，第735 页。

② 潘洵：《抗战时期重庆大轰炸对重庆城市社会变迁的影响》，《西南师范大学学报》（人文社会科学版）2005 年第 6 期。

③ 重庆市地方志编纂委员会总编室编：《重庆市志》，四川大学出版社 1992 年版，第734 页。

④ 中央社讯：《省市划界核定，渝市区面积倍增》，《大公报》1940 年 1 月 26 日。

⑤ 国府西迁，为适应新的形势的需要，财政局于 1939 年 4 月奉令计划扩大市区，事先由各局处派员，开始勘新市界，到 5 月底全部勘竣，制成草图，转请行政院备案。是项划界工作于1939 年 5 月 14 日起双方派员开始，实地查勘，10 月划定。参见本市消息《市县划界已勘定》，《新蜀报》1939 年 10 月 17 日。

大到约有 450000 市亩（合 300 平方千米），① 与旧市区面积 120000 市亩相比较，增两倍半有强。②

6 月 14 日，蒋介石手令将原属巴县的沙坪坝、磁器口、小龙坎等处划归重庆市政府，并设立重庆市政府沙磁临时办事处。9 月，市县划界原则确定，重庆市辖区由过去的十二区增加为十六区。③ 1940 年 11 月，重庆市再次扩大市区范围，市辖区增加为十七区。至此，城市范围迅速扩大，西至沙坪坝，东至涂山脚下，南抵大渡口，1944 年，重庆市工务局测量的全市面积实际有 281 平方千米，是抗战爆发前重庆市区面积的 3 倍强。④ 在此基础上，重庆周边的南岸、江北、沙坪坝、北碚等迁建区、疏散区形成了若干繁荣的卫星市镇。大量工矿企业迁入重庆，重庆工业迅速发展，城市经济渐趋繁荣，人口集中的卫星市镇不断出现、兴起，城市规模随之扩大。

随着城市的扩大，新建许多道路逐渐把它们与市区联系在一起，在广大西部新区形成比较宽阔的道路网。⑤ 市郊公路的建设开发，在经济、文化上加强了市区与广大新城区的联系，而且有力地带动了各卫星市镇的开发形成与发展，由主体在市区半岛的"小"城，变成真正的"大"重庆城。⑥

（二）抗战时期重庆地价变动

抗战时期后方农村、城市土地集中现象严重，"成都平原、渝巴周围、汉中天水一带，粤北湘南、桂东黔西、浙东赣南，以及云南全境，

---

① 1944 年 1 月，重庆市工务局测定市区面积为 294.3 平方千米。见刘凤凌《抗战时期人口迁移与重庆城市化进程》，《重庆文理学院学报》（社会科学版）2009 年第 3 期。《重庆指南》提供的面积是 330 平方千米。参见杨世才《重庆指南——陪都建立周年纪念特刊》，出版社不详，1942 年，第 34 页。

② 1940 年 7 月 29 日省市双方代表讨论划界交接手续会议，议定自 1940 年 9 月 1 日起，江巴两县开始交接，是年 10 月 1 日交接完竣。中央社讯：《省市划界各项手续均商定，九月一日起交接》，《大公报》1940 年 7 月 29 日，第三版。

③ 本市消息：《市县划界原则确定》，《新蜀报》1939 年 9 月 22 日第四版。本市讯：《市县划界周内决定》，《新蜀报》1939 年 9 月 26 日，第四版。

④ 中央社讯：《渝市人口九十五万余人》，《大公报》1944 年 3 月 4 日，第三版。

⑤ 周勇：《重庆抗战史：1931—1945》，重庆出版社 2005 年版，第 447 页。

⑥ 刘凤凌：《抗战时期人口迁移与重庆城市化进程》，《重庆文理学院学报》（社会科学版）2009 年第 3 期。

以官商四集、消费热闹的大都市为中心，四面辐射地发生购取土地的热潮"①。

　　"大后方的地价，在此四五年中突然有了急速的高涨"，② 这种情况，"四川方面尤为厉害，一批富翁，定居成都、重庆，以大量资金收购土地，数月之间，地价飞涨"。③ 重庆督邮街 1928 年每方 200 余元（银圆），1937 年还不到 1000 元（法币，下同），1940 年高达 5000 余元，即 1937—1940 年 3 年之间，每亩涨价 20 余万元，1942 年已达每方万元以上。④ 陕西街一带地产，1937 年每方仅值 500 元，1938 年涨至 600 多元，1939 年涨至 1200—1500 元，1940 年涨至 3000 元，1942 年已经涨至五六千元。其他后方城市新建区域涨价更速，如宜宾南岸坝，1937 年每亩不及 100 元，1939 年叙昆铁路设车站于此，陡涨为 2400 余元，不到两年几乎涨 30 倍；⑤ 宜宾市区土地价格 1935 年每亩 2900 余元（银圆），涨到 1939 年的 12000 元（法币）；昆明的地价自 1935 年每亩 2300 余元（银圆），涨到 1939 年的 25000 余元（法币）。⑥ 桂林市中心土地，1931 年每亩 180—240 元（银圆，下同），市郊土地更贱，如七星岩一带 120—180 元，到 1937 年、1938 年中心区则涨到每亩 1200—1800 元（法币，下同），市郊地为 180—300 元，1943 年则涨到每亩 12000—18000 元，市郊地是 1800—2400 元。⑦（见表 3 - 11、表 3 - 12）

---

　　①　谢慎初：《今日的土地问题》，《东南经济》1942 年第 2 卷第 1、2 期合刊。

　　②　朱剑农：《论战时土地问题》，《中国农民》1942 年第 2、3 期合刊。

　　③　刘光华：《土地问题的战时战后观》，《中国青年》1943 年第 8 卷第 1 期。

　　④　此处的一方为一平方丈的简称。一亩等于 60 平方丈，1937 年，一平方丈是 1000 元，一亩为 60000 元，1940 年一平方丈为 5000 元，则一亩为 300000 元，三年间 300000 元 - 60000 元 = 240000 元，即文中所说"每亩涨价 20 余万元"。如果是一方为一平方米，则一亩为 666.67 平方米，根据该资料数字，1937 年一方为 1000 元，一亩则是 666670；1940 年，一方为 5000 元，则一亩为 3333350 元。1940 年与 1937 年每亩涨价则为 3333350 元 - 666670 元 = 2666680 元，远远大于该资料所说的每亩涨价 20 余万元，因此"一方"为一平方丈，而不是一平方米的简称。

　　⑤　万国鼎：《中国土地问题鸟瞰》，《人与地》1941 年第 9、10 期合刊。

　　⑥　姜玉晋：《中国土地政策刍议》，1943 年国立武汉大学第十二届毕业论文，法学院经济系，指导教授彭迪光，第 37 页。

　　⑦　何名荣：《非常时期的市地问题》，《人与地》1943 年第 4 期。

表 3-11　　　　　　　　　　后方城市土地价格上涨　　　　　　　（法币元/亩）

| 年份 | 重庆市 | | 宜宾市 | | 昆明市 |
|---|---|---|---|---|---|
| | 都邮街 | 陕西街 | 南岸坝 | 市区 | |
| 1928 | 12000 | | | | |
| 1935 | | | 100 | 2940 | 2300—2760 |
| 1936 | | 25800 | | | |
| 1937 | 60000 | 30180 | | | 4140 |
| 1938 | | 36000—38400 | | 6900 | 14520 |
| 1939 | | 72000—90000 | 2400 | 12300 | 25200 |
| 1940 | 300000 | 150000—210000 | | | |
| 1942 | 600000 | 300000—360000 | | | |
| 1943 | 1920000 | 600000 | | | |
| 1945 | 4200000 | | | | |

说明：1928 年为银圆，1936 年以后为法币，根据国民政府 1935 年币制改革，一元法币兑换一银圆，下同。

资料来源：祝绍风：《本党土地政策理论与实际》，《陕政》1944 年第 6 卷第 1、2 期合刊；姜玉晋：《中国土地政策刍议》，国立武汉大学第十二届毕业论文，1943 年，第 37 页；赵启祥：《抗战以来西南各省地价变动之分析》①，《人与地》1941 年第 7 期；中央社讯：《市政近况》，《大公报》，1943 年 9 月 4 日，第三版；本报记者：《地政新阶段》，《大公报》1942 年 1 月 26 日，第三版；何名荣：《非常时期的市地问题》，《人与地》1943 年第 4 期；《渝市地价定期开评》，《新商业》1945 年第 1 卷第 3 期，其中都邮街最高的每亩地价是 600 万元。

表 3-12　　　　　　　　　1944 年重庆市旧市区重估地价　　　　　（法币元/亩）

| 城区 | 平均地价 | 城区 | 平均地价 |
|---|---|---|---|
| 第一区 | 437226 | 第八区 | 9125 |
| 第二区 | 602170 | 第九区 | 17704 |
| 第三区 | 391960 | 第十区 | 9711 |
| 第四区 | 260685 | 第十一区 | 6488 |
| 第五区 | 107490 | 第十二区 | 7817 |
| 第六区 | 154398 | | |
| 第七区 | 172755 | 合　计 | 32673 |

资料来源：《重庆市地政局重估市区地价业务计划》，《地政通讯》1944 年第 12 期。

---

① 陕西街一带地价，1936 年的时候"每方价格不过四百三十元，廿六年（1937）涨到五百零三元；二十七年六百四十元，二八年更增为一千二百元至一千五百元，迨二十九年，已高达二千五百元"。

对于重庆市地价，《大公报》有过一次调查，比姜玉晋的资料更翔实：

重庆是现在军事、政治、经济、文化中心，地价涨势也最快。如陕西街一带的地价，二十五年时，每方价格不过四百三十元，二十六年涨到五百零三元，二十七年六百四十元，二十八年更增为一千五百元，迫二十九年，已高达二千五百元至三千五百元。本报对其他城镇商业区地价进行了调查，如遵义商业用地每方价格，在1936年还不到八元，1938年涨到十一元，1939年涨到十六元，1940年涨到二十四元。安顺地价也是如此，1936 1937年商业区每方丈也就是三四元，1938年涨到十六元，1939年增至二十八元，1940年已经超过六十五元。宜宾最繁荣的东街，每方地价在1935年仅四十九元，1938年就涨到一百一十五元，到了1939年，竟然增至二百零五元，比1935年大约上涨了四倍以上。昆明的商业地价1935年商业区地价每方丈仅四十六元，1937年为六十九元，1938年陡增到二百四十二元，1939年已经突破四百二十元，大约是1935年的十倍以上。本报认为这些实例便可以证明征收地价税的必要。①

都邮街（1943年改名为民权路）在上下半城之间，大厦林立，是有名的银行区②，地价最高，陕西街（后改名为陕西路）是第一区沿长江的商业街，1943年其地价为每亩600000元，③到1944年虽然考虑到通胀问题，陕西街地价在1944年可能亦是很高，不会低于第一区第一次重估地价的最高价每亩100万元。1944年以后，通货膨胀剧烈，地价已经达到天文数字，如1943年都邮街每亩高达192万元，1946年更达338.2万元。

表3-11、表3-12皆是重庆市中心区域地价状况，下面再考察整体市地地价状况，据《四川经济季刊》报道："四川的地价……也追随一般物价的后面，有的时候竟至跑在一般物价的前面，逐日的上涨。"④ 关于

① 本报记者：《地政新阶段》，《大公报》1942年1月26日，第三版。

② 杨世才：《重庆指南——陪都建立周年纪念特刊》，出版单位不详，1942年，第35页。

③ 何名荣：《非常时期的市地问题》，《人与地》1943年第4期。

④ 朱剑农：《四川地价问题》，《四川经济季刊》1943年第1期。

市地地价的上升，可从重庆市市地 1936—1942 年变动情况看出上涨的趋势（见表 3 - 13）。

表 3 - 13　　　　重庆市地价变动趋势（1936—1942）　　　　（单位：法币元/亩）

| 土地类别 | 1936 年 | 1939 年 | 1940 年 | 1941 年 | 1942 年 |
|---|---|---|---|---|---|
| 商业地 | 3100 | 10000 | 120000 | 130000 | 210000 |
| 住宅地 | 1400 | 3000 | 68000 | 105000 | 199000 |
| 园圃地 | 180 | 1200 | 1500 | 14000 | 22000 |
| 农用地 | 180 | 500 | 4400 | 3900 | 18900 |
| 空旷地 | 180 | 690 | 3500 | 4500 | 15000 |

资料来源：朱剑农：《四川地价问题》，《四川经济季刊》1943 年第 1 期。

从表 3 - 13 可以看出，整个城市土地地价变动的趋势，以商业用地、住宅地上涨最烈，上涨速率越来越快；而园圃地、农用地及空旷地也有增长趋势，不过没有市区土地涨势剧烈，上涨速率比较缓和。根据上述商业街区、商业地、住宅地等地价资料分析，重庆市市区土地上涨且涨幅很大，大致不差。总之重庆市"地价，一律飞涨"，从 1939 年 5 月敌机轰炸以后，郊区地价随着疏散也是上涨，"价涨百倍"。①

地政专家萧铮在《期待中的土地改革运动》一文中就指出，"抗战发生以还，后方大小都市，地价飞涨"；② 江观纶也谈到抗战以来大后方"国家建设，突飞猛进，社会进步，地价陡涨，到处为豪右投机垄断，土地资本且有压倒工业资本之势"；赵启祥对于抗战时期的西南各省地价变动有过研究，他也发现重庆市，由于其陪都地位，作为军事、政治、经济、文化的中心，地价涨势最猛，其他后方城市亦是如此，如遵义、宜宾、安顺、昆明等。③

总之，抗战时期"西南和西北各省的新型城市，飞跃发展，地价狂涨"④。而作为陪都的重庆地价上涨是典型代表，时人亦关注颇多。

---

① 社评：《实行民生主义之时》，《大公报》1940 年 7 月 4 日，第二版。

② 萧铮：《期待中的土地改革运动》《人与地》1941 年第 1 期。

③ 赵启祥：《抗战以来西南各省地价变动之分析》，《人与地》1941 年第 7 期。

④ 赵钜恩：《中国之命运与土地问题》，《新福建》1943 年第 4 卷第 2 期。

# 第二节　地价变动的原因

地价 (land price) 是土地所有权的价格, 可以理解为土地资产保有者所拥有的资产金额, 或出售土地所有权可以取得的金额。[①] 如果从土地所有权在经济上的实现形式来看, 地价比地租更直接一些。相比而言, 地租反映的是土地租赁关系, 地价反映的是土地买卖关系。在理想状态下, 地租与地价在数量上互为反函数, 它们之间的相互关系可以用数学模型 $P = R/r$ 来表示 (其中 P 是地价, R 是地租, r 是利率)。这至少可以说明, 地价是地租以 r 为利率的资本化, 而地租则是地价以 r 为利率的利息化。但在实际经济中, 地租与地价受各种因素影响, 数值常常背离, 不大可能完全符合上述模型。[②]

那么, 土地价格的推升, 除了级差地租和经济预期外, 还会有哪些因素呢? 美国学者伊利把工商业的发展、交通和运输业的发展、公共设施的数量和质量、人口的不断增加与可利用土地的有限性等, 作为地价上升的四大因素。[③] 民国时期学者章植则认为, 人口、工商业、居民购买力与生活水平、社会风尚等都可能造成土地需求的变化; 土地肥力、运输条件与费用、土地位置、公共设施质量、每宗地面积、土地租税以及地下资源等, 都可能造成土地供给需求和供给之间失衡, 引发地价上升和下降。[④]

城市化的发展, 推动城市土地价格的迅速上涨, 加剧了城市土地级差地租。城市土地级差地租是以城市土地区位为基础形成的, 区位差别主要表现为商业环境、生态环境的差别和通勤及运距的差别等。它们的产生主要取决于外在投资力度和经济聚集程度。因此, 其本质就是外在投资 (尤其是公共投资) 效益和经济聚集所产生的聚集效益在土地上转化的反映。[⑤] 所谓区位, 是指特定地块所处的空间位置及其与相邻地块间的关系, 于土地价格

---

① 周诚:《土地经济学原理》, 商务印书馆 2003 年版, 第 303、304 页。

② 唐博:《清末民国北京城市住宅房地产研究 (1900—1949)》, 博士学位论文, 中国人民大学, 2009 年。

③ [美] 伊利、莫尔豪斯:《土地经济学原理》, 滕维藻译, 商务印书馆 1982 年版, 第 238 页。

④ 章植:《土地经济学》, 黎明书局 1934 年版, 第 422—445 页。

⑤ 贾彩彦:《近代上海城市土地管理思想 (1843—1949)》, 复旦大学出版社 2007 年版, 第 28、29 页。

的重要性不言而喻。地价区位理论认为，土地区位的不同，或者同一区位土地用途的不同，会导致土地收益的极大差异，从而形成土地价格的等级落差。20世纪20—40年代，住宅区位理论诞生，当时中国的经济学界也受到其影响。1925年，巴吉斯提出的"同心圆带状"居住区位论，认为市中心住宅区位质量的恶化将导致高级住宅的郊区化，最后将使中心成为中央商务区。1939年霍伊特提出了扇形住宅区位论，认为住宅区将沿着空间和时间摩擦最小的路径由内向外延伸，而摩擦最小的路径往往是交通路线。与巴吉斯不同的是，他认为高档房有往高级商务中心和社会名流居住地移动的倾向。① 这些理论将研究思路扩展到社会生活的自然、经济等因素，揭示了地价与这些因素之间内在必然联系和空间分布规律。

冯小彭对影响地价变动因素进行了系统的归纳，他认为，首先地价随人口增减而变动。土地需求与人口有关，人口越多，那么土地需求越大，地价因之必然高涨；反之必然下降。在一般情况下，人口增加是自然的趋势，因此土地地价上涨是必然的。但是农村与城市土地有区别，我国农村面积广大，人口不会骤然增加很多，因此农村土地地价增长的趋势较缓。城市土地则不然，市地范围较小，而且近代中国城市化趋势加剧，人口集中，市地地价增长趋势一般比较剧烈。其次，地价随经济变化而有变动。土地是生产三要素之一，所以经济方面变化对于地价变动影响很大。如果工商业发达，不但市地地价因需求增加而上涨，农村土地地价也将因农产品价格上涨而高涨，反之必低落。再如货币因发行数量增加而贬值，一般物价必随之高涨，而地价亦随之高涨。此外土地投机盛行，也可促使地价高涨，因为资本流向土地，地价必然抬高。土地改良、交通发达，以及流行利率的高低、地租高低等因素，对于地价变动的影响也大。再次，地价随政局的变化有变动，政治进步，地方安静，各项事业蒸蒸日上，地价必随之高涨，反之地价则低落；政府政策也可以影响地价变动。②

针对市地不同种类的土地而言，以上各种因素作用各异。住宅地地价主要与环境是否适宜、邻近居民职业性质是否相同、与学校是否接近、交通是否方便等因素有关系。商业用地地价，主要受交通是否方便、该地每日各时间往来车辆人数、行人种类影响。工业用地地价，主要取决于动力

---

① 曹振良：《房地产经济学通论》，北京大学出版社2003年版，第105—108页。

② 冯小彭：《土地行政》，台湾五南图书出版公司1981年版，第200页。

供应与运输方面。地价涨落，实有许多因素。①

　　朱剑农针对重庆市地价上涨，分析认为是在土地投机的推动下，造成土地集中，从而形成供不应求的"饥饿"。他认为发生土地投机现象，"无可讳言的是由币值的跌落，以致一般拥有资财的人，都以投资于不动产的土地，较为稳妥。于是随着币值的跌落，就有竞购土地现象发生，因为地产的竞争，必然的就会招致今日的地价上涨"。至于与物价的关系，朱剑农以为地价上涨，最初多少还是受到一般物价上涨连锁的影响，但是，"当着地价一旦至其由竞购而形成的上涨，却能反转过来，连锁到其他物价的上涨"。②

　　实际上，影响地价变动因素不仅仅是朱剑农所说的这些，而且存在诸多因素。其中主要有人口不断增加与可利用土地的有限性、政治经济交通文化变化、货币贬值及一般物价高涨、城市房荒等因素。

　　因此，针对民国时期尤其抗战时期重庆市地价变动，诸多因素都要认真考量。但是由于资料所限，本书只从人口的不断增加与可利用土地的有限性、政治经济文化交通的变化、货币贬值及一般物价高涨（通货膨胀）及房屋恐慌等因素进行着重考察，没有言及的因素不是说不重要，而是笔者的原因无法论及。

## 一　人口激增③是重庆市地价增长的最大推力

　　首先考察人口的不断增加与可利用土地的有限性因素对于地价上涨的影响。土地与其他商品一样，主要受求关系变化的影响而上下波动。人

---

　　①　冯小彭：《土地行政》，台湾五南图书出版公司1981年版，第201页。

　　②　朱剑农：《四川地价问题》，《四川经济季刊》1943年第1期。

　　③　重庆市抗战时期人口激增方面亦有相关研究，如唐润明的《抗战时期重庆的人口变迁及影响》［《重庆师院学报》（哲学社会科学版）1998年第3期］，其相关数字因各自引用的资料不同与本书有出入，但不大，故不影响对重庆人口激增的判断，且因为重庆是一个港口城市，外来流动人口多，统计难度大，因此统计的相关数字有不一致的实际情况，因此亦只能以这些不十分精确一致的统计数字来做分析。但是该文没有把城市人口激增与土地问题相关联。其他还有张超林的《重庆历史人口述略》（《重庆社会科学》2001年第4期），该文对于抗战时期人口激增状况几乎没有着墨。朱丹彤的《抗战时期重庆的人口变动及影响》［《重庆交通大学学报》（社会科学版）2007年第3期］，对于人口激增亦是着墨不多，详论的是人口构成，在人口变动带来的社会影响方面论述较广，并且涉及住房问题，对人口急剧变化带来的消极影响进行了深入探讨分析，可惜缺少人口与城市土地问题的相关论述。

口增加扩大了对土地的需求；而城市特殊区位土地数量的有限性，又制约着土地的供给。

稀缺性，指一种资源既非不可再生产的或可以耗尽的，也不与它的绝对量相关；而是指在给定时期内，与人们的需要相比较，其供给量相对不足。土地有不同的特性，城市土地的稀缺性，即可利用土地的有限性，影响着城市土地价格，即价格反映了土地资源稀少的程度，或者换句话说，稀缺原理是影响价格的一个因素。[①]

城市人口的增加，加大了城市土地的稀缺性。人口多，需要土地就多，而土地供给量不变，因此价格自然上涨。由此，地价变动原因，首先是人口的变动。城市地价上涨，人口增加是最大推力，而且是造成地价上升的最直接、最基本的因素之一。城市是经济活动高度集中的地方，人口密度相对于周围地区要高得多，人口结构的变化也可以直接增加对住宅的需求，间接刺激地价上升。

人口与地价关系，首先从纵向考察。上海市公共租界人口与地价变动趋势证明，地价与人口数量的变动方向是一致的，而地价的变动往往大于人口的变动。上海市在1869—1927年的58年间，公共租界人口增加了9倍多，而南京路地价增加了40多倍；[②] 南京市人口增加与地价上涨的对比也说明了同样规律：1928—1933年5年间，南京市人口增加了1.5倍，而地价则上涨了2.5倍。

根据土地每年平均上涨数，1928—1933年这5年每方平均涨价35元，南京整个土地面积除河流、道路、城基等不计外大约4543050平方丈，则五年内共涨价总额为159006750元，南京市人口1928—1933年5年间，共增加232586人，以此五年计算，平均每增加一人，地价增长683元，人口影响地价可见一斑。[③]

抗战时期，重庆市人口增长对于地价的影响更是明显。重庆市人口正式统计始于1927年设立市政厅以后，主要由警备司令部与公安局负责调查人口，当时调查的范围限于城区及新市区两部分，人口为20万人，其

---

① ［美］伊利、莫尔豪斯：《土地经济学原理》，滕维藻译，商务印书馆1982年版，第44页。

② 张辉：《上海市地价研究》，正中书局1935年版，第37、38页。

③ 高信：《南京市之地价与地价税》，正中书局1935年版，第50页。

后陆续增加。自 1935 年 4 月开始，重庆市警察局特设户籍股，实行清查户口工作，并将江北及南岸五渡的人口并入市区计算，至此市区以内的居民才有完整的报告。① 武汉失守后，重庆成为后方唯一的政治中心，也是唯一的经济及文化中心。1939 年 5 月重庆升格为院辖市，② 市区面积也扩张 3.5 倍；1940 年 9 月 6 日国民政府定重庆为中华民国陪都，③ 成为战时首都的重庆"领导抗战大业，蔚为国际政治中心"。人口激增，"人，人，人！走在重庆市街上只觉得挤满了人，仿佛太多的鱼涌进了一个小池塘。一年里面，重庆的人口从三十多万增加到六十万"。④ 1941 年开始对重庆市全部人口进行统计，1942 年渝市举办市民身份证以后，人口调查日益精确。

1943 年重庆市人口"激增至 89 万，市区面积广达 328 方公里。……新兴之工商业，内迁之机关学校，亦皆麇集渝郊……车马辐辏，沿江山麓，烟突林立。都市之土地利用日趋复杂，经济生活，亦变化多端"。据重庆市市长贺耀组在市参议会议上报告称，至 1943 年 4 月止，已经拥有身份证的 89 万余人，如果再详细调查，或可接近百万之数。⑤ 根据《大公报》报道"市警察局息：渝市最近户口统计十五万五千五百四十九户，八十八万二千四百八十口。内男性五十四万八千一百五十三口，女性三十三万四千三百二十七口"⑥。1943 年重庆市人口是 89 万左右。

1944 年 2 月上旬，重庆市政府统计，有 164490 户、950640 人，⑦ 到 1945 年 4 月，陪都民食供应处根据每月供应食米 20 万多担、面粉 7 万多袋，统计人口为 130 万人。⑧ 后渝市警察局调查，全市有 203234 户，总人

① 陈尔寿：《重庆都市地理》，《地理学报》1943 年第 10 卷，第 126 页。

② 本报重庆廿八日专电：《重庆改特别市》，《申报》1939 年 4 月 29 日，第三版。

③ 何智亚：《一部厚重的历史——〈重庆老城〉前言》，《重庆建筑》2010 年第 11 期。

④ 本报特写：《大众的文化食粮——重庆还需要充实的通俗书馆，这里先介绍一些给文化饥民》，《大公报》1938 年 12 月 2 日，第三版。

⑤ 陈尔寿：《重庆都市地理》，《地理学报》1943 年第 10 卷，第 126 页。从抗战爆发到 1943 年五年期间，重庆市郊因为机关、学校、工厂林立，人口大增，1943 年 8 月，市警察局调查，户数是 155549 户，人数为 882480 人。参见中央社讯《渝市人口已逾八十八万名口》，《大公报》1943 年 8 月 12 日，第三版。

⑥ 中央社讯：《渝市人口》，《大公报》1943 年 8 月 12 日，第三版。

⑦ 中央社讯：《渝市人口九十五万余人》，《大公报》1944 年 3 月 4 日，第三版。

⑧ 本报讯：《陪都民食供应统计》，《大公报》1945 年 4 月 13 日，第三版。

口为 1266464 人,[1] 可见, 民食供应处的估计人数比较接近实际调查数据。1927—1945 年 18 年来重庆市人口变动见表 3-14。

表 3-14                        重庆市人口变动（1927—1945）

| 第一期 | 第二期 | 第三期 |
|---|---|---|
| 1927 年 208294 人 | 1935 年 408178 人 | 1941 年 702002 人 |
| 1928 年 238423 人 | 1936 年 471018 人 | 1942 年 781772 人 |
| 1929 年 238017 人 | 1937 年 473904 人 | 1943 年 890000 人 |
| 1930 年 253899 人 | 1938 年 528793 人 | 1944 年 950640 人 |
| 1931 年 256596 人 | 1939 年 401074 人 | 1945 年 1266464 人 |
| 1932 年 268992 人 | 1940 年 417379 人 |  |
| 1933 年 280449 人 | 1941 年 420514 人 |  |
| 1934 年 369396 人 |  |  |
| 1935 年 379058 人 |  |  |

资料来源：陈思红：《新重庆》，中华书局 1939 年版，第 35、36 页；陈尔寿：《重庆都市地理》，《地理学报》1943 年第 10 卷，第 126 页；《上月底重庆居民六十九万人》，《申报》1941 年 12 月 3 日，第五版；中央社讯：《渝市人口九十五万余人》，《大公报》1944 年 3 月 4 日，第三版；中央社讯：《陪都人口》，《大公报》1945 年 5 月 24 日，第三版。

表 3-14 第一期统计为旧市区及新市区统计人口；第二期为整个重庆旧市区（相对于大重庆新市区）统计；第三期为大重庆市区全部统计，其中 1935 年与 1941 年过渡时期有两种统计，即 1935 年与 1936 年骤增 90000 多人或者说 1935 年有两个人口数字，因为 1936 年 4 月，警察局将重庆南北两岸正式划入市区范围，计算方法不同造成。[2] 1944 年、1945 年的人口数字是警察局调查所得。

对于 1939 年与 1940 年的重庆市人口数字需要一番探讨，以便建立一个重庆市人口增长趋势图。由于这两年是日机轰炸重庆最严重的时期，人口疏散郊县，因此首先要考察新市区人口变化情况。表 3-15 是重庆 1943 年各区人口与 1936 年重庆市江北及巴县各场镇的相对人口对比。

---

① 中央社讯：《陪都人口》，《大公报》1945 年 5 月 24 日，第三版。
② 陈思红：《新重庆》，中华书局 1939 年版，第 35、36 页。

表 3-15　　　　　　　　　　重庆市新旧各区 1936 年人口对比

| 区域 | 1936 年人数 | 1943 年人数 |
|---|---|---|
| 城区 | 261205 | 182921 |
| 新市区 | 64611 | 139038 |
| 南岸 | 73701 | 146384 |
| 江北 | 46746 | 129949 |
| 沙磁区 | 26922 | 103651 |
| 歌乐山区 | 6699 | 49042 |
| 石桥铺区 | 26888 | 42051 |
| 合计 | 506031 | 831001 |

说明：1943 年的统计是重庆市警察局所调查，1936 年的统计来自《巴县志》及《重庆市一览》。

资料来源：陈尔寿：《重庆都市地理》，《地理学报》1943 年第 10 卷，第 129 页。

从表 3-15 可知，1943 年虽然重庆市城区人口较 1936 年减少，而新市区、南岸、江北、石桥铺各区则增加 1 倍以上，沙磁区增加几乎 4 倍，歌乐山区增加达 7 倍，抗战以来重庆市四郊发展情况可以想见。不过根据陈尔寿提供的资料，1943 年的人口统计前后有差别，一个数字是 89 万人，另一个数字是 83 万人，其中误差 6 万人，应该与当时重庆市人口疏散，旧城区人口流动性大有关联。

根据 1936 年重庆市的调查，重庆新市区、南岸、江北、沙磁区、歌乐山区及石桥铺区人口为 245557 人，在 1939 年大疏散中，旧城区由 1938 年的 528793 人降为 401074 人，减少 127719 人，这一部分人口作为疏散人员进入新市区等场镇。如此，1939 年、1940 年的时候不考虑新市区等其他新增人口，则可接近 30 万人，大略得出 1939 年、1940 两年重庆市总人口为 60 万—70 万人。据《申报》报道，1939 年重庆市人口为 60 余万人，[①] 重庆市疏建委员会则估计人口在 1939 年 4 月增至"约七十万"。[②]

根据以上推论，对于 1939 年、1940 年的人口数字可以分别保守估计

---

① 君邃：《重庆一瞥》，《申报》1939 年 4 月 9 日，第三版。

② 中央社讯：《刘峙招待新闻界说明疏建会任务》，《大公报》1939 年 4 月 12 日，第三版。

为 60 万人、65 万人，以便推算这一时期的重庆市人口增长趋势，而不是获得这两年重庆市人口的精确数字。如此，可以根据 1927—1943 年的重庆市人口变动建立曲线图（见图 3－1）。

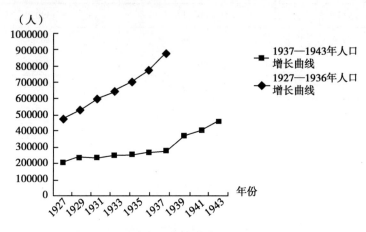

**图 3－1　重庆人口变动曲线（1927—1943）**

说明：根据曲线角度：（1）重庆市人口在 1933—1935 年加速，这是由于市区第二次扩大，增加的原来市郊乡镇人口有关，如果不考虑新增加的新市区的人口，则从 1927 年到 1937 年十年间人口增幅平缓；（2）1937 年后人口增幅加速，与抗战爆发人口西迁有关，1938 年至 1939 年人口激增，一方面与重庆市第三次扩大市区有关，另一方面与持续的沦陷区人口迁入相关；1939—1942 年由于人口疏散，缺少详细的调查资料，西迁人口仍然不断进入重庆市，人口一直快速增长应该没有问题。

资料来源：陈尔寿：《重庆都市地理》，《地理学报》1943 年第 10 卷，第 129 页。

从图 3－1 观察可知重庆市人口在不断递增之中。从 1927 年至 1935 年，城区及新市区之人口，在 9 年间增加了 11 万人；江北及南岸合并市区后又多了 10 万人。第二期，自 1935 年至 1938 年人口增加更快，而由于敌机轰炸市民不得不疏散的影响，导致 1939 年旧市区人口减少。其后 3 年，市区人口保持在 40 万人左右，当时被疏散的人口，主要分布于市郊各镇，到 1941 年，公布的重庆新市区以内（扩大后的市区）人口总数比旧市区（原来市区）增加了 30 万人，这表明了城区附近居民与四乡居民，在数量上已经相差无几，进而可知战时重庆的建设工作大有成效。[①]

图 3－2 是 1936—1942 年重庆市人口增长曲线与陕西街地价增长曲线对比图，二者趋势一致。人口增长缓慢，则地价增长亦慢；重庆人口

---

① 陈尔寿：《重庆都市地理》，《地理学报》1943 年第 10 卷，第 127 页。

在 1938—1939 年增速迅速，而地价亦于是年增速加快。联系南京市地价增长与人口增加的正比例，再研究重庆市地价增长与人口增加对比曲线图，说明人口增加是地价上涨最大推力的结论大致不差。但是，在 1939—1941 年，疏散城郊人口，而陕西街地价仍然增长，显然除了人口数量之外，也与人口密度、土地区位及政治、经济、交通、文化等因素相关。

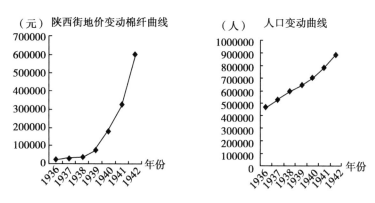

**图 3 – 2　陕西街地价增长、重庆市人口增长曲线（1936—1942）**

资料来源：左图《重庆市地政局重估市区地业务计划》，《地政通讯》1944 年第 12 期，右图陈尔寿：《重庆都市地理》，《地理学报》1943 年第 10 卷，第 129 页。

以上是对人口与地价关系的纵向考察，从横向考察来看，即从人口密度与地价关系出发，也是结论一致，城市人口密度亦影响地价：人口密度大，地价越高。如 20 世纪 30 年代的天津、汉口的华界、南京、上海的公共租界很能说明这一规律，因为华界许多高地价区的主要优势就是人口密度。如天津华界区中的第一区人口密度最高，1933 年每亩平均 37 人，平均地价也最高，是每亩 7174 元（银圆，下同），特别第三区人口密度最低，每亩仅 5 人，平均地价也是全市最低，每亩 1404 元；① 汉口市第一、第二区是华界中心所在地，1934 年两区共占全市面积的 8%，而人口占全市人口的 66%，在华界的 8 个区内，这两个区地价最高，每亩约 5000 元，其余 6 个区每亩平均价仅 100—500 元；② 南京市民以夫子庙下关花牌楼一带最密集，而该处地价也较高，以清凉山中山门中华门为最稀少，而该处

---

① 房师文：《天津市地价之研究》，成文出版公司 1977 年版，第 43087、43088 页。

② 梅光复：《汉口市地价之研究》，成文出版公司 1977 年版，第 44596、44597 页。

地价也较低；同样，上海市公共租界人口密度大，该地的地价亦最高。①

那么，再考察重庆市人口密度。一般来说，重庆市人口多集中于城区。据统计，1936 年 1 平方千米为 65000 人，其拥挤程度，在当时为全世界任何大城市所不能比，即使旧城区在疏散期间人口相对较少时期，仍然维持在 40 万人左右。以 1943 年纽约、上海、重庆三市人口密度来比较（见表 3 - 16、表 3 - 17）：

表 3 - 16　　　　　　　　　按城市全区面积计算

| 城市 | 面积（平方千米） | 人口（千人） | 密度（人/平方千米） |
| --- | --- | --- | --- |
| 重庆 | 328.0 | 890 | 2714 |
| 上海 | 528.5 | 3701 | 7004 |
| 纽约 | 335.4 | 6930 | 20660 |

表 3 - 17　　　　　　　　　按人口最密集的市中心计算

| 城市 | 面积（平方千米） | 人口（千人） | 密度（人/平方千米） |
| --- | --- | --- | --- |
| 重庆城区 | 4.0 | 261 | 65301 |
| 上海公共租界 | 22.6 | 1159 | 51317 |
| 纽约曼哈顿 | 42.0 | 1867 | 44453 |

说明：统计资料，上海市根据 1935 年上海市年鉴，纽约根据 1939 年世界年鉴，重庆全市统计根据 1943 年 4 月警察局调查，城区统计见 1939 年巴县志。

资料来源：陈尔寿：《重庆都市地理》，《地理学报》1943 年第 10 卷。

重庆市城区人口，比上海公共租界及纽约曼哈顿区密集。重庆城区狭小、地形复杂，居民生活程度很低，每一棚户、每一阁楼，居民常常多达十余人，以致人如蚁聚、城无隙地。在敌机轰炸期间，人口减少，据 1943 年 2 月重庆市警察局统计，旧城区仅有 187928 人，每平方千米人口减少至 46980 人。从表面上看，重庆市城区内似乎不及以往拥挤；实际上，情况不是这样，"在轰炸废墟里固然没有人居住，但是幸存下的住宅中，则密度大增"。因此，"旅居渝市者，皆感觉找房困难，而房租地价，

———————

① 根据级差地租理论，土地区位对于土地价格的重要性不言而喻。地价区位理论认为，土地区位的不同，或者同一区位土地用途的不同，会导致土地收益的极大差异，从而形成土地价格的等级落差。

则日趋高涨"。①

到1944年初，重庆市工务局测量全市面积为281平方千米，根据1944年人口数则人口密度是每平方千米3383人，其中最高的是"警一分局"，每平方千米有83801人。② 1945年4月重庆市人口已经达1266464人，那么人口密度应该是每平方千米4507人。

根据1944年重庆市土地测量结果，重庆市住宅区加上建成道路，与其他种类土地相比，只占全部市区面积的1/10强，以1944年的人口计算，平均每平方千米人口密度是23515人，相当于纽约曼哈顿城区密度的一半，而重庆市由于山城特性及当时经济条件，缺少高层建筑，那么在大量人口压力下，可供市民居住的土地"稀缺性"表现很突出，地价上涨势在必行。

根据1943年、1944年重庆市地价估定，其中地价最高的是都邮街等人口密集的商业中心区，最高价是最低价的60倍。③

总之，从人口与地价的纵向比例和横向比例来看，重庆市人口与地价关系都是正比例关系；地价上升速度往往大于人口增长速度，显然还有其他因素的影响，就人口方面，还包括人的购买力。人口对土地需求是绝对的，但是对土地需求数量是相对的，具有很大弹性。因此，人口对土地价格到底有多大影响，取决于其支付能力即购买力的大小。不同层次的人口对地价影响大不相同。富有阶层人口的增加会因为其对房地产的大量投资致使地价上升，而贫困人口的增加对地价上升没有明显影响，因为这一阶层人口，不但无力购买房地产，而且往往无力租用房屋，只能在棚户区生存。如南京市水西门居民很密集，但地价不高，这是因为该地居民多为劳苦民众，购买力弱，而马路又没有开辟所导致。④ 这一点在北平也很明显，1928年国民政府南迁定都南京，改变了北平1912—1925年作为北洋政府所在地的优越地位，当时政府机关及大批高级官吏的消费，是房租高涨、地价腾飞的主要原因之一。北平所失，南京所得，1928年后北平地价跌落与南

---

① 陈尔寿：《重庆都市地理》，《地理学报》1943年第10卷，第129页。
② 中央社讯：《渝市人口九十五万余人》，《大公报》1944年3月4日，第三版。
③ 中央社讯：《市政近况》，《大公报》1943年9月4日，第三版。
④ 高信：《南京市之地价与地价税》，正中书局1935年版，第51页。

京地价上升恰成反照，同出一理。①

依此类推，也不难理解 1938 年以后的陪都重庆地价上升速度快于后方其他城市的原因，从重庆市人口构成可以窥见其中端倪。

抗战时期的发展，陪都地位的确立，使重庆市都市机能发生了变化，过去渝市为"一单纯商埠"，抗战后经过几年发展，已经成为全国政治经济及文化中心，城市居民的户口类别，亦发生巨大变化（见表 3 - 18）。

表 3 - 18　　　　　　　1936 年、1941 年重庆市户口类别对比

| 户别 | 1936 年 2 月人数 | 百分比（%） | 1941 年 12 月人数 | 百分比（%） |
|---|---|---|---|---|
| 1. 普通住户 | 221709 | 69.3 | 432455 | 61.6 |
| 2. 商店 | 47758 | 15 | 66807 | 9.5 |
| 3. 工厂 | 3113 | 1 | 81775 | 11.6 |
| 4. 公共机关 | 12675 | 4 | 71101 | 10.1 |
| 5. 棚户 | 19278 | 6 | 42691 | 6.1 |
| 6. 客栈旅舍 | 4593 | 1.4 | 5061 | 0.7 |
| 7. 寺庙 | 583 | 0.2 | 1393 | 0.2 |
| 8. 乐户 | 187 | 0.06 | 134 | 0.02 |
| 9. 外侨 | 145 | 0.05 | 485 | 0.07 |
| 共计 | 319941 | 100 | 702002 | 100 |

资料来源：陈尔寿：《重庆都市地理》，《地理学报》1943 年第 10 卷，第 130 页。

根据表 3 - 18 可以推知，1941 年各户人数均见增加（除乐户外），其中工厂人口较前增加了 25 倍，在 1940 年 10 月的时候，工人已经达 20 万人，② 公共机关人口较前增加 4.6 倍，外侨增加 2.3 倍，普通住户增加不

---

① 魏树东：《北平市之地价、地租、房租与税收》，成文出版有限公司 1977 年版，第 40528—40536 页。

② 据《大公报》记者调查，重庆市工人分为四类：（1）交通工人，包括运输工人，分为上货、下货、运炭、运粪及运匹头等共 3 万人，提装工人 3000 人，汽车工人 1000 人，驳船工人 2000 人，人力车夫 5000 人，轿夫 3000 人，马夫 500 人；（2）市政工人，包括电灯工人 900 人、工务工人 500 人、自来水工人 300 人、邮务工人 500 人、泥水工人 1000 人、木工 1000 人、石工 3000 人、挑水工人 800 人，及其他近万人；（3）文化工人，包括印刷工人约千人，派报工人不详；（4）产业工人，包括一般机器业工人约 5 万人，兵工厂工人因为农业季节而有增减。参见本报讯《渝市工人共二十万人》，《大公报》1940 年 10 月 11 日，第三版。

过 1 倍，足见城市机能战前战后改变很多。

　　交通人员及公务人员的增加，显然受政治力量的刺激，"四面八方的人陆续在这里集中，这里市街上满是机关，满是公务员，茶楼、酒楼及娱乐场所里时常宣告'客满'"；[①] 人事服务包括雇员佣工等项，这是工商业及机关的附属；无业者估计多为家居妇女。只是失业人数很多，颇为费解，也许是调查不详的原因。针对重庆市人口状况，君邃在《申报》撰文写道："重庆的人物有各衙门的大小官吏，也有银行公司的大小职员，复有交通机关、公用事业和民营工厂的各级员工，更有自南京、汉口逆流而上的歌女、舞女、妓女和交际花等等可谓济济多士。……戏馆、电影院、旅馆、酒楼、茶室和咖啡屋里人山人海的感觉。……重庆的大中小学生，满街皆是。"虽有讥讽之处，但是比较写实地描述了重庆市的人口构成。[②]

　　大量政府官员及其眷属来到重庆，大大增加了对于土地、房产的购买力，而工人数量的增加也使城市消费水平提升。据 1942 年警察局调查渝市居民 78 万人的职业分配，其百分比见表 3 - 19、表 3 - 20。

表 3 - 19　　　　　　　　　1942 年重庆市居民职业百分比

| 职业类别 | 百分比 | 职业类别 | 百分比 | 职业类别 | 百分比 |
|---|---|---|---|---|---|
| 农业 | 14.3 | 工矿 | 14.6 | 商业 | 14.5 |
| 人事服务 | 11.0 | 交通 | 10.0 | 公务 | 8.0 |
| 自由职业 | 1.5 | 无业 | 13.0 | 失业 | 9.0 |
| 其他 | 1.2 | 不详 | 2.9 | | |

资料来源：陈尔寿：《重庆都市地理》，《地理学报》1943 年第 10 卷，第 131 页。

表 3 - 20　　　　　　　　1945 年 1 月、1942 年重庆市人口职业分配

| 职业类别 | 人数（1945 年） | 1945 年百分比 | 1942 年百分比 |
|---|---|---|---|
| 1. 农业 | 80944 | 7.22 | 14.3 |
| 2. 矿业 | 4375 | 0.42 | 14.6 |
| 3. 工业 | 152787 | 14.58 | |

①　鲁悦明：《后方的重庆》，《抗战》1938 年第 50 期。

②　君邃：《重庆一瞥》，《申报》1939 年 4 月 9 日，第三版。

续表

| 职业类别 | 人数（1945 年） | 1945 年百分比 | 1942 年百分比 |
|---|---|---|---|
| 4. 商业 | 195232 | 18.63 | 14.5 |
| 5. 交通 | 73393 | 7.00 | 10.0 |
| 6. 公务 | 67483 | 6.44 | 8.0 |
| 7. 自由职业 | 23191 | 2.22 | 1.5 |
| 8 人事服务 | 183543 | 17.51 | 11.0 |
| 9. 其他 | 615 | 0.06 | 1.2 |
| 10. 无业 | 222318 | 21.21 | 22.0 |
| 11. 未详 | 44087 | 4.21 | 2.9 |
| 总计 | 1047967 | 100 | 100 |

资料来源：重庆市政府编：《重庆要览》，重庆市政府编印，1945 年 4 月，第 17、18 页。

1942 年与 1945 年对比，基本数字比较稳定，主体职业人数没有大的变化，重庆市各业人数分配比较平均，显示重庆市当时是一个综合性城市。自市区扩大后，旧时的江巴两县若干镇划入市区以后，农民百分比增加；工矿是新兴事业，需要工人很多；商民原为城市主干，1942 年、1944 年、1945 年的商人比重最大（不计失业人口百分比）[①]，但是基本持平。

重庆市人口籍贯，在抗战初期，属于四川省各县的占了 50%，属于本市的占 40%，外省人不足 10%。1942 年，据该市警察局报告，都市居民籍贯，其比例发生变动。其中属于重庆市的占 31%，属于四川省各县的占 37.5%，外省人则增加至 20%，籍贯不详的占 9.5%。都市外来人口由于受战争影响，使人口增加仅属暂时性的，房地产方面的投资往往多为短期行为，租房多、建房少，因此加剧房租上升，间接地引起地价上涨。

城市人口激增，人员大量迁渝及频繁流动，同时受"山高地狭，一切

---

① 1944 年 6 月的人口调查也是商业人口最多，为 179442 人，占当时总人口的 19%，中央社讯：《徐局长报告渝市人口九十余万居民职业商人最多》，《大公报》1944 年 6 月 14 日，第三版。

需费至巨"① 的条件限制，不能任意扩张。虽然重庆市区扩大，但是住宅区仍然相对很小，城市土地房屋不能够配合人口增加的比例而增加，甚至又因为空袭或者其他特殊原因而减少，使重庆市住房始终呈现供不应求的状况。随着人口激增与高度密集，导致一屋难求，随之而来的是地价高涨，一些房主乘机抬高房价，引起不少纠纷。"各方贤彦荟萃山城，蔚为全国之文物中心，四郊各镇发展迅速，都市之繁荣达于极顶，惟此种发展，多属畸形，非永久之计，将来陪都之地位，应使其成为西南之建设中心……以解决民生困苦，他日之重庆成为生产都市而非消费都市，则其繁荣与兴盛不待言矣。"②

## 二　内迁而盛：全国性中心城市地位的确立

引起城市土地上涨趋势除了人口因素之外，还要考虑政治经济文化因素，如政治变化、工商业发展、交通和运输发展、公共文化设施的数量与质量等。如上文所述仅是人口变动，就导致地价增加，再加上政治、经济、文化等影响及由此带来的技术、资金的聚集，则产生城市特有的"聚集经济效益"，这种效益则更使城市土地的预期收益③大大提高，因而加快土地价格的上涨。

因此，本小节主要考察政治、经济、交通、文化诸方面的变化在重庆市土地价格变动方面的作用。"土地价值的高低，是测验国家繁荣程度的最可靠标准，这方面的波动和恐慌，应该认为是能够降临到一个国家的、毁灭性的最大的灾害之一。"④ 19 世纪德国著名的经济学家弗里德里希·李斯特（Friedrich List）的话精辟地概括出地价在反映一个国家政治、经济状况方面显示出来的敏感性与强烈度。地价变动的最深厚、最根本原因是整个社会的政治、经济因素。

---

① 社会一瞥：《重庆近讯》，《四川月报》1938 年第 3 期。

② 陈尔寿：《重庆都市地理》，《地理学报》1943 年第 10 卷，第 136 页。

③ 随着城市的发展，人们对于城市土地需求增加，城市地价往往由于预期原理的作用，使得对现在土地地价的估量高于对将来的估量，这也对地价上涨推波助澜。[美] 伊利、莫尔豪斯：《土地经济学原理》，滕维藻译，商务印书馆 1982 年版，第 45 页。

④ ［德］弗里德里希·李斯特：《政治经济学的国民体系》，陈万煦译，商务印书馆 1961 年版，第 208 页。

重庆市地价自 1937 年以后高涨，明显受政治的影响。[①] 正如南京市地价自 1928 年以后高涨一样，主要因素是政治的变化，假如国民政府不迁都南京，绝对没有以后的地价上涨局面，同样，没有抗战爆发后国府西迁，重庆市地价变动不会如此剧烈。再者，随着陪都地位的确立，各项建设突飞猛进，这种情况亦与国府定都南京相似。而各项市政建设的长足发展，居民日多，地价增长，势所必然。

曾卓的诗《重庆》，呈现了抗战时期重庆市在时人心中的政治地位：

重庆！
你被称为
　　"中国的古罗马
　　中国的马德里"的
山城！[②]

道夫的诗歌亦有同样的情怀：

黄昏
循着江流
雾升起
包围着叫嚣的山城
圆月下
　　我祝福你

---

① 政治经济发展水平对地价的影响很大，由于中国近代以来社会背景十分复杂，政治经济因素往往互为因果，交织在一起影响地价，分析政治往往也要涉及经济因素。如本章第一小节所述，我国城市地价发展快的几个城市，皆是经济发展较快的沿海、沿江城市；而且政治经济因素在开放口岸华界与租界之间表现得最为突出。一般而言，投资土地的人，最重要的是要保证其投资的安全。如果政治混乱，社会飘摇，那么人人就会心存戒心，宁愿把资金存入银行或者做其他的较为安全的投资，也不愿意投资于土地，结果造成土地需求的减少，价格则自然下降。这种现象在上海表现得比较明显，同一上海市区，凡是租界的土地一般比华界的土地价格高，既是华界，有无外国警察势力，绝对亦是两样。这种差异，都是由于政局的安危影响所致。笔者能力所限，在论述政治、经济对地价影响时，只能分开说明，并不是说两者是隔离的。

② 曾卓：《重庆！》，《诗创作》1941 年第 6 期。

东方的伦敦

……重庆①

1937 年 11 月 20 日国府迁渝，市政组织扩大，奉令改科设局，② 1939 年 5 月 5 日，国民政府明令改重庆市为直辖市，1940 年 9 月 6 日国民政府明令定为"中华民国永远之陪都"。③ "灾难与机遇同行，危难与兴盛同在"，重庆得到了前所未有的历史赐予，因内迁而盛、救国而兴，成为当时全国性中心城市。④ "重庆原来是我国西南商业的中心，现在是中华民国临时首都。大部分的中央机关都已经搬来了，搬到这前线遥远而四周重山叠嶂的新都来，一切继续从前金陵的气象进行，自然只有紧张，更紧张，最紧张。不紧张便是灭亡。"⑤ "水陆空的交通线要比神经系更紧，构成富强的中心，也是和平的堡垒，大中华的首都舍你其谁？领导抗战也领导建国，重庆啊万岁！"⑥

抗日烽火把国民政府赶到了重庆，也把沿海沿江的工业、人力、财力迁往重庆。抗战以来，到 1939 年底，沪汉各地迁往内地的工厂，有 340 多家，其中机器五金业 150 家，电器无线电业 20 多家，化学工业 40 多家，陶器玻璃业约 10 家，饮食品工业约 20 家，纺织业 60 家，印刷业 40 多家。这其中 4/10 迁移到四川省，其中有一部分已在重庆市开工，纱厂有庆新、裕华、豫丰、大成 4 家。⑦ 1940 年 7 月据日本间谍在后方调查，西南各省新兴民营工业 19 家，其中重庆占 10 家。⑧ 抗战期间，重庆工业企业由战前的数百家增加到 1690 家，公司商店由 1000 余家增至 27481 家，银行钱庄由 20 余家增至 126 家，大学由 2 所增至 32 所，水陆空运都

---

① 道夫：《重庆》，《月季花》1942 年创刊号，第 43 页。

② 本报特讯：《重庆市政府扩大组织》，《大公报》1938 年 12 月 6 日，第三版。

③ 《重庆要览》，重庆市政府编印，1945 年 4 月，第 2 页。中央社讯：《庆祝陪都建立，下月一日举行大会》，《大公报》1940 年 9 月 13 日，第三版。

④ 隗瀛涛：《试论重庆的城市化和近代化》，隗瀛涛主编《重庆城市研究》，四川大学出版社 1989 年版，第 25 页。

⑤ 施步祥：《新重庆》，《众生》1938 年第 3 期。

⑥ 贻微：《重庆——昨日·今日·明日》，《大公报》1940 年 9 月 13 日，第二版。

⑦ 菊尘：《生气勃勃的新都》，《申报》1939 年 12 月 10 日，第十五版。

⑧ 昌和：《西南新兴工厂概况，日本间谍窃去之华方秘本》，《申报》1940 年 7 月 8 日，第九版。

处于枢纽的地位。① 正如鲁悦明所观察到的：

> "八·一三"后上海工厂是受到巨大的牺牲，刺激得一些厂主们"亡羊补牢"，到今日才陆续地向后方移动。川江途中，我们看到了我们的各种工业有秩序地到后方去。每一个码头上都堆积着大量的杂物在候船。民生公司的创办人卢作孚先生表示，只要一到四月，水涨起来，全部积货的疏散都不成问题，但现在却是一个危难期。……迁川工厂联合会总干事沈天灵先生也曾谈到迁川的工厂，现在已有廿多家。四川当局一向对于迁川工厂特别表示好意，去年他们曾有了一份建设进度表来自励励人，其中曾特设战时后方建设招询会，专作联络工作。加之国府移来重庆，专家汇集，企望不久能有良好的开展。②

施步祥以一种欢快的语调记述了重庆的工商业发展：

> 江边常常停着一排排的船，才到，所卸的货物大概都是机器，车床，马达等等。最近几个月来，已经沿江运了一万五千吨的机器到重庆去。已经搬去了几个大工厂，有些是从上海搬去的。南京的一个电影院的全部机器，已经运到重庆来了。城外正在赶造工厂，以便装置这些机器，城内也进行着各种建筑事业。江对岸正在建设着一个大的水泥厂。最近，电力厂的发电力将从二百启罗瓦特增加到一千二百启罗瓦特。一个新设的透平发电机已经开始运用了。③

署名沧一的作者写道："工商界移来的更不下数百家。许多工厂已将机器运到，先后在此附近开工了。这对于四川前途的发展，很有不少的助力。商家呢，有沪杭的绸缎店，有冠龙大都会照相馆，有大三元小有天等吃食店，有苏州南京等处的种种老招牌。几乎到处都可以看见'南京'

---

① 石化：《说古道今话重庆》，《红岩春秋》1997 年第 5 期。
② 鲁悦明：《后方的重庆》，《抗战》1938 年第 50 期。
③ 施步祥：《新重庆》，《众生》1938 年第 3 期。

'上海'等字样！……这地方实已成为一个很复杂的都会了。"① "因为下江各大城市的相继沦陷，许多商店都向重庆迁来，所以现在重庆的市面，非常热闹，和从前的面目，真是大不相同。"② 胡妇婴则慨叹后方工业一下子进步 50 年：

> 四川在抗战前，工业方面，能用动力制造的只有三峡染织厂和嘉乐纸厂，其余的都是手工业。可是抗战一开始，情形就不同了，非但手工业从新又恢复起来，就是重工业、轻工业、机械工业、化学工业都像雨后春笋般的在出现，生长；仅在重庆一隅，就有大规模的新式炼铜厂、造酸制碱厂，机器纺织厂、机器制造厂，更有许多的轻工业的日用品制造厂；因为工厂的突然加多，原料与动力，就供不应求，因此跟着又增加电气马力，开辟铁矿以及各种原料制造等；这一切，的确证明了在二年半的抗战过程中，后方的工业进步了五十年。③

总之，"沪汉工厂的内迁，重庆的附近，已变成了战时工业的一个重心。现有大的纱厂、化学工业厂、炼钢厂、机器厂甚多。这种工业建设的迈进，实在是抗战的基本要图"④。因此"重庆，中华民国的临时首都，不但一跃而成为中国的政治中心，而且已努力成为抗战期间一个重要的经济中心了"⑤。

随着政治经济中心的确立，重庆市更成了后方各省要冲，金融中心。全面抗战爆发后政府迁渝，重庆成为全国政治经济中心，银行为社会经济的心脏，政府为了指挥管理便利，命令国家四行总行迁渝。同时为了中央与地方通汇的便利，又先后准许省地方银行于重庆设立办事处。国家四行总行迁渝后，为了适应环境需要，先后于本市增加了不少分支行处。另外，沦陷区的银行，不仅国家银行因失掉保障而无法运营，商业银行也因敌伪的种种干涉而无法或不便继续营业了，遂分别撤

① 沧一：《重庆现状》，《宇宙风》1938 年第 69 期。
② 侯明：《重庆的商业》，《学徒之友》1940 年第 3 期。
③ 胡妇婴：《产业女工在重庆》，《妇女生活》1940 年第 10 期。
④ 包可永：《重庆归来的印象》，《时事半月刊》1940 年第 21 期。
⑤ 施步祥：《新重庆》，《众生》1938 年第 3 期。

退，内移其资金，有的就到重庆来设行营业了。"从'八·一三'后一般金融界工商界都感到上海的立足不易，相率迁移来川的很不少。如交通银行、上海银行、浙江兴业银行等，都在此设立了分行。"[1]

其他行业也大有发展，如战前重庆保险公司寥寥几家。抗战爆发，国民政府迁都重庆以后，工商业、交通运输业等皆较以前发达，重庆因此也成为保险业的中心。根据 1943 年统计，中国人经营的保险公司，已有 21 家，其中包括总公司 12 家，分公司 8 家，另一家是代理处；按照种类，人寿保险 3 家，简易寿险 1 家，人寿兼产物保险 1 家，盐铁保险 1 家，产物保险 15 家。截至 1945 年初，保险事业"俨如雨后春笋，相继设立，已增达五十三家，计外商保险公司三家（按此三家之业务均陷于停顿状态），华商保险公司五十家"[2]。

"重庆不愧为抗战时的首府，有大都会的风采，柏油马路、汽车、黄包车、霓虹灯、咖啡馆、电影院，应有尽有。"[3] 1944 年投资 700 万元的陪都体育馆落成，另外在市中心区中华路建成青年馆一座，容纳 1300 多个座位，是当时重庆市内最大集会场所，内设"大而完备之舞台，可作演剧之用"，并配有"交谊厅、招待室等，规模至为宏大"[4]。市政府把 1944 年定为"整洁年"，整饬全市卫生，凡市区内所有街道、汽车人力车通行的各个支干道路、车站、码头及南岸江北的主要街道由卫生局清洁队负责扫除，保持清洁。[5] 可以说，重庆市市内建设亦大有改观：

> 五层六层的楼房，矗立在马路的两旁；山上山下的建筑物，也是层层叠叠的排比着；这次因着京沪商家的迁移，再施以摩登的装束和渲染，居然金碧辉煌了。所以有人拿重庆的某某街，比上海的某某街；拿重庆的某某区，比上海的某某区。新开的百货商店，中西餐馆，剧院，书场……就像雨后春笋般的先后苗出。几天不到街上去，

---

① 沧一：《重庆现状》，《宇宙风》1938 年第 69 期。

② 黄幼娴：《重庆保险业概况》，《四川经济季刊》1945 年第 1 期。

③ 殷一鸣：《到首都重庆去》，《现世报》1939 年第 43 期。

④ 盟利社讯：《陪都体育场即竣工，下月举行开幕典礼，青年馆亦将于三月底落成》，《大公报》1944 年 1 月 29 日，第三版。

⑤ 中央社讯：《渝市新规定，本年为整洁年》，《大公报》1944 年 1 月 29 日，第三版。

就另成一番花样。市内的交通，有公共汽车、黄包车和轿子。轿子，是因为山势的崎岖而产生的，其由来已久；黄包车，是民国以来才有的；公共汽车，开出的车辆不多；但是私人的小汽车，终日吼声如虎，络绎不绝。常见汽车牌号，非（川）即（京）即（汉），然以前两者居多。这是重庆市物质的光辉。①

战前重庆作为商业重心，有许多大洋行，教会医院、学校与教堂也很多，市内大部分建筑物非常"现代化，所以四川人都称重庆为'小上海'"。② 而到1941年，初到重庆的佐良"惊讶于重庆高楼大厦之多和市区之广，看到百货公司陈列的货物，又几疑回到了香港"。③

城市的发展，依赖各项建设事业的发展，自抗战以来，重庆市各项事业长足进步，与战前有很大的差异，文化事业、交通事业等更是满足了城市发展的需要。这与其陪都地位相关，重庆市成为战时首都以后，市政组织扩大，改科设局，过去没有财政，④ 从1939年以后定有预算，相对于以前的98万元经费又有增加，"工务局改良路政便利市民行走"⑤，其中该年下半年度仅工程费预算就达200多万元。⑥

自重庆成为战时首都后，教育文化团体和公私立大学也陆续迁来，大批教授、学生、记者、文学家、艺术家等云集重庆，重庆遂成为文化精英荟萃的地方，尤其是沙坪坝地区。沙坪坝位于重庆西三十余里的地方，不过是一个小镇，但是地势平坦，于是各学校集中于此，商店随之兴起。到1939年，周围数里已有学校十余所，工厂（小型）二十余家，书店六七家，饭馆八九家，由于"少轰炸之危险，俨然文化区域"，且"常有名人前来演讲，历来如邹韬奋、郭沫若、钱俊瑞、周恩来及李宗仁、柏文蔚、

---

① 默僧：《镇定安详的重庆》，《宇宙风》1939年创刊号，第17—19页。

② 箐：《后方写照：重庆剪影》，《闽政与公余非常时期合刊》1938年第13期。

③ 佐良：《重庆初旅》，《天文台》1941年第430期。

④ 1938年重庆市改科设局后，警察、社会、工务、卫生等局先后成立，1939年1月23日市财政局成立，之后省市税收实行分划，除所有规定财政收入外，每年又由中央补助120万元，以资度支。参见中央社讯，《大公报》1939年1月24日，第三版。

⑤ 本报特讯：《重庆市政府扩大组织》，《大公报》1938年12月6日，第三版。

⑥ 本市消息：《市政府下半年度预算，工程费达二百余万》，《新蜀报》1939年10月20日，第三版。

蔡廷锴等，均曾来此。委员长亦曾莅临南开中学使学生们一瞻军政最高当局的风采"①。

"城外沙坪坝一带陡峭的江岸上竹林子拥掩着重庆大学……从南京迁来的中央大学也就在旁边。此外还有七个从上海战区里迁来的学校。其中有复旦大学。"②"这里有四座大学，五六家大报馆，以及许多宏伟的政府机构，到处是教授、学者、专家们、著作家。沙坪坝中央大学的各位教授胡小石、范存忠、宗白华、徐悲鸿、徐仲年、俞大纲、缪凤林诸先生，我都会见了。"③

到1939年，沙坪坝地区已经集合：

> 最高学府的中央大学、省立的重庆大学、教育学院、女子职校、国立的中央工校、医学专校，以及天津的南开学校，成千成万的青年，就在这小小的乡镇上长育着，她实在是成了今日全国最高的文化区域。这里的报馆，在前大小原只有十余家，以新蜀报、国民公报编排较好，抗战后南京的新民报、中央日报、上海的时事新报、汉口的□□报以及大公报等都移来出刊，因此新闻界的质与量均充实起来，民众的精神食粮，可以说已经比起上海更多了。④

重庆的高等教育在抗战初期仅处于起步阶段，只有重庆大学和四川教育学院两所高等院校，抗战期间大专院校迁入重庆及其附近的就有31所，占国统区高校总数108所的近1/3，重庆的高等教育在质与量方面均突飞猛进。⑤

鲁悦明的描述很生动地再现了当时重庆市的文化建设：

> 全国的文化人和东南的学校陆续地向重庆集中。这里每日都向"文化重心"的基点上迈步。最初这里只有刘湘氏创办的重庆大学，

---

① 礼恒：《重庆和沙坪坝》，《辰光》1939年创刊号，第13页。

② 施步祥：《新重庆》，《众生》1938年第3期。

③ 王平陵：《重庆：美丽的山城》，《抗战文艺》1938年第2期。

④ 雪人：《战时首都的重庆》，《时代生活》1939年第5期。

⑤ 朱丹彤、徐晓旭：《抗战时期国民政府迁都对重庆市民生活的影响》，《四川师范大学学报》（社会科学版）2004年第3期。

继之成立了南开姊妹校——南渝中学，最近东南的中等以上学校来的很多，招生传单满街飞，新到的重要者有国立中大和联大，继来者络绎不绝，重大胡庶华校长对记者谈，南京的药学专门学校则将来到，而余上沅氏率领着国立剧校的师生也已安然抵渝了。

到处都是一片开拓的新气象。沙坪坝上，由于中大师生的策划，新盖了大批最简单的木房子，石灰还未干透的四壁下，大批的青年在埋头作着"开矿"的工作。重大的同学最朴实，完全没有感受到沿海地带读书人的习气，读书欲很强，只可惜来源太少，在闹书籍荒。

全国的文化机关都向后方转，专门学者在重庆经过的很多，各家旅舍的门外写着重重叠叠的知名之士，在往年，若非某某学会的年会，很少见到能有这么许多的人集在一起。[①]

随着市政建设的发展，重庆市交通也得到改进。交通是城市命脉，如果交通不便，城市就会变成"死市"，难有发展希望。近代城市，把发展交通视为主要市政。不但发展地面交通，还发展地下交通、空中交通，四通八达。城市虽大，因为交通方便而缩小面积，使城市居民出行、处理事务节省时间。另外电话、邮递等业务的开展更扩展了城市的交通事业。交通与区位紧密联系，良好区位首先就是良好的交通，交通条件的改善，提高区位质量和效益，有利于市地扩张，从而增加市地供给，因此城市交通状况是与地价直接相关的又一因素。

施步祥对于重庆交通发展由衷赞叹"交通运输方面，真是大大改进了"。他兴奋地描述道："抗战前运货的川湘和川黔两条公路，现在运输更频繁了。川湘路从重庆到长河，全程共长一百三十千米，这路的建筑工程是最新式的。现在正赶修着四川省第一条铁路——成渝路，从成都到重庆，全程共长五百五十千米；但是因为等待许多必要的材料须从国外运来，所以工程的进行是很迟缓而运输又相当困难的。长江嘉陵江的水道交通也大大改良了。长江下游沦陷以后，大量的商船都移到四川及汉口之间营业。"[②]

①　鲁悦明：《后方的重庆》，《抗战》1938 年第 50 期。
②　施步祥：《新重庆》，《众生》1938 年第 3 期。

　　自从国府西迁重庆，建设重庆交通网成了国民政府抗战建国中一个重要的任务。"在现阶段抗战形势之下，重庆已为遍布四万万方里内中国民众精神心力交相驰系的中心，所以建设重庆交通网，实为达到抗战必胜建国必成的前提。从前的重庆，是一向为国人为遗忘的，经近年中央和地方的共同努力，得使交通建设有长足的进步。"①

　　航空交通以重庆为中心，由中国欧亚两公司航线衔接服务。北面可抵达西安、兰州、宁夏；西南可达香港、梧州、昆明、河内；东面、中部可抵万县、宜昌、沙市、汉口、长沙。各线所需时间不过几个小时而已。重庆航空事业已有空前发展，"在航空站里，每天飞机的到开甚忙，航行的路线，达于昆明、桂林、香港等处；四川省内，也有几处，藉航空而联络交通"②。当时，大后方主要公路线以重庆为中心。北线，经汉中达兰州，再经猩猩峡而达伊犁，由此约行200千米，可通苏联的阿尔泰铁路，其中由民国政府交通部公路总局联运汽车管理处与西北公路运输局联合开办从重庆到宝鸡的联合运客班次，1943年2月起每周对开一班，到了4月起每周二班，6月起改为隔日对开一班，如果旅客较多，还可以临时加班，川陕之间"客运称便"，1943年10月开始重庆兰州之间的联运；③南线，经贵阳、柳州西折抵镇南关衔接越南的公路直抵海防入海，或者经贵阳、柳州东折经广州九龙入海；西线，经贵阳、昆明，过畹町至腊戍连接缅甸的铁路，由此直达仰光可以入孟加拉湾；东线，经贵阳入长沙。各线所需时间，最多不过六七日至十日左右。在重庆设置有西南公路局，贵阳、桂林、昆明、衡阳等处的公路都以重庆为集中之点；附近的公路，还在不断地发展着。④1943年9月16日川湘、川鄂客运试车，上午八点准时在重庆发车，10月1日正式开通，并制定了客运包裹办法。⑤到1944年，以重庆为中心的公路运输网扩展并逐步完成。⑥

　　① 《重庆交通网》，《抗战与交通》1938年第11期。

　　② 包可永：《重庆归来的印象》，《时事半月刊》1940年第21期。

　　③ 中央社讯：《渝兰联运》，《大公报》1943年9月23日，第三版。

　　④ 包可永：《重庆归来的印象》，《时事半月刊》1940年第21期。

　　⑤ 本报讯：《川湘川鄂正式通车，已于前日由渝开出》，《大公报》1943年10月3日，第二版。

　　⑥ 本报讯：《以重庆为中心公路运输网扩展》，《大公报》1944年2月25日，第三版。

此外还有天然的扬子江以为呼应，成为南、北、中各战场的通道；又有正在计划建筑中的川滇、成渝、滇缅各个铁路工程。一旦建成，这些铁路线就要成为交通的枢纽，更可使重庆"成为后方最适宜最灵活最有力的指挥中心"。①

为了进一步加强重庆作为后方交通建设的重心，1938 年开始国民政府本部计划西北、西南电信网线，该网线亦是以重庆为轴心。

市内道路条件对地价影响更为直接，尤其对于山城重庆；而其市内公共交通对地价影响更加突出。渝市是个山城，交通很不方便。该市的公共汽车战前仅 10 辆，②车辆太少，乘客候车等待时间长达一个小时，而且不在起点处往往坐不上车，以致"人言啧啧，恒谓'等候汽车，有如望云霓之感'；而且是柴油汽车，多因零件缺乏，以至于停用"。

1938 年决定添购 20 辆，改善城市交通，每天行车由二十多辆增加为三十六七辆，平均每站 15 分钟可过一辆。③1939 年该市公共汽车公司又买了 11 辆新车投入城区行驶，城内到曾家岩交通每 5 分钟即可发车一次，因此交通"相当畅通"。该公司又修理旧车，加上新车，一直可以保持 40 辆车在市内运行。同时恢复上清寺到小龙坎线路的交通，力争做到每 5 分钟发车一次。④1940 年市政府决定为改善市内交通，购买 39 辆车。⑤到 1945 年 3 月，重庆市公共汽车可以行驶的有七十余辆，市区每三五分钟有车 1 辆，但郊区比较困难。后与美军协商，运来新车 19 辆，交给公共汽车管理处。⑥1945 年 4 月 25 日，昆明美军后勤司令部拨给重庆市公共汽车管理处的 19 辆大卡车运抵重庆郊区。⑦这一批车经过改装，预计到 6 月中旬加入市区行驶，用作曾家岩到小什字之间的

①　《重庆交通网》，《抗战与交通》1938 年第 11 期。

②　本报特写：《重庆市的交通工具公共汽车有迅速扩充的必要》，《大公报》1938 年 12 月 14 日，第四版。

③　本报特讯：《重庆交通在改善》，《大公报》1939 年 1 月 15 日，第三版；本报讯：《公共汽车车辆增加》，《大公报》1945 年 2 月 23 日，第三版。

④　本市消息：《公共汽车增车》，《新蜀报》1939 年 10 月 12 日，第四版。

⑤　中央社讯：《吴市长昨向市参会作施政报告》，《新蜀报》1940 年 4 月 4 日，第三版。

⑥　中央社讯：《俞部长报告交通》，《大公报》1945 年 3 月 24 日，第二版。

⑦　本报讯：《渝公共汽车新车已经开到》，《大公报》1945 年 4 月 25 日，第三版。

公共交通直达车。① 重庆市内通公共汽车的马路主要在商业区等市中心地带，都邮街、陕西街地价最为昂贵，其作用显而易见。

疏散区与旧市区之间不仅修建马路，而且也改变交通条件，如1939年为了使疏散机关提高行政效率，由四川公路局开办机关特约车，每天从重庆到北碚对开，上午九点、下午两点各一次。②

总之，抗战时期为重庆城市发展提供了一大机遇和契机，大批沿海沿江工矿企业、学校、机关等内迁，其中大部分迁往重庆，"工业向这里集中，商业向这里荟萃，变化向这里合流，人才向这里寻找工作"。③而且事实上，在此期间大后方乃至全国的经济、政治、交通中心在重庆得以确立，重庆现代化大城市的格局初现。作为后方工业中心，为了满足战时需要，城市的总就业水平与收入水平提高，直接决定了城市土地总需求的上升，城市中心区域的交通发达及金融中心地位的确立，使其土地竞争力增强，对投资吸引力加大，从而使当时及以后的预期价值增高，推动中心区的地价进一步上涨，市区内马路扩建及与卫星城镇之间交通改善使重庆市区内建成区整体土地增值，而战时首都的确定是影响地价的政治因素，虽然这种影响是暂时性的，但是对于房屋需求间接地推动地价的上涨。

最后，我们跟随逸尘从空中来俯瞰重庆：

> 回顾那烟雾弥漫的山城，已经不见秋叶型半岛的痕迹，不过会在你的脑海里可以映现出那从菜园坝，经过姐楼，到曾家岩的长蛇形的马路，它那整齐（至少是表面整齐）高大四层楼的商业场和督邮街，那悠闲僻静住宅区的观音岩和上清寺，那奔流宛转的长江与嘉陵江，那叠翠蓊菁的南山，老君洞，真武山，黄山，那襟带两江，雄视半岛的两路口山地与浮图关，——令人充满了爱恋的回忆。④

---

① 中央社讯：《翻修中区干路月底竣工，公共汽车将有新车加入》，《大公报》1945年4月24日，第三版。

② 中央社讯：《重庆北碚间开特约车》，《新蜀报》1939年11月19日，第三版。

③ 本报特写：《雾笼山城》，《大公报》1940年1月8日，第三版。

④ 逸尘：《从重庆到成都》，《国是公论》1939年第21期。

## 三　物价高涨与货币贬值①

### (一)　物价飞涨

物价，为什么能够影响地价？如供给过多，而购买者太少，则物价下落。换言之，若各业不景气，则市民购买力衰退，而市民购买一般商品的力量衰退，那么购置土地的力量相应亦衰退，这自在情理之中。南京市1931年地价最高，其他因素固然存在，而当年物价指数最高，想必不是偶然。总之，在一般社会、经济等条件不变的情况下，地价高低可以说与物价指数高低成正比，大抵可以这样断言。②

南京的物价指数③，根据高信的调查，1930年为100，1931年为107，1932年为104，1933年为84。据此可知自1931年以后，物价不断地往下降，所降数字要比地价下降的大，然而大致成正比。还有云南

---

①　通货膨胀是经济上一个复杂现象，笔者才智所限，此处不论。本书主要针对当时的物价上涨与货币贬值略作现象表述。物价上涨是由于货物本身或其他外来的因素而引起的价格上的高涨，因而反映为货币购买力的削减；货币贬值，是由于流通货币量的增加而导致其价值低落，因而反映为一般物价的激昂。这两种表现都是一致的，因果关系是不一样的，因此应该把二者分开，故本书按照这个理路分别说明抗战时期重庆市的物价飞涨与货币贬值的历史情况。当然物价飞涨与货币贬值也是相互联系的，根据本人的理解，1942年以前，重庆市主要表现为物价飞涨，货币贬值亦不明显，而且当时国民政府的"稳健金融政策"尚起到作用，物价上涨不是由于"通货膨胀"引起的（参见陶继侃《物价膨胀、通货膨胀与膨胀循环》，《大公报》1938年12月26日，第三版）。《大公报》社评则以为这一时期即1940年之前的物价上涨原因之一就是通货膨胀，不过该报亦承认"关于通胀的问题，我们虽不能详知法币发行的实况，但绝对相信，政府未曾滥发纸币"，那么通胀现象也只能是"因为物价不合理的腾涨，因而降低了货币的购买力"（详见社评《物价问题》，《大公报》1939年4月24日，第二版）。可见，只是到了1942年，货币开始由于大量发行贬值明显，正如时人所论"通胀"显露端倪。那么，在1942年以后的后方都市，于货币贬值的情况下物价飞涨，这一时期即为通胀时期，大体不差。

②　高信：《南京市之地价与地价税》，正中书局1935年版，第55页。

③　近代社会科学的研究，往往以数字为根据，而物价指数尤其为研究经济现象不可或缺的工具。第一次世界大战之际，各国学者相继调查物价，编制指数，作为管理物价政策的依据。自此以后，物价指数就成为社会各方所重视，而其应用也渐趋普及。1942年张公权请王仲武主编《重庆物价专刊》，就渝市数年来主要物品价格搜罗完全，该书对于重庆市物价指数的三种依据商品用途、加工程度及商品产地之分类编纂，并进行系统说明。物价指数仅是根据市场主要物品价格而编制，而没有地价一项，由于消费类占主要部分，一般又叫消费物价指数。参见王仲武主编《重庆物价专刊》，西南经济建设研究所邮政储蓄金汇业局编印，1942年，"序言一"，第1页；"编制说明"，第1—6页。

物价在抗战时期就"特别高，主要原因是地方小，供求不相应，物价就跳"，① 而后方城市地价中，昆明地价上涨最大，1939 年比 1935 年增涨了 10 倍以上，而其他城市不过三四倍而已。由此说明高信的结论大致可以接受。

表 3 – 21　　　　　　　　　　抗战时期平均物价指数

| 时间 | 平均物价指数 | 时间 | 平均物价指数 |
|---|---|---|---|
| 1937.7 | 1.04 | 1942 | 66.2 |
| 1938 | 1.76 | 1943 | 228 |
| 1939 | 3.23 | 1944 | 755 |
| 1940 | 7.24 | 1945.8 | 2647 |
| 1941 | 19.77 | 1945.12 | 2491 |

说明：以 1937 年 7 月以前的物价指数为 1。

资料来源：[美] 费正清、费维恺编：《剑桥中华民国史（1912—1949 年）》下卷，杨品泉、张言等译，中国社会科学出版社 1993 年版，第 667 页。

同样，重庆市地价飞涨伴随的是物价飞涨。抗战八年，全国平均物价指数 1945 年是 1937 年 7 月以前的 2491 倍（见表 3 – 21）。重庆物价，以 1937 年上半年重庆主要商品物价指数为基数 100，到 1945 年已高达 156195，物价上涨了 1560 多倍②。欧洲大战爆发后，重庆市物价逐日高涨，在抗战前，报纸每份 6 元，国民政府迁汉后，涨到 30 元，迁渝后，增加到 50 元，1939 年则高达 70 元；价钱最低的当地土蓝布每尺 5 角涨到 1 元 1 角，"几与平时绸缎同价"。③ 而到了 1945 年，"抗战以来，后方年年丰收，而物价年年高涨……至今胜利愈有把握，而物价也就越发高升"④。无怪乎老舍先生回忆道，起初四川的东西真便宜，"一角钱买十个很大的烧饼，一个铜板买一束鲜桂圆"，但从 1940 年起，"大家开始觉到生活的压迫。四川的东西不再便宜了，而是一涨就涨一倍的天天往上涨。我只好经常穿着斯文扫地的衣服。我的香烟由使馆降为大小英，降为刀

---

① 本报记者：《参政会旁听记之四：物价问题》，《大公报》1943 年 9 月 24 日，第三版。

② 张公权：《中国通货膨胀史（1937—1949）》，文史资料出版社 1986 年版，第 242 页。

③ 路透社电：《重庆物价逐步上增》，《申报》1939 年 9 月 8 日，第七版。

④ 社评：《春雨书感》，《大公报》1945 年 3 月 24 日，第二版。

牌，降为船牌，再降为四川土产的卷烟——也可美其名曰雪茄。别的日用品及饮食也都随着香烟而降格"①。

张恨水在其回忆文章里对重庆市物价上涨有生动描述："偶遇卖文之友，谈及物价猛涨，写稿成本太高，势将歇夜，大笑之下，却是长叹"。他接着算了一笔账：

> 平均每人每日可写三千字的文稿，按着这个标准，写一千字的物资消耗，大概如下表，那就是血本：饭两碗（一顿），80元；蔬菜一菜一汤，100元（包括油盐柴炭）；纸烟五支（中等货），30元；茶叶三钱（中等货），30元（开水在内）；房租（以一间计），30元（只算一日三分之一）；纸笔墨，20元（包括信封）；邮票，6元（但快要涨价了）。这是少得无可再少的估计，约合296元，而衣鞋医药并不在内。若养上个四口之家（不敢八口），再须添上300元（最少），是卖500元一千字，就要蚀老本蚀得哭了。②

在1940年5月重庆市猪肉净瘦肉即使肉商暗中涨价也不过"一斤售价逾元"，③ 而1943年9月初，猪肉价格由市政府核定价格是每斤26元，净肉每斤28元。④ 三年间肉价上涨了20多倍。公共汽车亦提高票价，普通客车为10元，特别快车为15元。⑤ 物价上涨带给城市居民生活的压力，"健康水平下降，疟疾和肺结核是常见的，为了补充他们微薄的收入，许多教员在两个或两个以上的大学任教，出卖珍藏的书籍和艺术品，或镌刻图章和挥毫作书以供出售。他们的教学质量受损，而他们对政府的幻灭感上升了"。⑥ 后方四川省等地，物价增长，"一般贫民

① 老舍：《往事随想》，四川人民出版社2000年版，第152、156页。
② 曾智中、尤德彦编：《张恨水说重庆》，四川文艺出版社2007年版，第32页。
③ 本市讯：《瘦肉一斤售价逾元》，《新蜀报》1940年5月7日，第三版。
④ 中央社讯：《市政近况：贺市长昨在参议会报告》，《大公报》1943年9月4日，第三版。
⑤ 《渝市点滴》，《大公报》1943年10月1日，第三版。
⑥ 〔美〕费正清、费维恺编：《剑桥中华民国史（1912—1949年）》下卷，杨品泉、张言等译，中国社会科学出版社1993年版，第675页。

莫不叫苦连天"。① "西药房门口，时有病人问价后，抱头大哭而去者。"② 这则新闻形象地说明物价上涨给人们生活带来的困苦，读来不禁使人潸然泪下。

不但是重庆市物价上涨，后方城市大都如此。如昆明的生活费高涨不已，大学教授的生活也日益清苦。因此，为穷困所迫兼职赚钱，其中有个以作诗出名的教授居然被大光明戏院聘请担任影片翻译，另一个以"红学"闻名的教授主持讲座兼职挣钱养家。③

1940 年第 7 期《远东》在其国内消息中报道：

> 日军占领南宁后……重庆日用品之昂贵，实足惊人，较之事变前，或高数倍或高至十余倍，例如米每石，事变前仅八九元，去年秋节贵至六七十元，本年三月至一百二十元，实达十五倍之多，其原因则由于雨泽稀少，法币惨落，安南方面来源断绝之故，因此，一般市民不敢吃米，惟以稀粥保其残喘而已，他如棉丝之物，上海制二十号棉丝一捆，由上海运至重庆，行市达三千元。

> 政府机关人员，因物价腾贵，故希望加薪之意极切，因生活艰难，心气不平，而投于报馆以泄愤之函件，每日堆积如山，渝国防会议，刻正研究给津贴案，最近情报且谓四川省内从事运盐之劳动者，近因增加工资问题，有罢工之举，蒋介石指令严加处罚云。

从 1942 年至 1945 年，戴世光、鲍觉民、费孝通、吴启元与杨西孟等人三度以物价为题，在《大公报》发文对国民政府的经济政策提出批评："经济危机，已迫在眉睫，若不采取紧急措置，并加以根本的纠正，则我国战时经济势必走到崩溃的末路。" 而这种局面，到了 1945 年发展趋势 "就后方各地物价上涨的速度来看，目前情形显然已和过去不同。近四个月来各地物价暴涨的速度超过已往八年来任何时候"，"我们感觉我们的预测已不幸逐渐得到事实的应验"④。

① 成都航讯：《川省物价突趋昂涨》，《申报》1939 年 5 月 4 日，第八版。
② 《渝市点滴》，《大公报》1942 年 2 月 24 日，第三版。
③ 《昆明杂缀》，《大公报》1943 年 11 月 16 日，第三版。
④ 戴世光、鲍觉民、费孝通、伍启元：《现阶段的物价及经济问题》，《大公报》1945 年 5 月 20 日，第二版。

表 3 - 22　　　　　　　国民政府 1939 年 8 月公布的物价指数

| 总指数 | 244 | 燃料类（18 种） | 441.8 |
|---|---|---|---|
| 食料类（32 种） | 110.4 | 金属类（11 种） | 299.5 |
| 衣料类（18 种） | 273.4 | | |

说明：以 1937 年 7 月的物价指数为 100。

资料来源：中央社讯：《经济部翁部长谈渝物价高涨原因及对策》，《新华日报》1939 年 10 月 17 日，第二版。

　　根据表 3 - 22、表 3 - 23、表 3 - 24，食料物价没有显著升高，因为"近年来，各地丰收，粮食无缺"，当时人民收入大部分用于食物上，根据研究，其比例约占 60% —70%，所以食物价格还没有上涨，大多数人民生活不致"感觉严重恐慌"。但是衣料一项，各地价格皆上升几倍，因为后方各省市，特别是西南各地，本来不是产棉区域，战前该区也没有纱厂，纱布供给都是靠上海、武汉等地的输入，抗战爆发，这些城市成为沦陷区，交通困难纱布输入不便、供求不平衡，因此衣料上涨几倍。[①] 一些日用品涨价也是很明显。

表 3 - 23　　　　　　1939 年底重庆市日用品物价变化情况　　　　　（法币元）

| 物品 | 现价 | 事变前 |
|---|---|---|
| 脸盆 | 十元 | 一元五角 |
| 电灯泡 | 七至八元 | 一元至一元五 |
| 手巾 | 一元 | 一角至二角 |
| 袜子 | 五元 | 三角 |
| 洋蜡 | 五角 | 一角五分 |
| 饭馆青豆一盘 | 三元 | 一角 |
| 前门烟 | 一元一角 | 一角二分 |

资料来源：《重庆现状》，《远东》1940 年第 3 卷，第 7 期。

表 3 - 24　　　　　　重庆市食物价格变动（1937—1939）　　　　　（法币元）

| 物品 | 1937 年 | 1938 年 | 1939 年 |
|---|---|---|---|
| 头机米（市斗） | 1.35 | 1.05 | 1.75 |
| 糙米（市斗） | 0.90 | 0.55 | 1.30 |

---

　　① 中央社讯：《经济部翁部长谈渝物价高涨原因及对策》，《新华日报》1939 年 10 月 17 日，第二版。

续表

| 物品 | 1937 年 | 1938 年 | 1939 年 |
|---|---|---|---|
| 面粉（袋） | 3.60 | 4.30 | 8.27 |
| 牛肉（市斤） | 0.17 | 0.20 | 0.30 |
| 猪肉（市斤） | 0.22 | 0.29 | 0.63 |
| 鸡肉（市斤） | 0.30 | 0.36 | 0.53 |
| 酱油（市斤） | 0.10 | 0.12 | 0.29 |

资料来源：《重庆市之物价》，《申报》1939 年 9 月 30 日，第八版。

具体到重庆市的物价变动情况，1937—1941 年（以 1937 年上半年的物价指数为基数 100）物价变动非常剧烈。

据戴世光等人统计，从抗战开始到 1940 年 6 月，物价指数每月上涨率开始时是 1%—2%，嗣后增加到 3%—6%，最后达到 8%。从 1940 年 7 月至 1942 年底，每月上涨率约为 9%。1943 年 1 月至 1944 年 5 月，每月上涨率已经超过 10%。从 1944 年 6 月至年底，由于国内战事紧张，人心惶遽，有钱的人纷纷保存现款或者购买黄金，不愿意保留笨重的货物，结果物价转趋停滞。1945 年春天以来，由于抗战局势稳定，物价立即暴涨，1—4 月后方各重要城市的物价大约上涨了 3—7 倍，平均每月的上涨率竟然达到 50% 以上。戴世光等人认为物价上涨主要是通胀、物资缺乏、投机活动及垄断因素的影响及既得利益集团的势力，物价与经济恶化的趋势还要愈演愈烈，可能演变到不堪想象的境地。[①] 早在 1944 年戴世光等西南联大的几位学者就发表文章，针对物价上涨提出解决办法，其中就是改革租税制度，依据累进原则积极举办一般的财产税（地价税属于财产税的一种），并改进所得税、过分利得税、遗产税、土地增值税等直接税。[②]

房地产在统计上属于投资品，不在日常消费之列，各国的物价指数根据张公权所论仅是主要物品价格，显然不包括地价，1943 年国民政府公布的限价法令，其中就不包含土地及其改良物价（即房屋）[③]。虽然房地

① 戴世光、鲍觉民、费孝通、伍启元：《现阶段的物价及经济问题》，《大公报》1945 年 5 月 20 日，第二版。

② 杨西孟、戴世光、李树青、鲍觉民、伍启元：《我们对于物价问题的再度呼吁》，《大公报》1944 年 5 月 16 日，第三版。

③ 倍振：《土地也该限价》，《人与地》1943 年第 1 期。

产不是消费者物价指数的一个组成部分，但地价上涨也有可能会带动消费者物价指数上涨，即高信研究所得的结论：房价与一般物价间存在一个正比例关系。

两个曲线虽然不完全一致，但可以看出地价与物价变动的关系。无论是"鸡生蛋，或是蛋生鸡"，但是二者确实是一种正比例关系。

表 3 - 25　　　　　　　重庆市趸售物价指数

（一）第一类，按商品用途分类

| 类别 | 1937 年下半年 | 1938 年 | 1939 年 | 1940 年 | 1941 年 |
|---|---|---|---|---|---|
| 总指数 | 101.7 | 138.4 | 241.3 | 634.8 | 1784.6 |
| 粮食 | 92.3 | 75.0 | 90.9 | 323.2 | 1666.3 |
| 其他食物 | 98.2 | 101.0 | 157.2 | 403.8 | 1358.2 |
| 纺织品及原料 | 104.4 | 174.5 | 337.5 | 933.9 | 1998.4 |
| 燃料 | 107.0 | 181.6 | 393.0 | 1191.4 | 2820.5 |
| 金属及电料 | 114.2 | 271.2 | 602.5 | 1441.8 | 3004.0 |
| 建筑材料 | 104.2 | 167.8 | 273.4 | 517.1 | 1153.6 |
| 杂项 | 97.8 | 118.5 | 233.1 | 496.7 | 1027.2 |

说明：以 1937 年上半年的平均物价为基数 100。

表 3 - 26　　　　　　　（二）第二类，按商品加工程度分类

| 类别 | 1937 年下半年 | 1938 年 | 1939 年 | 1940 年 | 1941 年 |
|---|---|---|---|---|---|
| 总指数 | 101.7 | 138.4 | 241.3 | 634.8 | 1784.6 |
| 类指数 | 98.2 | 102.4 | 163.0 | 389.1 | 1247.1 |
| 农产 | 91.9 | 76.4 | 110.2 | 326.9 | 1261.1 |
| 动物产 | 85.1 | 69.1 | 120.4 | 257.8 | 518.9 |
| 林产 | 109.2 | 170.9 | 189.4 | 270.4 | 867.5 |
| 矿产 | 112.0 | 168.1 | 397.8 | 837.1 | 2147.7 |
| 生产品 | 106.1 | 196.1 | 441.2 | 1027.3 | 2220.7 |
| 消费品 | 101.4 | 136.6 | 223.8 | 643.0 | 1898.2 |

表 3 - 27　　　　　　　　　（三）第三类，按商品产地分类

| 类别 | 1937 年下半年 | 1938 年 | 1939 年 | 1940 年 | 1941 年 |
|---|---|---|---|---|---|
| 总指数 | 101.7 | 138.4 | 241.3 | 634.8 | 1784.6 |
| 本省产品 | 98.5 | 108.6 | 169.5 | 445.7 | 1412.3 |
| 外省产品 | 106.1 | 200.6 | 375.8 | 982.7 | 2287.7 |
| 国外产品 | 109.8 | 240.1 | 599.4 | 1592.8 | 3436.0 |

说明：物价递增的趋势，成几何级数，这就是重庆市物价上涨的特征，不可忽视，而且到 1941 年通胀与信用泛滥的恶果已经渐渐显露。

资料来源：王仲武主编：《重庆物价专刊》，西南经济建设研究所、邮政储蓄金汇业局编印，1942 年 6 月，第 13、15、17、22 页。

表 3 - 25 至表 3 - 27 反映 1939 年 10 月前物价不是很高。在 1937 年 7 月至 1939 年 10 月虽然华北、沿海地区相继沦陷，但是重庆等后方物资较多，"经济方面尚称稳定，物资尚未大量消耗"，[①] 因此物价上涨还属于和缓，同时消费品价格的增长与生产资料相比要慢些，普通中国人未受到其最坏的影响。如战争头两年食品价格上涨和缓，在重庆仅为 8.5%。原因是 1938 年和 1939 年国民党地区受惠于大丰收，在当时未被占领的 15 个省中，收获量高出战前平均水平 8%。其他日用必需品，如衣服和住房的价格比食品上涨快，例如衣服的价格到 1939 年年中大约翻了一番。但大多数中国人可以推迟购买新衣服。而住房的费用，除难民群集的城市外，则上涨不大，其结果是在头两年里，大多数人能够承受通胀的影响而不过分困难。[②]

但是，到了 1940—1942 年，物价涨势很猛，而且食品价格开始暴涨，严重影响了人民生活水平。这一变化最初起因于四川一部分农田歉收，1940 年农业产量比 1939 年下降 10%，而翌年又下降了 13%，米价因此飞涨。1941 年 7 月国民政府又开始田赋征实而不收现金，这意味着到达自由市场的粮食更少，这样进一步搅乱了供需之间的平衡。另外，1940 年重庆发生纱价风潮，市民抢购物品，并有囤积现象。这一时期的战事亦有影响，国民政府军宜昌撤退，宜昌失守，商路须绕道，运费增加；法国战

① 王仲武主编：《重庆物价专刊》，西南经济建设研究所、邮政储蓄金汇业局编印，1942 年 6 月，第 21 页。

② ［美］费正清、费维恺：《剑桥中华民国史（1912—1949 年）》下卷，杨品泉、张言等译，中国社会科学出版社 1993 年版，第 668 页。

败，越南方向的运输线被掐断，1940年7月滇缅公路暂时被封锁，国际线路被掐断，工业制造品"即感缺乏"；买主囤积，心理影响尤大。[1]

抗战以后，物价递增，"适成一几何级数"，由半倍乃至一倍、两倍、四倍，以至于天文数字。1941年12月8日太平洋战争爆发，使1942年以后，"通胀与信用泛滥之恶果，已渐显露"，"物价扶摇直上，不可遏制"。[2]

另外，国内工业生产普遍不能满足消费者的需求，国内生产锐减，外加日寇的掠夺。布匹、药品、纸张和电灯泡等货品原来大多在沿海生产，现在这些城市已经被日本侵略者占领。战争期间，许多面向消费者的小型工厂在内地建立起来，但它们只能满足一小部分需求。供需失衡的形势更加严重，物价上升的"势力也就更雄健"。[3]

物价上涨对于货币价值的影响，一个是直接的，即物价与货币的购买力成反比，物价增高，货币购买力削减，同样的货币仅能购买比以前少的货物；另一个是间接的作用，即物价激增则加重政府的负担，进而扩大预算的虚亏，例如物价涨高一倍，则政府的支出就要加倍于预算上的支出，这种巨额虚亏，最后势必使国民政府企望通过货币的增发，物价上涨于是招致货币贬值，引起通货数量增加。同时，一旦货币贬值出现，则刺激物价快速上升，更加重财政困难和预算的虚亏，通货的增发则势不可挡。因此，可以这样说，物价上涨与货币贬值交相往复，愈演愈烈，发展到极端就是通货膨胀[4]。

（二）货币贬值：通胀的灾难

事实上，为了应对物价飞涨的局面，起初，国民党当局以出售公债和外汇储备来避免印发大量新钞票，不久这两种替换物都枯竭了。与开辟新

---

[1] 王仲武主编：《重庆物价专刊》，西南经济建设研究所、邮政储蓄金汇业局编印，1942年6月，第22页。

[2] 同上。

[3] 陶继侃：《物价膨胀、通货膨胀与膨胀循环》（二），《大公报》1938年12月27日，第三版。

[4] 所谓通货膨胀，是指政府滥发不兑现纸币，超过社会流通需要数量，创造无货物为基础的购买力。通胀的主要现象是货币对内对外价值同时降落，在国外形成汇率降低，在国内则各种物价一律上涨，其上涨速度与比例皆一律相等。参见谢敏道《关于物价问题贡献一个办法》，《大公报》1939年4月26日，第三版。

税源或紧缩开支控制预算赤字相比,印刷新币毕竟容易得多。再则,当局不考虑经济学家们有关通胀危险的警告,争辩说在像中国这样一个农业社会,它不会成为一种严重的危险。[①]

这样国民政府大量印刷货币,国民政府经济上的通货膨胀,随着抗日战争的进展日益凸显。"像白血病患者的血液一样,国民政府的贬值通货流遍全国,使整个机体——军队、政府、经济和社会普遍虚弱。"[②] 刚开始,通货膨胀率比较缓和,在战争的头一年,价格上升约40%,从1941年下半年到1944年,物价每年翻一番以上。此后增长率又急剧上升。通胀的基本起因是金融性的,那就是政府通常向四家政府银行借款,这四家银行大量印刷新钞票以满足这种需要,使通货膨胀大为膨胀。开战以后,政府支出立即增加,在头两年,政府花费大量款项在内地重新安置和发展工业。庞大的款项被用于在中国西部建筑新的公路和铁路,并修至印度支那和贯穿缅甸。在这两年期间,政府的年支出增长33%,而它的岁入下降了63%。战前,大宗岁入来自商业和都市的经济部门——关税、盐税和商品税约占80%。当日本蹂躏上海和其他沿海城市时,这些税收来源大量丧失,政府战时支出的约75%靠印刷新纸币来弥补。[③]

表 3 – 28　　　　1937—1945 年按战前价格计算的纸币发行值

（总额和价值以 100 万元为单位，法币元）

| 时间 | 政府银行纸币发行总额 | 平均价格指数 | 按战前纸币折合的发行值 |
| --- | --- | --- | --- |
| 1937 年 7 月 | 1455 | 1.04 | 1390 |
| 1938 年 | 2305 | 1.76 | 1310 |
| 1939 年 | 4287 | 3.23 | 1325 |
| 1940 年 | 7867 | 7.24 | 1085 |
| 1941 年 | 15133 | 19.77 | 765 |
| 1942 年 | 34360 | 66.2 | 520 |
| 1943 年 | 75379 | 228 | 330 |

① [美] 费正清、费维恺:《剑桥中华民国史 (1912—1949 年)》下卷,杨品泉、张言等译,中国社会科学出版社 1993 年版,第 670 页。

② 同上书,第 666 页。

③ 同上书,第 666、667 页。

续表

| 时间 | 政府银行纸币发行总额 | 平均价格指数 | 按战前纸币折合的发行值 |
|---|---|---|---|
| 1944 年 | 189461 | 755 | 250 |
| 1945 年 8 月 | 556907 | 2647 | 210 |

说明：表中为每年 12 月的数字，1937 年和 1945 年的指定月份除外。

资料来源：［美］费正清、费维恺等：《剑桥中华民国史（1912—1949 年）》下卷，杨品泉、张言等译，中国社会科学出版社 1993 年版，第 667 页。

表 3 – 29　　　　　　　　重庆市货币对内购买力指数

| 时间 | 1937 年下半年 | 1938 年 | 1939 年 | 1940 年 | 1941 年 |
|---|---|---|---|---|---|
| 指数 | 98.3 | 72.3 | 41.4 | 15.8 | 5.5 |

资料来源：王仲武主编：《重庆物价专刊》，西南经济建设研究所、邮政储蓄金汇业局编印，1942 年 6 月，第 19 页。

从表 3 – 28、表 3 – 29 可以看出大量货币的发行，使公众对于货币缺乏信任，1942 年已经露出通胀的端倪。1937—1939 年，后方人民有一种强烈的储存法币倾向，尤其是在农村民众中间。这种储存是乡村中对货币收入通常短缺的一种反映，它缓冲了通胀冲击，因为它减少了流通中的货币量，从而缓解了对难以得到的消费品需求。但是，随着 1940 年夏季稻谷歉收，农民们开始储存粮食，而不储存货币，于是通胀螺旋上升开始了。同时，日本人竭力破坏我国的外汇，自发生外汇黑市以来，币值跌落，进口物价势必飞涨。因此，民间购用外货的货币量很大，国内流通的通货量自然大量增加。[1] 到 1942 年，通胀已经彰显。

总之，通胀原因包括：外汇黑市的存在，生产的减少，供需的失调，运输的困难，沦陷区经济被日寇掠夺与控制，商人的囤积居奇，人口集中后方及市场心理的摇动不定。[2]

在 1940 年和 1941 年价格开始暴涨后，国民政府才逐步察觉到如果要避免因货币贬值而断送全部战争的努力，就必须增加岁入，削减支出，开辟财源成为国民政府的头等大事。1941 年财政会议、1942 年地政会议第六届年会，蒋介石训词的核心为"征税"，而地价税及土地增值税成为目标。

[1] 鲍乐帝：《平衡物价问题》，《申报》1939 年 4 月 25 日，第三版。
[2] 刘直之：《物价飞涨和平衡物价问题》，《申报》1939 年 9 月 30 日，第八版。

货币贬值及物价飞涨进一步推动投机尤其是土地投机之风的盛行、商业的虚假繁荣、工业生产的萎缩和人民购买力的大为降低等。[1] 面对货币贬值、物价飞涨这种通胀噩梦，1943 年初，蒋介石"手拟《加强管制物价方案》，叠经提交国民参政会及十中全会缜密研讨，一致拥护实施"，限价办法于 1 月 15 日实行。

但是管制物价实行之后，出现一种"严重事态，不容我们忽视的，就是这般人鉴于管制物价，势在必行，对于商业投机，已稍有戒心，于是大量游资便转移投资方向，改作'土地投机'"。因此，导致后方城市，"田土房产买卖，特别旺盛，地价因之陡涨"，尤其重庆市，其中心区域的都邮街每亩达几百万元（法币，下同），即使是郊区如小龙坎等地，地价仅从 1942 年 11 月的每平方丈 180 元，至 1943 年 1 月增加到每平方丈 360 元以上。地价上涨，地租随之增高，一切农业、工业品的成本也随之增加，结果促使物价更加膨胀，"如此互为因果，循环往复，使整个国民经济，非至崩溃不止"。[2]

物价管制以后，游资纷纷转移到"建筑房屋上去"，"转向房产投机，房主多以修理名义，逼迫住客迁居，至房租纠纷成为目前颇堪重视之社会现象"。[3] 由于管制物价，囤积居奇地商业资本不再"像以前那样的猖獗，但是今日四川省内所有的游资，并没有因此驯服地听从管制的命令，一气流注于生产的事业，而是另辟蹊径似的转注到土地投机去了"。[4]

## 四　地价变动的影响

地价高涨，引起土地投机，影响工商业的发展，对社会、经济影响重大，尤其对于市民生活加重负担，其中最主要的是"住房饥馑"[5] 即房荒。

---

① 朱丹彤、徐晓旭：《抗战时期国民政府迁都对重庆市民生活的影响》，《四川师范大学学报》（社会科学版）2004 年第 3 期。

② 祝平：《"管制物价"声中的地价问题》，《人与地》1943 年第 1 期。

③ 本报讯：《游资趋向建筑房屋》，《大公报》1942 年 12 月 31 日，第三版；本报讯：《物资管制后，一般游资转向房产投机》，《时事新闻报》1943 年 1 月 9 日，第三版。

④ 朱剑农：《四川地价问题》，《四川经济季刊》1943 年第 1 期。

⑤ 何名荣：《非常时期的市地问题》，《人与地》1943 年第 4 期。

（一）对经济发展的影响

姜玉晋从经济学角度分析城市土地涨价给工商业经济发展带来的危害，他认为地价暴涨，一方面，在战时通胀与游资泛滥的情况下，巨额资金的持有人对于工业建设不很感兴趣，于是不约而同地走向土地投机，从而使大后方地价在战争爆发后短短四五年，就有了急速高涨。另一方面，地价上涨，使每亩单价所需金额比较从前增加很多，而单位地价增加的后果，自然增加了地价资金在国民资金总额中的比例，而国民资金总额中土地资金比例的增大，相对地即是减少了企业资金的原来比例，势之所至，必然缩减工业的生产规模。因此他痛心地说："今日后方各省的工业，其所以未能迅速的发展，甚至表现出来的凋敝现象"，这就是因为一般持有资金的金融热衷于土地投机，才"冲淡了工业投资的结果"。[①]

事实上亦如此，据1942年《经济汇报》第12期报道，由于地价上涨，游资由商业投机转向房地产，"此种情势尤以成都一带最为显著，其所表现者：（一）田房价格高涨，成都附近田价每亩涨至一万余元尤不易购得，房价亦然。普通小独院一所即需一二十万元。（二）田房交易繁多，除旧式之经纪外，现各公司均附设田房信托部，代人买卖田房。并有专门买卖田房产业公司之设置，足证交易之繁多。（三）契税收入激增，成都三十年度田房契税实收达二百五十余万元，超过原来预算三倍。本年中截至六月底止实收契税达一百八十余万元，其间尚难免瞒价漏税情事，计半年所收已超过全年预算一倍，此项收入现尚不断激增。足见田房交易数字之大"[②]。大量资金流入房地产，推涨了房价，加剧了房荒，而工商业所需资金减少，一般持有资金的金融热衷于土地投机，才"冲淡了工业投资的结果"。

抗战时期，重庆、成都等城市工业并没有健康发展，亦与此有着联系。"我们翻翻报纸，平均每日总有一二家工商业倒闭或改组的消息，当然这是关系种种原因，但房租（包括地租）的高涨，也是主要的原因。"据《大公报》报道，在物价高涨中，重庆市民营工业中的"机器

---

① 姜玉晋：《中国土地政策刍议》，国立武汉大学第十二届毕业论文，1943年，第39、41页。

② 《最近经济杂讯：游资新出路，田房交易激增（成都特讯）》，《经济汇报》1942年第6卷第12期。

业小厂纷纷停工，化工工厂艰苦支撑中"，机器业中的大厂因为承接生产局的订货，勉可维持，小厂不能承接订货，因为资金周转困难、生产成本过高、市场不景气等原因纷告停工，其中"江北南岸小厂停工者已有多家"。① 工商业一般以市地为中心，市地地价高涨加重生产固定成本，增加生产建设困难，加上土地投机的存在，投机取巧者故意缩小市地供给，对需要土地的工商业的窒碍显而易见。市地地价上涨，影响市地的征收，由于补偿资金巨大，公共建设只能望而却步，窒碍市政建设亦不容置疑。

土地的"不劳而获"在买卖中很容易得到，于是一般人都把投资在工商业中的资本抽出，情愿投在土地上进行投机。随着通胀发展，加速战时游资涌向土地。重庆市人口增加，加上为了防止空袭进行人口疏散，逐渐向四郊发展，市郊荒地地价低廉，正是土地投机的对象。土地越资本化，土地投机越积极，那么土地越集中，这样更使土地问题严重。重庆市1938 年的地产交易，不过 57 件，总值达 23 万多元（法币，下同）；1939年增加到 589 件，总值增至 297 万多元；1940 年，增加到 1264 件，总值高达 823 万多元；1941 年截止到 11 月，已经有 769 件，总值已经达到875 万多元。在短短四年的时间里，地产交易有 2670 多件，交易总额达2020 多万元。以上数字，反映了土地投机快速发展的趋势。土地投机的发展又刺激了地价上涨，促使市地问题日益恶化。②

土地投机者希望获得高利，其对社会的消极影响是工商业缺乏资本经营以致倒闭，并且土地投机使地价更加高涨，使房荒更显严重，因此，其"阻碍社会一般的发展是毋庸说的"。③ 诚如戴世光等人所担忧，在战时通胀与物价变动"均已走进剧烈的阶段，工业生产利润不如商业利润，正当商业利润又不如投机买卖利润"。结果，工商业活动和资金的运用"遂群趋于投机"，这样自然使工业生产倒退；另外，由于通胀引起的财富重分配，社会购买力有很大一部分集中在少数富裕阶级的手中，而一般人的实际购买力却日益低落，结果他们对于工业制造品的有

---

① 本报讯：《渝区民营工业近况：机器业小厂纷告停工，化工工厂艰苦支撑中》，《大公报》1945 年 5 月 1 日，第三版。

② 何名荣：《非常时期的市地问题》，《人与地》1943 年第 4 期。

③ 张达愚：《都市土地增值的处置问题》，《地方行政》1944 年第 14、15 期合刊。

效需求自然日趋减少，而这种需求的减少，在通胀之下并不能起到多少降低工业品价格的效果，却"有减少工业品产量的作用"。① 朱剑农也指出，抗战时期重庆市土地地价上涨，促进土地投机，不仅形成了市地集中，使市区土地不能合理利用，尤其是一些被炸区域的土地不能及时修建房屋，只能待价而沽；同时也因此"吸收了大批有用的资金，停储于不事生产的土地投机上面。这不仅促成物价的益发上涨，也造成了土地分配问题的严重局面，而且使有关抗建成败的生产事业，因为资金的枯竭而阻滞了它的发展"。②

抗战时期，大后方城市土地价格增长，使土地资本抬头。重庆市旧市区面积 10 多万亩，1938 年全市地价约值 2 亿元（法币，下同），1940 年则高达 9 亿元，到 1941 年增加到 13 亿元；桂林市地面积为 25000 多亩，1937 年全市地价约 250 多万元，1941 年则达 1 亿多元。短短三四年，重庆市地价增加了 11 亿元，桂林也增加了约 1 亿元。巨大的涨价数额，如果实行"涨价归公"，政府可以得到"大宗收入"，用以施行各种市政建设。③

地价上涨产生的巨额土地资本，引起不少人关注。蒋介石在 1941 年全国第三次财政会议上指示"抗战到了现阶段的最重要的问题，第一个是财政问题，第二个是粮食问题，第三个是土地问题"。"实行土地政策，乃是中国今日要永远解决国家财政与经济问题最基本的政策。""现在我们所用的办法，是很简单容易的；这个办法，就是平均地权"，做到平均地权的四个办法即"申报地价、照价抽税、照价收买，和增价归公"。④ 万国鼎对于后方城市地价上涨情况，特著文《平均地权不能坐失良机》，由于抗战建国需资巨大，重庆、宜宾等城市地价飞涨，尤其重庆，他推算道"自国府迁渝……全市增价值总额已达六千万元"，因此乐观地以为"收归公有，以充市政建设之费，岂不沛然有余乎"？最后他呼吁"方今积极建国之时，实施平均地权之刻不容缓"。⑤

---

① 戴世光、鲍觉民、费孝通、伍启元、杨西孟：《现阶段的物价及经济问题》，《大公报》1945 年 5 月 20 日，第二版。

② 朱剑农：《四川地价问题》，《四川经济季刊》1943 年第 1 期。

③ 何名荣：《非常时期的市地问题》，《人与地》1943 年第 4 期。

④ 蒋介石：《怎样解决土地问题》，《中央周刊》1942 年第 4 卷第 21 期。

⑤ 万国鼎：《平均地权不能坐失良机》，《人与地》1941 年第 2 期。

（二）重庆市的房荒①

抗战期间，重庆市房屋的增加，往往赶不上人口增加而需要的程度，于是人口增加，无异于房屋的相对减少；加上地价高涨，地主投机，囤积土地而不肯出售、兴建房屋，房屋基地因为被地主垄断而供给减少；地价又高，必然妨害房屋在数量上的发展。而且重庆市经常遭到敌机空袭，风险很大，又增加了投资建筑者的困难，大部分房屋被炸以后不再重建，重庆市的房屋问题于是更加严重，造成了"住房饥馑的恐慌"，②即张达愚所说的"房荒"。

早在战前，随着重庆的发展，其地价已经增长，并带来了房价高涨的结果。陈叔华的《倘若你住在重庆》一文很生动地描述了这种情况："我说，倘若你住在重庆，你将如何？这地方，乍一看，很繁华，洋房子很高，亦很多，望之俨然——固一商业城也。连电线杆上亦是广告呀，听说还要出钱来租，真文明得起气，长江上游第一商埠呀！"然后笔锋一转，"房租，在这儿是比别的贵呢……如果居住在通远门外，一个小家庭，只三间可以住人的房子，每年须纳 180 元，还得有 100 元的'押佃'，让房东拿去放子金，以这三分之二的钱在北平，就可以租一个小院"③。这样平均下来每月房租为 23.3 元，买面粉按照 1937 年的价格可以买 6.5 袋，糙米 30 市斗，猪肉 106 市斤，房租高昂可见一斑。

林寄华在其《希望于重庆市政当局者》一文中，提出的第一个问题是有关住房。他以为"重庆一座山城建设到今天这样，诚然是不容易，但我们从黑暗方面去观察，这座外表略具近代化模型的都市，显然有许多急需推进或改善的地方。……住户，因为战事影响的关系，各地避难来渝的同胞日益增加，重庆市人口已突增至 50 余万，紧随着发生的便是住屋问题……就目前说，指定专款与建筑区域赶造合理化平民住宅，最低价格出租，调查现有家屋实况，强制屋多者出租，严行取缔垄断及抬价"④。

整个抗战时期，重庆市人口"不断增加，因之房荒问题益趋严重"，

---

① 近代以来，我国城市人口日益增加，人口集中，原不足以为城市病，关键是人口集中的结果是地价飞涨，于是出现居住问题，或曰"房荒"。见张达愚《都市土地增值的处置问题》，《地方行政》1944 年第 14、15 期合刊。

② 何名荣：《非常时期的市地问题》，《人与地》1943 年第 4 期。

③ 陈叔华：《倘若你住在重庆》，《论语》1935 年第 78 期。

④ 林寄华：《希望于重庆市政当局者》，《国是公论》1938 年第 8 期。

而重庆市面狭小，一般民众只能临街搭棚，据1945年市工务局统计："有无照建筑、危险房屋、有碍公众之建筑物及侵占人行道四种。"为此，市工务局制定了市民建筑法规，要求市民建筑领取执照，对房屋建设的建造、修理、杂项与拆卸等有规定，以加强对城市乱建房屋的管理。①

抗战时期重庆市人口剧增，进而地价飞涨；抗战时期敌机轰炸，从而使住房更紧张，恶化城市居民的居住环境，"敌机轰炸后，房屋残破极多，市民之居住乃大成问题"。②一方面是疏散市民，被疏散的民众到乡下去，一些在郊外拥有房产的人，借此机会不仅将还没有租出去的房屋尽量抬高租价，即使有了房客居住的房子，也要趁机涨价，如果房客不答应，则立即下逐客令。这确实使一般靠薪水收入的民众进退维谷，答应加租则力所不及，不加租就得搬家，而搬家费又要伤神，而且到处房子都在抬高租价！与此同时搬家迁居，搬行李，一般船轿夫也趁机提价，平常"十元可去的地方，现在非增加几倍不可"，"疏散下乡者亦因住屋之难觅，踟蹰不前"。因此有人投书报纸，呼吁重庆市当局赶快设法解决，对于尚未出租的房屋租赁，规定租价，对于已经有房客的房子，要禁止房主趁机加租。③

重庆市疏建委员会在郊区建立的平民村以解决疏散市民的燃眉之急，但是往往被机关占据房屋，影响市民居住。如该委员会在江北建立平民新村，房屋"整新、房租极廉，而环视三里之内，惟苗青竹翠及疏布之茅舍，空气新鲜，景物宜人，更为理想之疏散处所。惟二百余栋新屋中迁入者仅及半数"，原因是"该处住宅已被人订去"，据说是在疏建委员会发布疏散通告以后，该处房屋多被"社会局等机关定据"，房租很便宜，若租住两间房屋，一个月仅三元，④占据后，即使不迁入所花费也不多，因此使"属正无房可住之平民住户反不能入住"。⑤对此，《大公报》登文批

---

① 本报讯：《营造房屋注意建筑规则事前请领执照》，《大公报》1945年3月19日，第三版。

② 本报讯：《平民新村疏散之理想场所》，《大公报》1940年7月24日，第三版。

③ 《读者投书，疏散期间的住与行》，《大公报》1942年3月31日，第三版。

④ 根据1940年的货币购买力，一元相当于1937年7月以前的0.158元，每月的房租3元，相当于1937年的0.474元，而当时每月房租为23.3元。每月3元的房租只是三年前的1/50，名副其实的廉租房。

⑤ 本报讯：《平民新村疏散之理想场所》，《大公报》1940年7月24日，第三版。

评"大轰炸后，市民居住甚成问题，报载市政府决购备芦席棚十万架以资救济，然疏建委员会主持之平民新村，固有半数空闲"。①

同时，国府西迁，亦促进了重庆市的经济繁荣，市民将民房改为商店者比比皆是，也进一步加重了住宅恐慌，而且促使房租提高，因为商人的财力比一般人负担房租的能力强。②《申报》有篇通讯写道："在上海，觉得长安居大不易，到了重庆，依然是长安居，却是更不易了。"该文抱怨道，不仅一般文人感到"绕树三匝，无枝可栖的痛苦，连中产之家，也感到无力而且无法解决这个严重的问题。我在上海，受尽了二房东，今日加租，明日收回自用的苦楚，来到重庆，也遭遇到动辄加租的重压，天下乌鸦一般黑，发国难财，谁都是不肯落后，尤其是有机会发财，谁愿意放弃呢？"③ 重庆、昆明等后方城市租金一旦上涨，房东出赁房屋不用广告，就有争租竞争的现象，甚至房东拒不出租房屋，"以待善价"。住户寻租非常困难，到处查询或者托人介绍。④

后方城市房屋供不应求，"重庆的人是最痛切感到的"，轰炸后的重庆，"新盖的房屋，数量少，多半又充作商店，房主利用房屋供不应求的状况，把房租不合理的提高，重庆市房租巧立名目，巨额租金，和先缴后住"等等，房客在"巨额租金的高压下而呻吟无门"，"这都是地价腾贵而影响到社会对于土地无法使用的一种不合理的现象"。⑤ 在疏散区，一间房子的租金每月是 37.5 元，还要一次交四个月的房租。如此，能够租赁到已属不易，但是也有房东贪图高利，出现房客被赶出的现象。一住户投书《大公报》反映，房东要求其迁出，因为该房东已经把房子出售，原来建筑此房不过 2000 元，而出售价为 8000 元，追逐高额利益的房东因为出售房子而使迁出的房客叫苦不迭。⑥

在重庆，中产阶级尚且为租房发愁，而一般人只能自己想办法。没有房子住的人们建造了大量的捆绑结构的简易工棚，面积达 195 万平方米，

① 《重庆点滴》，《大公报》1940 年 8 月 5 日，第三版。针对《大公报》的批评，疏建委员会也给予回应。详见《来函照登》，《大公报》1940 年 8 月 14 日，第三版。
② 王俊杰：《怎样改进重庆市的时政》，《民意》1938 年第 43 期。
③ 重庆航讯：《陪都住的问题》，《申报》1941 年 7 月 23 日，第五版。
④ 何名荣：《非常时期的市地问题》，《人与地》1943 年第 4 期。
⑤ 陈人龙：《后方的地价与土地使用问题》，《人与地》1942 年第 2 期。
⑥ 读者投书：《被疏散的人民住的问题》，《大公报》1941 年 6 月 2 日，第三版。

全市约有 30% 的居民居住在这种破旧阴暗的房屋中。这种房子质量很差，几乎一推就倒，遇到敌机轰炸更是不堪一击。沿江则是大片的棚户区，住宿、卫生环境极差。不仅如此，还有人"甚至连茅棚都不可得，天空就是屋顶"。有的学者研究，战前重庆市下层市民民国时期的住宅较好的是"吊脚楼"，更穷的人住的是"棚户"。

　　重庆依山傍水，重屋累居，依山为城，坡多巷多，城市房屋中"吊脚楼"占相当比例。濒江人家编竹为屋，架木为棚，以防江水暴涨，依江水涨退而迁徙，逐渐形成了沿江的棚户区。"吊脚楼"与棚户区成为重庆清代、民国时期城市建筑的两大特色。重庆市的城市住宅因受地形及当地经济条件限制，居民的居住状况比之一般城市为差，市民居住条件恶化成为重庆市三四十年代亟待解决的一个极为严重的社会问题。除了这两种之外，重庆市住宅尚有旧式木壁砖墙屋、旧式普通木架屋、少量的新式别墅与巨宅式房屋和钢筋混凝土架房屋。①

　　随着抗战爆发，外来人口的增加，棚户房子增多。"在任何码头边都是一幅下层社会的缩影，山坡上密密地东一个茅棚，西一个摊贩。……他们就住在河岸边山脚下"，而与之相对立的是市区里，"随处都在大兴土木啊！特别是新市区，看到灰色奶油色的漂亮的洋楼"……②《大公报》的描述可能接近当时的实际情况。而且在疏散的时候，郊区房屋有限，即使疏建委员会建设平民村也不济事，于是市政府购买十万芦席架，暂时解决难民的居住问题，分发各警察分局，抓紧搭架，棚户由市区码头向郊区发展，如此更是增加了棚户数量。③

　　"好个重庆城，山高路不平；捆绑房屋多，悬得吓死人；老婆还好找，住房真难寻。"④ 这首在战时重庆流行一时的民谣，生动反映了战时重庆市民生活的一个侧面，住的问题在重庆，其严重程度也与当时人口集中密切相关。

　　城市土地价格的增长、人口集中，及一般市民收入低微，产生了严重

---

① 隗瀛涛主编：《近代重庆城市史》，四川大学出版社 1991 年版，第 511、513、514 页。

② 子冈：《一个尖锐的对照——关于重庆市的平民住宅》，《大公报》1938 年 12 月 8 日，第四版。

③ 本报讯：《吴市长谈重庆重建，救济灾民加紧办理》，《大公报》1940 年 8 月 26 日，第三版。

④ 徐立阳、彭伯通：《陪都星云录》，上海书店 1994 年版，第 162 页。

的居住问题。为了生存，大多贫贱市民只得居住环境恶劣之地，进而产生了一系列其他的社会问题，多人拥挤居于一室、居住于过于紧密的建筑，"在卫生上、风纪上、公安上，都会有着较大的妨碍"。居室内人数过多易于传染疾病。"年来吾国都市传染病之蔓延，死亡数目之可惊，足为证明"。即使如此，能有居所已属幸事，但是所支付租赁费占1/3，其他衣食需要不得不为之缩减，儿童往往因为营养不良易于夭折。居室不良，直接或间接影响整个社会安全。居住紧密，清洁卫生不易整理，贫民居住区往往缺少必需的清洁水，一般取水之水源易于污染，其他垃圾等更易于滋生病菌且传染疾病速度很快。

抗战以来，重庆人口增加了几倍，市区迅速发展，"许多不合标准而容易发生危险的建筑"，加上自来水荒，市民往往不得不取饮江水，甚至去防空洞去"挑取细菌繁殖的积水"，"渝市霍乱猖獗，百万市民，个个谈虎色变"，作为战时首都，仅人口就百万以上，由于市区狭窄，房屋拥挤，环境和卫生是个很大问题，"电灯不明，自来水常断，尘土蔽天，垃圾遍地，这样千疮百孔的市政，自然各种病菌便大量繁殖。……这次霍乱攻势……根本上还是市政和卫生问题"①。1942年3月有个读者投书《大公报》，"我们住在花街子××××会墙外……一宽不及三尺长八丈有余之小巷，巷尾有一露天厕所，白昼解溲者以巷深路窄，不愿深入；夜间无灯，巷内漆黑，尤不敢深入，致巷内狼藉不堪，将巷口造成一个露天厕所……污秽如此"②。卫生恶化使人口死亡率增高。

贫困环境，使居住不安全，密集居住地、简陋棚舍易于发生火灾。1939年9月10日，重庆市千厮门镇江寺街三十号住家户起火，当时"河风大作，蔓延所及新河街、新河后街附近房屋"，烧两个小时，波及十几家。③ 9月30日夜，磁器口距城十五千米的新街居民因为炊火不慎失火，由于"建筑不良，乃至蔓延"，市消防警察一个小时才扑灭。④ 10月15日下午，菜园坝黄家坡五十三号居民不慎失火，殃及十几户。⑤ 由于重庆市区狭小，住房密集，一旦发生火灾，危害极大。同年早些时候，磁器口、

---

① 社评：《防疫与市政》，《大公报》1945年6月22日，第二版。
② 读者投书：《市区卫生问题》，《大公报》1942年3月29日，第三版。
③ 本市消息：《千厮门外昨又大火》，《新蜀报》1939年9月11日，第三版。
④ 本市消息：《磁器口昨夜又失火》，《新蜀报》1939年10月1日，第三版。
⑤ 本市消息：《火烧黄家坡》，《新蜀报》1939年10月16日，第三版。

两路口大火成灾，被焚市民达 500 多户、2000 多灾民。① 1945 年 3 月 2 日早上，南岸下龙门浩大火，"延烧四小时始告熄灭。烧毁房屋二百余间，损失物资颇巨，下浩商业区几毁去三分之二"②。1945 年 5 月 27 日晚十点左右，下曾家岩一百五十五号住家户因为厨房火没有熄灭，发生火灾，"一时火焰冲天"，在消防队员"及时赶到，奋勇灌救"，仍然被"焚去十一家，灾民约二百余人"③。同年 6 月 9 日上午五点，下南区马路熊心发、熊少清两个小贩早晨起来做饭，不慎失火，"酿成巨灾，一时火趁风势，延烧极速，迄八时始扑灭"。事后调查，被烧毁房屋共有 375 户，受灾难民 1800 余人，焚烧区域从下南区马路特一号起到七号止，损失超过三亿元。④

　　房荒往往引起各种社会问题，如果不能解决，则影响社会至深至巨。当时有人主张居住、秩序、卫生、道德等事应该多方并进，合社会与政府之力，多造平民住宅，以廉价出租才能解决。除了姜凤文著文呐喊"近代社会问题中最重要的为劳动问题与土地问题"⑤，黄毅芸亦发现当时各大城市"比来锐意建设，虽成绩斐然可观，然都是金玉其外，败絮其中，夷考其内容不见得有若干之可取。谈市政者不能徒以马路之开辟，大厦之矗立为成绩，当以市民之能安居与生活之优裕为成绩，不揣其本而齐其末，其结果必不能如一般市民之所期，深望吾国之办理市政者多为市民安居与乐业着想也"。他批评道："贫民窟之存在各国都有，惟以我国生活程度之低下，其情形比之他国为尤不可忍耐。"最后引用孙中山的话以警示当政者"人生不得需要，固然不能生活，就是所得需要不满足，也是不能充分生活，可说是半死半生生活"，呼吁"吾国人之能得居住需要之满足者殊无几人，大都是在半死半生中讨生活，斯不能不急起图之也"⑥。

　　达马·熙克提倡城市土地改革，一个主要目的就是解决城市居住问

　　① 本市消息：《千厮门外昨又大火》，《新蜀报》1939 年 9 月 11 日，第三版。
　　② 中央社讯：《下龙门浩昨晨大火商业区几毁去三分之二》，《大公报》1945 年 3 月 3 日，第三版。
　　③ 本报讯：《昨晚火警，下曾家岩十一家被焚》，《大公报》1945 年 5 月 28 日，第三版。
　　④ 本报讯：《渝市大火》，《大公报》1945 年 6 月 10 日，第三版。
　　⑤ 姜凤文：《中国土地问题研究》，《国立劳动大学月刊》1930 年第 1 卷第 4 期。
　　⑥ 黄毅芸：《人口集中与居住问题》，《广大学报》1937 年第 1 卷，第 25 页

题，他尤其关注儿童与妇女，认为那是关系民族发展的问题。① 这一点对于时人亦有深刻影响。一个署名桂尘的作者著文《妇女与土地改革》，针对抗战时期重庆市房荒对于妇女的影响，呼吁进行城市土地改革。他说，根据经济情形，城市居民比农村农民稍微优越。但是大城市里的市民生活，也另有一种"痛苦——住宅问题，在我们现行土地私有制度之下，市地私有是私有制度中最恶劣的一种。一个都市的土地根本有限，只要有三五家或十几家土地垄断者，他们便隐然操纵着全市的住宅权。官僚、军阀、巨商、豪绅，都不乏土地投机的资历"。而中下层市民，要是不想睡在大街上，就不得不忍痛出高价租地，来建筑很小很简陋的住宅，或者付出高额租金租住房子。城市土地投机垄断是盛行的发财途径，却苦了多数市民尤其苦了多数市民的妻女。② 重庆等各大城市的普通市民住宅，"无不令人看了心中惨然的。马路胡同的搭上几间又小又坏的屋子，厨房与卧室与厕所几乎联在一起，门外墙后不是马路，便是污水粪便，空气的恶污，日光的缺乏，活动地方的狭窄，构成了一个'画地为牢'"。城市妇女们便终身生活在这样的监狱里，根本没有逃出的希望，因为房租太高，市民所得的大部分献给地主房主，小部分拿来维持较高的生活费用，结果是"当然也和农村妇女一样患着营养不足的通病，而且她们所得到的日光和空气更不如农民，所以她们的健康也就更坏了"。③

尤其可怕的是住宅太狭隘，"传染病易于流行，风化不易维持"。"都市儿童们天天与蚊蝇为伍，过着她们母亲们一样的监牢生活，看见的、听到的更是凄惨和种种堕落的劣习，如酗酒、粗暴、赌博、斗殴、淫乱等等，小小的心灵上有几许空隙可以容得这些？有多少理智力可以抵抗这些？"他认为这不仅是儿童的问题，不仅是妇女的问题，简直是民族国家的大问题，"救救孩子们吧！我们不要再拿未来的国家主人开大玩笑了"。因此，他建议改良市地管理，改良租房办法，改良住宅建筑方式。④

房屋需要增加，固然是房租上涨的原因，而地价上涨才是幕后黑手。土地自然增值，属于不劳而获，应该归于社会，它全部归于私有，"不仅

---

① ［德］达马·熙克：《既非拜金主义亦非共产主义》，张丕介译，第一节问题之三《儿童与住宅》，《人与地》1941 年第 8 期。

② 桂尘：《妇女与土地改革》，《人与地》1941 年第 4 期。

③ 同上。

④ 同上。

是一个道德上的问题，而是社会问题，以致引起种种增加工资的工潮……因为在工人的生活费中，房租所占的比例也很大的"。房租的上涨增加了市民生活的成本，因此要"实施地价税、增值税，举办房屋救济，以解决市地问题，已是刻不容缓"。[①]

时人针对重庆市房荒问题的批评与忧虑，值得深思。城市建设核心实乃市民的居住问题，从达马·熙克呼吁"社会良知"，到桂尘的"救救孩子"的呐喊，皆要求城市土地行政不仅关注解决财政，更应该关注民生，这也许是当时许多人视平均地权政策为民生主义核心的关键所在。

---

① 何名荣：《非常时期的市地问题》，《人与地》1943年第4期。

# 第四章

# 重庆市地籍整理

平均地权是国民政府所倡导的民生主义的基础，也是其城市土地政策的最高原则。平均地权内容主要由核定地价、照价征税、照价收买、涨价归公组成。核定地价，根据孙中山的规定，为地主报价；为防止地主低报地价，辅助以照价征收；征收土地，为了使地主报价近于真实，而报价又为征税做准备。

核定地价该做何准备，孙中山没有明示，因此有举办土地陈报与地籍整理之举，以至于后人误以为地籍整理是土地陈报。本章通过阐述地籍整理的演变，来分析土地陈报与地籍整理的不同，阐明地籍整理是国家推行国民经济发展规划必须完成的一项巨大工程，并非为了解决财政问题而采取的权宜之计；以重庆市地籍整理实践，说明地籍整理不仅是对城市土地进行一次全方位"摸家底"行动，实质上是推行城市土地政策的技术条件。

## 第一节　地籍整理界说

地籍即土地清册，所谓地籍整理，就是将土地的坐落、形状、面积、性质、使用状况以及土地权利等项，按照法定土地测量与登记的程序，整理清楚，绘制详确地籍图册，建立完善的地籍制度，作为市政依据，并确保产权。[①] 依据 1930 年《土地法》，地籍整理包括地籍测量与土地登记两项工作，从而完成地权的确立。地籍测量又称为土地测量，包括三角测量、图根测量、户地测量、计算面积及制图。[②] 显然，地籍整理是一项技

---

① 冯小彭：《土地行政》，台湾五南图书出版公司 1981 年版，第 121 页。

② 张肩重：《土地税务实》，财政部直接税署印行，1946 年 8 月，第 26、27 页。

术性工作，地政机关不同于其他普通行政机关，要求土地行政人员具备专门的知识技能，既不仅具有土地方面的专业知识，还必须具备测量学、统计学以及档案学等众多领域的专业技术。如土地测量，对技术要求很高，同时需要相当数量的经费、仪器设备；土地测量的基本方法三角测量以高等测量学、数学及天文知识为基础，不是专门人才不能胜任。从这个角度来说，限于当时条件，要想对全国土地进行地籍整理，显然仅技术上就难以达到，更不用说经费与人才储备，因此才有时人评论《土地法》只能适用于城市土地。

地籍整理是土地行政的第一步工作，我国历代极其重视，认为是"经国大业，仁政始基"。[①] 追溯地籍整理历史，地政专家董中生认为，我国地籍整理，自秦汉以来，历代皆很重视。"测量土地，绘制地图，史不绝书，然而方法简单，成果不易维持长久。北宋有千步方田法，南宋有经界法，而明代鱼鳞图册脱胎经界法，实为我国地籍整理的伟大成就。"以后整理土地，皆以此为张本，对于后世影响至深且巨。后来的整理地籍，莫不奉为圭臬，遗憾的是不久即散失。"清代时贤"，对于地籍整理的举办屡有建议，由于朝廷缺乏决心，很少付诸行动。太平天国运动之后，册籍散失，对于地籍整理，只能小规模举办，而且方法不一，成果也多不精确。

民国初年，设置经界局，并派人员赴国外调查，编成《经界三书》，"方拟择地试办，后因政局变化罢行"[②]。1924 年，孙中山聘请德国人单威廉到广东，草拟《广东都市土地登记及征税条例》，1926 年广州市首先举办地籍整理，广东省也选择一些县进行试办，不久因事变停顿。因此，近代中国真正的地籍整理工作，肇始于广东省广州市。

1927 年，国民政府定都南京后，各省市地籍整理逐渐展开。但是，整理地籍的方法不统一，限于条件，测量土地在当时"实为极艰巨事业，而各省办理测量，每因方法不善，徒耗巨款，往往半途而废，令人视为畏途"，成效不大。事实上，地籍整理确实是一件耗时费力的工作，如德国

---

① 四川省档案馆藏：《国父关于土地问题遗教，四川省地政局施政报告、办事细则、组织章程、通报簿，各县市区府呈报登记私土数量册、土地面积报告表》，全宗号：147，目录号：3，案卷号：3062，页码不详。

② 董中生：《土地行政》，大东书局 1948 年版，第 27、28 页。

经营 40 年全部完成，法国两次前后经历 60 年，日本用 10 年 8 个月，动员 7300 多人，耗费 340 万元，才完成朝鲜 65 万平方里的测量工作，其本土土地测量从 1873 年开始，耗时 60 年测量完竣。① 而民国时期我国土地面积是德、法的 20 倍，朝鲜的 50 倍，此项事业的艰巨，可见一斑。②

征收土地税，其准备工作是要清丈全国土地，因此 1930 年国民政府公布的《土地法》，有地籍整理专编，规定了地籍整理办法。由于该法只是公布、并未施行，所以各省市举办地籍整理工作，仍然是各行其是，"方法分歧不一或主用简易，或主用精密，办法杂出"，甚至一省之内"陈报与测量并举，查报与清丈共行"，以致"纷乱如麻，殊为遗憾"。③

1934 年行政院制定并颁布《各省市举办地政施行程序大纲》，对地籍整理方法，才有统一的规定，地籍整理工作也逐渐大量开展。1936 年《土地法》及《土地法施行法》正式实施，进一步统一了地籍整理的操作程序。

然而，当时的地政机关与财政机关，对于地籍整理具体方法有不同意见。财政机关从赋籍的角度出发，认为地籍整理应采用治标的办法，先举办土地陈报，然后再举办测量登记，以求速效；地政机关从地籍的角度出发，认为整理地籍，若求确实彻底，应用治本的办法，实施测量与登记，俾免重复浪费。立场角度不同，也各有道理。鉴于此，国民政府决定土地陈报由财政机关主办，土地测量登记由地政机关主办。因此，土地陈报与土地测量登记同时分别进行，但是二者明显不同，土地陈报是财政局举办的以改善税收为目的的业务，土地测量是地政机关所开展的旨在准确测量土地的地政业务。

如上所述，土地陈报是财政中的田赋整理，④ 虽与地政中的地籍整理

---

① 四川省档案馆藏：《国父关于土地问题遗教，四川省地政局施政报告、办事细则、组织章程、通报簿，各县市区府呈报登记私土数量册、土地面积报告表》，全宗号：147，目录号：3，案卷号：3062，页码不详。

② 董中生：《土地行政》，大东书局 1948 年版，第 29 页。

③ 王晋伯：《土地行政》，文信书局 1943 年版，第 51、52 页。

④ 民国时期关于土地陈报的书籍有：关吉玉：《田赋·土地陈报·土地税》，中国文化服务社印行，1943 年 8 月；《河南省第一期土地陈报陕县试办报告》，河南省土地陈报处编印，1936 年 10 月；《土地陈报特刊》，浙江省民政厅编印，1930 年；《土地陈报案经过》，财政部编印；《江苏省土地陈报纪要》，江苏省财政厅编印，1935 年。以上资料多是对于土地陈报在农村开展的说明，对于研究民国时期的土地陈报有很大的史料价值，由于本书是研究城市地政，故仅仅列出这些书籍，并未利用。

相当，但是属于财政局的工作。换言之，土地陈报是财政工作的一部分，地籍整理是地政工作的基础。就具体工作而论，地籍整理除测量登记外，还有估价、促进土地利用、调整地权分配等工作，而土地陈报则仅有册书编查、业户陈报、乡镇长陈报、审查抽丈、公告发照及改订科则等程序，工作范围的大小，判然有别。

办理土地陈报所根据的法令，是 1934 年 6 月行政院公布施行的《办理土地陈报纲要》及各省呈请核定的土地陈报办法与实施细则；推行地政所根据的根本大法是 1930 年 6 月国民政府公布施行的《土地法》，此外还有 1936 年 2 月公布的《各省市地政施行程序大纲》，及 1944 年公布的《战时地籍测量规则》《战时地价申报条例》与《战时土地税征收条例》等。

土地陈报采用方法较为简单，以土地编查为始，经过业户陈报、乡镇长陈报、公告、归户、造册及改订科则等，结束于新科即征收田赋。实施地政的方法，就大体而言，有地籍整理、土地利用及调整地权三部分。再细分，地籍整理又分为土地测量、土地登记及土地估价三部分，而土地测量则必须先以经纬仪测定三角点，做大面积的控制，继之以道线测量，测量小面积范围，最后才可以按地测量，计算面积。进行其他工作，也都需要专门技术，完成程序繁复。[1]

土地陈报目的，在于整理田赋增加政府税收。但是，此处所谓增加税收，并非增加单位面积的纳税率，而是查清隐匿，达到实粮实户实地的目的；使人民各自按照实际耕地面积缴粮，各自按应有的义务纳税，从而达到平均人民负担。由于民国时期地籍混乱，田赋积弊很深，以致"有地无粮，有粮无地，地多粮少，地少粮多"等情况非常普遍。土地陈报的目的，就在于廓清这些毛病，扫除其弊端，"使有地者纳粮，无地者免赋，地多者纳粮多，地少纳粮少，务期国民各尽应尽之纳税义务"。[2] 土地陈报由于限期短促，经费拮据，技术训练不充分，干部人员不健全，在业务上，期望其"精确无讹，殆为不可能之事实"。[3]

考其源起，近代我国土地陈报创始于 1929 年的浙江省。当时浙江省

① 董浩：《土地陈报之理论与实施》，《大公报》1937 年 6 月 23 日，第十一版。

② 同上。

③ 张导纯：《土地陈报与地政》，《陕政》1944 年第 5 卷第 11、12 期合刊。

民政厅厅长朱家骅，鉴于"整理土地，不容再缓，言整理土地，自以正式测量登记为精密，但衡诸目前国家财政与人才之困难"，朱家骅舍难求易，"另辟蹊径，寻求治标的方法"。① 因此，土地陈报是整理土地的一种简易方法，土地陈报目的是以简易方法整理地籍，改良赋税，关注的是当下迅速解决财政问题，即所谓的治标方法。显然，地籍整理是测量土地达到精确，为推行土地政策提供技术条件，即所谓治本方法。

但是由于地籍整理需要时间和大量经费，在抗日时期，因经费限制，地政机关集中力量，举办城镇地籍整理，至于农地地籍整理，办理的地方较少，多由财政机关设土地陈报机构，继续举办土地陈报。② 地籍整理不如土地陈报有效，误会在于把测量、登记的地籍整理当作整个地政工作的全部，更何况"由于测量需要时间、经费，在抗日战争之际，军需供应急于星火，政事演化，瞬息万千。何来如许余裕的资力，空闲的岁月，以办此从容不迫的测量呢"？如此，地籍整理显然没有土地陈报省时省力。然而，地籍整理只是地政工作的初步而已，绝非地政工作的全部。地政工作的本身，在于土地管理，在于平均地权，以实现民生主义，其主要步骤是规定地价、照价征税、涨价归公及照价收买。但是，实行平均地权，必须进行测量，因此地籍整理要优越于一时改善赋税的土地陈报。随着技术进步，1937 年以后，用于土地测量的时间、经费已经不同于 20 世纪 20 年代及 30 年代初期，有很大程度的缩减，"据测量专家曹谟先生的估计，如照苏联或加拿大的航测法，中国不难于三岁年内完成全国地籍图，而所需费用，每市亩航测经费，不过五分左右而已"，再辅助以人工测量，"时间、经费皆可缩小"。③ 土地陈报与地籍整理之所以如此纠结，在于当时还没有独立的地政机关，许多地政事务皆有财政部与民政部兼管。

1942 年地政署成立，实际上才是中国近代地政工作独立进行的开始。地政署认为城市一直是土地投机的极好场所，在抗战时期后方人口激增，地价高涨，投机兼并之风盛行，因此，该署自成立以来，就以完成后方城市地籍整理，并普遍推行市地地价税与土地增值税，以期"抑制土地投

---

① 董浩：《土地陈报之理论与实施》，《大公报》1937 年 6 月 23 日，第十一版。

② 冯小彭：《土地行政》，台湾五南图书出版公司 1981 年版，第 126 页。

③ 黄通：《地政与抗战无关吗》，《人与地》1941 年第 2 期。

机，取缔不劳而获，为一重要目标"。① 该署规划重要城市的地籍整理，
总计有十省六十四城市：四川省乐山、泸县等十八市，江西省泰和、吉安
等四市，广东省翁源、兴宁等七城市，陕西省城固、渭南等四城市，甘肃
省陇西、秦南等四城市，贵州省遵义、安顺等四城市，云南省曲靖、宜良
等四城市，广西省宜山、百色等三城市，福建省长汀、永安等四城市，湖
南省祁阳、宁乡等十二城市。这些成绩，在"发轫之际"，而能够有所作
为，"亦属可贵"。②

　　1944 年，地政署扩大举办地籍整理与规定地价工作，决定上半年进
行 600 多城镇的土地整理工作，限于三个月内完成，为了促进工作按时完
成，该署"拟选定上年度办理地政成绩较优之县份作为实验示范县，以便
普遍推广"。③ 到 1944 年夏季，地籍整理开展并完成的城市多达 730 个，
并将地价分别抄送相关主管机关，开征地价税。地政署计划在城市工作彻
底完成后，以现有的城市整理地籍的人员充实农村，办理农村地籍整理。
但是由于各城市工作人员的生活补助费存在问题，对于工作人员情绪"不
无影响"。④ 抗战胜利后，国民政府一度注意土地权利清理，将敌伪时颁
发的土地产权凭证，另行换发土地权利书状，但是地籍整理工作并未大量
开展。⑤

　　《土地法》中对土地测量虽有专编，但规定简略，仅五条。在土地法
修改前，土地所有权登记申请书的内容，有关申报地价项目，所列非常简
单。土地所有权人，往往只注意申请土地权利登记，而不注意翔实申报地
价，对于规定地价有很大的不利影响。1936 年 10 月，中央土地专门委员
会提出修改土地法原则 24 项，经中央政治会议，于 1937 年 5 月正式通过
23 项，其中第五项为"土地测量、登记应合为一篇，关于土地测量，应
在本法为大体规定"⑥。由于土地法一直没有修正，地政署成立后，加强
法律法规的制定并设法弥补土地法的不足。如通过考察各地地籍整理程

---

① 王南原、刘岫青：《一年来办理城市地籍整理业务之检讨》，《地政通讯》1943 年第 2 期。

② 王晋伯：《土地行政》，文信书局 1942 年版，第 55、56 页。

③ 本报讯：《地籍整理本年度将扩大进行》，《大公报》1944 年 1 月 25 日，第三版。

④ 本报讯：《城市地籍整理七百余单位今夏可完成》，《大公报》1944 年 6 月 26 日，第
三版。

⑤ 冯小彭：《土地行政》，台湾五南图书出版公司 1981 年版，第 126 页。

⑥ 黄振钺：《土地政策与土地法》，中国土地经济学社印行，1948 年 1 月，第 30 页。

序，并补救实际上的困难，针对 1942 年 7 月国民政府行政院通过的《非常时期地籍整理实施办法》进行修改，① 1943 年 12 月公布实施《战时地籍整理条例》②，规定地籍整理的程序为土地测量、土地登记及规定地价。

《土地法》规定的地籍整理只包括土地测量、土地登记，《战时地籍整理条例》则增加了规定地价，按照地籍整理与规定地价的工作性质，不应将它们列在一起。但是这三个工作相互衔接，并不是完全分开。为了工作便利，在地籍测量之时，就要开始查定标准地价，并在土地登记之前分区公布，以利于人民申请登记时申报地价。抗战以后，地籍测量列为三年抗战建国计划中，"视为建国重要工作的一环"。③ 1946 年 4 月，国民政府完成修正土地法并公布施行规定的地籍整理则只包含地籍测量与土地登记两项工作，把规定地价列入土地税篇中。④

土地是城市组成要素之一，是城市建设的基本条件。城市土地政策的核心地价税及土地增值税的征收，要以地价册为根据。所谓地价册是指在地籍整理及规定地价以后，关于地价的详细记录簿。征收土地税的先决条件，一定要先完成地籍整理，规定地价，编制地价册。如果市地地籍不清，无法核实地价，进而难以开征地价税，则开源无望。城市土地，如果能够加强地籍整理工作，并且顺利完成，编制成地价册，那么对于城市土地面积及地权分配情形，可以了如指掌，为解决市地征税提供依据。开征土地税，从而开辟新的税源，不但从经济上可以增加收入，促进城市建设，且有利于实现平均地权的土地政策。因此，整理城市土地，建立完善的地籍制度，"实为今日不容或缓之图"。⑤

可见，整理地籍不仅是地政的重要业务，也是建设城市的基本工作，更是推行平均地权土地政策的基础。地籍整理之后，必然掌握市区所有的土地性质及使用状态，成为解决市地利用依据。随着近代城市化进程加快，人口增加，城市地域扩大，城市政治、经济、文化及公共事业等各项建设，多以土地为主要基础，通过地籍整理，可以为各项建设的实施提供依据。

---

① 《非常时期地籍整理实施办法》，《经济汇报》1942 年第 6 卷第 4 期。

② 《战时地籍整理条例》，《裕民（遂川）》1944 年第 6 期。

③ 梅光复：《重庆市的地籍测量》，《人与地》1942 年第 11、12 期合刊。

④ 本报讯：《地政实施——祝平报告经过》，《大公报》1942 年 12 月 8 日，第三版。

⑤ 黄桂：《土地行政》，江西省地政局印行，1947 年 2 月，第 6 页。

　　另外，整理城市土地，对于一般市民，可以平均负担、保障产权。民国时期城市多征收房捐、车捐等杂税，没有土地税这一项，那些拥有大量城市土地的业主反而无税，很不公平。征收土地税不但实现公平，而且在增加城市的财政收入后，进而可以免除杂捐，减轻一般市民的负担，平均地权的目的可以达到。另外地籍整理后，避免土地产权发生纠纷，即使发生产权纠纷也易于解决，从而保障产权。[①] 地籍整理后，发给土地所有权状，法律上有绝对效力。依 1930 年《土地法》第三十二、三十六条规定，土地登记乃是"土地及其定着物之登记"，"依本法所为之登记，有绝对效力"；这样不仅使产权得到确实保障，还使土地可以抵押借款、"流通土地金融"。[②]

　　总之，地籍整理之后，将使市政府明晰城市土地面积、分配情形，土地性质及使用状态，进而作为执行土地政策的根据，并可借此实施城市自治及一切建设事业，"地籍整理对于人民关系重要"，"就政府来说……可以增加收入，促进建设"。[③] 正如重庆市在开展地籍整理时陈述的理由："自抗战军兴，定为陪都以还，建设事业突飞猛进，沿江及公路附近，工厂林立，学校机关星罗棋布，因之人口稠密，地价高涨。当局有鉴于此，爰举办全市土地测量及土地登记。清理地籍，俾公私地权可得切实保障，并实行地价税以实现总理平均地权之土地政策"。[④]

## 第二节　机构建设与市地立法

### 一　由财政局下属机构到推行市地行政专门机关的转变

（一）财政局地政科的设立

　　1938 年以后，重庆市人口由 30 万人增至 50 万人，土地经营管理日趋繁重，特别是为营造房屋建筑而进行的土地买卖更加频繁，迫切需要土地行政部门的管理。

---

① 黄桂：《土地行政》，江西省地政局印行，1947 年 2 月，第 6 页。

② 特载：《土地法》，《三民半月刊》1930 年第 5 卷第 1、2 期合刊。

③ 冯小彭：《土地行政》，台湾五南图书出版公司 1981 年版，第 122 页。

④ 重庆市档案馆藏：《重庆市财政局工作报告》，全宗号：0065，目录号：0003，卷号：00731，第 193 页。

　　1939 年 1 月，重庆市政府在财政局内设置土地科，专事负责重庆市土地行政，"依照土地法之规定，推进全市地籍整理业务"。土地科在成立之初，仅设有科长一人，技正两人，估计专员两人，及职员二十余人，分测绘、登记、征收、地价、编审五股，各置主任一人办理各项事宜（见表 4 - 1）。①

表 4 -1　　　　　　　　　　　财政局土地科全体职员姓名

| 职务 | 姓名 | 到职年月 |
| --- | --- | --- |
| 局长 | 刁培然 | 1939 年 1 月 23 日 |
| 科长 | 梅光复 | 1940 年 6 月 17 日 |
| 技正 | 李鸿毅 | 1940 年 7 月 8 日 |
| 专员 | 廖仲衡 | 1940 年 11 月 9 日 |
| 专员 | 丁相灵 | 1940 年 5 月 25 日 |
| 主任 | 卓子元 | 1939 年 3 月 6 日 |
| 主任 | 叶倍振 | 1940 年 12 月 9 日 |
| 主任 | 李镜吾 | 1940 年 5 月 21 日 |
| 主任 | 左景钧 | 1939 年 3 月 18 日 |

　　资料来源：重庆市档案馆藏：《重庆市二十九年度土地行政报告书》，全宗号：0064，目录号：0008，案卷号：00269，第 15、16 页。

　　鉴于人手不足，1940 年 8 月、1941 年 5 月先后设置土地测量队、土地登记处，分别掌理全市土地测量及土地登记，受土地科指挥。②

　　同时，整理地籍时间紧迫，工作人员不足调配使用。限于实际工作需要，市财政局依照《整理重庆市土地计划大纲》及国民政府颁布的相关地政法令，招收整理地籍的工作人员。

　　1940 年 8 月开始招收第一期学员，共招收了 50 人。10 月，开始进行短期测量、绘算、调查、登记、审查等基本学识训练，在训练期间，酌情发给学员津贴。训练结束，予以三个月实习，视其成绩分别任用，以利于助理各项业务的推进。第一期学员毕业后，人员仍然不敷使用，1940 年

────────────

　　①　重庆市档案馆藏：《重庆市二十九年度土地行政报告书》，全宗号：0064，目录号：0008，案卷号：00269，第 16 页。

　　②　参见重庆市档案馆藏《重庆市财政局土地行政报告书》，全宗号：0064，目录号：0008，案卷号：02728，第 39、40 页。

12 月继续招收。总共两期毕业学员 106 名，学员实习期届满后，分别派任测量、调查、绘算等业务，"成绩尚属优良"。① 1942 年春季举办第三期地政人员训练班，登报招收高中毕业生，进行短期培训，共毕业 26 名。② 财政局两年期间共招收三期学员，132 名。

（二）地政局的建立

1939 年 12 月 1 日，重庆市拟定了《重庆市建设方案》，1940 年 4 月 9 日，重庆市临时参议会第二届大会通过了这一方案。该方案的经济建设部分，确定原则为创倡都市经济建设，奠定民生主义基础；办法为创设生产机关，设立市银行及市金库，施行土地整理，其他包括交通建设、警政自治、教育、文化及市民福利等，由此而开始战时城市建设。抗战时期，重庆作为国民政府战时首都，大量单位和厂矿迁入，城市人口膨胀，市内各区域之间的行政、经济、军事、文化、生活等联系更为频繁紧密。城市对内对外交通的迫切需要促使国民政府高度重视城市道路建设。早在 1938 年，市政府工务局成立了三个测量队，经过一年多工作，对 30 年代初期重庆道路规划进了大幅调整和修改，提出了城市发展的"道路网计划"。由于经费计划数额巨大，市财政难以悉数承担，国民政府和省政府仅对一些新建道路给予部分财政补贴。经过不断建设，初步形成了经纬交织的交通网络，完善了市区整体格局，特别是 1941 年市区督邮街广场建成通车，成为重庆市新的中心。③

1938 年以后，敌机空袭频繁，更增加了地政工作的难度，1939 年 4 月上旬，重庆市疏散委员会决定城区内从速开辟火巷，限 4 月中旬开始拆除，所需费用由政府和业主各承担一半。1944 年对于 1940 年、1941 年、1943 年开辟的火巷所征收的土地，地政局拟定地价补偿及征收受益办法，并补发补偿费、因地区繁荣的土地受益费。④

---

① 重庆市档案馆藏：《重庆市财政局土地行政工作报告书》，全宗号：0064，目录号：0008，案卷号：02728，第 44、45 页；《重庆市财政局办理地政工作概况》，《人与地》1941 年第 2 期。

② 重庆市档案馆藏：《重庆市财政局工作报告》，全宗号：0065，目录号：0003，案卷号：00731，第 194 页。

③ 周勇主编：《重庆抗战史》，重庆出版社 2005 年版，第 445、447、459 页。

④ 本报讯：《渝新市区重估地价限期完成以改征地价税》，《大公报》1944 年 3 月 18 日，第三版。

道路建设及其规划、开辟火巷及其地产权确定、土地整理以便西迁工厂、团体、机关建房居住、为躲避空袭市民疏散附近郊区如何安置居住等工作，虽然当时都有相应主管机关负责，但是地政业务庞大，而财政局土地科组织太小，事权难于集中行使，结果上述诸多工作开展将近五年，仍然没有完成全部业务的二分之一。"重庆市地政工作，原由财政局设科办理，去年曾一度创议设立地政局，嗣以某种关系，未能实现。惟渝市人口日益增加，土地问题，日感严重，而全市地籍整理工作，尤待及早完成，是项艰巨任务，决非一科一室所能担负，当局鉴于此，遂决心设立地政局，于本月内呈经行政院会议通过重庆市地政局组织法，局内组织，计分三科二室，现在考虑局长人选，一候决定，即可于短期内正式成立。"①

后决定由市政府秘书长贡沛诚担任局长，他在接受《大公报》采访时也认为重庆市作为战时首都，地域广大，地政工作极为重要，只是以前因为没有专管机关，推行地政很困难。地政局成立后，首要任务是实施土地测量、征收地价税、解决地权纠纷问题等。②

"为配合重庆为战时首都所在，土地行政应为全国之示范，不能因机构之不健全，影响业务过于迟缓起见"，市政府决定原来属于财政局的土地科、测量队等皆予以撤销，于1944年1月正式成立重庆市地政局，主要掌管全市地籍、地权、土地登记、土地买卖等项目，"以期适合需要"。由于市政公用等各项事业皆需用土地，地政管理的加强将对城市建设起直接推进作用。③

1944年元旦，重庆市地政局成立，局址设在和平路管家巷。地政局1944年的中心工作是接续土地科遗留下的任务，"整理地籍，编造表册，测量登记继续举办"。虽然该局新设，"一切施政计划尚待从长计划，幸过去渝市地政稍有根基，故尚有成规可循"。④ 中央社对重庆市地政局的成立评论道："该局成立后，对本市因过去开辟火巷，修筑马路，所征用民地而应发放之补偿费，将切实首予清理。"⑤ 1944年1月1日成立之时，贡局长发表感言："今后所需努力者为使其更趋于合理，有系统以地权补

---

① 《渝市将设地政局》，《地政通讯》1943年第5期。

② 本报讯：《渝市地政工作新任局长贾沛诚谈话》，《大公报》1943年11月21日，第三版。

③ 《渝市将设地政局》，《地政通讯》1943年第5期。

④ 《渝市地政局成立》，《地政通讯》1944年第8期。

⑤ 中央社讯：《渝地政局定元旦成立》，《大公报》1943年12月29日，第三版。

偿而言，因修马路与火巷及公共场所而使私人受损失者，亟待赔偿"，因此该局决定"尽速于本年内调查清楚后，分期偿清"。① 可见，此前重庆市地政工作的无序，及城市土地管理对于一般市民利益的忽略，地政机关实为推行土地政策的一个专门机关，而不是征税机关，从中央社的报道及贡沛诚的任职感言可以窥见。姑且不论其级别如何，地政局与土地科是两个性质完全不同的机关。

地政局成立后，按照行政院通过的地政局组织章程，下设秘书、统计二室及一、二、三三科，分掌总务、土地行政（地籍）、土地经济（地权）等事务，又设土地测量队及土地登记处两个附属业务单位，办理测量登记工作。② 地政局局长是贡沛诚，秘书是旅鼎盛，第一科长杨均毅，第二科长鲍家驹，第三科长陈国飞，而接收的土地登记处、土地测量队是属于临时性质的机构，在人事方面没有变动。③ 该局在业务最繁忙时期人员多达 300 余人，后因为市财政拮据，而其所办业务也告一段落，经过一再裁减，人员为 77 名。

## 二　地政经费

### （一）经费与地政

凡百兴革，经费为先，经费实为事业之母，土地行政自不例外。根据 1935 年行政院公布的《各省市地政经费筹集办法》，城市土地行政经费的来源，在 1941 年以前，主要有市政府在预算内指拨经费，地政工作中所收取的登记费、书状费，因整理土地溢收地之升科及公地收入、预征测量费等，各省市地政经费筹集办法补充规定准许各省市如因推行地政应需巨额经费时，可以以上述几项收入抵借商款。

关于登记费的规定，在土地登记时，由权利人按照申报地价，或土地他项权利价值，缴纳登记费 2‰；此后申请为土地权利变更登记，按其价值缴纳 1‰，至于更正、涂销、更名、住所变更等项登记，每件缴纳登记费一元。但申请为土地权利消灭登记及因土地重划为土地权利变更登记时，免纳登记费，其原因是登记不是因土地权利人而发生。

---

① 本报讯：《渝市地政局工作》，《大公报》1944 年 1 月 8 日，第三版。
② 中央社讯：《地政局即成立》，《大公报》1943 年 11 月 23 日，第三版。
③ 中央社讯：《渝市地政局重要职员发表》，《大公报》1943 年 12 月 31 日，第三版。

土地权利书状费，以其权利大小为准，未满1000元的，每张收费一元，递增至10万元以上者，收费20元。

根据土地法起草者的意见，登记的主要目的不在于收入，而在于土地权利清理，登记费只属于手续料性质（成本费），因此从轻征收，略资弥补而已。可是行政院颁布各省市地政经费筹集办法规定，登记费及书状费为地政经费来源，在着手举办地政时，得由各省市酌量情形，呈准预收，而各省市地籍整理借款办法规定得以登记费及书状费为担保，向银行贷款。因此，在实际上已经成为整理地籍经费的唯一来源。如江西省试办南昌县以后，继续进行其他二十余县地籍整理，所需经费全恃征收的土地登记费等来开支。可见登记费的收入，关系地政事业前途，非常重大。实际上，登记费仅足够办完一部分业务，而且书状费依据《土地法》规定提高十倍征收。由于物价高涨，仍不敷使用，差距很大；更何况根据程序，测量在前，登记再后，人民登记时又犹豫再三、迟疑不定，"每感缓不济急"，因而办理非常困难，"凡此种种，皆为地籍整理事业不能加强推进的主要原因"。①

由于存在上述诸多问题，对于《土地法》规定的各项经费收入来源，王晋伯著书质疑：第一，城市人口集中，在登记期内所有各项收入比较可观，但是各省市财政大都支绌，由预算中指拨，一般无法应付。第二，就登记费、书状费而言，由于人民一般质疑从而裹足不前，工作进展大多延宕，如果为了土地政策推行，登记费与书状费不应该征收；即使征收，已经如上述，仍然"缓不济急"。第三，整理土地溢收的赋税，由于土地税暂归中央接管，也相应划归国家，因此从中开源扩充地籍整理费用亦困难。第四，公地收入，表面上不存在问题，实际上公有土地被侵占、盗卖几成通例，因此打算"划公有土地而使之移归土地机关，恐亦无几，且能否划拨，尚存问题"，"等而下之……何况清理地籍时区区公地收入，何能供此庞大之用乎？"第五，对于抵押商款，如果短期周转，当然不难，可是针对手续繁重、时间过长的地籍整理业务，恐怕一般人不会借贷，而且抗战爆发后，有钱者多发国难财，"使其投资于低利息的长期借款，殆无可能"。②

---

① 黄桂：《土地行政》，江西省地政局印行，1947年2月，第22、23页。
② 王晋伯：《土地行政》，文信书局1943年版，第49、50页。

　　总之，提供地籍整理的全部费用，往往不敷使用，捉襟见肘，困难重重。如 1930 年北平、青岛、汉口三市，因经费困难，业务无法开张，撤销土地局；1931 年，天津、南京两市土地局亦先后裁并。对此，王晋伯认为也不应太悲观，他建议对于地籍工作应根据不同业务性质，需要归中央政府办理的，则由中央拟定计划分期实行，而将所需经费编入国家预算项中；需要归地方办理的，则由地方筹备，若地方财力不能胜任，则由中央贷款给各省，各省要以土地税收偿还。王氏还提议在经费支出中，事业费应该多于行政费。针对各省经费分配的实际情况，如 1939 年度江西省、四川省地政经费中事业费分别占 83%、61%，王晋伯对此颇为赞许，以为"二者皆足为法"。①

　　关于土地税，由于其基础工作没有完成，难于按时征收，生财遥遥无期，却又带来一些新问题。土地机关的设置逐渐成为政府包袱，市政府对于寄予厚望的"土地税"也丧失了信心。因此，1927 年、1928 年分别建立市土地局的上海、南京、天津、北平、汉口、青岛等城市，大部分在 1930 年相继撤并土地局，硕果仅存的是上海市，南京市在 1928—1935 年反反复复，最后 1935 年才固定下来。经费困难是城市地政维持不下的根本原因。那么抗战时期重庆市地政经费状况又如何呢？是否避免了国民政府初期地政的经费困厄？

　　（二）重庆市地政经费

　　在 1939 年 5 月以前，重庆市隶属于四川省，而川省地政局经费分为行政、临时、事业三类。行政费是四川省地政局本身开支的经费，其员额设置即是根据该局组织章程的规定，1940 年以前，限于财源，不能依照规定设置。地政局临时费在 1940 年以前，法案财源均无预定，每逢职员出差或其他临时事务支出，均以专案呈请动用行政费结余经费为原则。事业费在 1940 年以前均由各县处成立支付预算，并以清丈前承粮地与清丈后溢出地，按亩摊捐为财源，成都、华阳预计每亩摊一角，邛崃县预计每亩摊钱一千文，清丈时的用费，即逐月签准向财政厅拨借。又因逐渐推进的缘故，省政府没有成立此项事业总预算。各县经费，先后由地政局签奉主席核准，向财政厅拨借数为 578490 元（法币，下同），先后发放各办事处为 567343.04 元。

———————————

① 王晋伯：《土地行政》，文信书局 1943 年版，第 51 页。

　　1939 年 5 月四川省地政局奉发第二期战时行政计划规定完成各种重要城市地籍测量，即经拟具"成都、自贡、宜宾、万县四市区地籍测量业务实施计划"，内列预算总额为 239895 元，咨准内政部备案。重庆市于是年没有开始测量工作，因此无地政经费。同年 10 月蒋介石兼理四川省主席，"手订本省施政纲要"，其中地政部分规定五年内完成土地测量工作，因此根据纲要拟具"四川省土地整理五年完成计划"，内列四川省山区 99 县土地测量经费预算总数 9720000 元，并提经 1940 年 11 月 2 日川康经济建设委员会第一次全体会议第三次大会通过。以上事业费预算，也只为法案的成立，仍然受财源的限制。因此 1939 年虽经成立成都等县市土地测量预算，仍然因为经费无着，未能举办。作为重庆市土地科的土地测量经费，也不会比成都的情况更好。1941 年以后省级财政并入中央财政，改变收支系统后，市地行政的经费来源亦随之改变，土地行政的收入一概须缴入国库，而所需经费亦由中央统筹配发，并且在同年 4 月在中国农民银行增设土地金融处，兼办土地金融业务，地政业务得以辅助进行。[①] 而实际上中央拨付地方的经费很有限，以至于周振文企望"今后必须严格遵守国地财政收支划分原则，对于国省委办事项，必须由中央切实按照需要，拨给经费，不得责令县市就地筹款开支，免致苛杂摊派，以维国计民生"。[②]

　　重庆市地政科，1939 年 1 月成立后，如上述在四川省地政经费有限的情况下，也面临经费问题。其常年土地整理经费概算为 45 万余元，虽然 1939 年 5 月 5 日列为院辖市，1940 年度经费仍然无着，以 23 万元列入市支出总概算内，暂由市库垫付，其余 21 万余元于下年度预算案内统筹办理。[③] 虽然 1939 年就拟具地籍测量计划，准备在 1940 年 1 月开办，需要 50 多万经费，内政部要求"全部经费以状费收入，差可相抵"，但是开办测量之后才可能发证，因此刚开始的经费只能由市政府先行垫用，决定向国民政府财政部"商贷"，[④] 结果由于筹措经费，一直到 1940 年 8 月

　　① 董中生：《土地行政》，大东书局 1948 年版，第 16—19 页。

　　② 周振文：《现行地方财政之研究》，《大公报》1945 年 5 月 28 日，第三版。

　　③ 重庆市档案馆藏：《重庆市二十九年度土地行政报告书》，全宗号：0064，目录号：0008，案卷号：00269，第 16 页。

　　④ 本市消息：《渝市土地测量内政部限本年底完成》，《新蜀报》1940 年 1 月 3 日，第三版。

经费才有着落，测量工作得以开展。①

1939 年 5 月成为直辖市以后，契税、房捐、营业税等划归市有，在财政上不需要按月向省政府请领，② 而且财政摆脱"省政府及县政府之侵占"，财政预算为 300 万元，1940 年则增加到 700 万元。③ 1941 年以后由于国民政府财政改革，市政经费由中央直拨，重庆市地政经费好转，行政费有了保证，事业费、临时费亦纳入预算。正如 1941 年的《重庆市财政概述》所记录：

> 故市政府改之初，幸赖中央之补助有力，得以维持。经两年来之整理工夫，市财政之基础，已渐趋稳固。就收支而言，则二十八年度预算为三百二十万元，二十九年度增至八百六十余万元，而三十年度之概算则更增至一千六百八十万元。就税收言，则二十七年度前市政府实收仅八十四万七千余元，二十八年改组后实收一百四十万三千余元，二十九年度预算数列为六百八十万余元，三十年度概算数列为一千五百四十万元。就财务行政言，则实行公库制度（二十九年一月一日起由中央银行代理市库），实为一主要改革。他如公产公业之经营，土地测量之举办，亦有相当成绩。
>
> 重庆市自二十八年一月改隶行政院后，收支数字，逐年增加。
>
> 重庆市二十八年、二十九年两年度预算表以观，收支数字在一年间增加 540 万余元，增加在一倍半以上，易言之，即二十九年度预算数约合二十八年度预算数两倍半以上。考其增加之原因，固有物价上涨，拟编概算时多长数列入，然主要原因，仍为市政府事业扩张，有以致之。如二十八年度预算，中央补助经费列 120 万元约占全市收入百分之四十，易言之，即重庆市之财政自给率仅有百分之六十，二十九年度补助收入及借债收入列 1496180 元，占收入总额百分之十七强，其自给率为百分之八十三，虽由字面观之，其财政自足力较二十八年度为高，然殊不知其营业税收列 4862400 元中有 420 万元系由省营业税局拨付，如此数字亦视同补助款，则市财

---

① 梅光复：《重庆市的地籍测量》，《人与地》1942 年第 11、12 期合刊。
② 本市消息：《划分省市税收》，《新蜀报》1939 年 10 月 23 日，第三版。
③ 菊尘：《生气勃勃的新都》，《申报》1939 年 12 月 10 日，第十五版。

政固有收入仅 2922400 元，占总收入百分之三十四，是则其自足率仅百分之三十四矣。①

　　从上述资料可知市财政自给率很低，那么靠市财政支持的重庆市地政经费不充足是不必怀疑的。再加上日机空袭频繁，重庆市积极推进疏建工作，市政府财政事业费支出比以前激增，而市民疏散四乡以后，对于市财政也有很大影响。为了使各省市地政经费充实，地政署从 1942 年开始从中央财政申请得到 600 万元（法币，下同）经费分配给各省市充作地政事业费，1943 年则申请了 40954800 元经费，1942 年没有分配给重庆市，只是到了 1943 年才分配给重庆市 288389 元。②

　　可见省市财政分割，没有立即给重庆市带来好处，1942 年地政署并没有把重庆市作为一个独立省市给予拨款，重庆市的地籍整理经费基本是本市出资办理。③ 中央社记者采访财政局局长刁培然后了解到，省市财政划清后，重庆市财政"依量出为入之原则，运用统收统支办法尽量节俭"，但是重庆市发展迅速，各种建设教育经费比以前增加，当初确定的年预算是 300 万元，从 1939 年 5 月以后，每月即增加支出 19000 多元，年预算不敷 20 万多元。而市政府又不打算增加新税，以清丈全市土地和市产以增加财政收入。④ 显然地政工作已经被市政府看作开源之路。由于经费问题，重庆市在办理土地整理期间，人员迭经裁减，工作进度迟缓，不能于法定期限内颁发书状。1945 年，业务日益增多，工作人员增加到九人，是地政局办理经常登记业务人员最多之时。1946 年 1 月，地政局裁员，只留四人负责此项工作。⑤

　　地政经费的缺乏，使工作人员不足，经常性的裁员，造成工作人员

---

①　经济资料：《重庆市财政概述》，《经济汇报》1941 年第 3 卷第 3、4 期合刊。

②　《最近一年来全国地政业务之鸟瞰》，《地政通讯》1944 年第 7 期。

③　国民政府在抗战时期土地测量以经费来源区分为两大类：一是中央经费指定办理的各省市重要城镇土地测量；二是各省市经费办理的原有市地或农地测量。地政署在 1942 年才申请到地政经费，而重庆市地籍整理 1942 年基本完成，因此该市地籍整理属于第二类。参见《最近一年来全国地政业务之鸟瞰》，《地政通讯》1944 年第 7 期。

④　中央社：《财政局长刁培然谈渝市财政近况》，《大公报》1939 年 8 月 23 日，第三版。

⑤　重庆市图书馆藏：《重庆市地政局土地行政工作报告》，出版单位不详，1947 年，第 6 页。

"军心不稳"。如土地测量技术人员原计划需要 120 多人，实际上只有测绘人员 78 人。之所以如此，是由于经费缺乏，薪水与津贴要比其他机关少得多，因此一方面招聘工作人员不容易，即使招来，由于"薪金太少，无法支持家庭生活，或因有其他较优的工作，就不免发生离职逃职的事情，一时无法他去的也是存五日京兆之心"。而且测绘人员一旦离职，不容易扩充，去得多来得少，人员变动很大，在工作的时候，随时"缺少三四十人"，影响业务的进行。① 加上战时通胀，公务员工资的购买力下降，这一切因素都制约着重庆市地政工作的开展，测量工作内政部原计划要求重庆市一年完成，结果两年才告一段落；至于推行土地政策的效果，在缺少人的主观能动性的情况下，亦可推知大概。

## 三 地籍整理原则②及相关土地法规

1939 年，重庆市财政局土地科制定《陪都土地整理方案原则》，对于市地地权整理在地籍、地价与地税、土地使用与划分及土地征收与重划四个方面进行了详细的规定。其中关于地籍整理程序，人员招收训练，地价税的规定地价方法，土地使用的分区手段及土地征收范围，是该原则的重点。

重庆市地籍整理分土地测量、土地登记两个阶段。该原则规定重庆市土地测量先从小三角测量入手办理，以利控制；紧接着举办图根测量、户地测量。在时间上务求迅速，精度务求准确。如果人员缺乏，可以大量招收高初中毕业学生，分批训练；至于所需仪器，向陆地测量总局或呈请行政院转饬战区各省政府，从运存后方的仪器中暂时拨借使用。对于新划市区不很隐蔽的土地，与陆地测量总局协商，请其帮助采用航摄方法施行测量。

在每一个测量区分户测量完成后，即进行土地登记。该原则要求事前由主管机关广泛宣传，使广大市民对于土地登记有个基本认识；并严格要求各区镇保甲切实协助，在手续方面务必简捷，以方便市民登记。对于公告期间，该原则规定缩短为三个月，公告期满无异议的土地，应即发给业

① 梅光复：《重庆市的地籍测量》，《人与地》1942 年第 11、12 期合刊。
② 重庆市档案馆藏：《关于拟定陪都土地整理方案原则的提案》，全宗号：0053，目录号：0029，案卷号：00300，第 28—31 页。

主土地所有权状。

重庆市土地法定地价，依据修正土地法的原则，规定以人民申报地价为标准即法定地价；户地测量时应同时实地调查地价情形，作为主管机关规定标准地价的依据；主管机关根据前项调查结果同时参酌就近两年买卖市价，分别街道地段规定标准地价数额，分区公告；各业主如果对于标准地价无异议，在公告规定的期限内向主管机关申报地价，并可以依据标准地价数额在20％以内进行增减，凡是逾期不申报地价的土地，以标准地价为其法定地价。为了顺利推行规定地价，该原则规定主管机关邀集地方法团代表，组织地价评定委员会；法定地价确定后，即开征地价税，并由主管机关分别各种税地，拟定税率，先期送请内政财政两部核转行政院核定。

为奠立重庆市建设的长远基础，该原则规定根据地形测量成果、交通、经济发展及使用状况，编定分区计划书，但是不采取"绝对一区制"；分区计划的实施，采用渐进程序，原有各种建筑应暂时维持现状，凡是已经划为某种使用区的土地，原有建筑物不符合使用规定的，除准予修缮外不得增建；分区计划书编定公布后，所有新增加的建筑，除经政府特许外，一律应依分区计划书的规定，业主申请建筑时如与分区计划不相抵触，才可以准其建筑，否则不予核准；分区计划编定公布后，市政府如果因为实际需要，必须限期令业主局部变更使用时，其因变更使用所受的损害应依法从优补偿；分区计划书的编定，应遵照行政院1939年12月9日训令，以尽量避免可耕熟田为原则，同时并遵照行政院1939年8月25日指令，切实注意空防的规定。

征收土地，凡是属于重庆市建设计划书内的道路及公用建筑，应由市政府呈准行政院依法征收；如果因为工程建设先后缓急不能及时施用的，须预先公告进行保留征收；各种使用区内的土地，如果遇到必须实施区段征收的时候，该原则规定要就全区内的土地先期一律征收，等到分段整理以后再进行放领；征收整理后的土地，凡是面积狭小畸零不适合经济使用的，须实行土地重划。对于征收地价的补偿，该原则强调应依法发给，凡是属于道路或公用建筑附近受益的土地，须依法征收受益费，该受益费可以用来抵充补偿的地价；区段征收的土地在放领时，应就政府所耗建设费用按照比例分摊，加收整理费及收益费，如果不能抵补时，须发行公债。

国民政府定都南京之后，仿效欧美日之经验，开始了大规模的立法修律活动，在土地制度和土地管理方面出现了大量国家制定法，使土地行政有法可依取得很大进展，政府制定和颁布的地政法规及各省市地政单行章则不下 240 余种。[①] 1930 年的《土地法》颁布，标志着土地行政部门法在国家制定法体系中的正式形成。[②] 但是由于《土地法》本身"间有窒碍难行或欠妥之处"，[③]《土地法》的规定不能适合当时实际需要，因而抗战时期国民政府依据既定政策，在《土地法》之外另订法律，对《土地法》的规定加以补充或变更，以利于土地行政工作的进行。抗战时期国民政府制定的大量城市土地法律及重庆市政府根据国家法律制定的地方法规，有利于城市地政工作的开展。

抗战期间，国民政府行政院曾拟定若干土地法律、条例，提请立法院通过，由国民政府公布施行，来补充土地法的不足，或变更土地法的规定，以适应实际的需要。其中涉及城市土地的主要有《各省市土地税征收通则》《都市计划法》《战时房屋租赁条例》等 17 部法律法规。

为了更好地进行城市土地管理，重庆市政府也根据本市的实际情况，制定了一系列管理市地的规章制度，主要有《重庆市市民建筑防空壕洞租赁公私土地暂行办法》《重庆市开辟火巷办法》《重庆市土地登记处组织规程》《重庆市土地登记施行细则》等 18 部法律法规。

## 第三节　地籍整理

抗战前，国民政府的财政收入一直以关税、盐税、统税三税为大宗，"七七"事变，沿海沿江重要商埠及产盐区域大半沦陷，三税税收锐减，国家财政收入极受影响，而战争的爆发又使军费支出剧增，国民政府不得不调整税收。1938 年 3 月国民党临时全国代表大会在武汉召开，制定了《抗战建国纲领》，强调抗战与建国同时进行，强调经济、政治等各方面都应以军事为中心。此时城市地籍整理还没有成为国民政府关注对象，而以解决财政问题的土地陈报则在大后方得以广泛开展，其中四川的土地陈

---

① 李元、吕萍：《土地行政学》，中国人民大学出版社 2007 年版，第 38 页。

② 夏扬：《中国近代地政制度之建立》，《行政法学研究》2006 年第 3 期。

③ 土地委员会编：《全国土地调查报告纲要》，全国经济委员会原版，中央土地专门委员会加印，1937 年 1 月 26 日，第 74 页。

报颇有成效。①

1941年6月，第三次全国财政会议通过决议案，其中有中央接管土地陈报，实行土地增值税等规定。1941年12月太平洋战争爆发，国民政府对日宣战，同月15—23日国民党在重庆召开五届九中全会，明确提出"战时政治""战时经济""战时社会教育"的要求，② 通过了《加强国家总动员实施纲要》。该纲要要求达到的目标之一是土地使用竭尽其利，在其战时财政政策中，有举办新税、另辟战时特别财源的规定。1942年地政署成立，积极推行城市地政工作，表明开始注意城市土地利用问题及城市土地税。

从1941年到1942年，国民政府积极寻求新的税收来源，其中一项是田赋收归中央并改征实物，这有利于国民政府对各省的控制，增强了政令统一。在对农村税收重视的同时，国民政府亦注意城市土地税收问题，而整理城市地籍确定市地产权，则是征收城市土地税的依据。由于在农村进行田赋征实，使政府获得了有保证的粮食来源，那么征收城市土地税亦成为开征税源的选择之一。

当时的许多地政学者，亦积极倡导征收土地税，以实现平均地权，有利于抗战救国。1941年1月20日，中国地政学会理事会决议"地价税之应该实行早已无置疑之余地，并且早已为全国国民共知共晓了。可是这件事至今犹未办到，随令平均地权政纲无由实现"。③ 1941年6月25日，地政学会在重庆市求精中学举行战时土地政策讨论会，出席人员为萧铮、李庆麐、朱宗良、黄通、祝平、高信、万国鼎等共数十人，并有陈立夫及立法委员史尚宽等"关心土地政策问题之人士参加"，其中关于市地，该会议主张应限期测量完竣，按价征税，涨价归公，并采用累进的地价税，私人所有市地面积应有限制。④《人与地》杂志亦相继登载文章呼吁"应从速实施地价税"。⑤

---

① 刘一民：《抗战时期四川地籍整理研究》，博士学位论文，四川大学，2007年。

② 周勇主编：《重庆抗战史》，重庆出版社2005年版，第160页。

③《人地短评：中国地政学会召开年会》，《人与地》1941年第3期。

④ 地政消息：《战时土地政策讨论会》，《人与地》1941年第13期。

⑤ 如张丕介《连云市土地方案纪要》，说明错失地政带来的城市建设困难，张维光（贵阳市地政科科长）《地价税与贵阳财政》，解决财政就要进行地价税的征收。详见《人与地》1941年第13期。

　　作为重庆市本身，希望增加财政收入适应陪都建设的需要，对于征收土地税，亦是跃跃欲试。早在1939年，重庆市财政局土地科制定《陪都土地整理方案原则》，详细说明了土地整理的理由，首先，重庆市人口激增，市政建设较快发展，对于土地的需要量骤然增加。地价高涨却无税负，而市区内土地除地上建筑物缴纳房捐以外，基本没有其他负担。其次，"近年以来地主坐享政治社会进步之利益，而政府用以建设地方之经费，竟至无所取偿，影响市政前途，殊匪浅鲜，兹值陪都建设积极推进之际，应如何增加市财政之收入，以应各项建设事业之需要，寔为当前重大问题"。再次，土地税源最为稳定，而其征收手续也较为简便，"目前陪都土地地价日在增长之中，总计全市地价总额为数极巨，一旦实施照价征税，每年收数必甚可观"。如果这项地价税收入用作城市建设，那么经费来源确定，陪都建设大业"必可赖以建立永久之基础"。最后，土地使用区的划分及土地征收与土地重划整理等各项工作，都与陪都建设具有密切关系。①

　　抗战以来，后方经济窘迫，而土地所有人也常常感觉有地产而不能灵活使用土地化为资金。土地产权不能确定，金融机构就会"视土地抵押为畏途"。作为政府财政一个来源，土地所负担的赋税很不平均，地价高的，负担也许轻，地价低的，负担也许重，收益多的，或许税率低，收益少的，或许税率高；尤其是城市土地除地上建筑物缴纳房捐以外，别无其他负担……不仅"与最经济的使用原则，完全背道而驰"；② 而且为了推行平均地权的城市土地政策，以稳定城市民心，解救房荒，增加财源，明晰地权整理地籍成为市政建设中的一个重要任务。

　　1939年，省市划界完成后，重庆市面积由过去的12万亩增加到45万亩（实际接收30多万亩③），重庆市政府决定土地清丈，"以为实行平均地权征收土地收益税之准备"，遂决定在1940年1月举办地籍整理。④

---

　　① 重庆市档案馆藏：《关于拟定陪都土地整理方案原则的提案》，全宗号：0053，目录号：0029，案卷号：00300，第28—31页。

　　② 但永志：《本市土地整理之重要性》，《成都市政府周报》1939年第1卷第11期。

　　③ 1939年12月28日市县划界最终确定，实际接收30多万亩，详见本市消息《市县划界问题，市政府今开会讨论》，《新蜀报》1939年12月28日，第三版。

　　④ 本市消息：《重庆市面积已增至四十五万亩》，《新蜀报》1939年10月28日，第三版。

地籍整理主要是开办土地测量与土地登记，按照法定程序进行，逐家逐户制定户籍图，确定"公私界畔"，然后发放土地所有权及他项权利证书。财政局预算需要 50 多万元，需要技术人员 1000 多人，经过国民政府内政部的核准，预定 1 月举办，因为要组织测量队、土地登记处及筹措经费，8 月才正式开始。对于地籍整理工作，市政府以为可以"实行平均地权、确保公私权利、编划收用地区、增加市库收入"。①

## 一　土地测量

重庆市土地范围及疆界，依据 1940 年勘测划定的"扩大市区"经界整理，东至平天坝，西至朝阳山，南至二塘，北至马厂，面积为 45 万余市亩。按照行政区域划分，1945 年以前为十七区，1947 年时为十八区，其中旧市区为十二区，扩大市区为六区。重庆市地貌属于丘陵地，山坡起伏，地形复杂，其中有长江、嘉陵江横贯全境，会流于重庆城外，公路四通八达。② 重庆市土地测量工作，分为前后两期办理，以旧市区为第一期，扩大市区为第二期。

（一）旧市区土地测量③

1940 年 6 月，财政局派人前往各警察分局、各区署公所，协同组织人员实地查清所属范围，绘制疆界图，加附疆界说明书。之所以要查勘旧市区的区镇保所管范围，主要是为了便利划分测区、调查地价及以后的登记公告。④

旧市区实施整理范围，根据 1933 年勘划市区经界草图，东至苦竹林，西至红岩嘴，南至老君洞山下，北至江北城外。旧市区人口稠密，地价昂贵，因此该区土地分割非常细碎，调查难度可想而知。办理时期"虽在酷暑中，而各区镇保长等均热心协助，会同实地指界"，旧市区共十二区，

---

① 本市消息：《平均地权政策将在重庆市实行，财政局即办土地测量及登记》，《新蜀报》1939 年 12 月 17 日，第三版。

② 重庆市档案馆藏：《重庆市财政局工作报告》，全宗号：0065，目录号：0003，卷号：00731，第 193 页。

③ 重庆市档案馆藏：《重庆市财政局土地行政工作报告书》，全宗号：0064，目录号：0008，案卷号：02728，第 45—59 页。

④ 中央社讯：《渝市土地测量工作全部完成》，《大公报》1943 年 1 月 4 日，第三版。

在 1940 年秋，"均分别查勘完竣"。①

经过实际查估，旧城区除沙洲滩地外，城区宅地，平均每亩约有商店及住宅 5 所，共约 125000 起；城外坨形零碎的宅地、梯田、坨形较大的山林杂地，平均每亩约合 1.5 起，合计共约 115500 起。总计重庆市旧城区及城外市地，约共计 24 万余起，按照行政区域及街道河流等划分，整个旧市区分为十二区。为了有利于分户测量、登记公告等业务的进行，旧市区全部面积按照行政区域分为 12 个测量区域，同时也有利于以后征收地价税时保甲催收方便。②

测量办理程序，由基线测量、小三角测量、图根测量，以至户地测量，并计算面积与绘制段图、地籍公布图及市区一览图等图幅。

财政局土地科为了使三角测量与中央陆地测量总局所测定的天文原子及经纬度符合，并考虑到以后与邻县土地测量接合图籍便利，在选测基线时候，决定利用中央陆地测量总局在重庆市九龙铺附近设定的二等三角基线为基准。该基线全长 1488.66 米，测量人员经过检查，认为精度准确，可以作为全市土地测量的基准。③

为了尽快完成测量工作，在经费没有核准的情况下，1940 年 7 月由财政局抽调技术人员，按照国民政府规定的测量规则，及财政局所规定的测量实施细则，开始小三角测量④。技术人员根据基线，以三角网形扩展测布全旧市区，东推至大沙溪附近，又另测设校正基线一条，全长精确为 899.6243 米，与自九龙铺基线推算至该线所得 899.69 米相比较相差 0.0657 米，误差细微，不到法定公差数的一半。接着根据基线推展，规定边长 2—4 千米。⑤

1940 年 8 月 1 日，旧市区小三角测量正式开始，1940 年 9 月全部完

---

① 重庆市档案馆藏：《重庆市财政局土地行政工作报告书》，全宗号：0064，目录号：0008，案卷号：02728，第 45 页。

② 同上。

③ 同上书，第 46 页。

④ 小三角测量是图根测量、户地测量的基础。采用三角网制，必要时采用三角锁，三角测量为图根测量及户地测量的基础，而基线又为三角测量的依据，关系至为重要。

⑤ 重庆市档案馆藏：《重庆市财政局土地行政工作报告书》，全宗号：0064，目录号：0008，案卷号：02728，第 46 页。

成，共计测量三等三角点 32 点，四等三角点 39 点，合计 71 点。①

8 月正式测量之前，重庆市旧市区图根测量②，由财政局抽调技术人员办理，8 月起由测量队派员继续办理，完成图根点 689 点。但是，1940年 8 月以来日机频繁空袭轰炸，城区已测设的图根点毁损过半；而且被轰炸灾区太大，市民房屋界址大多埋没，清理需要时间。为了避免业务停顿，财政局调整计划，立即筹备南岸第十一行政区的窍角沱、弹子石两镇的图根测量。1940 年 9 月派员前往开始工作，至 12 月完成了这两镇图根测量。

后工作人员陆续调回城区，补测被炸毁的图根点，趁着雾季将城区户地测量抓紧完成。1941 年 1 月开始按照计划，赶办第一、二、三、四、五、六、七、八、九、十、十二各行政区的图根测量。"自春徂秋，历经夏季气候之炎热，八月份敌机之长期轰炸，九月份阴雨之过多益以夏秋之际，员工居病者颇多，以是种种，进行颇受影响。"截至 1941 年11 月底，计完成三角点 125 点，交会点 496 点，经纬导线 11755 点全部完成。③

根据图根测量成果，财政局原定首先举办重庆市旧城区的户地测量，但是由于城区在 1940 年 8 月遭敌机轰炸，使城区图根点毁损及市民房地界址埋没。于是财政局改变计划，进行第十一区的窍角沱、弹子石两镇图根测量并且接着户地测量。1940 年 12 月初派户地组第一班前往办理，逐幅按垱测量、绘制原图，并加派第一期地政人员训练班学员 10 人，前往该区实地练习，测制原图。又旧城区为重庆市精华所在，在雾季内，空袭较少，最宜施行测量户地，即于 1941 年 1 月初成立户地组第二班，办理城内外第一、二、三、四等行政区分户测量，而地训班学员至 2 月初实习

---

① 重庆市档案馆藏：《重庆市财政局土地行政工作报告书》，全宗号：0064，目录号：0008，案卷号：02728，第 46 页。

② 图根测量根据三角测量成果施行，因直接关系分户测量，故要非常注意其精度。一般城区进行测经纬导线图根，而乡区在测经纬导线图根外，对于不易直接测量距离的地域，改测三角图根，以两个三角形的平均值决定其点的位置，联络于小三角点间，必要时得用交会点，但不得用至两次以上，作为户地测量的依据。参见重庆市档案馆藏《重庆市财政局土地行政工作报告书》，全宗号：0064，目录号：0008，案卷号：02728，第 47 页。

③ 重庆市档案馆藏：《重庆市财政局土地行政工作报告书》，全宗号：0064，目录号：0008，案卷号：02728，第 46、47 页。

期满，即成立户地组第三班，仍在第十一行政区继续工作，并于3月中旬加派第二期地政人员训练班学员26人，前往第十一行政区实地练习，测量原图。至8月实习期满，成立户地第二组第四、五、六班，分别办理第八、十、十二等行政区分户测量。自1940年12月起至1941年11月止，户地第一、二两组共计六班办理第一、二、三、四、五、六、七、八、九、十及十一等行政区分户测量，完成1/500图377幅，1‰图134幅，合计68400多市亩。①

完成分户地籍图后，精确计算其面积（即为求积），并绘制地籍图及市区图。求积及制图工作，自1941年5月起至11月止，完成第一至第五区及第十一区等行政区全部及第六、九区的一部。1/500图约200幅，1‰图120幅，合计51000多市亩。②

旧市区全部面积约为12万余市亩③，除河流道路约18000多市亩外，面积102000市亩，④ 小三角测量1941年11月全部完成，（图47）图根测量完成11755点，户地测量完成68400多市亩，财政局预计1941年12月完成，实际推迟了两个月。⑤

1942年2月，全部旧市区土地测量完竣，总共有三角点71点，三角图根点131点，交会点706点，导线点12846点。完成户地原图1/500地图371幅，1‰地图278幅，共649幅。旧市区的求积及绘制公布图的两项工作，皆于1942年9月完工。⑥

① 重庆市档案馆藏：《重庆市财政局土地行政工作报告书》，全宗号：0064，目录号：0008，案卷号：02728，第47、48页。

② 求积完成后，校核原图，编订永久地号，注记亩分，并摹绘段图及地籍公布图，缩制区地籍图及市区一览图等，且把地籍公布图交登记处开始登记。

③ 另一数字为125000市亩，详见《地政消息：重庆市财政局办理地政工作概况》，《人与地》1941年第2期。

④ 据《大公报》1943年10月4日第三版《渝市土地测量工作全部完成》所载除河流外面积是100600市亩。而《财政评论》报道的数字与重庆市档案馆所藏报告书数字一致，因此本书采用10.2万市亩。

⑤ 重庆市档案馆藏：《重庆市财政局土地行政工作报告书》，全宗号：0064，目录号：0008，案卷号：02728，第48页。

⑥ 中央社讯：《渝市土地测量工作全部完成》，《大公报》1943年10月4日，第三版。

（二）新市区土地测量①

重庆市全部市区面积约为 45 万市亩，除去河流约 24000 市亩及旧市区 12 万市亩业已全部完成外，约 306000 市亩是新市区面积。财政局制定的测量计划与步骤是先进行办理疆界调查，购置测绘器材，并训练清丈人员等工作。关于测量部分仍然依照测量旧市区的程序开展，由小三角测量、图根测量以至户地测量，并计算面积与绘制图幅等；关于登记部分，则由申请、售价、审查契据、地权公告、造册、填发书状等；自户地测量开始一个月后，即开始办理土地登记业务；以上各项工作，计划在一年内完成，并于 1943 年度即可开征扩大市区部分地价税。②

为了与旧市区土地整理工作互相衔接，按照第一期整理计划及土地法令的规定，计划 1942 年 1 月下旬办理小三角测量，2 月着手进行图根测量，4 月开始户地测量；并于户地测量的时候开始调查地价，11 月举办土地登记。如此重庆市整理地籍工作可在 1943 年 10 月全部完成。③

1942 年 1 月，财政局筹备扩大市区土地测量，工作人员依据重庆市九龙铺附近中央陆地测量总局设立的二等三角基线及旧市区小三角测量的成果，推展以三角网形扩展测布全市区，西推至瓷器口附近张家溪。仍然以九龙铺附近中央陆地测量总局测定的二等三角基线为基准并旧市区的小三角测量成果布成三角网拓展测布全市区，西推至磁器口附近张家溪，又另设校正基线一条，全长 950.50566 公尺，误差极低。1 月下旬，派员开始办理小三角测量。为了配合三角测量，1942 年 2—4 月开展疆界调查，方法与旧市区一样，对于新市区六个区查勘顺利完成。新市区三角测量程序依照旧市区，首先确定基线。1942 年 7 月，全部完成新市区小三角测量，其中完成三等三角点 53 点，四等三角点 79 点，共计 132 点，与原计划比较增测三等点 2 点，四等点 9 点，共增测三角点

---

① 《重庆市财政局土地行政工作报告书》，重庆市档案馆藏，全宗号：0064，目录号：0008，案卷号：02728，第 41、42 页。

② 重庆市档案馆藏：《关于拟定整理扩大市区土地测量计划纲要》，全宗号：0053，目录号：0029，案卷号：00300，第 16 页。

③ 重庆市档案馆藏：《重庆市财政局工作报告》，全宗号：0065，目录号：0003，案卷号：00731，第 193 页。

11 点。[①]

1942 年 2 月开始图根测量，根据小三角测量成果，凡是乡区场镇土地细碎以及大路所通部分皆按照旧市区的测量办法，以测设经纬导线点为主；对于山地起伏较大的地区，为了测量精确，以测设交会点为主，并按照实地情形测设三角图根点来增强精度。新市区图根测量自 1942 年 2 月份开始进行办理第十、第十三至十七等行政区，到 1943 年 2 月底止，共完成三角图根点 354 点，交会点 3265 点，经纬导线点 4000 点，共计 7619 点。[②]

1942 年 4 月，根据图根测量成果先由第十五、十六两行政区按户分坵进行户地测量；4 月中旬，加派第三期地政人员训练班学员 26 人前往测量分户原图。1943 年 9 月底全部完成，共测有三角点 132 点，三角图根点 435 点，交会点 5340 点，导线点 4081 点，完成户地原图五百分之一图 126 幅，一千分之一图 1099 幅，总面积约为 33 万市亩。[③] 之后分别为计算面积及制图。重庆市地籍测量工作时间前后 3 年，相对于抗战前南京市土地测量 7 年，上海、南昌、汉口、杭州、广州等市 4 年多的时间来比，速度较快，而且测量的市地范围亦很广大，确实有成效。[④]

重庆市新旧市区全部土地测量工作于 1943 年完成后，绘制该市一千分之一市区一览图，计 20 张，拼成一巨幅图，1944 年 11 月完成。同年底绘制土地权利书状附图 71023 张，1945 年 7 月又绘制市区地籍图 120 幅。[⑤]

另外，重庆市靠近长江、嘉陵江，对于两江的水位测量亦很重视。1944 年 10 底，地政局举办两江正常洪水水位线测量，长江南岸由南坪场的龙头庙至大兴场，北岸由九龙坡鱼纹壕至唐家沱，嘉陵江南岸由磁器口镇的南溪口至朝天门，北岸由□沱至江北嘴。到 1945 年 6 月，全部完成测量工作，其中完成水准测量 179.68 千米，导线测量 105 千米，埋石 27

---

① 重庆市档案馆藏：《重庆市财政局工作报告》，全宗号：0065，目录号：0003，案卷号：00731，第 195 页。

② 同上书，第 196 页。

③ 中央社讯：《渝市土地测量工作全部完成》，《大公报》1943 年 10 月 4 日，第三版。

④ 梅光复：《重庆市的地籍测量》，《人与地》1942 年第 11、12 期合刊。

⑤ 重庆市档案馆藏：《重庆市财政局工作报告》，全宗号：0065，目录号：0003，案卷号：00731，第 197 页。

块，补点 47 点。由于黄桷垭镇全段土地，测量不很精确，必须重新测量。1945 年 11 月地政局对该镇开始复测，1946 年 3 月完成。总共完成补点及交会点 158 点，导线点 117 点，绘制地籍原图 16 幅。①

从 1940 年 5 月由财政局土地科开始筹备测量，到 1946 年 3 月地政局完成黄桷桠镇土地的复测，重庆市土地测量工作全部完成。统计全市共有图幅 1973 幅，其中五百分之一图为 516 幅，一千分之一图为 1457 幅。全市区道路 5558.833 市亩；河流占地 53014.018 市亩，农地 270039.765 市亩；宅地 55143.574 市亩；荒地 57707.638 市亩，合计全市总面积为 441463.828 市亩。②

从各类土地所占百分率中来看，农地、荒地占据重庆市全部土地的绝大多数即 74%，加上河流则为 86%，城市建成区仅 1/10 强，即使考虑重庆市山城的特点，重庆市城市化的程度依然比较低。

重庆市经地籍测量完成后，由于市政建设及土地使用、所有权转移、变更、分割、合并，往往需要经常实地测量，才能维持地籍的正确和配合土地使用的要求。经常性的测量任务琐碎而且繁多，1945 年度办理 745 件，3035 起，436.175 亩，制图 1926 幅。1946 年度办理 416 件，1374 起，3555.825 亩，制图 5183 幅。1947 年上半年办理 187 件，466 起，179.92 亩，制图 236 幅。③ 地籍整理完成后，地政机关不能高枕无忧，针对城市建设，以及市民个人、企业机关对于土地流动的需求，必须经常性地进行土地测量。可见，地籍测量不是一劳永逸的工作。

## 二　土地登记确定地权

我国历来并无土地登记制度，1922 年 5 月，北京政府开始颁布不动产登记条例，1928 年国民政府司法部令准暂援用不动产登记条例，因此到抗战结束后各地方法院仍照该条例的规定，兼办不动产登记事宜。④ 依 1930 年《土地法》第三十二、三十六条规定，土地登记乃是"土地及其

---

① 重庆市图书馆藏：《重庆市地政局土地行政工作报告》，出版单位不详，1947 年，第 4—8 页。

② 重庆市政府编：《重庆要览》，重庆市政府编印，1945 年 4 月，第 7 页。

③ 重庆市图书馆藏：《重庆市地政局土地行政工作报告》，出版单位不详，1947 年，第 4—8 页。

④ 黄桂：《土地行政》，江西省地政局印行，1947 年 2 月，第 18 页。

定着物之登记"，"依本法所为之登记，有绝对效力"。① 《土地法》关于土地登记的规定，采取的是托伦斯制度，土地一经登记，即可发生绝对效力，纵有错误遗漏或作伪致第三方受损害时，政府也应负责赔偿，因此登记程序，要求很严密。② 《土地法》的"土地登记编"共分 5 章，109 条，其中有 50 余条是抄自不动产登记条例，大部分是关于登记簿及申请书的附带规定，这种烦琐条文，实际不应列入土地根本法中。土地及其定着物依据土地法登记，有绝对效力；即由地政机关依据法定程序确定的土地所有权或其他土地权利，依照一定程序将公私土地及建筑改良物的标示与权利关系，详细登记于登记簿上；并发给所有权状或其他土地权利证明书，交由权利人收执，以加强政府对土地及其建筑物的管理，保障人民的产权。土地法并对登记程序有详细严格规定，不先经依法举办测量，不得举办土地登记。市县地政机关接受申请，对契据审查证明无误，应即公告，公告期满无异议，应确定登记，发给权利人土地所有权状，或其他权利证明书。

土地经过登记后，所有权人或其他权利人，对于土地权利，持有此项凭证，将来买卖转移，只需向地政机关申请，将登记簿中所记载之关系事项进行相应的更改，换发土地权利书状，并将原发书状注销，或在该书状相关栏内加以注明。董中生认为由于这种登记办法，简单易行，并且使地籍测量的结果长久保持。因此他主张进行土地登记必须有"缜密组织，作为施政之基础"；必须登记有"人民居住位置、土地使用种类、地价多少"，使土地坵段分明，业权清晰，这样市政府对于整个市区的土地才了如指掌。③

土地法所规定的登记与法院的不动产登记是不同的，前者是清理地籍，取得地权，一经取得合法的土地所有权状，则旧有的一切执照、契约凭证皆属无效；而后者是物权登记，仅具有相对效力，没有绝对效力。针对当时地籍没有整理，地权证件复杂多端，同一土地有时发现两种或以上的地权证所造成的纠纷，法院因为"不可名状"是无法解决财产纠纷的。

---

① 特载：《土地法》，《三民半月刊》1930 年第 5 卷第 1、2 期合刊。
② 张肩重：《土地税务实》，财政部直接税署印行，1946 年 8 月，第 28 页。
③ 董中生：《土地行政》，大东书局 1948 年版，第 34 页。

因此，尤其需要办理慎重的清丈、精确的地籍图测量，才可以避免错误。①

　　土地登记，是为明示土地产权的归属，而公告于第三人的方法，主要目的在于使土地权利确定、转移便利，同时用以解决土地纠纷，平均人民负担。因此土地登记成为整理市地及解决市地问题过程中最重要的工作。土地登记是市政府为主管机关由地政局来负责，且根据土地法，只有经过测量才可以举办。土地登记要登记土地使用法律、经济及自然的状态，以保障土地所有者及使用者的权益，并加强政府管制效能。所谓法律状态，是指在土地上取得及设定的各种权利；所谓经济状态，是指土地使用种类及地价状况；所谓自然状态，是指土地的坐落及名称。以上三者明确之后，人民的权利才能有所保障；完成市政府管理土地的图册编制后，土地使用分配状况一目了然，市政府才能够加强其管理市地的行动。②

　　测量与登记，应当作为一件事情来办理，程序上测量为先，登记为后，实际上二者紧密相连。如果使二者分离，不但破费很大，而且从效果上看，也有"不能衔接之势"，因此只是程序上分先后，而不可认为分别独立，"此不得不预先注意者"。③

　　（一）重庆市土地总登记④

　　1941年，重庆市办理土地总登记。土地科遵照土地法令，并"顾及环境习俗，拟定计划逐步实施"。土地科认为事前的工作准备相当重要，需要妥善筹议，再依照有关法令，按登记程序，逐步实施，然后才能取得成效。⑤

　　按照整理地籍条例进行土地登记，首先要调查地籍，使测量所得的地籍图与业户发生联系。因为土地形状已经绘制成图，业主申请登记时，必须先知道他的图幅号数，然后申请权利才有依据，而办理人员也可以此进行登记⑥。在登记没有开始前，重庆市土地科派人员将测量好的地籍图，

---

①　王晋伯：《土地行政》，文信书局1942年版，第54页。

②　董中生：《土地行政》，大东书局1948年版，第34页。

③　王晋伯：《土地行政》，文信书局1942年版，第53页。

④　冯小彭：《土地行政》，台湾五南图书出版公司1981年版，第158页。

⑤　重庆市档案馆藏：《重庆市财政局土地行政工作报告书》，全宗号：0064，目录号：0008，案卷号：02728，第48页。

⑥　张肩重：《土地税务实》，财政部直接税署印行，1946年8月，第28页。

依次详细加以检查审核。检核图幅，主要包括整检地籍原图与检阅公布图两项。整检地籍原图就是查看地边界限、地号、面积是否衔接，区镇界是否划清，地号面积有无重复遗漏，原图是否已经过测量队外业检查。经过一一审阅后，如果发现疑义之处，就要再施行测量来进行更正；检阅公布图就是校对公布图与原图是否相符，以免收件错误，产生更大的麻烦。①

土地登记是重庆市前所未有之事，对于土地登记的意义和手续，市民大多不了解，市土地科担心影响工作，认为"亟应扩大宣传，务期每一角落，家喻户晓，以利工作"。为此，土地科特别重视文字宣传。撰写印刷了大量的告民众书、业户申请登记须知及程序表，除张贴外，还在开办登记区域内，交保甲人员，分发业户，同时摘要登报②。以下是告市民书全文内容：

全市民众们：

土地登记是什么？就是指土地及其定着物的登记，举凡享有所有权、地上权、永佃权、地役权、典权和抵押权的人们，都要依照规定的时间和手续到制定地方去申请登记，须知这种工作，关系人民的福利很大，现就几项显著的来说：

第一，可以确定产权，杜绝纠纷，许多业主往往因为证件不完备，以致坐落失稽，经界不明，奸诈的人常有假造证据，发生产权争执或界址的纠纷，酿成经年不决的讼案，不特耗财费时，甚至倾家荡产。现在办理土地登记，政府发给的土地权利书状，是把各户土地都绘好形状面积亩分界畔，载之甚详，产权因而确定，一切纠纷无形消除。这样看来，土地一经登记，业主可以一劳永逸不会再生纠葛了。

第二，可以活动资金，便利交易，因为许多地籍不明的土地，向人抵押贷款或者转让地权，对方总不免怀疑，要去详细打听。假如一经登记，那么土地权利书状已把业主姓名、土地亩分、四周界限，以及地价等项和是否押抵过等通通记载十分明确，就可拿这书状去抵押现金来交易物品，这一个不动产土地不啻等于一张有价证券吗？

---

① 重庆市档案馆藏：《重庆市财政局土地行政工作报告书》，全宗号：0064，目录号：0008，案卷号：02728，第50页。

② 同上。

　　第三，可以平均人民负担，使政府税收确实。大家都知道有许多地方，因为地籍不明，发现有地无粮，或有粮无地，或田多粮少，或田少粮多，这种失实失均的事件，随处皆是。一部分人民的负担，确实过重，但是对于国库的收入，仍是短少无补。土地一经登记后，那种失实失均，和不合理的负担，一概可以免除；政府的税收，可以确实统计，其他滥粮摊粮的现象，更自无从发生了。

　　大家还须知道，现在本局办的正式测量，是用科学仪器来测算面积，在法律上不特有根据，在技术上更有精微的准确，我们照量来办理登记，既能依法取得绝对的保障，又可获得一劳永逸的享受。

　　土地登记的好处，既有许多，那么登记的手续怎样呢？这种手续，说来很是简单，只要业主看见本局布告，或听见保甲长通知后，就在指定的日期，到指定的地方去阅对图册，假使莫有错误，依式填具声请书，并缴验契据粮票等证明文件，收取正式收据，这种手续便完了。如果大家十分明白内中情形，最好请到指定等级收件所，查阅登记须知。

　　本市民众们！许多人力和金钱，积极进行整理土地中的第二步工作——土地登记，请大家本着政府的意思，踊跃从事，使产权得有确实的保障，而政府的土地整理工作，也可早日完成，福国利民，莫过于是，请本市民众们赶速办理土地登记为盼。

重庆市财政局印发<br>中华民国三十年①

　　该告市民书首先清晰地阐明了土地登记的内涵，使民众一看即知。该书所说土地登记给市民带来的益处，包括产权确定、可以充当流动资金、平均人民负担，切合《土地法》的要旨，体现了城市平均地权的精神。

　　为了使宣传工作深入广泛，土地科发放或者函送申请土地登记须知、施行细则、告民众书等5种各50份给相关机关，要求协助土地登记宣传工作。中国国民党中央直属重庆执行委员会收到相关宣传资料后，即转发

---

　　① 重庆市档案馆藏：《本局为开办土地登记告市民书》，全宗号：0064，目录号：0008，案卷号：00613，第168、169页；中央社讯：《渝市土地登记市政府定下月中旬开办，财局将设土地登记处》，《大公报》1941年3月28日，第三版。

给所属各区党部及社会服务处，要求它们遵照。该委员会为了使这项宣传起到作用，对其所属各区党部及社会服务处下发指示，还制定了宣传注意事项：（1）讲解并阐扬土地登记关系福国利民甚巨，例如可以确定产权，活动资金；平均人民负担及确定政府税收等，使人民踊跃从事登记。（2）应详细讲解土地登记须知及施行细则，使人民明了如何履行登记手续。（3）在土地登记开始时，应策动所属党员就所在地协助人民办理土地登记事宜，并严厉根绝各种弊端。（4）宣传方法：在社会服务处张贴或者在国民月会及其他机会（如刊行壁报、制贴标语、口头宣传、家庭访问等）讲解报告。① 可见，重庆执行委员会对于土地登记的宣传工作还是比较配合的。

另外，土地科也重视开展口头宣传。每区开办登记前，派工作人员召开当地保甲会议，"殷切解释详细说明"，并选择机会，出席其他集会，演讲宣传。经过土地科的一番宣传之后，"业户均深知登记意义，申请登记者，非常踊跃"。②

与此同时，为了使登记工作顺利开展，土地科编印调查地籍、核图、收件、收费、审查、公告、复丈、登簿、发状等注意事项，订成小册，分发各工作人员，要求他们遵循，统一认识，避免产生歧义；同时印制申请书（所有权、地项权、复丈三种）、登记费、复丈费、书状费及文件收据、公告单、公告簿、收件簿、他项权利清单、共有人名簿等项，以备应用。③

土地科制定的土地登记程序如下。

（1）新旧市区均按照天然地形及交通情形，合数镇划为一收件区，各设收件所，在开办前，分别函令区镇保甲并张贴布告附粘区域图，公布登记区域及登记起讫日期。

（2）在开办区域内将地价区及标准地价，列表公布。

（3）业户申请登记，先查阅地籍图，如无异议，即发给查图小票，

---

①　重庆市档案馆藏：《关于报送土地宣传经过》，全宗号：0064，目录号：0008，案卷号：00613，第174、175页。

②　重庆市档案馆藏：《重庆市财政局土地行政工作报告书》，全宗号：0064，目录号：0008，案卷号：02728，第50页。

③　重庆市图书馆藏：《重庆市地政局土地行政工作报告》，出版社不详，1947年，第4—8页。

由业户（或代书员）填具申请书，并缴验有关契证，申请登记；政府机关或自治团体，嘱托登记，先查地籍图，做成登记原因证明书，或缴验有关契证，并填具申请书，嘱托登记。申请登记时，即申报地价，并照章缴纳登记费，依法可为标准地价20%以内之增减。

（4）收件时土地科要求工作人员特别要注意申请书内土地客观状态（土地标示部分）、主观状态（土地权利部分）各项填写的是否完善，如果有不符合处，要求补正之后，才可以收件，并发给文件收据。

（5）收件之后，工作人员要仔细审查，①审查申请书所载项目；②审查契据内容是否与申请书相符；③审查产权来历有无疑义，如遇有疑义或不合处，即通知业户改正或补具其他证明文件。土地经过初审合格的，审查员、契据专员、主管长官均依次签名盖章，以明责任。土地公告后，即通知业户领取契据。

（6）经审查合格者，即上公告簿并缮写公告榜三份：一揭示主管地政机关门首土地公告处；二揭示区（镇）公所门首土地公告处；三揭示土地所在地。公告榜标明：所有权人姓名、住址、土地四至、面积及定着物情形，所有权以外权利及权利人姓名住址，申请登记年月日，以及公告日期与申请异议之期限等项。公告期限原来为三个月，后奉令改为两个月，经公告期满无人提出异议之土地，产权视为确定。并通知业主领回契据，并在契证上加盖"财政局土地登记处查讫"之印记。

在公告期间，土地权利关系人，发现有侵占等情事，提起异议者，即召集双方当事人，缴验有关契据，予以调处，必要时先行派员查勘再予以调处。倘若调处不成，视为纠纷土地，通知双方径向司法机关请求处理，等判决后，再依据判决办理。

（7）公告期满，无人提起异议之土地，即将申请书所载各项，登载登记总簿，登记总簿编组方法，采"物的编成主义"，按地号次序，每百号订成一本（活订本）。土地经申请登记，依法公告期满，权利确定者，即依照土地法之规定，于登记完毕后30日内，分别制发权利书状。

（8）经业户查阅地籍图，认为有疑义，填具复丈申请书，缴纳复丈费，申请复丈。复丈人员，即按申请次序与区域，规定期限，通知复丈申请人及关系人到场会丈，经复丈完毕后，申请人及关系人，均在复丈图及复丈报告书上签名盖章，表示同意后，制成复丈成果表呈经核定后发给复丈申请人及关系人。如遇关系人拒绝盖章，即召集双方调处，调处不成，视为纠纷土地，通知双方径向法院请求处理。

（9）催告逾期未登记土地。①

在每个地区正式登记之前，土地科事先派工作人员携带公布图，实地调查地籍，以保为单位，按地号逐一调查，将地目业户姓名住址、土地使用状况、定着物情形等项，填载地籍调查表内，作收件审查之参考。

1941年5月1日，财政局成立了土地登记处负责土地登记。该处设置主任一人，掌理全处业务；估计专员二人及契据专员一人，分办查估地价及审查契据事务；设组长五人分别主持公告、审查、地价、发状、造册五组事务；并采取流动方式设土地登记收件所四所，各设所长一人，分办各所事务；督导员四人，监督指导各分所业务；设事务员六人，办理一切杂务；设估价员四人，办理申报地价申报事宜；设绘图员一人，登记员十六人，调查员十六人，配图员八人，收款员十人，书记员若干人，分别办理各项业务。② 为了工作进展顺利，除了上述措施之外，财政局"商得警察局之同意，请各区镇保甲人员予以协助，向市民切实宣传解释登记之要义并督促各该管业主从速办理手续"；并设立土地登记调解委员会，以便调解业权、界址、面积及各种土地的纠纷，又分别在重庆市财政局、两路口、玄坛庙及江北城内设立第一、二、三、四收件所，办理各该地附近区域收件事宜。③

按照计划第一收件所5月1—31日办理第一区马王庙镇土地登记，在5月11日—6月10日办理龙王庙、太华楼、镇江寺、朝天门四镇的土地登记。6月初在南岸设立第二土地登记收件所，负责办理第十一区土地登记，之后接续在新市区、江北设立第三、第四土地登记所办理土地登记。④

1941年5月1日进行土地登记，但是开始收件不久，日机空袭频繁，业主纷纷疏散乡间，来往不便，即使到市区内，一旦遭遇空袭就无处躲

---

① 重庆市图书馆藏：《重庆市地政局土地行政工作报告》，出版单位不详，1947年，第4—8页。

② 重庆市档案馆藏：《重庆市财政局土地行政工作报告书》，全宗号：0064，目录号：0008，案卷号：02728，第50页。

③ 本报讯：《渝市土地下月一日起登记，财局设土地登记处办理并设调解委员会调节土地纠纷》，《大公报》1941年4月29日，第三版。

④ 中央社讯：《渝土地登记财局开始分区办理》，《大公报》1941年5月4日，第三版。

藏，因此到登记处登记的不怎么踊跃。有的业主写信请求延期到雾季，有的要求函取申请书，有的写信申请登记；也有的虽然前来登记，可是携带契证不全。以上诸多情况，致使登记不免"稍形迟缓"，到 7 月登记才过半。同时开始第二区的土地登记，计划一个月完成。①

为了督促登记，1942 年初，市政府制定了《土地登记标管办法》，规定凡是逾期不登记的土地，即将由市政府施行标管；被标管的土地，如果业主在 6 个月内申明正当理由，经查实，仍然发还给申明者准予登记，只是要加缴登记费 40% 及标管期间的所有的保管费用；在标管期间的所有买卖典当，皆无效；6 个月后，如果仍然没有业主申明的，即作为公地登记，不再发还。② 并且随着雾季的到来，空袭减少，申请登记的民众比较踊跃。经过一番措施，土地登记在 1941 年第 1942 年初的雾季，进行得比较顺利，第一区至第六区已经完成，第七区至第十二区也完成 50% 左右，1943 年 12 月，旧市区的登记工作完成。③

1942 年 11 月 11 日，开始办理新市区的土地登记工作，由第三收件所迁移到清水溪办理，并改名为第一土地登记分处，与此同时旧市区的土地登记剩余工作亦在进行中。由于土地登记早经宣传，新市区市民"大都明了登记手续及其意义，业主申请登记较为踊跃，又乡地集中，纠纷不多，办理容易，再加上工作人员为熟手，业务进展'效率巨增'，1944 年 10 月，新市区完全结束"。④

重庆市测编地号总数是 73358 号，截至 1947 年已经收件 62909 号。毕竟重庆市地籍缺少整理，"年湮代远，每多失实，且转移频繁，为规避税率以卖作当之类，层出不穷"，不经缜密审查，很难确定产权；加以函件申请，或请求补缴证件的，或他项权利人申请，所有权人行踪不明，或死亡绝户而申请作所有权人登记的；又由于重庆市因抗战时期，屡遭敌机轰炸，业户契据损失的较多。⑤ 对此，财政局要求，除由业户登报声明，

① 中央社讯：《土地登记渝市正积极进行》，《大公报》1941 年 7 月 20 日，第三版。
② 中央社讯：《土地登记，市政府制定标管办法》，《大公报》1942 年 3 月 7 日，第三版。
③ 中央社讯：《渝市地价税本月不及开征》，《大公报》1942 年 4 月 2 日，第三版。
④ 重庆市档案馆藏：《重庆市财政局工作报告》，全宗号：0065，目录号：0003，案卷号：00731，第 200 页。
⑤ 重庆市档案馆藏：《重庆市财政局土地行政工作报告书》，全宗号：0064，目录号：0008，案卷号：02728，第 51 页。

并取具当地保甲证明与殷实铺保保证外，必要时派工作人员实地查勘产权来历与现时使用状况，如果没有疑义，就给予公告。截至 1947 年底，重庆市经审查合格予以公告的有 60732 号，还有 2177 号正通知业户补具手续中。之所以有如此多的地号不能公告，是由于重庆市旧城区人口稠密，商业繁荣，再加上敌机多次轰炸，实际土地界址多有变迁，纠纷较多，诉讼由一审至三审，"经年莫决"，因此重庆市还没有公告的土地案件中十分之六七是纠纷犹不能解决的原因。公告期满，无异议的土地有 58231 号登记编簿，全市编成 734 本。

由于经费问题，重庆市在办理土地整理期间，人员迭经裁减，工作进度迟缓，不能在法定期限内颁发书状。从 1946 年 7 月起，按照行政区颁发书状，如果有业户申请提前发给的，则予以办理，这种办法加快了登记的速度。到 1947 年 8 月底，申请登记的有 62909 号，总共制成所有权书 44435 张，地号发书 25711 张。[1] 业户已经领有权利书状，因损坏或减失请求换发或补发的，皆依照土地法的规定办理换发或补发手续。

重庆市土地登记期限，截至 1947 年 5 月底，对于没有履行登记的土地，除要求保甲人员通知或者登报催告外，并派工作人员携带公布图，对没有登记的土地实地查询，同时填发小票，催告业户申请登记。实地催告工作，因工作人员减少，仅完成八区。

重庆市第一次所有权登记分区镇进行过程中，同时公告进行他项权利（土地转移、继承等）的登记。从开办至 1947 年上半年，申请他项权利登记的业户，虽然一再催告，大都不愿意登记。共计收件 547 号，审查 106 号，登簿 89 号，制权利证明书 12 张，（地号）发证明书 3 张。市民不积极进行他项权利登记，地政局在做工作总结的时候，给出的理由是"市民多不理解这项权利也需要依法登记的重要性"，很耐人寻味。根据《战时地价申报条例》的规定，土地登记时进行土地地价申报，作为征收地价税的依据，也是以后征收土地增值税的起点，如果业主进行土地转移，在进行权利转移登记时则对土地转移时的地价进行估定，或者根据土地转移如买卖时的卖价，根据估价或者卖价与第一次登记时申报的地价之间的差额，减去免税部分，剩下总额就是征收地价增值税的依据。他项权利登记确实对于征收地价增值税很重要，从这个角度出

---

① 诸葛平：《地籍整理》，行政院新闻局印行，1948 年 3 月，第 68 页。

发，其实是市民知道"其重要性"因此为逃避土地增值税而不积极登记。①

超过登记期限不申请登记，或者申请登记文件不齐全的，即依照土地法第五十七条、第五十八条及行政院 1947 年 7 月第二七〇三九号训令的规定，作为无主土地公告。重庆市在 1948 年进行清造无主土地清册，并计划公告，实施代管。

（二）经常登记

重庆市 1941 年开办第一次所有权登记，第二年开办经常登记的工作。当时因为"转移章则"及"土地增值税免税率"还没有核定，为了根据实际需要和方便于市民，财政局规定：凡是申请转移登记的，即通知新旧业户一起携带新旧契证到财政局，问明转移经过情况，即予以登记；一旦有关章则核定后，再通知申请人到财政局依法办理转移登记手续，以便保持地籍的准确。同时，财政局编印《移转变更登记须知》，使业户明白申请登记手续。

1944 年 1 月地政局成立，接管全市土地行政。地政局在地籍科之下设登记股，主管经常登记业务，章则书表册籍也渐渐完善。该股依照土地法及重庆市土地登记实施细则，按收件、审查、登簿、缮发书状等程序办理，由于总登记开办不久，经常登记业务不多。

1945 年，业务日益增多，工作人员增加到 9 人，是地政局办理经常登记业务人员最多之时。1946 年 1 月，地政局裁员，只留 4 人负责此项工作。因为过去积案太多，为了提高工作效率，该股改进方法，在收件之前加以初审，必要时，派工作人员实施审查或勘丈，如果必须补正手续，经过三次通知不到地政局补正手续的，除了及时通知外，并登报通告，"自施行以来，成绩尚佳"。重庆市历年经常性登记工作以土地权利转移登记最多，变更登记次之。

1944 年土地权利转移登记 567 件，而发证仅 46 件。根据法律规定，土地增值税的征收是在土地权利转移的时候进行，由此推测，征收土地增值税不容乐观。1945 年以后每年土地转移登记都在 2000 件左右，而由于

---

① 地价税每年征收一次，土地增值税照土地增值的实数额计算，在土地所有权转移时征收，土地增值总数减去免税额，是土地增值实数总额。参见中央社讯《战时征收土地税立法院会议通过条例》，《大公报》1944 年 3 月 6 日，第三版。

通胀影响，土地增值税率偏低，即使征收，其限制土地投机、涨价归公的目的是很难达到的。

### 三　地籍整理中的困难

地籍整理，要测量土地，需具备三个基本条件，第一是经费，第二是仪器，第三是技术人员，三者缺一不可。

首先，重庆市地籍整理缺少经费，详见本书第四章第二节之"地政经费"。

其次，是测量仪器，当时重庆市主办单位财政局一架经纬仪都没有，缺少购买经费，即使能够购买，由于抗战时期交通不便，"缓不济急"，最终财政局向"各方商借，后来借到了各种的经纬仪八架，仪器问题可以说是得到相当的解决"。再次是技术人员，因为经费难以招收和稳定军心，该局为了对现有人员想"补救的方法"，一方面加以"口头鼓励，振作精神"，另一方面制定《重庆市地籍测量绘算人员工作考核奖惩办法》。其主要内容是规定在一定的时间，一定的用费内必须达到一定的工作标准，并要符合规定的精度，来考核测绘人员。

该办法 1940 年 7 月开始执行，达不到工作标准的工作人员扣薪，超出工作量的加薪。施行之后颇有成效，"效率提高，工作速度骤增，经费时间减省不少"。[1]

再次，整理土地时，最大障碍是日机空袭。土地测量是整理土地的首要工作，而测量调查（地籍调查、地价调查）及土地登记，基本上都是外勤工作，尤其测量调查工作。因此，遇到空袭，工作人员不能出工。但是正值抗战紧张时期，敌机空袭频繁，严重阻碍工作进度。"间有连续三四日不能外出工作，全月计算，外勤时间多没有超过半月的作业。" 1941年 5—8 月，4 个月之中，遭遇空袭多达 35 天，影响工作进度可以想见；再加上城区房屋比栉，业户房地界，很多被炸毁，四至不明，调查不易，许多业主疏散各地，更难调查他们的姓名住址。致使已经测成的图根点毁损过半，必须重新测量，加重了工作负担。为了确定经界有利于工作进展，土地科只得通知业主前来指界测丈，由财政局登报同时在业主所在地张贴布告，限令一个月内，业主直接去财政局接洽，以便土地科派人实施

---

① 梅光复：《重庆市的地籍测量》，《人与地》1942 年第 11、12 期合刊。

测量。①

再次，更使工作增加难度的是重庆市地形起伏，到处是山坡陡坎，与南京、上海、汉口、杭州、广州等地势平坦城市相比，实施测量，困难更多，延长测量工作时间，以至于土地登记业务也随之顺延。例如，三角图根测量，照原计划所测图幅，共为 32 点，但因为地形不能觇视，必须增多点数，缩短边长，即使当时（1941 年底）虽测了 71 点，仍然不能够满足测量导线时的应用，需要增加测量三角补点，以求达到需要的精度；导线图根测量点，原计划每图根比例尺要求 1/500 的应有图根 8—16 点，一千分之一的应有图根 8—12 点，但是限于地形，这些点数都不能达到应有的精确度，只得缩短距离，增测必需点数，以求补救。因此，实际测量图幅，每幅平均增加到三十多点，超出原计划点数两倍以上；施测导线图根，每一个实际测量边长，皆为倾斜距离点，但是所求得为水平距离。因此除实测水准高度外，还须施测直角度，改算垂直高度。如果测量人员在测量水平距离时稍有不慎，就不能计算精确。②

所以，每一导线，除分段测量外，常常还要反复测量四五次，否则计算时很难精准。为了顾及精度，测量导线距离必须缩短，点数必须增加。户地测量困难也多，如城区旧街道，房屋比栉，加上导线起伏，不能通视之处比比皆是，如果要以图解导线补救，因为不能通视的缘故，由甲地测到乙地不能精准，必须重新对各点边加以检查更正，才能施测，"费时费事，莫此为甚"。③

最后，重庆市的房屋恐慌也影响土地整理。测量队有图根组、户地组，共分八班；地价调查人员，共有三组，都要分区作业。一个区工作完毕，再迁往另外一个区组织工作，但是因为空袭轰炸，各区房屋多被炸毁，"其硕果仅存之房屋"，由于近年来重庆市人口激增，早就人满为患，每当各班、组迁移工作地区时，很难找到合适住所，往往等待工作，旷时费日。④

①　重庆市档案馆藏：《重庆市财政局土地行政工作报告书》，全宗号：0064，目录号：0008，案卷号：02728，第 57 页。

②　梅光复：《重庆市的地籍测量》，《人与地》1942 年第 11、12 期合刊。

③　重庆市档案馆藏：《重庆市财政局土地行政工作报告书》，全宗号：0064，目录号：0008，案卷号：02728，第 58 页。

④　同上书，第 59 页。

# 第五章

# 规定地价与征收土地税

抗战爆发，国府西迁，西南地区迎来快速发展的机遇，但也出现了许多挑战。尤其是重庆市，作为战时陪都，发展成全国的政治、军事、经济及文化中心，而人口大量涌入，造成地价上涨、房荒等关系市民生活的一系列社会问题。为应对这些问题，国民政府"趁此抗战建国之良机，垂时兴起，实现总理平均地权主张，自必事半功倍，可无疑义矣"①。时人也发出呼吁"目前后方各交通中心和重要都会的地价增涨情形，特别严重，土地投机的风气，也特别剧烈，我们应当分别缓急，尽先在这些地方规定地价并实行累进地价税与土地增值税"②。本章根据重庆市抗战时期规定地价及征收土地税的实践，探讨市地政策推行中的问题。

## 第一节 实施平均地权土地政策的基础：规定地价

### 一 规定地价的方法与原则

（一）何谓规定地价

规定地价，也就是孙中山所说的"核定地价"，即核定全国现下的土地价格，使将来的土地价格有计算根据。民生主义土地政策的真谛在于平均地权，实现平均地权政策的手段是"规定地价""照价收买""照价征税"及"涨价归公"。上述各种手段均与地价有关，需要以规定地价为基础。倘若地价不规定，则"照价收买""照价征税""涨价归公"则无从实施。

根据"总理遗教"，《土地法》规定了核定地价的程序，即将地价查

---

① 孙科：《人生与土地》，《人与地》1941 年第 1 期。
② 丘信：《我国现阶段的土地投机问题》，《人与地》1941 年第 11 期。

报确定并造册，然后作为实施照价征税、涨价归公、照价收买及其他市地政策的依据。地价规定以后，即可按规定的地价征收地价税，并将其超过规定地价的部分归公，或按照规定地价收买土地，同时确定公私产权予以法律保护。因此，规定地价是实行平均地权原则的基础，地价规定以后，照价征税、照价收买、涨价归公才能有所准则，要实行平均地权，必须首先规定地价。①

规定地价也是土地买卖、发行土地债券、清理债务、规定房租、分配遗产、征收土地、审核公用事业盈亏、计算改良物价格等诸多经济活动的先决条件。地价没有规定以前，所有这些工作，因为缺乏规定的地价作为标准，皆没有办法进行。因此，规定地价不仅是实施城市土地政策所必须，也是繁荣社会经济的必要阶段。

综上所述，平均地权的规定地价政策，其主要作用不仅作为征收土地税的依据，还在于划分公私财产权益界限，即规定城市地价，一为政府税收，二为民生。土地所有权人在自行申报真实地价、完成规定地价的法定程序后，其土地私有财产权范围得以确定。此后，凡是行使使用、收益、处分等权利，都要以此为限；土地所有权人在规定地价范围受国家法律保障，并负缴纳地价税的义务；凡是不属于由地主个人投资改良而地价上涨部分，则全部归公，由社会大众共享。因此，平均地权规定地价的意义大不同于估定一般财产价值仅作为征收财产税的依据。规定地价不合理，不仅地价税的征收将受影响，"影响所及，土地所有权人，乃至社会大众，均受不利"；②尤其重要的是，涨价归公也一定无法正确实施。可以说，平均地权的重心在地价，而规定地价恰为平均地权的出发点。③

（二）方法与原则

具体如何规定地价？国民党改组时期，孙中山对于定地价进行了明确的说明："地价应该由地主自己去定。"④同时以政府照价征税、照价收买为条件，进而涨价归公。

1928 年，国民政府定都南京以后，制定了土地法原则，并着手草拟

---

① 张肩重：《土地税实务》，财政部直接税署印行，1946 年 8 月，第 30 页。

② 陈郁芬：《都市平均地权实施绩效之评估》，台湾成文出版社 1981 年版，第 162 页。

③ 杜振亚：《论定地价》，《人与地》1943 年第 9 期。

④ 孙中山：《民生主义·第二讲》，赵靖、易梦虹编：《中国近代经济思想资料选辑》（下），中华书局 1982 年版，第 116 页。

《土地法》。当时立法院议制《土地法》时，认为申报办法难以照价收买来制衡，故 1930 年颁布的《土地法》对于地价分为申报地价与估定地价两种：在依法申请土地登记时所申报地价，为申报地价；依土地法估计所得的地价，为估定地价。规定地价，无论调查还是评估，都要详密计划，审慎办理，然后所规定的地价才能符合实际，达到理想要求。自 1930 年《土地法》公布后，由于其规定地价部分存在不合理的地方（详见第二章），各省市办理规定地价工作困难很大，纷纷请求修改。1934 年，江苏省因为城市地价日益昂贵，鉴于地价税亟应筹划开征，于是没有按照《土地法》的规定，自行拟定以地主自动申报地价办法，规定地价，制定《城市地价申报办法》，并选定无锡、南通为实办城市，这是地价申报实践的开始。[1]

1934 年 8 月，中央政治委员会土地委员会成立，经过八个月的研讨，在土地法修正草案中对规定地价定为地价是土地所有权人依法所申报的土地价值；土地所有权人不申报，或者不依法申报，即以政府所定标准地价为其地价。申报地价前，由地政机关参照最近五年内土地收益及市价查定标准地价公布，所有权人在申报地价的时候可在标准地价 10% 以内作增减。可见土地专门委员会起草修正土地法原则，关于规定地价究应采用申报地价或固定地价，成为修正案的中心问题。

1937 年 5 月 5 日，中央政治会议议决的土地法修正案原则第十八条中对规定地价定为以申报地价为法定地价，删除土地法关于估定地价的条款，申报地价可以在先由政府机关根据最近五年土地收益及市价，确定的标准地价内作 20% 以内的增减。不依法申报地价或不申报地价时，即以标准地价为其地价。[2]

该修正原则通过后两个月，抗日战争爆发，此修正案被搁置，《土地法》在抗战期间没有依据修正原则修改。"际此非常时期，各地地价多有急剧变动"，尤其后方建设"突飞猛进"，以致地价高涨；"拥有土地者及一般大地主皆得无形利益，土地投机因此而盛起"，于是规定城市地价的呼声"乃喧腾于朝野"。[3] 为适应实际需要，1941 年第二届国民参政会第

---

① 董中生：《土地行政》，大东书局 1948 年版，第 54 页。

② 王晋伯：《土地行政》，文信书局 1943 年版，第 32 页。

③ 杨登元：《中国土地政策之研究》，台湾杂说月刊社编印 1943 年版，第 70 页。董中生：《土地行政》，大东书局 1948 年版，第 54 页。

一次大会通过"速办地价申报以便征收地价税实行平均地权"的议案，送请国民政府办理；7月，内政部地价申报处成立；9月，行政院会议通过《地价申报大纲》，后经立法院修改为《非常时期地价申报条例》。由于各种原因，主要是未能整理地籍，地价申报无法开展。

1942年6月，地政署成立，内政部地价申报处裁撤，原定要进行地价申报，后改为举办地籍整理并公布了《非常时期地籍整理实施办法》，通饬各省市主管地政机关迅速开办。其中关于评定地价工作，规定与土地测量、登记衔接办理。[①] 要求举办市区及各县城镇，在测量土地时，同时查填土地的坐落、四至、种类、土质、面积、土地所有权人、典权人及租用人的姓名住址、土地最近三年市价及收益价格，与土地使用及定着物现状；依道路、街巷、河渠等各区段界址，就其地价相近、位置相邻及地目相同的，分别编制地价区；以每地价区内各地段最近三年内的市价与收益价格进行总平均，或者选择平均计算；计算完毕，经过评定后，为标准地价，即公布人民，比照申报地价。[②]

1942年10月17日，国民政府颁布了《非常时期地价申报条例》。该条例参照修正原则规定地价方法为实施测量，应同时调查地籍及最近三年内土地收益及市价，作为评定标准地价依据，标准地价确定并公告后，业主在两个月内按照标准地价向主办地价机关申报地价。申报地价须在标准地价20%以内增减，逾期不申报地价的，即以标准地价为其申报地价。地价申报每五年办理一次，但是若有重大变动时，须在申报满一年后从新申报。为了统一查定地价，1942年行政院制定颁布了《查定标准地价实施办法》。

地政署对于城市开展规定地价工作非常重视，"值此非常时期，'经济第一'，一切施政应以节省支出、增加收入为前提，地政署成立后举办规定地价业务，先从原无负担之城市土地着手，并将过去业经办理测量登记之土地，补办规定地价，以及规定地价后，地价有重大变更之土地重估地价，实为一种贤明正确合时宜之措施"[③]。当时所有后方各省市规定地

---

① 参见张之镐《规定地价业务之检讨》，《地政通讯》1943年第4期。

② 《四川省地政概况》，四川省地政局编印，1942年8月，"规定地价"第1页。

③ 张之镐：《规定地价业务之检讨》，《地政通讯》1943年第4期。

价工作，都是以上述规定方法办理。如此，地价规定的业务始得逐渐开展。[①]

随着全国各县市土地测量登记工作的相继完成，且地价已经规定，1944 年 3 月 5 日立法院第二五七次会议通过了《战时征收土地税条例》。该条例确定规定地价就是《战时地价申报条例》内所称的申报地价，土地税包括地价税与土地增值税。该条例明确说明，地价税由县市土地税管理机关征收，地价税按照规定地价并累进税率办理，地价税以规定地价数额 15‰ 为税率，累进税率以超过部分加征 2‰ 起至 50‰ 止，累进起点地价以 10 万元至 20 万元为度，由各县市土地税管理机关与各县市地政机关协商确定。地价税每年征收一次，土地增值税照土地增值的实数额计算，在土地所有权转移时征收，土地增值总数减去免税额，是土地增值实数总额，其免税额由各省市主管机关与省市政府协商按照各省市经济状况拟定。[②]

在抗战后期的土地税征收，其中土地法规定的地价税率，分市改良地、市未改良地、市荒地，乡改良地、乡未改良地、乡荒地六种，乡改良地税率最轻是 10‰，市荒地、乡荒地最重，可以加到 100‰。地价是土地收益按照市场的利率还原的资本数，市场利率高则地租所占地价比例大；市场利率低，地租所占地价的比例小，所以地价的税率为适应各地经济状况，并不尽同，各地地价利率，最轻的 10‰，最重的 30‰。土地增值税应该在土地所有权转移时候征收，或在《土地法》公布 15 年后，所有权没有转移时征收，税率是累进制。[③]

土地增值税与城镇区域的地价税，一律征收法币，乡区农田地价税，在战时要按照税额折征实物。征收地价税区域，原有田赋和附加一律免除，不再征收。地价税多半是每年征收一次，有少数地方每年分两期征收。土地税本来是地方税，自从 1941 年财政收支系统改定以后，收归中央，现在是中央税，由中央在征收成数内拨一部分给县市政府。土地税由财政部所属的各县市田赋管理处征收，有些没有设田赋管理处的地方，委

---

① 董中生：《土地行政》，大东书局 1948 年版，第 54 页。

② 中央社讯：《战时征收土地税立法院会议通过条例》，《大公报》1944 年 3 月 6 日，第三版。

③ 第七次财政常识广播：《土地税》，《财政学报》1943 年第 1 卷第 4 期。

托市政府财政局科代征，税款全数解缴国库。后方各省中，较早开征的有重庆、兰州、衡阳等四十多个县市，继之有西安、贵阳、成都等城市，国民政府计划在 1944 年将后方各省县城和重要镇市的地籍，一律整理完竣开征土地税，"以期平均人民负担，早日达到平均地权的目标"。①

抗战胜利后，修订《土地法》，有关规定地价事项，继续采用抗战时期地价申报的办法。规定地价办法由先报后估，一变而为单独估计，再变为先估后报，主要是为了补救申报地价本身所具有的缺点，"诚可谓顾虑周到"。② 不过，无论采用哪种办法，都应该先进行调查，作为公布标准地价的依据。如果调查的地价不能接近时值，人民报价又从而减少 20%，则必与土地的实际价格悬殊，既减少了地价税的收入，又失去申报地价的意义。如果规定地价过低，因为公共事业的需要照价收买，则人民一定怨恨政府调查地价的不实，而引起种种纠纷，对于地价之查估，应切实注意。③

从以上诸多法律、条例中，可以得出规定地价的原则是土地收益及市价。土地价值，一般与土地的纯收益成正比，即纯收益多则地价昂贵，否则低廉。因此，规定地价原则确定为凡是评定土地的资本价值，必先以土地纯收益为依据，再以一般市场通行利率，来进行土地资本价值的还原。所以土地纯收益的价格与一般投资流行利率是求算土地价值的两大因素。④

## 二　重庆市的规定地价

根据规定地价原则与方法，重庆市首先进行规定标准地价的调查工作。查定标准地价，是业主申报地价的准备工作。根据战时地籍整理条例，先由地政机关查定标准地价，人民按照标准地价在一定限度范围内增减，申报地价。当时由财政局派估计专员负责办理，估计专员之下设地价调查队，队以下设组，每组员工有十余人，依照市区所划分之 17 个行政区（1947 年后为 18 个区）按区进行。重庆市旧市区面积包括城

---

① 第七次财政常识广播：《土地税》，《财政学报》1943 年第 1 卷第 4 期。

② 黄桂：《土地行政》，江西省地政局印行，1947 年 2 月，第 28 页。

③ 同上书，第 28、29 页。

④ 刘岫青：《依收益还元估计土地价值之检讨》，《地政通讯》1943 年第 3 期。孟光宇：《土地放款与土地估价》，《财政评论》1943 年第 4 期。

区、江北及南岸公约 12 万亩，其中河流道路约 18000 亩，尚有面积约
102000 亩，市地约占 25%，约 25000 余亩，乡地约占 75%，计有
77000 余亩。①

　　1940 年 8 月，重庆市旧市区地价调查工作开始举办。② 地价调查依据
旧市区范围划分的十二行政区域，按区进行，分市地、乡地两种。市地调
查依照当地所处之地势比较其位置之优劣、商业繁荣状况、人口多寡、交
通等情形划分区段，然后再按照区镇保甲调查，每甲抽查二户，按照土地
收益与市价原则，搜集资料主要是买卖价格、当地流行利率还原得来的租
金，如果缺少这些资料则用邻近地价比较得来。究竟采用哪种原则，财政
局要求工作人员"斟酌当地情形而定"，调查资料获得后再派员核查，加
以整理，然后根据这些材料估算"当地公允之地价"。乡地地价调查，财
政局规定以镇保为单位，要求地价调查人员到达某一镇后，即由组长依据
各镇地目，如坵田、山田、山土、林、塘、坟、园、杂等分别各丈量数
坵，以为租石拆合市制之标准，然后再由各调查员分赴各保勘查，绘制一
段形势图，并着手调查，比较土壤的优劣、水源的多寡、收益的大小以作
为划分地价区段的根据。对于各该段各种地目，至少每种应查五起以上，
调查员在完成一段调查后，接着就在各该镇选择一个适当地点分别进行公
告，作为业户申报的依据。③

　　新旧市区每区段地价高低，无论市地、乡地都是按照上述各种实际情
形而决定，依次所求得该地近来"公允价格"，作为业主申报地价标准，
即条例上所说的标准地价。

　　财政局估计专员带领地价调查队人员分区进行，经过一年的实地调查
及估算，1941 年 4 月旧市区调查完成，总地价为 6.651 亿元（法币）。④

---

　　① 重庆市档案馆藏：《重庆市财政局土地行政工作报告书》，全宗号：0064，目录号：
0008，案卷号：02728，第 52 页。

　　② 中央社讯：《渝市新定地价税》，《大公报》1943 年 9 月 9 日，第三版。

　　③ 重庆市档案馆藏：《重庆市财政局工作报告》，全宗号：0065，目录号：0003，卷号：
00731，第 83—90 页。

　　④ 《渝市财政进展一般》，《财政评论》1943 年第 9 卷第 5 期；中央社讯《渝市新定地价
税》（《大公报》1943 年 9 月 9 日，第三版）提供的数字是 6 亿元；又一说是 7.5 亿元，参见本报
讯《渝市地价税预算一亿五千万元明年起改征实为地价税》，《大公报》1943 年 11 月 30 日，第
三版。

而根据 1943 年财政局工作报告，总地价为 7.4 亿元左右。① 并同时进行人民地价申报，重庆市民地价申报进行得比较顺利，从表 5 - 1 可以看出。1942 年 4 月，财政局派估计专员指挥地价调查第一、二两组分区办理（第十三至十七区）新市区的地价查估，同年 10 月底完成新市区 146 保的地价查估工作，② 新市区总面积 306000 亩，其中宅地为 20000 多亩，坝田为 90000 多亩，山田、坝土为 80000 多亩，其余山土、杂地、坟地及荒地等为 10 万多亩，根据各地目的标准地价估计总地价为 9.441 亿元，应缴税额有 1510 多万元。③

表 5 - 1　　　重庆市地价申报成果统计（1941 年 7 月至 10 月中旬）

| 户别 | 申报户数（户） | 申报地价与标准地价百分比（%） | | |
| --- | --- | --- | --- | --- |
| | | 合于标准地价 | 高于标准地价 | 低于标准地价 |
| 一区 | 1524 | 83.5 | 3.6 | 12.9 |
| 二区 | 1218 | 91.3 | 1.1 | 7.6 |
| 三区 | 722 | 85.0 | 6.0 | 9.0 |

资料来源：《重庆市财政局土地行政工作报告书》，重庆市档案馆藏，全宗号：0064，目录号：0008，案卷号：02728，第 190 页。

表 5 - 1 中数字三区所有业主申报地价与标准地价相合的高达 80% 以上，"大多数均能依照本局所估计的标准地价申报，进行颇为顺利"④。从这件事情上可知，土地科在估定地价时所进行的工作从准备到具体执行，无论市地、乡地皆比照各种实际情形而决定，依次所求得该地近来公允价格，从而得到业户认可，避免了在申报地价时业户产生疑虑，有利于地价申报工作。

按照 1942 年国民政府颁布的《查定标准地价实施办法》，标准地价公

---

① 重庆市档案馆藏：《重庆市财政局工作报告》，全宗号：0065，目录号：0003，案卷号：00731，第 203 页。

② 重庆市档案馆藏：《重庆市财政局土地行政工作报告书》，全宗号：0064，目录号：0008，案卷号：02728，第 53 页。

③ 《渝市财政进展一般》，《财政评论》1943 年第 9 卷第 5 期。重庆市档案馆藏：《重庆市财政局工作报告》，全宗号：0065，目录号：0003，案卷号：00731，第 203 页。

④ 重庆市档案馆藏：《重庆市财政局土地行政工作报告书》，全宗号：0064，目录号：0008，案卷号：02728，第 190 页。

布后，业主申报地价时，可依照标准地价20%以内增减，不申报地价者以标准地价为申报地价。财政局预计1942年上季开始征收地价税，根据其初步调查，旧市区全部土地价格约6.651亿元左右，则"地价税能施行以后，不独可裕政府税收，而本党土地政策在本市亦可实现过半矣"。但是，1942年后地价猛涨，"旧市区标准地价于民国二十九年即已开始查估，时逾数载，变动甚大，以时值相较，实嫌过低"，"最近奉到总裁电令指示本市土地税每年须交足三万万元，除土地增值税应收八千万元外，地价税尚应收足二万二千万元"，而按照原来估定的标准地价征税，"难望收足预算，为补救计"，经财政部召集地政署及市财政局开会议决1943年度重估旧市区地价。根据地政署要求市政府颁发《重庆市土地税整理计划》饬令财政局重估旧市区地价。①

"重估地价"，根据《土地法》规定，原估价已满五年或满一年而地价较原定地价有50%以上增减的，即重新估定地价。根据当时地价变动情况，重庆市、成都市旧市区、兰州市旧市区等地符合以上条件，因此地政署要求这些城市重估地价。② 1943年4月下旬，重庆市第一次重估地价开始，6月底完成，前后70天，分区分镇"逐街逐巷调查估计，手续甚为繁复"。在重估的时候，市地用方丈计算，乡地以亩为单位。③

地价重估完成后，自1943年7月起整理各项调查资料，以收益地价并参照比较评价法计算地价，凡地价相近者列入同一地价区，整理后由地价评定委员会逐区评定标准地价。重庆市地价评定委员会于1943年8月18日正式成立，评定委员会成员有财政局局长、主管科科长、估价专员及市政府秘书一人"为当然委员"外，由市政府聘请市参议会、市党部、市土地税征收处及市商会各派一人，另再聘"地方公正人士二人至四人为委员。旧市区各区地价皆经该委员会评定，8月18日的第一次会议审查第一、二、三区各镇地价并与8月25日第二次会议通过，同时审查第四、五、六、七区各镇地价，于9月1日的第三次会议通过，即同时审查第八、九、十、十一、十二区各镇地价，于9月8日的第四次会议通过。在

① 重庆市档案馆藏：《重庆市财政局工作报告》，全宗号：0065，目录号：0003，案卷号：00731，第202页。

② 《最近一年来全国地政业务之鸟瞰》，《地政通讯》1944年第7期。

③ 中央社讯：《渝市新定地价税》，《大公报》1943年9月9日，第三版。

每次会议召开时，都请有关区镇长列席。市地分二十八地价区等，最高为都邮街每方丈 32000 元，最低每方丈 200 元；乡地分二十等级，地价最高每亩 16000 元，最低每亩 300 元。[①] 此次估定地价总额为 31 亿元，约是上次的 5 倍。至于当时地政局的负责人之一吕道元所说，从 1941 年至 1943 年物价指数增加 9 倍多，因此地价增加不高之论，[②] 究其原因是吕道元可能没有理解物价指数不包含地价，本书前已说明，地价与一般消费品的物价不能简单类比，否则物价指数将会失去其真正的含义，或者吕氏有其他用意。

乡地主要是新市区，分为水田、山田、土、荒地等，1943 年登记调换地价税单，1944 年度起依据相关法令，改田赋征实物为征收地价税，新市区测量工作 1943 年已经完成，面积为 33 万余亩。[③]

各镇地价区段拟定后，经过重庆市标准地价评议委员会评定终结，由市政府分镇公告，利于全市民众周知；公告期满后，土地科据此编造地价册，并进行综合统计，根据当时完成的调查资料，旧市区标准地价总额为 3178889115.70 元（法币），税地面积 97293.705 亩。

重庆市自第一次重估地价后，经过两年多，没有再估定地价，市区土地价格变动很大，原来估定的地价已经不足以作为征税的依据，地政署要求重庆市地政局再次重估地价。因此，1945 年地政局决定办理第二次全市查估地价工作，由该局地籍科主办。

为了使调查结果确实可靠，地籍科在调查前对所有调查员进行一周训练，授以调查地价有关规章、常识及方法，并实地练习，分区调查地价，从而使调查人员在调查地价时"对市乡地价有一概念"。地政局还洽商教育局，要求市属各级学校学生，"宣传查估地价之意义"，发动保长警员协助调查人员以利工作进行。

地籍科地价调查方法，主要采用间接调查与直接调查，仍然按照土地收益及市价原则进行。间接调查就是派员到征税机关、地产公司调查地

---

① 中央社讯：《市政近况》，《大公报》1943 年 9 月 4 日，第三版。一亩等于六十平方丈，城市每亩最高价是 192 万元，是农地最高价的 120 倍；最低价是 12000 元，是农地最低价 40 倍。

② 本报讯：《渝市地价税本年预算一亿五千万元明年起改征实为地价税》，《大公报》1943 年 11 月 30 日，第三版。

③ 同上；中央社讯：《渝市本年度地价税财部核定为一亿元》，《大公报》1944 年 1 月 4 日，第三版。

价，及地政局转移登记最近两年地价，以作拟定地价之参考；直接调查就是所有调查人员分为两组，按照行政区次序，携带图表实地调查其能代表一区段内土地地价，并选定抽查各宗土地最近两年租金收益以当地利率求其还原地价，或由买卖价格比较以求其当年地价。市地每十起抽查一起，农地每二十起抽查一起。

1946 年 7 月 1 日，地籍科派调查员 8 人，缮造员 10 人，开始调查，9 月底完成，历时 3 个月，共用经费 3429366 元（法币，下同）。1946 年 10 月，地籍科整理调查资料，根据凡是地价相近或地目相同的列入同一地价区的原则，市地分 76 个地价区等，最高的每平方丈 56700 元，最低的每平方丈 1400 元；乡地分 68 个地价区等，最高的每亩 66000 元，最低的每亩 2000 元。

各区地价整理完毕后，应重庆市参议会要求，也为日后征税顺利，1946 年 11 月送市参议会讨论。几经会商，决定对地政局原来拟定的标准地价全部七折，1947 年 2 月大会通过，2 月底送还地政局。1947 年 3 月 2 日，市政府明令作为标准地价分区同时公布。由于重庆市财政困难，地价税提前于是年 3 月开征，因此公布期内赶造的地价册，来不及校对就被财政局取走。

地政局要求地籍科在重估地价的时候，同时查估增值地价。根据《重庆市土地登记施行细则》规定，重庆市土地所有权如有遗产继承，或无偿赠与，或法院判决的转移情况，皆应向地政局申请为转移登记。在转移登记时由地政局工作人员依照法律行为开始有效时的土地市价，或者收益价，作为征收土地增值税之依据。

但是查估增值地价存在很大困难，所有权转移登记，重庆市业户"多不知其重要性而逃避土地增值税"，因此，当时业户主动申请登记的极少，大多数情况是当地政局发现地权转移时，已经距法律行为开始有效时间相当久远，难以查知当时土地市价或收益之资料，所以查估增值地价工作停滞不前。

## 第二节　土地税的征收

实施平均地权的城市土地政策，关键是实施土地税。土地税是实施土地政策的主要工具，只有实施土地税才能达到地尽其利的目的，并使人民平均享用土地的权利。土地税的征收，使土地负担平均，实现社会安定；杜绝土地投机，转移资本于工商业，促进经济发展；土地为人民的主要财产，也是国家的主要税收，针对所有土地（包括市地、农地），经过地籍整理，"税无遗漏，而税源扩充"，有益于财政，"至为明显"。总之，征收土地税，一举数得，"现行赋税制度之优良，无逾于此"，土地税不仅是平均地权的必要手段，也有助于"推行社会、经济、财政政策之主要工具"①，换句话说，征收土地税是以租税的手段实行土地政策，是"实行民生主义最有效的方法"。②

## 一　土地税的征收

土地税包括地价税和土地增值税两种。③ 所谓地价税是指人民所有的土地，依法向政府申报地价，政府照价收税，地价税属于财产税的性质，实行累进税率，可以防止土地兼并；所谓土地增值税是指地价申报以后，因为人口增加、社会经济进步，价格增加，政府征收增加的一部分地价，土地增值税按照国民政府制定的土地法原则，渐进施行"涨价归公"是平均地权最有效手段。④ 在 1941 年经国民党五届九中全会通过"战时土地政策实施纲要"，并决定由国民政府中央接管土地税，地政署主管地籍整理，但是为了适应战时粮食需要，地税征收范围仅限于城镇宅地。⑤

土地税征收的前提条件有三个。一是技术准备，即须建立完善的地籍制度，使土地的面积正确，产权确定且定地价，然后才能发挥征收地价税的政策功能。首要任务是完成地籍整理，地籍整理工作根据《非常时期地籍整理实施办法》可分为测量、登记及规定地价三项步骤。其中土地测量必须以科学方法，适用仪器逐步整理，土地登记、评定地价也离不开技术支持。二是行政设施，除了技术准备之外，必须有周密的制度建设才可以实施征收。其中对土地进行城乡区域划分、适当的税率等是土地征税政策的中心问

---

①　张肩重：《土地税实务》，财政部直接税署印行，1946 年 9 月，第 17—20 页。

②　第七次财政常识广播：《土地税》，《财政学报》1943 年第 1 卷第 4 期。

③　《最近一年来全国地政业务之鸟瞰》，《地政通讯》1944 年第 7 期。

④　第七次财政常识广播：《土地税》，《财政学报》1943 年第 1 卷第 4 期。

⑤　张肩重：《土地税实务》，财政部直接税署印行，1946 年 9 月，第 121 页。

题。三是土地税政策应该统一集中，由专门机关征收。[1]

完成地籍整理、土地登记及规定地价的区域，重庆市即开始征收土地税。标准地价通过后，即由市政府分区公告，令市财政局开办 1942 年土地税，一年分上、下两期征收。原定于 4 月 1 日开征上期地价税，因为登记工作迟缓，改为自 7 月 1 日起上、下两期合并征收，并且规定征收土地税的地区，依据《土地法》停止征收契税。[2] 为了有利于征收地价税，财政局成立地价税组，由地价税组根据地籍整理图册，发送缴税通知单，业主到税组按单缴税，最后财政局汇总成地价册。[3]

1942 年 7 月 1 日，市政府分区公告，第一区、第二区开征地价税，并赓续开展其他各区土地税以期为"各省市土地行政之示范"，第一区包括龙王庙、马王庙、太华楼、镇江寺四镇，第二区包括蹇家桥、桂花街、大阳沟、北坛庙四镇；8 月 11 日，开征第三区、第四区，[4] 第三区包括东升楼、东华观、段牌坊、王爷庙四镇，第四区包括骡马店、安乐洞、观音岩三镇；9 月从第五区、第六区开征，第五区包括金马寺、宝善寺、石板坡及菜园坝四镇，第六区包括张家花园、大溪沟及曾家岩三镇。[5] 10 月 1 日开征第七、八两区的地价税，10 月 21 日开征第九、十两区地价税，[6] 11 月 21 日开征第十一、十二两区。1942 年没有开征新市区的地价税。[7]

1942 年征收地价税情况见表 5 – 2 至表 5 – 7。

---

① 聂常庆：《开征土地税之前前后后》，《地政通讯》1943 年第 6 期。

② 重庆市档案馆藏：《关于报送地价税合并征收的布告》，全宗号：0064，目录号：0008，案卷号：01196，第 32、33 页。

③ 重庆市档案馆藏：《关于报送地价税组已成立情形上财政局的呈》，全宗号：0064，目录号：0008，案卷号：01196，17—20 页。

④ 重庆市档案馆藏：《关于检送第一二两区地价税及土地增值税开证日期的咨、布告》，全宗号：0064，目录号：0008，案卷号：01196，第 43—53 页。

⑤ 《渝市土地税开始征收》（中央社九月十四日讯），《经济汇报》1942 年第 6 卷第 8 期。

⑥ 重庆市档案馆藏：《关于检送第七八两区地价税及土地增值税开证日期的咨》，全宗号：0064，目录号：0008，案卷号：01196，第 70—73 页。重庆市档案馆藏：《关于检送第九十两区地价税及土地增值税开证日期的函》，全宗号：0064，目录号：0008，案卷号：01196，第 102 页。

⑦ 重庆市档案馆藏：《地价税概况》，全宗号：0064，目录号：0008，案卷号：02095，第 21—25 页。

表5 – 2　　　　　　　第一税捐稽征所地价税统计　　　　（户，法币元）

| 册载数 | 户数 | 2216 |
|---|---|---|
| | 金额 | 1062112.81 |
| 已收数 | 户数 | 1565 |
| | 金额 | 641710.06 |
| 未收数 | 户数 | 651 |
| | 金额 | 420402.75 |

说明：未收数中有13户请求复丈，金额为14582.57元；住址不明的户数是96户，金额为35352.18元；税额错误的有6户，金额是2149.68元；退税的有2户，金额为805.08元；其他是业主不在重庆市，户数太多难以查明原因。

资料来源：重庆市档案馆藏：《关于报送地价税、未收统计表上财政局的呈》，全宗号：0064，目录号：0008，案卷号：01196，第162页。

表5 – 3　　　　　　　第二税捐稽征所地价税统计　　　　（户，法币元）

| 册载数 | 户数 | 2392 |
|---|---|---|
| | 金额 | 1165384.12 |
| 已收数 | 户数 | 1463 |
| | 金额 | 630007.65 |
| 未收数 | 户数 | 929 |
| | 金额 | 526311.47 |

说明：未收数中有9户请求复丈，金额为9926.21元；住址不明的户数是165户，金额为80178.80元；税额错误的有755户，金额是436406.46元。

资料来源：重庆市档案馆藏：《关于报送地价税、未收统计表上财政局的呈》，全宗号：0064，目录号：0008，案卷号：01196，第164页。

表5 – 4　　　　　　　第五税捐稽征所地价税统计　　　　（户，法币元）

| 册载数 | 户数 | 96 |
|---|---|---|
| | 金额 | 76491.05 |
| 已收数 | 户数 | 75 |
| | 金额 | 38420.72 |
| 未收数 | 户数 | 21 |
| | 金额 | 38070.33 |

说明：未收数中有3户请求复丈，金额为4495.04元；住址不明的户数是4户，金额为1214.54元；税额错误的有1户，金额是362.21元；业主不在本市的4户，金额为5689.93元。

资料来源：重庆市档案馆藏：《关于报送1942年度地价税已收未收统计表的呈、指令》，全宗号：0064，目录号：0008，案卷号：01196，第170页。

表 5 – 5　　　　　　　　　第八税捐稽征所地价税统计　　　（户，法币元）

| 册载数 | 户数 | 1658 |
|---|---|---|
| | 金额 | 290593.58 |
| 已收数 | 户数 | 473 |
| | 金额 | 71332.56 |
| 未收数 | 户数 | 1185 |
| | 金额 | 219261.02 |

说明：未收数中税额错误的有 12 户，金额是 5317.90 元。

资料来源：重庆市档案馆藏：《关于报送 1942 年度地价税已收未收统计表的呈、指令》，全宗号：0064，目录号：0008，案卷号：01196，第 173 页。

表 5 – 6　　　　　　　　　第九税捐稽征所地价税统计　　　（户，法币元）

| 册载数 | 户数 | 259 |
|---|---|---|
| | 金额 | 72888.18 |
| 已收数 | 户数 | 24 |
| | 金额 | 4530.92 |
| 未收数 | 户数 | 235 |
| | 金额 | 68357.26 |

说明：未收数中住址不明有 13 户，金额是 7288.83 元；金额错误的有 6 户，金额为 4352.43 元。

资料来源：重庆市档案馆藏：《关于报送 1942 年度地价税已收未收统计表的呈、指令》，全宗号：0064，目录号：0008，案卷号：01196，第 175 页。

表 5 – 7　　　　　　　　　第十税捐稽征所地价税统计　　　（户，法币元）

| 册载数 | 户数 | 934 |
|---|---|---|
| | 金额 | 175917.96 |
| 已收数 | 户数 | 709 |
| | 金额 | 63057.04 |
| 未收数 | 户数 | 225 |
| | 金额 | 112860.92 |

说明：未收数中请求复丈的有 15 户，金额为 78820.72 元；业主不在本市的有 4 户，金额为 368.81 元，税额错误的有 7 户，金额是 3166.26 元。

资料来源：重庆市档案馆藏：《关于报送 1942 年度地价税已收未收统计表的呈、指令》，全宗号：0064，目录号：0008，案卷号：01196，第 177 页。

征收地价税原则上应该分为改良地及荒地等，税率也有差别。由于日机轰炸造成破坏，重庆市市区没有及时重划，疏散区建立使市地与市郊的划分标准不能够明确规定，因此经过国民政府批准，重庆市税地不按照区别、类别，一律按照申报地价每年征收税率为16‰，土地增值税的税率依照《土地法》第309条规定办理。1942年预计全年征收地价税共计1100多万元，实际征收500余万元。

1943年旧市区继续征收地价税，其中第一区至第七区于9月15日，第八区至第十二区于9月25日，该年度上、下两期地价税合并同时征收；①新市区于9月15日开征黄桷垭、大兴场、寸滩三镇，其他各镇因为征收田赋还不能征收地价税，由市财政局代办从1942年7月一直到1944年3月。后来成立了市田赋管理处，新市区的地价税也划交该处办理，直到1945年5月31日，田赋管理处改隶粮食部，新市区的土地税又划归重庆市直接税局办理，后国税、地税分开，1946年7月新市区的地价税又由市财政局接办。②

由于1943年旧市区重新估定地价，市财政局决定按照新规定的地价征收，税率依然是1942年时的16‰，当时重新估定地价旧市区已经完成，整个地价总额约为31.7亿元（法币），比1941年估定的地价增加四倍多，因此该局预算征收5000万元的地价税任务，在16‰的税率下，可以顺利完成任务。但是财政部"为适应市场利率起见，会同地政署核定为千分之二十"。由于提高税率阻碍比较大，该局认为征收地价税本身已经"加重纳税人负担"，"再提高税率为20‰办理，似无不难，且早经布告周知并已征收，似亦有不便变更"，请求仍然按照旧有的税率征收。③

经过地籍整理，到1944年元月，旧市区地号共有30277号，新市区约80000号，共110200多号；截至1943年12月底，市财政局造好地价册的土地号21694号，土地所有权证发放1166张，剩余88500多地号的地价册没有造好，地政署督促重庆市完成发状任务，以便完成1943年度地价税的征收。1943年地价税征收预算是5000万元，比1942年增加五

---

①　重庆市档案馆藏：《关于补征1943年度地价税的代电》，全宗号：0064，目录号：0008，案卷号：00874，第55—58页。

②　重庆市档案馆藏：《地价税概况》，全宗号：0064，目录号：0008，案卷号：02095，第21页。

③　重庆市档案馆藏：《关于补征1943年度地价税的代电》，全宗号：0064，目录号：0008，案卷号：00874，第55—58页。

倍左右，① 实际征收 2700 余万元。

财政局预算 1944 年的全市地价税收是 1.5 亿元，经财政部核定为 1 亿元，比 1943 年增加一倍。② 可是根据档案资料该局确定应征税款只有 2400 余万元，比 1943 年应征税款略有减少，而实际征收则仅 2300 余万元，具体原因，缺少相关资料，存而不论（见表 5 - 8）。关于税款有三个数字，大概可以这样推测：第一个是根据全部地价值所做的预算，再一个是根据实际造册预计征收的数字，最后一个是实际上收到的地价税，如此大致可以解释为何地价税额出现三个不同的数字。

表 5 - 8　　　　　　　重庆市历年地价税征收情况　　　　（法币元）

| 年度 | 应征税款 | 已征税款 | 税率 |
|---|---|---|---|
| 1942 年 | 6231979. 43 | 5821831. 82 | 按各户申报地价课税 16‰ |
| 1943 年 | 29703986. 80 | 27671673. 50 | 按照地政局估定地价课税 16‰ |
| 1944 年 | 24874230. 07 | 23401770. 10 | 按 1943 年地政局估定地价课税 15‰ |
| 1945 年 | 26176803. 00 | 23822332. 20 | 按 1943 年地政局估定地价课税 15‰ |
| 1947 年 | 400000000. 00 | 394271138. 00 | 按 1946 年地政局估定地价课税 15‰ |

说明：1946 年度地价税奉令免征；各年度税款均截至本年度 3 月 31 日。

资料来源：重庆市档案馆藏：《地价税概况》，全宗号：0064，目录号：0008，案卷号：02095，第 22 页。

1944 年 1 月重庆市地政局成立，上述造册发状工作由财政局移交该局。对于土地增值税，由于免税办法、税率及修正重庆市土地登记施行细则要由地政署核准，只能暂缓征收。1943 年 2 月 10 日重庆市土地增值税免税办法、税率以及修正土地登记施行细则被地政署核准，土地增值税的免税办法为：土地税的总数额在其原地价数额 30% 以内的，不分市地或市郊地一律免征土地增值税；土地增值税税率根据《土地法》第三百零九条规定征收。由此，开始进行他项权利登记。③ 市民对于他项权利土地登记不积极，从开办至 1947 年上半年，申请他项权利登记的业户，虽然

① 重庆市档案馆藏：《关于办理三十二年度地价税给财政局的训令》，全宗号：0053，目录号：0002，案卷号：01214，第 264—267 页。

② 中央社讯：《渝市新定地价税》，《大公报》1943 年 9 月 9 日，第三版。

③ 重庆市档案馆藏：《关于实行征收地价税并应征收土地增值税及修正重庆市土地登记施行细则的布告》，全宗号：0064，目录号：0008，案卷号：00013，第 81—86 页。

一再催告，大都不愿意登记。共计收件 547 号，审查 106 号，登簿 89 号，制权利证明书 12 张，（地号）发证明书 3 张。土地增值税因为查估增值地价存在很大困难，查估增值地价工作停滞不前，再加上累进税制的计算复杂，致使土地增值税没有按时开征。

## 二　土地税征收的困境

（一）土地法规庞杂不一、实体法规定不足及程序烦琐等因素滞碍土地税政策的推行

1. 地政法规如何运用

抗战时期，规定地价法规不统一，当时现行的相关土地法律由国民政府颁布的包括《土地法》《土地法施行法》《非常时期地价申报条例》《估定标准地价实施办法》及后来的一系列战时土地法令等。对于国民政府颁布实施的诸多法规，当时地政署官员郑震宇承认各省市地政工作人员有一种矛盾心理，即一方面"每感中央法规过于繁多，过于琐细，另一方面又每感中央法规规定不足，在行政上无所依据"。这种矛盾心理，"尤以地政人员为普遍"。① 诚如本书第二章分析，在地价规定、地价税率等方面，从《土地法》制定、颁布后都一直存在争执，鉴于此，1930 年《土地法》颁布后，并没有施行，而是在 1936 年才开始实施，但是立即引起修改浪潮，乃至国民政府又制定了修改土地法 24 项原则，使《土地法》置于尴尬境地。

郑震宇根据他自己在中央及地方的工作经验，发现相关中央制定的地政法规，凡属于实体法部分过于简单，各省市推行起来总感不足；而关于行政程序部分，法律规定得又过于琐细，使各省市执行起来没有进退自由。对此，郑震宇认为"中央负责者，亦自有其不得已或为难之处"，即行政程序应有它必须遵守的要点。如土地登记，必须将登记区域用图公布，必须明定公布收件的期限、审查证件，如果没有错误之处，则必须依法公告，然后才可以造册发给证书。这些程序必须全国统一，"中国系统一之国家，重要之行政程序须由中央规定之，不能由各省各自为政"。同时各个地方对于过细部分，本来可以自行规定，但是有不少地方缺乏能力，中央如果不制定详细的程序，仅扼要拟定大纲，那么这些地方则无法

---

① 郑震宇：《地政法规之运用》，《地政通讯》1943 年第 3 期。

实施法律。技术法规尤其需要全国统一。而实体部分，一方面是国家政策，另一方面还要顾及地方需要及可能的条件，但是碍于现有立法制度，使中央立法不仅间有不能适合地方的规定，甚至即使发现这些不适之处，想加以救济，往往"亦非一蹴可就"。①

对此，关于程序性法规，地政署规定除了不可更改部分外，予以地方可以伸缩变动的便利，凡"不能以公文表述者，则尽量由主管以负责函件达意"。郑震宇希望各省市地政主管机关负责人，凡中央法规所已有规定"最好尽量予以尊重，因中央法规亦即我辈行政人员最强有力之武器"，"其间有不适于实际情形者，最好按上所述，或专案呈请局部加以救济，或善于运用，择其所长，而避其所短可矣"②。

实体性的内容，地政署采用救济的方法来补救，凡是基本法不适于实际情况的，尽可能提供修正意见，在没有根本修正之前，加以局部救济。如土地登记公告期间的缩短、证书契据费的增加等，③而土地登记仍然以《土地法》为准，救济《非常时期地价申报条例》的不足。基本法律互相抵触部分，在没有修改之前，暂以行政法规运用，择期所长，避其所短。如《土地法》与《非常时期地价申报条例》在估计地价程序，调查地价手续及异议处理各方面皆不相同，关于估计地价程序，《土地法》采取先报后估的办法，《非常时期地价申报条例》采取先估后报的方法；关于查定标准地价所根据的地价，《土地法》分别规定市地为最近两年市价，乡地为最近五年市价，而《非常时期地价申报条例》则规定为最近三年市价及收益；关于异议处理，《土地法》采用的公断办法是一种事后救济，《非常时期地价申报条例》则采用事前防止办法，是在标准地价公布前，先由地方法院及公正士绅所组成的标准地价评定委员会来评定，人民在申报地价的时候必须比照标准地价作20%以内的增减，以资救济计算标准地价平均数的误差。后国民政府颁布《地籍整理实施办法》加以解除《土地法》与《非常时期地价申报条例》之间的矛盾，同时用"地价申报条例之优点以救济土地法之缺点"。④不久又对《非常时期地价申报条例》

① 郑震宇：《地政法规之运用》，《地政通讯》1943年第3期。
② 同上。
③ 1943年12月16日地政署规定，土地登记权利书状费依照土地法第135条之规定标准提高十倍征收。参见《最近一年来全国地政业务之鸟瞰》，《地政通讯》1944年第7期。
④ 郑震宇：《地政法规之运用》，《地政通讯》1943年第3期。

进行修正，规定估定标准地价时间改"二年平均数"为当年市价或收益价格为查估依据，公告期缩短为一个月，查估地价时考虑当地物价指数，授予地价评议委员会以标准地价及土地所有权转移时经常评估权。[1]

由上所述，《土地法》作为基本法仍然是被"以行政法规运用"，与有关土地整理的国民政府颁布的其他法规有出入，而各地方根据前项法令中的任一种或采取两种法令所制定的单行章则自然互相不统一，再加上规定地价业务所需要的人员、经费及时间也都有差异，这样所规定的地价自然不免高低不同。[2] 基本法与各种法律之间存在矛盾，又要互有取舍、纠缠不清，使各省市地政机关不知如何执行，因此发生郑震宇、高信等所担心的"不少地方缺乏能力，无法实施法律"，或者在执行法律的时候可以"上下其手"，选择性执法等情况在所难免，进而"择其所长，避其所短"只能是一厢情愿。

2. 规定地价方法的争论、地价税率的争议滞碍地价税的征收

"核定天下地价"即为"规定地价"，这是平均地权的根本办法。何谓"照价征税"？孙中山称："令有土地之家，有田亩多少，价值若干，自行呈报，国家即准是课其若干分之一"，并主张采用累进税率。[3]

萧铮认为，研究"平均地权"，必须注意其中心关键何在。照价收买、照价抽税、涨价归公等方法之根据是什么？换言之，要实行"平均地权"以改善土地分配应该从何处着手而"后行之左右逢源，效速而功成？曰在于地价"。因此他认为地价对于土地政策恰如杠杆支点：土地政策为重点，土地行政为力点，而地价在两者之间为支点。杠杆无支点不能起重，而支点乃成为杠杆之中心关键，"土地政策无地价为支点，则一切努力终难奏效"。然而此支点要发挥作用，则必须有待于实行地价税。[4]

实行地价税，必须先知土地价格，其方法主要有两种，即申报地价与估定地价。孙中山主张地价由人民申报，政府照价抽税；1930年的《土地法》在其"第二编土地登记"中依据前述孙中山的设想规定人民申报地价，以此为照价收买的依据；而在其"第四编土地税"中，又有估定

---

① 张肩重：《土地税实务》，财政部直接税署印行，1946年9月，第122页。

② 张之镐：《规定地价业务之检讨》，《地政通讯》1943年第4期。

③ 萧承勇：《台湾：从地权变迁看平均地权》，《中外房地产导报》2002年第8期。

④ 萧铮：《地价与土地政策》，《人与地》1941年第5期。

地价的规定来作为征收地税的依据。这种两个标准遭到不少人的批评，本书第二章已有论述。

如何综合两种地价方法，当时的一些地政专家也进行了一番论证。高信根据当时进行地政实践的经验，发现不能单一使用申报地价。因为业主申报的地价往往与实价相差很远，如果以此作为征税标准，"不特地价金不确实，而且必影响于将来实施地价税之收入至巨"，在战时后方城市地价"一日千里"，地主申报地价的时候更难以实际价格申报，如此申报的价格与实际地值相差更大。他建议如果采取申报地价，则必须在申报之前制定周密控制的方法才可以防止这种情况的发生。本来孙中山的设想，有照价收买、涨价归公的双保险来控制人民申报地价的过大偏差，然而抗战时期的国民政府根本没有充足的资金，限于财力难以实行征收土地，涨价归公也"未能适合理想，而行政更须受时间之限制"。因此高信承认"在人民一方，亦明白如实申报地价"必然加重负担，其中"狡黠者更知照价收买涨价归公，在目前势难实行"，因此"皆不肯以实际地价申报"。①

如果采取估定地价制度，高信认为一方面由于估定标准难以确定，估定价格也相距很大；另一方面，容易使估价人员"上下其手"。因此高氏主张应采取申报与估定相结合的原则，即政府先进行调查地价，以调查的结果作为人民申报地价的标准，人民可以在调查地价 10% 或 20% 以内增减。②

《土地法》公布后到战前，上海、南京、广州等 11 个县市完成土地测量登记，并开征地价税。不久抗战爆发，这些城市大多沦陷，"土地税之推行，遂陷于停顿状态"。

国府西迁，后方城市人口激增，地价飞涨，土地投机盛行，房屋恐慌非常严重。针对上述情况，1941 年 3 月第二届参政会议通过《速办地价申报以便征收地价税实行平均地权》议案；同年，国民党五届八中全会通过《为实现本党土地政策应速办地价税》议案；7 月，建立土地税专管机构地价申报处，负责土地税筹划稽征工作；之后，国民党九中全会通过《土地政策战时实施纲要》，1942 年 6 月，地政署成立，11 月 7 日，国民政府公布《战时地价申报条例》。在这期间，由地政署推行后方城镇 864

---

① 高信：《论战时地价税制》，《人与地》1941 年第 11 期。

② 同上。

个单位办理地籍整理。[①]

1942 年底，国民政府中央统管土地税纳入国家财政系统，由财政部接管。为了推进地籍整理，相继颁布了《战时地籍整理条例》《战时地价申报条例》，土地税业务全面展开，重庆市的地籍整理也属于此列。1944年 3 月 28 日颁布施行《战时征收土地税条例》，是征收土地税的唯一法令根据。该条例对《土地法》的规定有许多不同，最主要的是按照累进税率征收地价税，不过仍然有不符合实际的地方，累进税率太低不能发挥效能，增值税的范围很窄，欠税罚额太轻。土地增值税不能实现涨价归公，土地转移买卖不能控制，因此对于遏制土地投机不起效果，国民政府又决定等待抗战胜利后，所有战时实施法皆应废止，着手修改土地法典，直到1946 年才修订完成。[②]

总之，抗战时期，《土地法》所定的规定地价方法，由于其"第二编土地登记"与"第四编土地税"前后不一致及税率等诸多问题，引发非议与争论。虽然通过了修改原则，但既未修改也未废止，后方城市推行土地政策，进行地籍整理、规定地价、征收土地税，如何依据法律成为难题。因此，为了弥补《土地法》本身的不足，在这期间国民政府制定颁布了一系列的相关条例，如上文所述。新条例公布，而基本法没有废止，根据法理这些条例是补助法律，应该与基本法一致。如此，在执行过程中容易产生异议，更容易发生高信担心的"上下其手"。

而关于地价税率，遵循孙中山主张的"值百抽一"的原则，1930 年的《土地法》决定采用渐进方法，把土地分为市地、乡地二种，各区再分为改良地、未改良地与荒地三种。对于市地税率，该法第二百九十一条规定为"改良市地之地价税，以其估定地价数额千分之十至千分之二十为税率"；第二百九十二条，"市未改良地之地价税，以其估定地价数额千分之十五至千分之三十为税率"；第二百九十三条，"市荒地之地价税，以其估定地价数额千分之三十至千分之一百为税率"。市地税率比乡地税率要高，在原则上比较合理，但是近代我国城市土地"放置不理，几无制度可言"，且"一向无纳税的负担，骤增重税，办理自然困难"。[③] 为了执

---

① 张肩重：《土地税务实》，财政部直接税署印行，1946 年 8 月，第 22、23 页。

② 同上书，第 23、24 页。

③ 《广州市市政府举行成立周年纪念典礼纪要》，《广州市市政公报》1926 年第 226 期。

行地价税，上海市地价税率定为 6‰，较最低税率 10‰ 要低，且因估价标准仅是市价的一半，实际税率不过 3‰。[1]

虽然实际税率很低，但上海市在完成土地登记后即进行土地税征收，经费比较充实，因而成为抗战前唯一保存地政局的院辖市。抗战前其他院辖市由于经费原因，土地整理没有完成，地价税的征收很难全面实施。

抗战时期，国民政府迫于通胀压力，为了开源，在重庆、成都等后方城市推行地籍整理，打算征收土地税。从 1940 年开始地籍整理，到 1943 年完成，可谓比较顺利，也开始了征收土地税。不过，正如上述论述，一方面国民政府地政法律众多，既有抗战前又有抗战时期颁布的，且前后不一，地政署虽然要求各省市地政机关"善于运用，择其所长，而避其所短，可矣"[2]，但是实际操作起来，则是地方政府无所适从。地价税率、土地增值税率虽然法律上已经确定，但执行起来却发生问题，因此即使地籍整理完成，土地税的征收也不顺利。根据重庆市财政局提供的数字，1943 年全部地价是 75000 万元，而确定征收地价税为 5000 万元，是 1/15，相对于 67‰，明显比土地法所规定的 10‰—20‰ 高得多，与法律不符。以上只是按照比例税率计算，如果按照累进税率，最高也就是 50‰，但是如果除去免税部分计算，则是 32‰（见表 5 - 9、表 5 - 10 计算公式及案例），民众反对有理可据。实际上，重庆市征收税率是 16‰，财政部地政署一度要求提高到 20‰。1943 年 11 月 19 日，重庆市政府提交临时参议会审议，在贺耀组市长报告后，参议会主席康心如宣读了该市市民胡文渊、鲜英、范子英、郭松年、鲜伯良等 42 人因为"本市地价税估价标准过高，多数市民无力完纳，请转市政府救济"[3] 的一份呈文。1944 年，市财政局按照原定税率确定的地价税总额是 1.5 亿元，报财部后核定的地价税总额为 1 亿元，重估地价总额为 31 多亿元，税率为 32‰，已经比上一年减少一半，则与累进税最高税负率相同，而不是所有业主都可以达到这个税负率，因此，重庆市的地价税税率比较高。

另外，累进税率的计算方法非常复杂，操作麻烦。由于地价不断上

①　《章则：上海特别市征收地价税暂行条例草案》，《上海特别市市政公报》1929 年第 11 期。

②　郑震宇：《地政法规之运用》，《地政通讯》1943 年第 3 期。

③　中央社讯：《渝临参会昨开驻会委员会贺市长报告施政地价税问题由小组研讨》，《大公报》1943 年 11 月 20 日，第三版。

涨，一再重估，大大增加税负计算的工作量，影响地价税的征收工作。表
5-9、表5-10是根据地价申报条例所定累进税制成表格借以说明计算的
复杂程度。

表5-9　　　　　　　　　　地价税累进税率

| 征税额 | | 各级税额 |
| --- | --- | --- |
| 超过 | 未满 | |
| | A | 1.5% |
| A | 500% | 1.7% |
| A500% | 1000% | 2.0% |
| A1000% | 1500% | 2.5% |
| A1500% | 2000% | 3.0% |
| A2000% | 2500% | 3.5% |
| A2500% | 3000% | 4.0% |
| A3000% | 4000% | 4.5% |
| A4000% | | 5.0% |

说明：A代表累进起点地价。

资料来源：张肩重：《土地税实务》，财政部直接税署印行，1946年8月，第45页。

表5-10　　　　　　　　　　地价税计算简式

| $P > A$ | $T = 0.015P$ |
| --- | --- |
| $P > A$ 且 $(P-A) \leqslant 5A$ | $T = 0.017P - 0.002A$ |
| $5A < (P-A) \leqslant 10A$ | $T = 0.020P - 0.020A$ |
| $10A < (P-A) \leqslant 15A$ | $T = 0.025P - 0.075A$ |
| $15A < (P-A) \leqslant 20A$ | $T = 0.030P - 0.155A$ |
| $20A < (P-A) \leqslant 25A$ | $T = 0.035P - 0.260A$ |
| $25A < (P-A) \leqslant 30A$ | $T = 0.40P - 0.390A$ |
| $30A < (P-A) \leqslant 35A$ | $T = 0.45P - 0.545A$ |
| $(P-A) < 35A$ | $T = 0.050P - 0.725A$ |

说明：T是地价税总额，P是课税地价总额，A是累进起点地价。

资料来源：张肩重：《土地税实务》，财政部直接税署印行，1946年8月，第46页。

下面举例说明：

设累进起点地价 A 是 200000 元

1. 如果课税地价总额 P 是 160000 元时，属于 < A

则应征总税额 T = 0.015 × 160000 元 = 2400 元，税负率为 15‰；

2. 如果课税总额 P 是 1200000 元时，属于 > A 且（P - A）= 5A

则应征总税额 T = 0.017 × 1200000 元 – 0.002 × 200000 元 = 20000 元，税负率为 18‰；

3. 如果课税地价总额 P 是 4600000 元时属于 20A <（P - A）≤ 25A

则应征总税额 T = 0.035 × 4600000 元 – 0.260 × 200000 元 = 109000 元，税负率为 24‰；

4. 如果课税地价总额 P 是 8000000 元时，属于（P - A）< 35A

则应征总税额 T = 0.050 × 8000000 元 – 0.725 × 200000 元 = 255000 元，税负率为 32‰。[1]


3. 其他因素的滞碍

土地纯收益及通行利率不容易确定，《非常时期地价申报条例》规定，调查土地市价及收益，作为查定标准地价的原则。从理论上说，用土地纯收益以通行利率还原为土地收益价值来作为规定标准地价的依据，是比较符合土地的真实价值，以这种价值作为征税标准，尤其能反映纳税能力。但是民国时期，新式会计制度尚未普遍建立起来，土地纯收益很难确定，即使勉强决定纯收益后，采用"通行利率"这个问题也很困难。张之镐认为如果以当时商业上的"往还利率为标准，则因利率太高，其所还原之地价过低，如采用国家公债利率为标准，则利率太低，似又不'通行'。有以中央银行长期存款利率为标准者，但去取之亦费斟酌"。[2]

除了上述因素之外，规定地价本身也容易受业主避免增加负担的心理影响。城市进行地籍整理工作，即土地测量、登记、规定地价等业务，前两项完成后可以确定经界、产权，其效用已经被社会上一般的人士所理解，因此工作开展得比较顺利。但是规定地价，就很难为一般人民所理解，而且有很多疑虑。主要原因是，城市土地原来没有赋税，规定地价以

---

① 张肩重：《土地税实务》，财政部直接税署印行，1946 年 8 月，第 46、47 页。

② 张之镐：《规定地价业务之检讨》，《地政通讯》1943 年第 4 期。

后，实行照价收税，不免增加负担，按照孙中山原来的设想是值百抽一，已经很低，尚且遇到阻力，而国民政府公布《战时土地税条例》一律改为累进制，税负有所加重，因此业主们对规定地价工作不但不协助，而且往往增加阻力，影响业务的进行。① 如上文所说胡文渊等人呈文市参议会以税率过高，要求市政府救济，虽然市政府置之不理，但是国民政府财政部核定的地价总额显示，1944 年的地价税率减少一半，具体胡文渊等人、参议会、市政府、国民政府之间针对此事如何进行协商，由于笔者没有相关材料无从得知，但是如果这件事情没有惊动上层，税率能够降低一半，显然不好解释。可见，业主反对地价税的情况是存在的，而且力量相当强大，重庆市地价税征收很难完成预定计划，"查渝市土地税收欠旺，前经派督导顾咸曾赴财政局督导办理，今兹为积极推进藉益税收计，加派督导李毓刚前往会同顾咸曾办理"，② 财政部派人督促重庆市的地税征收，但是效果不佳，征收地价税有阻碍是不容置疑的。

关键是抗战时期物价波动过于剧烈，见本书第三章。根据《土地法》规定市地采用最近两年的地价，《非常时期地价申报条例》是采用最近三年的地价为依据，法令设定年限的用意在于用较长时期的地价进行平均计算，可以避免地价一时波动的影响，从而求得比较真实地价。但是抗战以来，物价不断上涨，而且增长速度越来越大，致使地价随着突飞猛进，因此修改为以最近两年地价平均计算标准地价。可是增长的地价与土地的实际价值仍然相去太远。因地价巨大变动，虽不符合法定重估时期（五年），为了顾及财政收入及地价实际情况，不得不立即进行重估。重估地价工作不易，"这种变动是一种普遍现象"，因此重估地价工作需要随之举办，对于政府与百姓来说都有"过事烦扰之感"。③ 总之，重估任务繁重，不重估则一两年内价格已经悬殊，因之税额不能逐年增加，抑制土地投机、防范土地兼并"自难收效"。④ 为了救济规定地价与土地时值相差过大及减少不必要的重估地价的工作，国民政府打算修正《非常时期地价申报条例》的三年时限，恢复《土地法》的两年时限，这样更是造成法

---

① 张之镐：《规定地价业务之检讨》，《地政通讯》1943 年第 4 期。
② 重庆市档案馆藏：《关于办理地价税收案的函、训令》，全宗号：0064，目录号：0008，案卷号：01196，第 156 页。
③ 张之镐：《规定地价业务之检讨》，《地政通讯》1943 年第 4 期。
④ 张肩重：《土地税实务》，财政部直接税署印行，1946 年 8 月，第 126 页。

令的混乱，各个地方实行起来无所依据。

重庆市旧市区测量从 1940 年 8 月开始，到 1942 年 2 月全部完竣；新市区从 1942 年 1 月开始，到 1943 年 9 月底全部完成。地籍整理工作可谓顺利，但是 1942 年土地科完成估定地价后，由于当时通货膨胀，原来的地价失去价值，立即于 1943 年、1944 年对旧市区、新市区进行第一次重估地价，完成后不久，1946 年又进行第二次重估地价，因此，地价税开征时间不到一年，地价就要重估。即使开征，又由于货币贬值严重，规定的地价相距地值太大，虽然重庆市相对税率偏高，但是总体来说土地税基本税率是 15‰，超过累进起点地价，分级累进到 50‰ 为止，地价总额过小。[1] 如重庆市都邮街 1943 年规定地价每平方丈最高是 32000 元，1945 年已经高达每平方丈百万元以上，相较差距太大，1944 年、1945 年以 1943 年的规定地价征税，而且税率又低，这一切造成地价税已失去增加财政收入功能，"国库损失固大，影响土地政策之推行亦钜"，[2] "平均地权"确实难以实现。

而开征地价税的成都市则同样如此，由于通货膨胀严重，货币贬值，收入甚微，虽然 1946 年再度重估地价，但是 1947 年就不得不停止征收。[3] 由此推测，重庆市在战后通胀剧烈的情况下，地价税征收也难逃类似成都市的命运。

总之，土地税自从开征以后，时间短暂，各种有关法规虽然相继制定颁布，有的没有实施，有的虽然实施但不彻底，再加上其他诸多因素，致使土地税征收工作"未能如理想之推动"。[4]

（二）如何计算土地增值税

正如前文所述，抗战时期，规定地价的法令不统一造成规定地价困难，同样如何计算土地增值税，即增值税率如何确定的问题对于重庆市地政当局更是难题。

1943 年 10 月 4 日，重庆市财政局在重估市区地价以后，分区公告，征收地价税按照《土地法》的规定亦无异议。可是对于以后土地买卖转

---

① 张肩重：《土地税实务》，财政部直接税署印行，1946 年 8 月，第 126 页。

② 同上书，第 129 页。

③ 成都市地方志编纂委员会编：《成都市志·房地产志》，成都出版社 1993 年版，地 25 页。

④ 张肩重：《土地税务实》，财政部直接税署印行，1946 年 8 月，第 24 页。

移时，应该缴纳的土地增值税，究竟是以买卖时价超过新估定的地价数额为计算标准，还是按照 1941 年度原来估定的地价数额为计算标准，针对这个问题，该局函请地政署给予解释。

1943 年 10 月 16 日地政署对于以上问题给予解答：对于征收土地增值税，根据《土地法》第三百零五条的规定，凡是经第一次所有权登记及规定了地价的土地，如果曾经转移的，在下次转移或在 15 年届满没有转移的时候，以现实价或估定价超过前次转移时的卖价或估定地价作为计算增值税总数额的标准。而不曾转移过的土地，在绝卖、继承、赠与或者法院判决转移时，或者在 15 年届满时，都应该以现卖价或估定地价超过原申报地价为计算增值总数额的标准。而重庆市的土地已经办理了第一次所有权登记并规定了地价，因此要求重庆市征收土地增值税的时候，如果是第一次所有权登记后未曾转移过的土地，应该以现实卖价或者估定地价超过第一次规定地价为计算标准；如果是第一次所有权登记后曾经过转移的土地，应该是以现实卖价或估定地价超过前次转移时的卖价或估定地价为计算标准。

地政署对于新估地价也给予了界定，包括一般重估地价与个别估定地价，前者是在规定地价后市地满两年、乡地满五年或者一年届满而地价发生了 50% 以上的变动时普遍办理的业务；后者是赠与、继承或者法院判决等转移或 15 年届满而无转移的土地，地政机关分别估定地价，来作为计算增值数额征收土地增值税的标准。这两者都是新估地价的工作，但是性质作用截然不同。

对于 15 年届满的时间如何计算？地政署要求重庆市依照《土地法》第二百八十七条的规定，凡是已经进行了第一次所有权登记但是未曾转移的土地，自《土地法》公布之日起计算；其登记后再转移的土地，自转移登记完毕之日起计算。①

可见，由于《土地法》修正案已经通过，这样就使《土地法》处于一种尴尬的地位，一是《土地法》并没有废除，二是没有权威。然而，《土地法》虽然饱受诟病，地政署认为它仍然是管理土地的根本大法，是土地行政的原则。由于国民政府抗战期间制定了许多其他相关法律，难免与之相悖，正如张之镐所分析的，法令不一，让各省市地政当局不知所

---

① 公牍：《征收土地增值税之计算标准》，《地政通讯》1943 年第 5 期。

措，因此重庆市面对出现的问题，不是利用地政法律解决，而是只能函请地政署进行法律解释，这样往往滞碍地政工作的推行。

地政局要求地籍科在重估地价的时候，同时查估增值地价。根据《重庆市土地登记施行细则》规定，重庆市土地所有权因买卖、遗产继承，或无偿赠与，或法院判决的转移情况，皆应向地政局申请为转移登记。在转移登记时由地政局工作人员依照法律行为开始有效时的土地市价，或者收益价，作为征收土地增值税之依据。计算标准根据上文所述由于有多个法规存在，只能由地政署进行法规解释，并存在免税规定一般要求根据该市实际情况来定。

具体如何计算土地增值税，以下以假设情况来考查计算方法，从而明了地价增值税的复杂，同时说明增值税已经"背离遗教"所言不虚（见表 5 – 11、表 5 – 12）。

　　假使重庆市基本免税率为 14%，该市第五号土地业主黄某在 1944 年 5 月购得，8 月又卖出，相距三个月，则此号地增值税免税率应为 14% × 3 = 42%。黄某原来购买的地价是 50000 元，8 月转卖地价（现卖价）为 80000 元，则其免税额应该为 50000 × 42% = 21000 元，那么该缴纳增值税的实数额为 80000 元 – 50000 元 – 21000 元 = 9000 元，根据《战时征收土地税条例》第二十二条第一项规定，"土地增值实数额在原地价数额百分之一百以下者征收其增值实数额一百分之二十"，那么黄某应该缴纳的增值税根据公式（T = 0.40P – 0.2Q，参见表 5 – 12）是 1800 元。[①]

　　如果李某一块 90 号土地，从 1942 年 7 月举办第一次土地登记规定地价后，从未转移。于 1944 年 6 月由其子继承，相距 11 个月，那么免税率为 145%，他原来的地价即第一次土地登记时的规定地价是 20000 元，现在转移地价（即继承时估定的地价）是 90000 元，则其免税额应该是 30800 元，那么应该课税的增值数额是 39200 元，在原来地价数额百分之二百以下，则土地增值税为 11680 元。[②]

① 张肩重：《土地税实务》，财政部直接税署印行，1946 年 8 月，第 55 页。
② 同上书，第 56 页。

表 5 – 11　　　　　　　　　　　　　　土地增值税税率

| 征税额 | | 各级税率 |
|---|---|---|
| 超过 | 未满 | |
| | Q100% | 20% |
| Q100% | Q200% | 40% |
| Q200% | Q300% | 60% |
| Q300% | | 80% |

说明：Q 代表原地价，原地价是原规定地价或者前次转移时的卖价。

资料来源：张肩重：《土地税实务》，财政部直接税署印行，1946 年 8 月，第 58 页。

表 5 – 12　　　　　　　　　土地增值税额计算简式

| P ≤ Q | T = 0. 20P |
|---|---|
| Q < P ≤ 2Q | T = 0. 40P – 0. 2Q |
| 2Q < P ≤ 3Q | T = 0. 60P – 0. 4Q |
| P > 3Q | T = 0. 80P – 1. 2Q |

说明：P 是土地增值实数额，即土地增值总额减去免税额，Q 是原地价，T 是土地增值税总额。

资料来源：张肩重：《土地税实务》，财政部直接税署印行，1946 年 8 月，第 59 页。

土地增值税计算实例：

1. 土地增值实数额 P = 500000 元，原地价 Q = 600000 元时，属于 P ≤ Q

则应征总税额 T = 0. 2 × 500000 元 = 100000 元。

2. 土地增值实数额 P = 1500000 元，原地价 Q = 500000 元时，属于 P = 3Q

则应征总税额 T = 0. 6 × 1500000 元 – 0. 6 × 500000 元 = 600000 元。[①]

土地增值税是在土地发生转移如买卖、赠与、继承等时，才能征收，其先决条件，必须是新旧业主向地政机关申请转移登记，经核准予以转移时，就可以通知征税机关开征增值税。但是业主为了避免增值税的负担，

---

① 张肩重：《土地税实务》，财政部直接税署印行，1946 年 8 月，第 59 页。

往往不申请登记，地籍因此发生混乱，税收无法征收。因此查估增值地价存在很大困难，所有权转移登记，重庆市业户"多不知其重要性而逃避土地增值税"，因此，当时业户主动申请登记的极少，大多数情况是当地政局发现地权转移时，已经距法律行为开始有效时间相当久远，难以查知当时土地市价或收益之资料，所以查估增值地价工作停滞不前。[1] 同时，土地增值税征收范围太窄，税额也太小，对于"涨价归公"的土地政策背离太大。

（三）土地税征收的主要障碍：城市发展的既得利益群体

1942 年重庆等城市地籍整理、土地登记相继完成，可是土地税征收不理想，一方面正如本书第四章所论述，由于物价飞涨，原来估定的地价不适应，而不得不重新估价，重庆因此连续两次重估地价，故而开征效果不佳。《大公报》的一篇星期评论文章针对物价上涨开出的药方是，平均分配财富，消除"既得利益"集团的经济实力，其措施之一就是征收战时财产税（地价税就是财产税的一种），税率应采渐进的累进制，最高率为 100%，同时制定高的免税额，使负担集中在最富裕的人身上，手续上由富户"自行报告"。[2] 由此可知当时地价税税率过低，不能起到平均地权的作用。物价飞涨是事实，但不可能是唯一原因，考察国民政府执行土地政策情况，若从人的角度分析也许能够揭示出内在原因，戴世光等人提出的"既得利益"集团给人以启发。

"蒋介石把共产党和国民党左派分子清洗出国民党后，越来越依赖旧式官僚的军队……过去各个军阀政权的官僚纷纷南下南京，谋求有利可图的新职。蒋介石面临管理一个全国性政府的挑战，欢迎他们投入其阵营。到 1929 年，十个部中至少有四个部长由这些归顺的旧官僚担任，他们还塞满了官僚政治的许多其他职位。"[3] 蒋介石时期，军队成为首要组成部分，1929 年，国民党一半以上的党员都是军人，而不是平民；在党的领导人——中央执行委员中，在 1935 年有 43% 是军官；在 1927—1937 年，

① 重庆市档案馆藏：《重庆市财政局土地行政报告书》，全宗号：0064，目录号：0008，案卷号：02728，第 190 页。

② 戴世光、鲍觉民、费孝通、伍启元、杨西孟：《现阶段的物价及经济问题》，《大公报》1945 年 5 月 22 日，第三版。

③ ［美］费正清、费维恺：《剑桥中华民国史（1912—1949 年）》下卷，杨品泉、张言等译，中国社会科学出版社 1993 年版，第 140 页。

国民党控制的 33 个省份的省主席，有 25 个是将军。① 正如易劳逸所说，国民党在"清党"的同时，大量吸收新旧军人、官僚、政客入党，"对国民党之革命性质破坏最烈的新党员，是那些旧军官和旧官吏"。② 台湾学者董霖亦认为"大批军阀不仅被吸收入党，还被授予高位"。③ 时人也批评道："依附于军阀的官僚政客被留用，充斥于各种机构中，而普通民众却常被排斥于党外。"④

因此，在城市土地兼并方面，正如姜玉晋所分析，战前国民政府时期，主要是地主以及军阀，而抗战期间加入了新的人物，添加了大批官僚、商业资本的争购，姜氏称之为"亦商亦官"。⑤ 对于国民政府是否代表资产阶级的利益学界存在争议，但是国民政府与国内更有实力的银行家关系密切，这点可能争论不大。国民党人在重视政治控制和社会秩序的同时，不信任民众运动和个人的首创精神，所以他们不能创造出那类基础广泛的民众拥护，在 20 世纪，民众拥护才能导致真正的政治权力。由于存在这些固有弱点，国民政府有时不得不勉强地迁就现存社会秩序的领袖，最显著的是地主和资本家。……而且事实上，资本家和地主的利益有时的确与这个统治阶级的利益颇为一致。这反映出国民党政府在政策的制定和实施之间常常有很大的差距。⑥

早在 1941 年，《人与地》杂志主笔张丕介发文指出平均地权"暗中阻挠希图破坏者，亦在所多有。且反对平均地权者，大都有不可轻视之经济实力，政治背景，社会地位，在种种藉口掩饰之下，无形阻挠"。⑦ 其所说的这些反对者，大致与姜玉晋所说的"亦官亦商"者是一类。丘信在分析土地投机的危害时候主张"不应仍旧坐视一些富商大贾、地方豪

---

① ［美］费正清、费维恺：《剑桥中华民国史（1912—1949 年）》下卷，杨品泉、张言等译，中国社会科学出版社 1993 年版，第 141 页。

② 易劳逸：《流产的革命》，中国青年出版社 1992 年版，第 15 页。

③ 转引自王兆刚《20 世纪 30 年代国民党的党员构成与组织形态分析》，《石家庄铁道学院学报》（社会科学版）2010 年第 1 期。

④ 同上。

⑤ 姜玉晋：《中国土地政策刍议》，国立武汉大学第十二届毕业论文，1943 年，第 36 页。

⑥ ［美］费正清、费维恺：《剑桥中华民国史（1912—1949 年）》上卷，杨品泉、张言等译，中国社会科学出版社 1993 年版，第 157、158 页。

⑦ 张丕介：《勉地政司新任司长》，《人与地》1941 年第 2 期。

强、残余军阀以及少数腐化官僚，继续利用这各种建设事业突飞猛进、大后方普遍地繁荣的时期，从事于土地投机的勾当"[①]。可见对于土地投机，阻碍土地税实行的人，时人认同基本一致。

戴世光等人认为物价上涨的主要原因是通胀、物资缺乏、投机活动[②]。他们认为，在这三大原因中，还渗透着其他因素，在自由竞争的市场，即使物价上涨，上涨高度会因为供求的作用受到限制。但是抗战时期的大后方，由于财力和物资的集中，市场上自由竞争成分逐渐减少，垄断成分逐渐加大。在供方垄断之下，垄断者为了取得最大利润，所定价格总是比自由市场所决定的要高。抛开成本不计算，垄断价格提高程度是以垄断因素在市场上所占地位和购买者的需要弹性为准。如果其他因素不变，则垄断因素在市场中所占地位越大，价格越高；同时需求弹性越小，价格越高。这几位经济学家认为在抗战中，物价上涨使财力与物资集中，有使垄断因素加强的作用，他们得出结论：物价暴涨，垄断因素不容忽视。

各位经济学家在阐述经济一般原理之后，最后强调物价上涨另有一个重要特点，"就是'既得利益'集团的形成及'既得利益'集团对财政经济政策的影响与控制"。戴世光等人指出，"这个集团的形成，是一件必须重视的事，它将影响甚至决定今后中国经济发展的方向和政治的形态"，可谓一语中的[③]。诸位学人以为，不要把这个群体简单理解为"乘机渔利以满足私人的享受而已"，事实上，抗战八年中许多畸形和矛盾现象，以及以后经济发展趋向，"都只有从这个新形成的集团的利益才能得到适当的理解"，如抗战即将八年，"富裕阶级始终没有负担其应付的战费，且时时利用其特殊地位，乘机渔利聚敛，以积累其私人资产"。再如，浴血奋战才能借得的黄金与外汇，在收缩通货与经济建设的名义下，被他们以20%甚至1%的代价购入私人之手，而且黄金提价还有走漏消息的事情。另外，献金运动大户贡献既少，外汇管制名义上已经实施七年，但仍然没有把富裕阶级庞大的外币资产收归国有，反而把国家外汇轻易地以低价转售与私人；1944年底公布的战后第一期经济建设原则，过分着

---

①　丘信：《我国现阶段的土地投机问题》，《人与地》1941年第11期。

②　戴世光、鲍觉民、费孝通、伍启元：《现阶段的物价及经济问题》，《大公报》1945年5月20日，第二版。

③　同上。

眼于最近将来经济建设的表面实效，而与节制资本及发展国家资本的基本原则相背离，足以说明既得利益集团已经影响到国家财政经济政策。他们要求消除既得利益集团，其中一个建议是严格"限制'既得利益'集团或其代表充任财政金融及经济行政的高级官吏"。①

如此，可以看出，由于城市土地多集中于地主、银行家及"亦商亦官"的人手里，他们是城市发展——抗战时期重庆地价上涨的最大利益获得者。征收地价税及土地增值税，显然会侵害他们的切身利益。一方面，"文职政府始终从属于蒋介石和军队的利益，从未发挥自己的作用；蔓延的官僚作风窒息了它在政策上的积极性，所以甚至这个政权本身也缺乏足以使它实现孙逸仙纲领目标的动力、献身精神和效率"，正如署名"天下"的作者责问重庆市地价税当局收不上地价税时所说"重庆市的地价税，问题如果不在征收制度上，那么一定跟征收技术有关系"②。另一方面，国民政府重视政治控制和社会秩序，"有时不得不勉强地迁就现存社会秩序的领袖，最显著的是地主和资本家"。而这些既得利益者亦是国民政府政权的组成人员和支持者，当他们反对征收地价税的时候，国民政府放弃推行城市平均地权的土地政策是显而易见的结果。如 1943 年重庆市开征地价税，预计征收 1000 万元，实际上只征收 300 万元。究其原因，地价税主管当局招待新闻界时说："大地主始则置诸不理，继则多方延宕，彼等类皆拥有权势，故殊难应付。"③ 台湾学者的评论颇反映了以上结论，"内忧外患频仍，缺乏良好推行环境，无知政客、地主又为一己之私利，蛮横阻挠……致使平均地权之理想，始终处于一种断续施行的起步阶段"④。

地政署也承认"地方豪强之阻挠"是土地税征收受挫的主要原因之一。由于土地税是以市地为征收对象，而城市土地一直没有租税负担，对于新税制的推行，一般民众"固多不明真谛，地方豪强以及大地主等，因对于其不利，每持势阻挠，如操纵报价，抗缴地税，致政令未能彻底执行，影响土地税之征收"⑤。这种情况可以根据 1942 年重庆市地价税征收看出端倪，重庆市

---

① 戴世光、鲍觉民、费孝通、伍启元：《现阶段的物价及经济问题》，《大公报》1945 年 5 月 20 日，第二版；及该文的续，载于《大公报》1945 年 5 月 22 日，第三版。

② 天下：《重庆市的地价税》，《人与地》1943 年第 4 期。

③ 同上。

④ 陈郁芬：《都市平均地权实施绩效之评估》，台湾成文出版社 1981 年版，第 1 页。

⑤ 张肩重：《土地税务实》，财政部直接税署印行，1946 年 8 月，第 127、128 页。

旧市区有十二个区组成，翻阅档案得到第一、二、五、八、九、十这六个区
的当年征收地价税情况，虽然不是全部，但也可以说明些实情（见表 5-13）。

表 5-13　　　重庆市第一、二、五、八、九、十区地价税征收情况　（户，元）

| 区别 | 交税户 | 欠税户 | 缴税额 | 欠税额 |
|------|--------|--------|--------|--------|
| 第一区 | 1565 | 651 | 641710.06 | 420402.75 |
| 第二区 | 1463 | 929 | 630007.65 | 526311.47 |
| 第五区 | 75 | 21 | 38420.72 | 38070.33 |
| 第八区 | 473 | 1185 | 71332.56 | 219261.02 |
| 第九区 | 24 | 235 | 4530.92 | 68357.26 |
| 第十区 | 709 | 225 | 63057.04 | 112860.92 |
| 总数 | 4309 | 3246 | 1449058.95 | 1385263.75 |
| 百分比 | 57% | 43% | 51% | 49% |

资料来源：重庆市档案馆藏：《关于报送地价税、未收统计表上财政局的呈》，全宗号：0064，目录号：0008，案卷号：01196，第162、164、170、173、175、177页。

表 5-13 作为整体来看，43% 的欠税户欠税额占 49%，还是比较均
衡，反映不出其中的实质性问题。如果分开看，可以划分为两类：一类是
欠税户数占少数的区，另一类是欠税户数占多数的区。第一类包括第一、
二、五区及第十区；第二类包括第八区、第九区。那么根据这样的分类，
再建立表 5-14：

表 5-14　　　　　　　　　　欠税交税对比　　　　　　　　　（%，元）

| 区别 | 欠税户百分比 | 欠税额百分比 | 平均每户欠税 | 平均每户缴税 |
|------|------|------|------|------|
| 第一区 | 29 | 40 | 646 | 410 |
| 第二区 | 39 | 46 | 567 | 431 |
| 第五区 | 22 | 50 | 1813 | 512 |
| 第十区 | 24 | 64 | 502 | 89 |
| 第八区 | 71 | 75 | 185 | 150 |
| 第九区 | 91 | 94 | 291 | 189 |

资料来源：重庆市档案馆藏：《关于报送地价税、未收统计表上财政局的呈》，全宗号：0064，目录号：0008，案卷号：01196，第162、164、170、173、175、177页。

以上表 5-13、表 5-14 为笔者根据重庆市地价征收情况制定，第一
类欠税户占各区总户数最高的不到 40%，最低的 20% 强，而欠税额占

50%，其中第五区平均每户欠税为 1813 元。这样就可以看出一些问题了，即欠税者不是一般市民；即使是第二类，其欠税额所占比例也大于欠税户所占比例，平均每户所欠税额都大于交税户所交税额。从欠税缴税对比表可以看出，交税的一般都是地价值低的市民，譬如第十区平均地价税额为 89 元，欠税者的地价值往往都是比较高的，最高的如第十区的地价税平均每户近 2000 元，而且能够对抗市政府征税机关拒不交税，可见拥有市地价值高的土地所有者按照一般规律非一般市民，除非极个别特例，这样的结论大体不差：反对地价税者是"地方豪强"。

而上述各位经济学人对于国民政府过于着眼于将来经济建设实效的判断，从蒋介石本人态度亦能说明。早在 1941 年 6 月国民政府召开的第三次全国财政会议上，他已经关注到城市地政问题，指示"抗战到了现阶段的最重要的问题，第一个是财政问题，第二个是粮食问题，第三个是土地问题"。"实行土地政策，乃是中国今日要永远解决国家财政与经济问题最基本的政策。""现在我们所用的办法，是很简单容易的；这个办法，就是平均地权"，做到平均地权的四个办法即"申报地价、照价抽税、照价收买，和增价归公"。[①] 是年，中国国民党五届八中全会召开，在其决议案中有"抗战建国原则"，亦颇重视经济，即所谓"三分政治，七分经济"，其中一项是"为实现本党土地政策，应从速举办地价申报"。着实让地政工作者兴奋不已，张丕介在《人与地》杂志上发表短评"这一点是值得我们特别注意的"，因此地政学会建言献策，提出不少推行土地政策的方案，他们乐观地预测，申报地价是"党的固定国策了"[②]。

蒋介石"抗战胜利之日，更为推行土地政策之良机"[③] 之"训示"是土地政策不能于抗战时期切实实施的内中原因，似在情理之中。张氏的"在建国过程中，我们不贵乎有空洞的口号或决议案"真正成为一句谶语，而其"重在能决即能行，而且能照决议案从速举行"反而成为空话。

---

① 蒋介石：《怎样解决土地问题》，《中央周刊》1942 年第 4 卷第 21 期。

② 张丕介：《从速举办地价申报》，《人与地》1941 年第 7 期。

③ 张庭休：《我们应如何准备》，《人与地》1941 年第 4 期。张氏，国民政府时期历任教育部秘书、边疆教育司长。早在 1939 年，地政学会第五届年会的时候，蒋介石"莅临致训"，在训词里即提出"应知抗日力量之充实，有待于地力之开发者甚大，而抗战胜利之日更为彻底推行民生主义政策之良好时机"。参见中央社重庆廿二日电《地政学会五届年会讨论战时土地政策》，《申报》1939 年 4 月 24 日，第三版。

通过上述分析得出如此结论：由于既得利益者的反对，国民政府不能征收城市土地税，则大致不差。既得利益集团的形成是过去通胀及财富集中的结果，这个集团不但避免负担战费，而且用囤积垄断等各种方法促使物价加速上涨，借以增加他们的财富，① 正如《大公报》的社评：

> 在高物价之下，多数人疾苦少数人肥。这现象不但大大影响抗战力，而且也是大大的不公道。我们对这种现象，骂国难商人，恨投机家，其实更应该问问政府的努力如何？管制物价，制止通货膨胀，本有世界公认的特效药，这药并不一定苦，只是我们未曾认真吃。前几年的事可以不说了，今年财政部很振作，裁并机构，取消苛杂，说不叫好？只有一事不明，为什么不向有钱人征税而仍靠增加发行以弥补日月呢？英美的所得税可以征到百分之九十以上，而我们谁会感觉到所得税的负担？在这一点上，我们实在不愿歌颂政府的宽大，相反的，我们却应责备它太放纵了有钱人，而使国家财政受窘。
>
> ……春雨也许特别滋润大地主，使有钱人更有钱。……至于财富分配是否公道，国库收支与物价涨落，那都是人为的问题。②

最后，抗战胜利，国民政府还都南京，使重庆城市规模收缩，地价上涨与房荒不再凸显，征收地价税实际操作性降低。重庆市在抗战期间的大发展属于"畸形繁荣"，此论不虚。抗战以前，我国工商业偏重东南沿海，抗战时期，工厂内迁，到1940年为止，大后方重建起11个工业区，形成了以重庆为中心的工业体系，我国历史上"生产力布局第一次大调整顺利结束"。

但是，这个布局调整是在我国政治重心西移和战争经济的刺激下完成的，随着抗日战争的结束，这些条件已经不复存在，直接原因是国民政府"还都"南京和内迁工厂的复员。尤其是大量人口流回沿海地区，仅1946年头10个月，就有50万人离开重庆，其中湘桂迁渝各工厂91家返回原省，③ 学校等也决定于1946年暑假迁回原地。如中央大学迁回南京，交通

---

① 戴世光、鲍觉民、费孝通、伍启元：《现阶段的物价及经济问题》，《大公报》1945年5月20日，第二版。

② 社评：《春雨书感》，《大公报》1945年3月24日，第二版。

③ 本报讯：《湘桂迁渝各工厂请政府协助复厂》，《大公报》1945年10月3日，第三版。

大学迁回上海，复旦大学迁无锡，浙江大学迁回杭州，武汉大学迁回武昌，西南联大分别复校，其中清华、北大均迁回北平，南开大学返回天津，该校的师范学院仍然留在昆明改为昆明师范学院，北师大仍回北平改为北平师范学院，燕京大学回北平，金陵大学回南京，光华大学回上海。[①]

重庆市没有出现万国鼎、张丕介所担心的那样，通过抗战建国，在战后迅速发展，社会进步，致使地价飞涨，"防患于未然"的平均地权难以实施的局面；而是重庆等城市因为政府还都南京，人去楼空，城市规模收缩；更因为国内战争爆发，国统区经济凋敝，一直渴望实施平均地权且热心地政者们的梦想在大陆以如此下场而破灭了。

总之，重庆市在抗战期间，地政工作完成了第一步即明晰地权、整理地籍。然而国民政府把地政作开源手段，当地价税开征时，由于货币贬值，并没有带来明显效果；开征地价增值税，遭到既得利益者的阻挠；再加上国府东还，重庆市人口减少，城市规模收缩等因素，致使都市土地政策难以推行，平均地权目的无法实现。正如《大公报》对于城市地政的评价，"现所力行的土地行政，曰整理地籍，曰确定地权，曰调查荒地，曰评定地价等，都尚在解决土地问题的初步阶段，还未见很显著的成绩。而且土地行政的一部分也仿佛滑入了财政的目的，似乎有点轻忽了民生的意义。……由财政的到民生的，必须由土地税到土地增值税，这是一个要点"。对此要点的忽视，致使市地平均地权的土地政策"……与政府的无力照价收买，未能实现，同时则土地增值税不能顺利举办，遂使都市的宅地闲地，一任游资纵狂投机，莫知所届"。[②] 这是对 1942 年的国民政府土地行政的评价，而套用于评论抗战时期重庆市推行土地政策的地政工作，亦颇恰当。

## 第三节　土地投机的两面性

土地作为一种自然物，并非人类所创造，因而从马克思劳动价值论的观点来看，土地没有价值，因而不存在其价值的货币表现形式——土地价

---

① 本报讯：《内迁大学复校地点教部与各校会商最后决定》，《大公报》1945 年 10 月 5 日，第三版。

② 社评：《关于地政》，《大公报》1942 年 12 月 12 日，第二版。

格。然而，土地经过人类长期开发，已经不再是一块纯粹的自然土地，而是在各个时期都凝结着人类的劳动。在现实经济运行中，土地在交换活动发生之前，土地所有者或土地开发商为了改造土地性能而进行的投入称为土地资本，它属于固定资本范围。有的学者认为城市房地产因为城市基础设施的建设和地面建筑的营造，作为土地资本即固定资本的含义增大了，而作为自然物的含义则相对退到了次要的地位。因而房地产成为近代资本市场的重要追逐对象。拥有城市房地产意味着拥有生产要素中的一种重要固定资本，因而房地产业可以吸纳大量资金，实现社会再生产中的积累。[1] 上述观点主要是从房地产业投资性投机出发而下的断语。

一般来说，城市土地投机主要指的是房地产开发。土地投机表现为两面性，时人对于土地投机赌博性的一面深恶痛绝，认为是市地高涨的罪魁祸首，涨价归公直指土地投机；而房地产作为投资性的一面不可忽视。房地产是近代经济的支柱性产业之一，它的兴起和发展是城市化的一个重要方面。有的学者研究认为，东南沿海城市在中国近代化过程中所起的先导作用，在房地产业上有比较充分的体现，同东南各地"城市化进程呈明显的正相关关系，城市房地产的商品化成了城市区域功能分化的重要动因"。[2] 当然除了房地产业投资性一面在经济上的积极作用外，如果调整不力，投机性的一面即赌博性投机就会对社会经济起到消极作用。本节即对土地投机的两面性进行申述，从而对城市土地投机如何销蚀城市土地政策有所了解。

1944 年 3 月 5 日，立法院第二五七次会议通过了《战时征收土地税条例》，该条例确定规定地价就是《战时地价申报条例》内所称的申报地价，土地税包括地价税与土地增值税。该条例明确说明，地价税由县市土地税管理机关征收，地价税按照规定地价并累进税率办理；土地增值税照土地增值的实数额计算，在土地所有权转移时征收，土地增值总数减去免税额，是土地增值实数总额，其免税额由各省市主管机关与省市政府协商按照各省市经济状况拟定。[3] 如前所论，国民政府对于土地

---

[1]　张仲礼主编：《东南沿海城市与中国近代化》，上海人民出版社 1996 年版，第 391 页。

[2]　同上书，第 374 页。

[3]　中央社讯：《战时征收土地税立法院会议通过条例》，《大公报》1944 年 3 月 6 日，第三版。

增值税征收的范围、数额都是有限的，最高税率也不过50‰，如此是不能遏制土地投机的。这样明显背离涨价归公的土地增值税政策，是有国民政府自己的考量。早在战前，内政部就在关于制定《土地法》的相关"涨价归公"原则时比较纠结，该报告提出应注意两点：一、决定增价的成分，多少应归之于私人资本劳力，多少应属之社会自然进化；此事最难分别清楚，而又非分别不可。二、土地涨价是否以买卖行为而决定，或者规定经过若干年后重行评价一次？如果以买卖行为决定，则买主与卖主两方伙同舞弊，必定难达涨价归公之目的。①

可见，国民政府已经注意到涨价完全归公的不现实性，不过内政部只是注意"如果增价一概归公，又谁去用资本和劳力来改良土地"，还没有注意到"如果增价一概归公，又谁去买进卖出呢"，没有买进卖出，又何来之涨价？何来"金融界肯作抵押、尽量投资，经济上甚为流通"呢？又何来之"大宗收入"呢？

买进卖出，即1944年《战时征收土地税条例》规定的"在土地所有权转移时征收"，这样有必要分析土地投机问题。

## 一 赌博性土地投机：地价上涨的推手

关于土地投机的定义十分复杂，在一般人的观念中，投机是一个极混乱的字眼，它通常是和很大的风险、损失惨重的危险和贪图厚利这些概念联系在一起的，在对城市土地房地产投资方面，人们的指责往往就是这种想法。从亨利·乔治到达马·熙克，从孙中山到地政学会中他的追随者，一般都对土地投机深恶痛绝。

当然，如果买下城市一块空地而不加以建设的投资者，向使用者索价之高竟至使这块地皮产生收益的能力归于乌有的话，这种投资就是一种坏投资，即一种对社会无补、对合法投资者无助的投机；反之，一个投资者，如果他的索价使土地利用者仍然有理由希望从它的利用和发展中得到利润的话，这种投资就是一种好的投机——土地投资。

换言之，"坏的投资是和大风险或大赔大赚、纯粹的臆测、对公众和别人没有丝毫贡献这一切联系在一起的——我们一般观念里的投机；好的投资是以自由买卖为依据的经济制度中必要的一部分，是和合理的风险、

---

① 内政部报告：《解决中国土地问题之方法的研究》，《中央党务月刊》1930年第22期。

合理的盈亏、科学的预测、对旁人作出贡献这一切分不开的——我们一般称之为投资"。如果市地扩展是适应增加住房、工厂、商业地基的真正需要，那"它就是合理的"。①

时人认为都市土地问题最严重的表现为土地投机，而其本质为土地分配问题，"就都市言之，土地投机之现象，最为严重，人民住宅问题，亦系由此发生"。如果根本解决了土地的分配问题，"则投机者亦无所用其技矣"。② 张丕介亦声讨之，他说："土地投机为资本主义经济制度中最流行，而其作用最恶劣之现象；其在市政建设方面，尤为显著而深刻。"③

对于抗战时期大后方重庆等城市的土地投机问题，做出深入研究的是丘信，他认为任何商品的价格都随时随地发生着变化，土地一旦作为商品中的一种，其价格，亦必然变动异常。投机者利用地价的变动，垄断各种土地，操纵居奇，待价而沽，不顾社会的影响，只关心个人获得的巨额利润，因此造成了严重的土地投机问题。④

丘信归结土地投机的弊端，指出土地投机者常把有用的土地故意保留不用，或虽已经利用却没有达到合理的程度，等到人口增加、交通发达，社会日趋进步，地价逐渐腾涨，他们更把土地居为奇货，不费劳力和资本，只想坐获厚利。因此许多需要土地的人很难得到土地，唯有仰承土地投机者的鼻息。这种畸形的现象，阻碍生产的发展，"地尽其利"难于实现。土地本来是自然赐予人类的财富，也是人类一切活动的基本要素，任何人不能离开土地而生存。所以取得土地的欲望和权利，是每个人所具有的，但是，土地投机者将各种土地变为私人垄断的商品，"故意抬高地价，剥削社会全体，坐收巨额的不劳利益。以致土地兼并之风日烈，贫富差距悬殊，演变成土地集中资本集中"的现象，不能达到地权平均的目的。土地投机者常把许多宜于建筑房屋的土地垄断起来，居为奇货，故意不加建筑，任其荒废，以致房屋的供需失调，房租飞涨不已，造成房荒。大多数居民由于房租太贵，负担不起，势必纷纷迁往低廉的住宅，无力注意卫生，造成传染病的根源。土地投机者不劳而获，坐享其成，常常在很短的时间内变为拥资巨万的富豪。致

---

① ［美］伊利、莫尔豪斯合：《土地经济学原理》，滕维藻译，商务印书馆1982年版，第92、93页。

② 祝平：《土地政策要论》，文信书局1944年版，第49页。

③ 张丕介：《连云市土地方案纪要》，《人与地》1941年第13期。

④ 丘信：《我国现阶段的土地投机问题》，《人与地》1941年第11期。

使一般人民羡慕不已，跃跃欲试，甚至群起效尤，造成恶劣的风气。丘信得出结论："这种不事生产之寄生阶级——土地投机者——非但对社会福利毫无贡献，且促使多数人民之心理堕落。"①

随着国府西迁，土地投机的风潮也在重庆等后方城市风行，丘信分析道，"人民纷纷内迁，后方各城市人口，骤然增加"，这种现象在较大城市更为明显。例如重庆市，自从变成全国政治经济中心以后，人口增加迅速，还有其他城市如昆明、贵阳及成都等地，也有大批人口集中。许多土地投机者预料到重庆等城市地价，"必定因此日趋上涨"，于是"相率购置土地，垄断居奇"。他们大举投机的结果，不仅使重庆等城市的土地不能得到合理的使用，无法达到最高度的发展；而且引起了严重的房屋恐慌，使大多数居民和流亡群众难以找到适宜的安身之地。这些投机者确实大发投机之财，但"他们剥削了社会全体，而社会并不给他们任何制裁。显然，这种矛盾现象的滋生，自必酿成了可怕的社会病态"。②

不仅如此，丘信还预测"有许多其他新的交通新兴城市，由于贸易日趋繁荣而生产事业欣欣向荣"，也逐渐地变成抗战建国时期的大后方重要经济据点。"到时投机者云集"，使得需要土地的企业苦于无地。③ 他分析认为，土地投机者最巧妙的方法是当政府刚刚决定在某处建铁路、公路或者开辟新市区道路的时候，立刻在车站附近一带或沿线重要地区，大肆购买土地。等到铁路或者公路开始修筑或者完全建好之后，他们所占有的土地，就可以涨价数十倍或数百倍。④

丘信最后指出，"抗战以来，国府一面抗战，一面建国"，在西南大后方进行投资，改建后方交通状况。经过数年努力，西南各省"增加不少有价值的动脉"。而重庆市由于防范空袭，进行大疏散，"卫星城镇建设欣欣向荣，交通连接紧密"。但是，"不幸得很，大批的寄生虫——土地投机家——却乘这机会侵入这些动脉里面，实令人深以为忧"。⑤

对于土地投机的原因及其恶果，万国鼎认为土地自然增值，既稳且厚，因此常为投机垄断之目标，尤以新兴城市或新建区域为甚。投机盛

---

① 丘信：《我国现阶段的土地投机问题》，《人与地》1941年第11期。
② 同上。
③ 同上。
④ 同上。
⑤ 同上。

行，则地价经常发生人为的过分高涨，而土地容易操纵在少数豪右之手，往往不合理使用，"闲置待沽"；而需要土地的人或者企业厂矿则"求地而不易得，得亦必出重金以购之租之"。其结果一定会损害国民经济的发展。市政府要"常常进行公共建设，即使私人用地，亦宜于分区设计；但是土地为豪右控制，则设计改良受阻，而市政府兴工建设，购地又需要巨款"。因此，他呼吁道："全国正在积极建设，地价之涨必速，投机垄断问题，极为严重。惜常人不察，豪右不欲自限，土地增值税至今不行，遑论市地市有问题。然及今不治，而防患于未然，变害为利，一转手间耳。亟待谋国者之留意焉。"[1]

冀生也对土地投机深恶痛绝，他认为其恶果是造成房屋恐慌、妨碍都市计划、造成疾病死亡、阻碍产业发展、导致市民负担加重。总之，地产商人对社会"有百害而无一利"，如果不加以遏制，那么城市就会成为"一个赌博世界不止"。[2]

可见，时人把土地投机看作城市问题产生的根源，土地投机是一个阻碍城市经济发展、影响市民生活水平的"赌博"行为。

针对土地投机，冀生认为要加强管理乃至取缔，必须政府有决策及决心不可，他开出了解决的药方。其最根本的方法是征收土地税和土地增值税，以消弭投机动机，然后严格执行有计划的都市设计和土地征收。[3]

经过全国的土地调查后，国民政府土地委员会也认为土地投机使地价人为增长，地价与地租日高，妨害土地的合理利用，并侵取他人的正常收益。该委员会发现新兴的城市或新建设的市区，"投机尤易发生，危害更烈"。

由此，可以看出土地投机在当时被认为是弊大于利的行为，从丘信、万国鼎、冀生等地政专家到土地委员会，大都对于城市土地投机深恶痛绝。而其开出的解决办法不外乎"土地增值税应即实行，使涨价归公，投机无利而自止，以免资本家之操纵土地，防止地价之过分高涨，俾需地者有购置土地之较便机会，而公家所投之巨额建设费，亦得收回一部分，以更扩充其建设事业"。[4]

---

[1] 万国鼎：《中国土地问题鸟瞰》，《人与地》1941 年第 9、10 期合刊。

[2] 冀生：《南京市地产公司的初步调查和分析》，《土地改革》1948 年第 4 期。

[3] 同上。

[4] 土地委员会编：《全国土地调查报告纲要》，出版单位不详，1937 年，第 74 页。

## 二　投资性投机——社会经济的动力

关于土地投机的定义十分复杂，有的学者认为投机与投资存在本质不同，因为投机是一种建立在机会回报基础上的资本冒险，它与赌博一样，不关心事业成败，而投资是一种建立在科学、细致研究基础上的资本冒险。故投机可分为赌博性投机和投资性投机两种，后者是建立在自由买卖、合理风险、合理收益、科学预测的基础上。有的学者认为，土地投机者不应该包括那些从事小规模土地投机的小农，只有那些控制大片土地的投机者，才是真正的土地投机者。有的学者则强调，所有土地投机者皆为投资者，他们作为企业家的一种，在政府的土地上进行大规模投资。[1]

洪朝辉认为上述定义的共同缺陷是无法运用定量分析的方法，确定土地投机数量。如果无法对土地投机进行定量，就无从鉴定投机与非投机的界限，这样所有关于土地投机的定义，成了无法证伪或证实的文字游戏。因此他以为，土地投机应涵盖三大因素，一是土地投机的数量，二是占有土地的时间，三是土地所有者购买土地的动机。他给土地投机下定义为："土地投机者应被界定为那些买卖一定数量土地以上，控制土地两年以下，并希望在土地价格波动中获利的为卖而买的个人或集团。"[2] 关于第一个因素，可以排除一些小业主从事的土地投机，从而辨认出真正的投机者。例如城市一般业主如果只是买得房地一处，仅仅够一家居住；如果购置多套房产，显然很难使人相信是为了满足自己居住之用，其动机显然是为卖而买。关于第二个因素，原则上土地投机者往往希望尽快抛售手中的房地产，在最短时间内牟取利润。对此一般应该以两年为投机与否的时间界点，真正的投机者往往在两年内卖掉手中地产，而愿意长期拥有房地产的所有者，显然是安居乐业的一般市民阶层。关于第三个因素，真正的土地投机者是为卖而买，并经常购买超过自己消费和居住所需要的地产，他们并不希望通过地产管理来营利。

在一般人的观念中，投机是一个极混乱的字眼，它通常是和很大的风

①　洪朝辉：《土地投机与 19 世纪美国西部城市化》，王旭、黄柯可主编：《城市社会的变迁》，中国社会科学出版社 1998 年版，第 46 页。

②　同上书，第 46、47 页。

险、损失惨重的危险和贪图厚利这些概念联系在一起，在对城市土地房地产投资方面，人们的指责往往就是这种想法。当然，如果买下城市一块空地而不加以建设的投资者，向使用者索价之高竟至使这块地皮产生收益的能力归于乌有的话，这种投资就是一种坏投资，即一种对社会无补、对合法的投资者无助的投机；反之，一个投资者，如果他的索价使土地利用者仍然有理由希望从它的利用和发展中得到利润的话，这种投资就是一种好的投机——土地投资。换言之，坏的投资是和大风险或大赔大赚、纯粹的臆测、对公众和别人没有丝毫贡献这一切联系在一起的——我们一般观念里的投机；好的投资是以自由买卖为依据的经济制度中必要的一部分，是和合理的风险、合理的盈亏、科学的预测、对旁人做出贡献这一切分不开的——我们一般称之为投资。如果市地的扩展是适应增加住房、工厂、商业地基的真正需要，那它就是合理的。[①]

从洪朝辉的分析，再回到伊利、莫尔豪斯的《土地经济学》对土地投机的说明，并结合其他学者的论述，可以简单地把土地投机分为坏的投机即一般人眼里的投机，以及合理的投机即投资性投机。

时人们针对城市土地问题，往往责难于土地投机，基于"都市地价之高度的增涨，并非土地所有者投施劳力资本所致，乃由于都市人口增加及土地投机盛行等等原因而发生，故在土地所有者，则为不劳利得。今此不劳利得，仍归土地所有者个人所得，其为不当，莫过于此"[②]。这主要出于孙中山"涨价归公"的立论原理，即孙中山意欲依照征收增价税以达岁入增加，他说："地价定了之后，我们更有一种法律的规定。这种规定是什么呢？就是从定价那年以后，那块地皮的价格，再行涨高，各国都是要另外加税，但是我们的办法，就是以后所加之价完全归为公有。因为地价涨高，是由于社会改良和工商业进步。"[③]

在市地扩张中，经常有一个不确定的因素存在，原因是人类的判断难免发生错误和有关社会消息的不灵通。但是由于对人口的增加和移动、对反映住房、工厂和商用地基市场情况的价值变动趋势进行细致的分析，这

---

①　[美]伊利、莫尔豪斯合：《土地经济学原理》，滕维藻译，商务印书馆1982年版，第92、93页。

②　张森：《中国都市与农村地价涨落之动向》，《地政月刊》1934年第2期。

③　孙中山：《民生主义·第二讲》，赵靖、易梦虹编：《中国近代经济思想资料选辑》（下），中华书局1982年版，第117、118页。

个不确定的因素有可能减少并且正在减少。只要地产商人和地产业主能够采访并且利用这方面的更全面的消息，他们对社会需要所做的预测就会更准确，而且这些预测为基础的市地发展就会是投资而不是坏的投机。从经济历史发展的逻辑关系来看，土地投机引导资本的城市化走向，往往与城市建设在资本、土地、人口流动的交集点下，建立内在因果关系，是城市化的众多合力的一种，在促进城市土地、人口和资本三大经济要素的市场化流动过程中，具有经济杠杆和市场润滑的作用——是城市化建设中一大社会经济动力①。在民国时代，由于政府财政紧张，城市扩张必须主要依靠私人企业来完成，虽然大多数的土地投资都带有投机性质，但是若获得的利润，系由于对社会有贡献的话，这种投机就不是坏事了。上海在"一·二八"事变后，沪北房屋被毁面积达 120 余万平方米，价值在 4000万元以上，到 1933 年修复的也仅占 10%。这个事例就是对土地投机的过渡扼制，从而使市政建设停滞不前，"狃于目前之厉害，使得资本投诸于租界。……吃亏还在住户"。

　　利用涨价归公来消除土地投机并增加政府收入，这是政策设计者的初衷，可谓两全其美，但是实行的结果，从逻辑上分析，则会同样消除土地腾贵现象，那么政府如何"有一宗很大的收入"？政府的大宗收入，根据孙中山的设想是通过地价税、地价增值税实现的。如果把地价增值税全部征收，结果怎样？众所周知，土地所有者希望得到比他申报价较高的卖价，这样就可以得到申报价和卖价之间的差额或者差额的一部分。如果卖价高于申报价，而其不能得到任何利益，土地所有者何苦以高价卖出呢？从买方的角度出发，他也不会有购买的必要，因为他买入时，所付的价格比原所有者的报价要高，不仅有随时被政府以原所有者申报价收购之虞，而且假设将来有一天迫于某种原因出售其土地，则不管他卖价多少，凡超过原所有者之申报价的增加额，均以增价税而被征收，这两种情况（政府征收和政府征收增价税），结果都使买方有相当于申报价与买入价之间差额的损失。如此则既无高价出售者，也无高价收购者，那么就不会有地价腾贵之事，因此何来增价税的收入呢？本来平均地权"乃依课税的作用，来谋求土地分配平均之政策，可是如果实行涨价归公，而又希望地价腾

————————————

　　① 洪朝辉：《土地投机与 19 世纪美国西部城市化》，王旭、黄柯可主编：《城市社会的变迁》，中国社会科学出版社 1998 年版，第 62 页。

贵，诚矛盾之甚矣"。①

之所以产生矛盾，源于忽略了土地投机的另一面，即土地投机好的一方面——土地投资，还有对于金融流动和刺激土地开发的客观动力效能。人们在观察和理论中存在着不可避免的主观性，尤其针对经济现象——土地投机，其最大的障碍就是在于我们对周围世界的研究中所带入的主观性——这种主观性还带有强烈的价值判断。竞争性价格机制，允许从社会拥有的资源和技术中生产出最大量的产出，涨价归公是对获得有效率的竞争均衡所需的条件的严重限制，从而导致竞争性价格机制的被破坏，并因此带来无效率性。②"一·二八"事变后，沪北被毁房屋到 1933 年修复的仅占 10%，上海市政府拟复兴此处，可是问题比较复杂，据该市地产专家分析，认为该市地产在经济上，早在"一·二八"事变前已经不大流动，因为金融界不愿意做华界地产抵押，亦多不投资。最初原因，是在民国十四五年（1925、1926）时，孙传芳军队开到上海，将江湾一代房屋占住，而当时该地正处于房地产建筑繁荣时期，受此打击之后，该区无人投资；另一个原因，"华界住户自革命军来后，往往反抗业主，不照约交租，致令业主不能获得普通利息"，"迫使资本投之租界。租界捐税较重，地价亦高，所取房租自然加贵，岂不是吃亏还在住户"，上海市政府当务之急是要注意解决此种纠纷。③

显然在市场经济条件下，遏制土地投机并不必然带来城市土地问题的解决，作为投机者"业地产者之意见"则反对限制华界地价（不得比租界高）及控制华界房地产建设。他们以广州为例，"请看广州，何尝非一中国都市，长堤一带，地价与沪地租界相埒，其故则在金融界肯作抵押，经济上甚为流通也"。因此认为上海市政府，"欲扶助人民增加建筑，用意甚善，还要人民自觉，在住户不作无谓之争，在金融界提倡尽量投资"，那么该区土地问题则消失，复兴问题可以解决。④ 这些地产者的意见也有其道理，作为城市建设确实要全面地看待。"防止土地投机，征收

---

① ［日］吉田虎雄：《论国民政府之土地政策》，H 君译，《清华周刊》1929 年第 32 卷第 1 期。

② ［美］保罗·A. 萨缪尔斯、威廉·D. 诺德豪斯：《经济学》（上册），胡代光、余斌、张军扩、何振华、吴珠华、汪洪、田正育译，北京经济学院出版社 1986 年版，第 544 页。

③ 《业地产者之意见：沪北复兴与土地问题》，《地政月刊》1933 年第 2 期。

④ 同上。

地价税，使房子之供给量增加，这才是釜底抽薪的治本方案"①。显然，这种釜底抽薪的方案，把涨价归公的目的化解于无形之中。

可见，冀生分析得有一定道理，"由于地政机关态度的放任，所以投机者敢放手来作，肆无忌惮"②。一方面是市场投资的自由，另一方面政府要有所作为。一味把地价上涨归咎于土地投机，而不考虑国民政府的作为，是不能正确分析城市土地投机这一经济现象的。当然参与投机的多是地主、商人、权贵及各大地产公司，刚刚设立的"地政机关之放任态度"，也许是对于"既得利益"集团无力之故。抗战时期重庆都市土地投机已很严重，由于缺少相关材料，也只能根据其他评论对土地投机做一简单分析，从一个侧面对于抗战时期重庆市土地投机不能遏制、涨价归公难以实施有所了解。

土地税包括地价税和土地增值税两种，地价税属于财产税的性质，土地增值税按照国民政府的制定土地法原则，属于渐进施行"涨价归公"土地政策的措施。土地税的征收其前提条件须建立完善的地籍制度，使土地的面积准确，产权清晰且地价明确，然后才能发挥征收地价税的政策功能。抗战时期重庆市的土地征税、地籍整理及土地登记完成得比较顺利，地价明确，产权清晰。但是由于税率难以确定，土地法令不统一，土地税的征收受阻，加上抗战后物价飞涨，通胀剧烈，地价税失去征收的价值，土地增值税因为查估增值地价而存在很大困难，查估增值地价工作停滞不前，涨价归公难以实施，从而未能解决土地问题、实现平均地权的理想。

---

① 万国鼎：《中国土地问题鸟瞰》，《人与地》1941年第9、10期合刊。
② 冀生：《南京市地产公司的初步调查和分析》，《土地改革》1948年第4期。

# 第六章

# 土地政策与规划

民国时期，一般把城市规划称作"都市计划"，指城市区域内，"地形之上自然趋向，因势利导，加以计划发展，使市民在物质生活方面，能享受都市文明之安慰"。因此，这种计划多属于物质方面的，又称之为"都市物质规划"。①

后来，受西方"田园城市"理论及《雅典宪章》思想的影响，民国时期的城市规划理论出现了"社会计划"理念，与"都市物质规划"相对应，称之为"都市精神计划"。实施"都市精神计划"涉及城市土地政策的诸多问题，尤其是地价税、土地增值税政策。收购土地以达到市地市有、平均地权的政策，革除土地私有制度等；城市发展要符合"社会计划"，达到平均地权的目的，杜绝因城市土地问题引起的住宅、卫生、消防、风纪等问题，则"非实行市地市有土地法

---

① 邱致中：《战后全国都市更生问题》，《大公报》1944年3月9日，第三版。国民政府时期城市规划相关研究颇多，如牛锦红《民国时期（1927—1927年）城市规划机制探析》，《城乡规划》2011年第9期，该文对于相关法律制度建设涉及颇多。王辉：《民国城市规划界对田园城市理论的理解与运用》，《山东社会科学》2012年第7期。该文阐述时人对田园城市理论有着非常精准的理解和认识，指出田园城市理论并不是一种"物质导向的"花园城市，而是解决城市土地，建成社会城市群，并积极在城市规划上付诸行动。笔者对于抗战时期重庆市城市规划的论述，也是以城市土地政策为切入点来探讨，而且这也是时人颇为关注的一个问题，邱致中的《战后全国都市更生问题》一文，清晰地显现当时的市政专家已经敏锐地抓住了城市土地问题。何刚《民国时期中国新型市政学者的城市规划思想研究》，《乐山师范学院学报》2008年第9期，该文对于城市规划在民国时期的概念界定有相当的研究。他认为时人多以"都市计划""都市设计""都市规画""城市设计"来指称现在我们所说的"城市规划"。他也认为，民国时期的市政学者已经提出城市规划应该向物质性和社会性并重的方向发展，强调城市规划的社会功能和对于国家进步的作用。马万利：《田园城市理论的初步实践和历史影响》，《浙江学刊》2005年第2期，该文从田园城市理论的缘起到发展的几个阶段及影响进行探析。

不可"。①

土地问题不解决，严重阻碍城市发展。城市土地问题与其他社会问题互为里表，地政工作是市政工作的基础，"地政为仁政之基"。不进行地籍整理，市政中的城市规划只能是空中楼阁；没有城市规划的市政建设又往往造成更多的社会问题。国民政府希望通过以平均地权为目标的《土地法》的实施，达到消除土地投机、分散地权、增进城市建设、提高市地利用、确保地利共享、改善人民生活的目的。地政是市政及城市规划的基础，也是联系城市土地政策与城市规划的关键环节。

# 第一节　20 世纪二三十年代重庆城市规划

## 一　近代西方城市规划理论

自从城市出现以后，就面临城市建设和发展问题，而城市建设和发展涉及经济发展、居民生活、生态环境、文化遗产等各个领域，问题错综复杂。要妥善解决城市所面临的各种问题，必须把城市用地布局和各项建设活动纳入统一的规划，实施统一的规划管理以保证城市的合理发展。城市规划是城市发展的基础性工作，也是城市管理的一项重要内容。②

所谓城市规划，就是根据一定时期内城市的经济和社会发展目标，确定城市的性质、规模和发展方向，合理地利用城市土地，协调城市空间功能及进行各项建设的综合部署和全面安排。也可以说城市规划以城市的自然、地理和社会情况为基础，是城市政府制订的一定时期内城市发展的计划和各项建设在空间上的综合部署，是城市各项建设工程设计和管理的依据。而城市计划则是城市行政管理机关用来指导、组织、调解的监督整个城市的各项建设事业，以及各部门、各行业、各个企事业单位生产经营的一种管理手段。③ 城市规划是指导城市发展的总蓝图，是保证城市土地合

---

① 邱致中：《战后全国都市更生问题》，《大公报》1944 年 3 月 9 日，第三版。《战后全国都市更生问题》（续），《大公报》1944 年 3 月 11 日，第三版。

② 王佃利、张莉萍、高原主编：《现代市政学》，中国人民大学出版社 2011 年版，第125 页。

③ 隗瀛涛主编：《近代重庆城市史》，四川大学出版社 1991 年版，第 560 页。

理利用，实现城市经济、社会、环境协调发展的必要条件，也是搞好城市建设和城市管理的依据，在城市建设和发展中，城市规划总是处于"龙头"地位。①

19 世纪以前的欧洲各国城市政务，只限于工务一项，如城堡的修筑、教堂和市政厅的改建等，而对于其他城市事务多搁置不问，致使市政腐败。② 19 世纪以来随着工业革命和城市化时代的到来，社会日益复杂化，英国、法国、德国、美国等国家进行了市政体制改革运动，美国作为后起国家，在 19 世纪末 20 世纪初也继上述国家之后进行了市政改革运动。这些国家市政改革的内容主要表现在市政体制的改革与市政范围的推广两个方面。随着城市规模的扩大，城市问题也逐渐浮出水面，有关城市规划的理论不断涌现，给当时的城市建设提供了理论依据。

实质上，随着城市物质建设的发展，逐渐关注人、关注人的居住环境，进而关注城市发展过程中公平的实现。随着城市化步伐的加快，城市地区被破坏的范围也随之加剧、加大。在城市化背景下，人们面临的不仅有原来的社会分裂，还有这些分裂日积月累的环境后果和社会后果："景观破碎、城市区域划分杂乱无章、许多地区疾病流行、许多地带凋敝萧条、一模一样而绵延数里的贫民窟等等。这些景象日渐侵入大都市的外围地带，与当地尚未成型的郊区日益融为一体。一言以蔽之，这些都是人类文明进程中的大流产、大失败。"③ 这一时期的城市规划理论开始关注由于工业化带来的"城市病"，比如环境污染、交通拥挤、城乡差别等问题，从城市空间设计、布局以及空间的扩展等方面来规划城市。正如刘易斯·芒福德所说，"从 1914 年开始，日益增多的灾难已经为人类造就了自己的思想家，一定要促成一些建设性的改革，要在全新的人性基础上重新建造人类世界"。④

---

① 王佃利、张莉萍、高原主编：《现代市政学》，中国人民大学出版社 2011 年版，第 125 页。

② 赵可：《市政改革与城市发展》，博士学位论文，四川大学，2000 年。

③ ［美］刘易斯·芒福德：《城市文化》，宋俊岭、李翔宁、周鸣浩译，中国建筑工业出版社 2009 年版，"导言"第 7、8 页。

④ 同上书，"1970 年版前言"第 10 页。

在西方城市化运动中，公共卫生①、环境保护及城市美化始终贯穿其中。在此背景下，英国社会学家霍华德总结历史教训，于 1898 年出版了《明天：通往真正改革的和平之路》一书，针对当时大批农民流入城市，造成城市膨胀、居住紧张、生活恶化的实际，提出了"田园城市"的理论。该书 1902 年修订再版，更名为《明日的田园城市》，霍华德因此成为现代城市规划的开山鼻祖。②

该理论目标在于解决工业化阶段城市化的所有缺陷，包括城市空间、社会和政府管理的弊端。重庆市抗战时期，财政局土地科在所进行的城市土地整理时颇推崇田园城市理论，在《关于拟定陪都土地整理方案原则的提案》中认为，在世界上曾经的以大城市而自豪的时代成为过去，限制城市的"城市乡村化"观念代之而兴。③ 不过该理论对中国影响有限，城市追求"高、大"明显是主流，而田园城市往往有落伍之嫌。

1922 年，英国伦敦规划委员会总顾问昂温受"田园城市"理论的启发，提出了"卫星城市"理论。"卫星城市"理论希望用这种规划模式达到疏散城市人口、控制城市规模的良好愿望。重庆市建设卫星城镇，以及为应对日机轰炸而进行的疏散实践与该理论颇合。1929 年，美国规划师佩里首先提出"邻里单位"概念，主张以城市干道所包围的区域作为邻里单位。20 世纪 30 年代，该理论开始在美国盛行，它摒弃了过去将住宅规划从属于道路划分的居住规划思想，而是主张以小学生上学不穿越交通干道为邻里单位人口和用地规模的标准，邻里单位内配置各类居民生活必需的服务设施，邻里单位内采用尽端式道路系统，限制外部车辆穿越，居住房屋的布局应有最佳朝向和合理间距。佩里提出的"邻里单位"理论

---

① 对于城市卫生关注的西方城市规划理论，对中国的影响几乎是同步的，1915 年《大中华》杂志第 10 期登载吴德亮的文章《都市之卫生》，该文就"街市之三式""道路""街市房屋之高""都市与公园""都会与自来水"等问题探讨城市规划问题，最后落脚点在"都会与污水"，提出"通都大邑，人烟稠密，工商繁兴，舟车辐辏，于此而欲谋居民之健康，则其卫生较之乡村，尤宜注意"，而所应该注意的是"居室工场茶肆酒楼所生之污水与渣滓，以及烟突所出之煤烟，道路所生之尘埃。凡此等等固体液体气体之不洁物，皆足以污秽都市之土地空气及水而直接妨害吾人之健康"。

② 参见仇保兴《19 世纪以来西方城市规划理论演变的六次转折》，《规划师》2003 年第 11 期。

③ 重庆市档案馆藏：《关于拟定陪都土地整理方案原则的提案》，全宗号：0053，目录号：0029，案卷号：00300，第 32、33 页。

成为城市规划中设计居住小区的指导思想。

在城市规划的发展历程中，具有里程碑意义的是《雅典宪章》。1933年，国际现代建筑协会在希腊雅典召开会议，讨论通过了第一个国际性的城市规划大纲，称为《雅典宪章》。它综合反映了当时各国城市规划理论的最新成果，成为城市规划理论史上一个重要的里程碑，《雅典宪章》是这个时期最具代表性的城市规划理论成果，标志着近代城市规划理论走向成熟。[1]

这一时期的理论是理性主义的产物，但是存在很大的问题，把城市整体搞得支离破碎，城市总规划与分区规划割裂，功能分区截然分明。按照邱致中所说，整个城市分成物质的七个区域，即工业区域、商业区域、住宅区域、文化区域、行政区域、军事区域及市门区域，再配合以道路系统、交通规划、公共建筑规划，上下水道设施、火葬场及公墓、屠宰场及家畜市场的规划等。[2]

简单的"物质"分区使其成了有纪律和技术美的机械社会、居住机器，否认了人类活动要求流动的、连续的空间这一事实。同时规划对城市的认识停留在纯粹的物质空间，而对丰富多彩的社会现象不予理睬，认为城市规划是扩大了的建筑学，是家具的放大，家具放大就是房间，再逐一放大就是建筑、小区，最后就是城市。但是城市作为人的居住环境，与简单的物质空间有着质的区别，影响家具的因素是有限的，而影响城市作为人的居住环境的因素却是无限的。这也是导致至今规划学认识和解决手段不足的重要原因。最后使规划与城市现实相脱离，城市规划要解决的实际问题是活生生的城市社会。实践证明，城市规划本质上是价值判断，是具有浓厚政治色彩的过程。城市规划的实施，必然涉及各方利益，如何处理这些利益，就是政治。理性主义的极致，使其因为纯粹意义上的科学不能分析价值判断、社会文化、历史因素和大众心理等因素。美国20世纪三四十年代起掀起城市中心美化运动，其目的是改造和美化城市中心，消灭贫困，但最后变成了"消灭穷人"的运动，拆掉了穷人赖以生存的聚居区，却没有为他们提供住房和就业，使许多人流离失所，造成很多城市的

---

① 详见李矫镐《近现代西方城市规划理论对中国城市化进程的启示》，《榆林学院学报》2008年第6期。

② 邱致中：《战后全国都市更生问题》，《大公报》1944年3月9日，第三版。

反抗运动。①

显然旧有的规划理论，并不能解决城市的社会问题。正如邱致中所倡议的，要注意城市"精神规划"，他建议国民政府修改《都市计划法》，在第二编改为"都市精神计划"，② 其对于当时世界上城市规划的发展趋势把握得相当准确。而邱致中的倡议，反过来说明民国时期都市规划仅仅偏重于城市物质层面的计划，从而使孙中山所强调的平均地权的城市土地政策被束之高阁。

谭炳训对于城市规划从三个角度进行说明，第一，"市计划法"及其附属规章的制定，作为以后市政发展的指针；第二，市政工程常识的宣传；第三，是财政制度与土地政策的确定。他认为在财政制度上学习美国的市经理制，并推行平均地权的土地政策，土地收益是城市最大的财源，应该收归政府，根据平均地权的理想，制定都市土地政策实施纲领或土地法及其实施规则，早日公布，以杜绝土地投机之风，为市财政确立一个最基本的来源，同时可以免除将来城市土地困难。因此，整个城市规划应该以平均地权的土地政策为基础，关注城市建设的中坚分子——"坚强敦厚的人民的日常生活——居住、饮食、健康与工作效率"，这些又全靠"市镇的道路、沟渠、饮水、灯光和一切施政设施与市政管理的良好与否"。③谭氏的见解与邱致中一致，在土地政策解决的基础上进行"物质规划"与"社会规划"。

19 世纪后期是西方都市计划理念和城市规划科学融入中国时期，20世纪二三十年代的市政运动进行了热烈的探讨和实践，最早的是上海特别市政府制定"大都市建设计划"对上海开发进行规划，而民国政府更是在 1939 年颁布了《都市计划法》，这些实践均表明当时城市规划思想发展达到了一定程度。近代中国城市规划思想的转型，主要体现在由传统的注重礼制与城市功能分区而为注重生态环境的开放化和新城市空间的出现（公园、公共绿地、市民广场）、城市道路系统的完善及交通工具的近代化。④

---

① 仇保兴：《19 世纪以来西方城市规划理论演变的六次转折》，《规划师》2003 年第 11 期。

② 邱致中：《战后全国都市更生问题》，《大公报》1945 年 3 月 9 日，第三版。

③ 谭炳训：《战后我国之都市建设》，《大公报》1943 年 9 月 21 日，第三版。

④ 贾彩彦：《近代上海城市土地管理思想（1843—1949）》，复旦大学出版社 2007 年版，第135—137 页。

## 二　20世纪二三十年代的市政改革运动对重庆市的影响

在19世纪末至20世纪30年代之间，我国近代城市化经历了一个快速发展阶段。清末民初二十余年间随着近代城市化的启动和发展，市政建设以租界和外国在华使馆区为城市建设模式学习榜样是当时我国沿海沿江开埠城市的发展取向，并伴随着以地方自治为核心内容的政治民主化要求。从晚清开始，上海、天津、武汉等重要城市的地方行政管理体制由城乡合治向城乡分治演变，已经逐渐建立起市政公所、自治公所等各种名称的城市管理机构，创办警政、工务部门等新式机构，步入近代化历程。但是"我国各地城市的混乱、卑污状态，简直是无市政可言，又何怪其文化日趋于衰落呢？所以我们若要改造中国，非把各处的城市改造，使多数人民，都改变其乡村化而归于城市化不为功"①。

地方行政体制的变动仅在少数沿海沿江城市、开放商埠表现较为明显，在地域上呈现很强的不平衡性；这些市政机构还不能称为近代意义上的城市政府，只不过是近代市政机构的雏形和萌芽，独立城市政府的建立已成为20世纪20年代中国城市行政近代化的发展趋势和客观需要；而且城市政治体制变革的程度也不能适应近代城市发展的要求，建立在农业社会基础上的城市市政与工业社会的城市经济发展越来越不适应，城市管理模式的转型已经势在必行。②

总之，20世纪20年代，怎样解决自治过程中的弊端，将城市建设和城市自治运动进行下去，强化城市管理、完善城市基础设施，建立一种具有新的现代意义的市政管理组织制度，已经成为中国城市发展的当务之急。

欧美20世纪的市政体制改革很快就引起近代中国人的关注和重视。特别是20世纪20年代，一批具有留学美国经历的知识分子更是不遗余力地积极介绍和宣传美国的市政体制改革知识，希望借鉴美国的成功经验在国内改革市政，推进城市自治，最终达到改良全国政治、建立民治国家的目标。在他们的宣传和号召下，美国的市政体制改革运动成为诱发中国加年代市政改革运动的重要因素，并且深刻影响着中国国内20年代的城市

---

① 陈剑如：《序二》，《广州市市政报告汇刊》（1924、1925年合刊），1926年，第3页。
② 赵可：《市政改革与城市发展》，博士学位论文，四川大学，2000年。

观念和城市发展。"中国在 20 世纪 20 年代也被卷入到这场世界性的市政改革运动浪潮之中，国内的市政发展开始发生转折性的变化。"①

　　美国学者司昆仑认为，杨森"市政"（City Administration）的思想来源，一个是 20 世纪 10 年代的北京市政理念，另一个则来自孙科在广州进行的市政改革。② 她认为中国的市政运动开始于 20 年代的早期，那些出国留学生回国后，在北京、上海等城市的大学里建立了相关学术研究机构，有关市政文章登载于这一时期的许多种刊物上，其中的广州因孙科担任市长，并进行了实际的市政改革，《广州市市政公报》上登载了许多相关文章。无论是报刊还是北京、广州的市政公报（除了介绍各自城市的市政工作），也介绍许多外国的市政情况。因此，20 世纪二三十年代的十年期间，每个省的城市都受到了影响并发生了结构性的变化，这些城市也包括西南的重庆、成都等市。③

　　20 世纪 20 年代，重庆市、成都市政结构有所变化，反映了南北两个政治中心对西南的影响。司昆仑研究认为在 20 世纪 20 年代早期，北洋政府与广州的国民政府都积极争取四川，而四川也接受南北两个政府指导。④ 近代自有市政以来，始于京沪，继于滇粤，市政组织已渐渐遍于通商大埠，只是彼时均各自为政，各有特色。但是，总体上以 1914 年成立的京都（北京）市政公所为范例，⑤ 以 1919 年北洋政府颁布的全国性城市组织法规为原则。成都地方官员似乎至少名义上遵守中央法规，1921

---

① 赵可：《市政改革与城市发展》，博士学位论文，四川大学，2000 年。

② 冯百砺：《序二》，《广州市市政报告汇刊》，1923 年，第 1、2 页。陈剑如自豪地指出："在中国城市的当中，比较有完密组织的，算是广州市了。自从民国十年改组市政厅后，虽然是变乱纷争，可是马路的开辟咧，卫生的注重咧，警政的改善咧，无不依次举办，又何怪中国南部的精华尽聚于是呢？又何怪乡村的人民都乐趋于城市呢？"[陈剑如：《序二》，《广州市市政报告汇刊》（1924 年、1925 年合刊），1926 年，第 3、4 页]

③ Kristin Stapleton, *Civilizing Chengdu-Chinese Urban Reform*, *1895 – 1937*, Published by the Harvard University Asia Center and distributed by Harvard University Press Cambridge and London, 2000, p. 230.

④ Ibid. .

⑤ 史明正亦认为，京师警察厅（民国初年乃此名称）直接隶属于内务部，成为事实上的地方管理机构，在中国其他城市如四川省省会成都，也开始出现类似的地方警察机构。参见 [美] 史明正《走向近代化的北京城——城市建设与社会变革》，王业龙、周卫红译，北京大学出版社 1995 年版，第 29 页。

年刘湘在成都设立了市政公所；1922 年邓锡侯改重庆商埠督办为市政公所，显然受北京政府的市政理念影响；[1] 正如成都市第一个市政工程即开辟中央公园之举，在成都主政的杨森也积极模仿北京。从 20 世纪 20 年代早期兴起，并在 1928 年前后达到顶峰的市政改革运动[2]对西南也有影响，1926 年，刘湘控制重庆，改市政公所为商埠督办公署，1927 年改为市政厅，1929 年正式设置重庆市，与此同时成都市政府亦成立。以 1920 年《广州市暂行条例》为范本，从市政组织的建构到市政建设的具体铺开，许多都以广州为模范城市。[3] 之所以如此，是由于广州开创了一种较为优良的适合地方上的组织制度，认识到"市政组织制度，为办理市政之基础，制度不良，难望市政办理稍有成效"[4]，广州市制从形式到本质都更加具有近代化表征，适应于当时整个时代发展潮流，"我更希望从此我国城市生活开辟一新纪元"。[5]

上述认识从市政运动线性发展上看，大致不差。考察 20 世纪 20 年代重庆市政，市政建设仍然停留在市政公所时期的拆墙筑路和建立公园，任务单纯，规划欠于健全。1922 年，成都的一家报纸在报道南充市政成绩时，该报记者眼里的理想市政仍然是"推到城墙、建设城市道路、在市中

---

① 在内务总长朱启钤的提议下，1914 年北京成立了京都市政公所，这也是北洋时期负责办理市政的正时机构名称的开始。1919 年，北洋政府又颁布了全国性的城市组织法规，从而使这一体制得以实行。

② 对于这次市政改革运动，学者们的观点有分歧。赵可指出，从 20 世纪 20 年代初期开始，随着地方自治运动的再次勃然兴起，市政问题被重新提出，市政管理体制的根本性变革首先在广州发生，并由此揭开了中国 20 世纪二三十年代市政改革的序幕（赵可：《市政改革与城市发展》，博士学位论文，四川大学，2000 年）。涂文学则认为 20 世纪 20 年代末 30 年代初，由一批市政学家倡导，各级政府主导，政界与学界互动，旨在推动城市现代化的"市政改革"运动在中国兴起（《近代"市政改革"：影响 20 世纪中国城市发展的历史性变革》，《学习与实践》2009 年第 9 期）。而司昆仑认为这场在留学生倡导下的市政改革运动顶峰在 1928 年，可见她不认为开始于 20 年代末（Kristin Stapleton, *Civilizing Chengdu-Chinese Urban Reform*, 1895 - 1937, Published by the Harvard University Asia Center and distributed by Harvard University Press Cambridge and London, 2000, p. 230）。

③ 陈晶晶：《中国市政组织制度的近代化雏形——〈广州市暂行条例〉》，《中山大学研究生学刊》（社会科学版）1999 年第 4 期。

④ 董修甲：《市宪议》，商务印书馆 1935 年版，第 17 页。

⑤ 陈剑如：《序二》，《广州市市政报告汇刊》（1924 年、1925 年合刊），1926 年，第 4 页。

心建立模范街市"。① 所有这些仅仅是公共建设项目，而且这一时期的市政理念基本都是基础建设导向型。

强调公共建设的理念，可以追溯到 1921 年在上海成立的中华全国道路建设协会。该协会认为管理城市，应该加强市内、市周围道路建设以及城市间的公路修建，一个健全的城市公路交通网是 20 世纪早期城市现代化的标志。正如孙科对广州市市政公所十年建设的批评，"近十年来，通都大邑，间有提议兴办市政者，亦只徒具雏形，未遑深造。拆一城圈、辟一马路，市政改良，不过如是而已。至于市制之设置，市法之规定，拆城筑路外，其他市政计划之采行，均付阙如"②。

但是，无论是孙科批评的市政模式，还是他本人在广州倡导的市政新模式，都很少涉及城市社会福利以及大众的参与，对于他们来说，城市一直主要是由通过严格培训的专家来设计、构建和管理。③ 这些城市的市政改革显然还没有受到当时世界上的城市规划理论影响，多在市政组织机构及制度建设上下功夫，市政建设一般仍然延续旧有传统，处于修桥补路阶段。

重庆在市政建设方面以 1928 年前后为分界点，分别由市政公所一改为市政厅再改为市政府。显见北京市政模式及市政运动的影响，进而又反映出我国政治形势的变化，即随着北伐的胜利进军，西南拥戴的"中央"亦由北京转向南方的广州，后为南京。因此，广州市政模式最终取代北京的市政模式，"国民政府之宇下者，有湘鄂赣川黔诸省，咸欲乘时展拓市政。远承各同志不弃，以吾广州市为老马之先导……为全国之借镜，改良吾国市政之一助尔"④。当时一位《大公报》记者如是说："革命军（指北伐军，笔者注）新定湘鄂赣闽诸省，把数年来蜷伏一隅的革命势力推广到长江流域，同时广州市的市制亦随革命军进至中原诸地，广州的声名日

---

① Kristin Stapleton, *Civilizing Chengdu-Chinese Urban Reform*, *1895 - 1937*, Published by the Harvard University Asia Center and distributed by Harvard University Press Cambridge and London, 2000, p. 231.

② 孙科：《序一》，《广州市市政报告汇刊》，1923 年，第 1 页。

③ Kristin Stapleton, *Civilizing Chengdu-Chinese Urban Reform*, *1895 - 1937*, Published by the Harvard University Asia Center and distributed by Harvard University Press Cambridge and London, 2000, p. 233.

④ 孙科：《序一》，《广州市市政报告汇刊》（1924、1925 年合刊），1926 年，第 1、2 页。

见其大，这是非常荣幸。"① 西南与"中央"的联系相当密切，动乱的四川并不是与世隔绝，"中央"稍有风吹草动必在四川荡起层层涟漪。

考虑到20世纪20年代中国社会的复杂性和多歧性，南北分裂，大西南的四川一方面动乱不已，另一方面主政军阀又时刻与中央政权保持联系以确定自己的正统地位。如此，对于重庆市政的考察，如果了解市政发展及四川与"北京""南京"政局关系变化的背景，就比较易于理解重庆市政的状况、城市地政及城市规划的缺失原因，进而使我们更能深刻地了解历史。

### 三　20世纪二三十年代重庆城市建设特点："都市物质计划"

抗战前十年，重庆市城区建设成绩，是在城区内主要地段兴修马路，整理交通。但是，公路没有形成系统，缺乏环城路，贯通市中心的主干道仅一条而已，其他各线线道分歧，宽窄不一；而江北、南岸沿江尚无公路，水路之间缺乏联络线。笔者以为，这一切皆与缺少城市规划有关；而合理的城市规划必须以土地行政为基础，即对于整个城市土地面积、土地利用状况、土地地权等状况的翔实了解，城市各种规划才可以顺利实施。

有学者研究认为重庆市酝酿设市之初即提出过《重庆市政计划大纲》，潘文华任商埠督办后制订了各项建设重庆的计划，以后历届政府都比较重视城市建设计划。但从宏观上看，在近代重庆的发展中，从20世纪20年代起就缺乏一个总体的规划，② 此论大体不差。现以考察重庆市建市以来市政组织机构来说明重庆市战前十年规划情况以及带来的影响。

1927年11月，重庆商埠改为重庆市，改督办公署③为市政厅，潘文华为市长，④ 市长以下设财政、工务、公安、民生四个局，总务处、土地经理处、江北办事处三处及秘书长；财政局下设经理、稽征、会计三科与市金库，工务局下设管理、工程、公用三科，公安局设总务、行政、卫生三科及督察处、审判所，民生局设工商、公益两科。土地经理处下设总务、测绘两科。相比较商埠公署，添设了土地经理处，以迁坟事务所并入

---

① 《十六年元旦的广州市》，《广州市市政公报》1927年第244期。

② 隗瀛涛主编：《近代重庆城市史》，四川大学出版社1991年版，第560页。

③ 详见陈思红《新重庆》，中华书局1939年版，第1、2页；重庆市政府秘书处编《九年来之重庆市政特刊》，出版单位不详，1936年10月，第12页。

④ 同上。

该处。① 从这些事务中可以观察到，随着市政建设的拓展，尤其兴修马路，必然与地政相关，但是土地经理处设置不是主动设置，而是随事增添，还没有认识到地政与城市规划的关系，只是由于要修路迁坟而临时增加。

1928 年，国民政府公布《市组织法》。根据该法，城市分为特别、普通两种市制。潘文华召集各局处长与市参议会各参事开联席会议，讨论重庆市的市制，"金以为本市为西南重镇，商务繁盛，人口日增，虽暂时人口尚少于特别市第二项之规定不符，然比照第三项有特殊情形一节尚合"。1929 年 2 月，正名为重庆市政府，重庆正式建市。市政府成立后，内部组织逐渐扩大，并对组织机构进行了调整，其中改土地经理处为土地局，下设总务科、测绘科，但是不久土地局撤销，事务并入财政局设土地科（为其经济科、稽征科、土地科三科之一），土地局局长陈志学调入财政局任局长，土地局的局务皆并入财政局。② 可见，对于地政的关注并不是为了城市规划及城市土地政策的推行，仍然停留在增加税源这个层面。

即使有城市规划，也不过是停留在拆城墙、开马路、建公园而已。不清晰城市土地面积、地权地用的实情，地价税、土地增值税、土地征收、土地重划等工作的开展不会有成效，甚或无从开展。随着城市发展，缺失地政的城市规划，只能更加刺激土地投机，往往参与土地投机之人多是官界要人、军阀、大商人，加大城市中的贫富分化。正如邱致中所担忧的：只有城市的物质规划，缺少社会规划，从而难以推行都市土地政策，使城市在发展过程中不能实现社会公平，造成更加严重的社会危机。

显然，20 世纪 20 年代晚期开始的重庆市新市区拓展，仅就城市道路作过规划，缺失基本地政工作。其既有的"物质规划"中，诸如城市功能分区、排水绿地、土地利用、住宅等都没有详尽的规划，城市建设总体来说处于无序成长状态。没有地政工作的开展，城市规划无从谈起，反而使有计划的开路、修公园更刺激了土地投机，使民生主义的城市土地政策无法执行，城市土地问题严重，造成社会危机。

20 世纪 30 年代初期，重庆市开辟新市区，并有建设"新市区大计

---

① 陈思红：《新重庆》，中华书局 1939 年版，第 2、3 页；重庆市政府秘书处编：《九年来之重庆市政特刊》，1936 年 10 月，出版单位不详，第 17、18 页。

② 重庆市政府秘书处编：《九年来之重庆市政特刊》，1936 年 10 月，出版单位不详，第 13、19—23 页。

划"，在其区域内定有"干支各路、停车场、公园、园林、码头、堤路、菜市、公厕以及其他特种建筑与设置，在在均关重要"，而新市区民众建筑房屋"多未呈报查勘，任意修建"。① 可见，重庆市的城市规划还是处于无序阶段。

新市区民众为何建筑房屋随意，且多未呈报查勘？一般民众建筑房屋未有呈报，一方面可能沿袭习惯，本来就是如此——我国城市土地历来私有，城市土地大多掌握在少数权贵和豪绅手中。市民建房纯属自发性需求行为，置产目的，或是保存财富，传之子孙；或是开店设铺，营利谋生。一些穷苦之人则只能因陋就简，搭设临时草棚，作为栖息之所。官府收一定的田房捐税，以示管理。土地转让、买卖、抵押、租赁等多种房地产交易，多沿袭民间立契，政府承认。② 这些随意建筑的市民都是哪些人？一般拥有土地且能建筑房屋者绝对不是一般搭建棚户之民。

另一方面，城市没有相关管理机关。考察重庆市市政机关组成，"财政、工务、公安、民生、教育"，后根据广州市模式设有土地局，不久即裁撤，并入财政局，显然是一个"财政衙门"。即使民众愿意去呈报，不知呈报何衙门？工务局是市政建设机构，可以承担建筑实务，但是不承担管理土地事务。况且民众一般不会主动与官方打交道，所以，民众建房随意，这折射市政本身的缺失。针对如此局面，不知重庆市政府采用什么办法来"整饬市容"，由于没有看到相关资料，亦只能存疑不论。

据《四川月报》报道，上海东亚建筑工程公司经理钱少平游历四川之后，曾发表对于重庆市政改进的谈话，其中多涉及城市规划，其内容大概为：一、将人口过于稠密的重庆市旧城以内划为商业区；通远门外一带划为居住区及学校区；江北划为工业区域，把该市所有工厂都迁居于此。二、修齐各街马路，改变市区毫无系统的交通；嘉陵江上修建一座桥梁把工业区域商业区连成一体；南岸与主城区在扬子江上置一艘大渡轮，浮于江面，车马可以直达两地；上下城修隧道二三路，由朝天门至曾家岩，建电车道一路。三、改建码头，适合重庆作为大商埠之地位。③

---

① 《重庆市整饬市容》，《四川月报》1935 年第 7 卷第 6 期。

② 成都市地方志编纂委员会编：《成都市志——房地产志》，成都出版社 1993 年版，第29 页。

③ 《重庆之改进计划》，《四川月报》1934 年第 4 卷第 3 期。

重庆市建设计划以商人之口，且是上海一建筑公司经理，通过官方报刊《四川月报》登载，按照道理，重庆市当地的商人应该更有发言权。不过，重庆市当时在四川号称"小上海"，处处以上海为榜样，似在情理之中。这一时期，重庆市确实没有正式的整体城市规划，这应该是无疑的。

## 第二节　抗战时期重庆市的城市规划

### 一　市区扩大中的问题

抗战爆发，重庆成为人口集中地之一，城市人口由近 40 万人增加到 100 多万人，城市建成区由 12 平方千米拓展到 40.4 平方千米，整个市区则有 300 多平方千米。城市在建筑马路方面不遗余力，可是很少考虑一般市民的居住状况，当时大量人口聚集在两江半岛，密度过大。

沿江为棚户区，这一带土地多是公产，码头工人为了生活便宜和避纳各种捐税多临水而居。重庆地形为半岛，江岸线长，起卸方便，城区各码头以朝天门最先修筑，渐次顺两江江岸向西发展。自码头建立后，船户聚集两江沿岸，因货物起卸频繁，大量苦力被吸引而至，于是张棚结舍而居，又招来不少摊贩，日积月累，形成独特的社会，所谓沿江棚户，实即贫民窟。沿江地区，每年洪水季节，棚户居民皆有生命财产危险。棚户鳞次栉比，一有火灾不可收拾。卫生条件差，时有传染病蔓延。每年 7—9 月洪水来临，沿江棚户全部被迫迁移，扶老携幼，另寻栖身之处，除极少数能寄居亲友处外，其余皆多移至临江附近马路或码头两旁，几乎等于露宿。到了抗战时期，许多迁居重庆市的人也加入了棚户区，随便搭建竹架而居，更增加了棚户区的杂乱。据学者研究，到抗战时期沿江苦力至少有 20000 人，再加上其他各色人员及劳力眷属，总数当在 50000 人以上。[1]

对于沿江棚户区，1938 年王俊杰在《民意》上发文从市政规划的角度给重庆市建言。他认为江边都市，"当初如有相当计划，最易得相当市容。如沿江马路、滨江公园、江边浴场之建设及择相当地方，开一二沿江

① 隗瀛涛主编：《近代重庆城市史》，四川大学出版社 1991 年版，第 424、425 页。

马路成直角的中心饰景路直达市之中心，或市的高处，或归公建筑物，以壮观瞻，而兼收市卫生之实效"。但是重庆市沿江一带，多是平民破屋，垃圾成堆，使"市容不整，交通不便，卫生状态，更难言喻"。因此，王俊杰建议："今后当局，如欲整饬市容，补救市内空旷地面积，及调剂空气，应优先利用并收买沿江土地，大加整理。因在市中心择地开辟空旷地，固然亦属必要，但以估计地价不易，所费高昂，而所得空地面积亦极有限，似可从缓筹划。而沿江一带则不然，以重庆市四面皆江，沿江面积之大……如市当局锐意经营……市容一新，兼达卫生目的，何难之有？"①

居住在城区的人口密度最高，生活于此的人们已经丧失了生存的基本条件，建筑用地和道路所占比例高达 71.16%，东部地区更高达 99.99%；道路严重不足，人均道路不过 2 平方米，城市公共汽车缺乏，人们出行困难，居住环境差，棚户住宅、捆绑房屋除了集中沿江区外，在城区内亦密布其间，公用设施严重不足。

房屋的拥挤，往往带来很大隐患，在战前就"火灾着实骇人"，城外除通远门外较好，其余千厮门、太平、临江等门，城垣内外，绳绑房屋非常多，所以火灾常常发生。"近两年来，如千厮门大火、临江门大火，焚烧动辄几千家。其余小火警，随时在报上都可以看见载着。"②"火灾各地皆有，惟如本市之多且大，则实为世所罕见，像上次临江门大火、东水门大火、千厮门大火，以及最近海棠溪大火，动辄延烧数千家，死者以数十百计，多么可惨！"③ 1944 年 5 月 12 日早晨 9 点左右，朝天门盐井巷及信义街因居民户内炉火不慎失火，虽然经过消防队的奋力扑救，然而因为房屋密集，加上临江风大，左右延烧大江通、永玉、裕顺嘉陵旅馆，大升茶庄等 56 户，烧毁房屋 400 多间，"两街屋宇悉成焦土"，而附近又多是堆栈，物资损耗更是巨大，是渝市 1944 年少见的大火，当时参与扑救的消防队员、警察及民众在 1000 人以上。消防大队队长李培然、队员吴明忠、警长张炎春、张兆奎等因奋

---

①　王俊杰：《怎样改进重庆市的市政》，《民意》1938 年第 43 期。

②　陈叔华：《倘若你住在重庆》，《论语》1935 年第 78 期。

③　林寄华：《希望于重庆市政当局者》，《国是公论》1938 年第 8 期。1938 年 5 月 8 日，临江门正街到大码头一带发生大火，有灾户 4712 户，受灾人口多达 15184 人，被烧毁房屋 2170 栋，约计 70 多万元，货物损失 40 多万元，受伤人数 64 人，死亡 18 人。详见《社会一瞥》，《四川月报》1938 年第 2 期。

力扑救而受伤。①

随着重庆市区马路建设的发展以及消防组织、工具的进步，一般通马路的街区虽也有火灾发生，但是很难成为一片。只是不通马路的贫民区，不仅经常发生火灾，且一旦发生，往往连成一片，即使通马路，因为建筑质量太差，容易"燎原"，在最短时间内延烧很大区域。如 1937 年罗家湾一带大火，动辄焚毁几百户乃至几千户，严重影响市民生活，进而危及社会治安。②

日机空袭使重庆市居民、机关、工厂、学校纷纷向四郊疏散，沿江及公路沿线交通便利的地方，成为重庆市组成部分，众多卫星市镇构成大重庆新面貌。同时这些居住地带建造的房屋，包括入川各公私机关、私人住宅以及在屡次轰炸后兴建的住宅多为临时性建筑，普遍采用捆绑竹木架、木架单层竹篾墙、木架双层竹篾墙、砖柱土墙等形式，"其外表有时整洁，而内部固甚薄弱"。③

总之，抗战时期重庆市"跃为战时首都……领导抗战大业，蔚为国际政治中心。市区面积广达 328 方千米。都市之土地利用日趋复杂，经济生活，亦变化多端"。④"重庆的大，我这两年才知道。……住了一礼拜，跑的地方不算少，并且带了地图在手里，而离开的时候，重庆在我心上还是一座丈八的金身，摸不着头脑。重庆到底好大，我现在还是说不出。"⑤佩弦的这段话生动地反映了重庆的发展状况，大而无序，或者是物质计划尚可，但是缺少系统性，社会规划也严重缺失。

因此，重庆市的这种发展状况，带来一系列的经济、社会、政治和生态问题，必然引起市政当局和城市居民的关注和忧虑，为了使整个重庆市建设符合都市计划，城市地政除了推行城市土地政策之外，也要注重规划方面的工作。

---

① 中央社讯：《朝天门昨晨大火毁屋四百余间损失綦重》，《大公报》1944 年 5 月 13 日，第三版。

② 《社会一瞥》，《四川月报》1938 年第 2 期。

③ 隗瀛涛主编：《近代重庆城市史》，四川大学出版社 1991 年版，第 514 页。

④ 陈尔寿：《重庆都市地理》，《地理学报》1943 年第 10 卷，第 114 页。

⑤ 佩弦：《重庆一瞥》，《抗战文艺》1941 年第 7 卷第 4、5 期合刊。

## 二 城市规划的相继制定

综上所述，对于重庆市土地使用划分，战前市政当局注意不够，导致重庆市的发展状况与近代城市要求相距还有一定距离。抗战时期，国民政府以国防为中心，确立了战时经济体制，高度重视战时首都建设。随着中国在国际反法西斯阵营中地位的提升，战时首都重庆成为与伦敦、莫斯科、华盛顿齐名的城市，国民政府要求拟定建设重庆计划，使之真正成为全国抗战的政治、军事、经济中心。

1939 年，国民政府立法院公布实施《都市计划法》，规定城市区域设计按住宅、商业、工业、行政、文化等特点发展、建设完备的道路系统及水陆交通、发展公用事业及上下水道；土地分区使用，确定市区内中小学、体育、卫生、防空、消防等公用地的设置地点，同时注意环境生态保护等。依据《都市计划法》的原则，渝市政府制订计划，把该市划分为若干小市，各自专事发展工业、商业或教育。当然，1939—1940 年日机大轰炸对重庆市规划有着深刻影响，市长贺国光声称上项计划"系减少重庆空袭危险之好办法，以避免大批生命及财产制毁灭，且能使重庆继续维持其重要性，仍为中国之战时首都"。①

为了加强对重庆的全面开发和管理，国民政府在组织、行政、具体规划等方面做了一系列准备工作。根据大量人员西迁到来的情况，国民政府划江北、巴县以及璧山、合川、綦江为疏散区，将许多机关、学校、工厂迁入其中。1939 年 3 月，国民政府有关部门组成迁建委员会，统一指挥单位迁移，安排疏散区内房屋营造和人员安置。经过计划与测量，在 3 月 19 日下午选定市郊外地址建造居住区域，来容纳数万由市区疏散撤退的民众，根据计划，新造房屋，大约一个月可以居住。② 同年 6 月，贺国光颁布新计划，即将重庆划分为若干个小市，"各自专事发展工业、商业或教育"。贺氏声称，不但可以减少轰炸的破坏程度，而且使重庆市继续维持其重要性，仍然是中国的战时首都。③

① 路透社重庆二日电：《贺国光公布渝市政新计划——避免空袭无谓损失重新建设战时首都》，《申报》1939 年 6 月 3 日，第三版。
② 路透社电：《重庆市外建造住宅》，《申报》1939 年 3 月 21 日，第七版。
③ 路透社重庆二日电：《贺国光公布渝市政新计划》，《申报》1939 年 6 月 3 日，第三版。

重庆在大轰炸后，物质损失非常严重，"然亦未始非重建重庆之无上机会"。"建设大重庆程序，正按照世界其他大城市计划进行中"，自1939年5月大轰炸以来，工程加紧进行，市政当局动员劳工5000人、士兵2000人，开辟火巷，建筑自江边至重庆市郊外的道路。① 当时的市政府为了建设新重庆，增加1940年的市政工程经费，计划的马路工程首先把开辟太平巷所应该修建的路基全部完成，督邮街加宽不至于过于拥挤，凡是能够通车的街道都要铺成马路，不能够通车的力求通畅，改建牛角沱、储奇门码头，北区干路及新市区两路口一带马路加宽。② 市工务局根据市政府的计划制定了1940年的具体方案，即修筑北区马路、完成太平巷路基工程。③ 4月9日重庆市临时参议会第二次大会讨论通过了市政府提交的《重庆市建设方案》，该方案共分六个部分：

第一，建设之前提：①政府明令定重庆市为中华民国战时之行都及战后永远之陪都；②市政府从速设置"都市计划委员会"，经常协助建设事业之进行。

第二，交通建设部分七项为该案之重心：①完成既定计划；②重新确定本市分区设计计划；③建筑道路之新干线；④建筑地峡隧道及过江铁桥；⑤改善及增设交通工具；⑥水上交通应办事项；⑦筹设经济办法。

第三，经济部分，分原则与办法两项：①原则方面，务倡都市经济建设，奠定民生主义基础；②办法方面，为创设生产机关，设立市银行及市金库，实施土地整理，促进合作事业等……④

参议会要求市政府分别年度、筹措经费"次第实施"，而且该方案关系重庆市的发展与繁荣；尤其在交通经济建设方面，市临参会要求市政府

---

① 路透社电：《渝市建设工程加紧进行》，《申报》1939年9月2日，第八版。
② 本市消息：《建设新重庆明年市政经费迭增》，《新蜀报》1939年10月31日，第三版。
③ 本市消息：《建设大重庆》，《新蜀报》1939年11月23日，第三版。
④ 中央社讯：《建设重庆市　渝临参会通过建设方案》，《大公报》1940年4月10日，第三版。

与工商金融界及技术人才合作。① 虽然重庆市有计划地进行了 1939 年的太平巷建设、1940 年规定的道路网规划，但是该计划主持者吴华甫事后坦承 "始基乃得稍具，从此依照计划，惨淡经营，五年于兹。时至今日（1943 年），差幸尚有若干成绩。惟以经费所限，所定计划，就整个市区言，仅及局部，其能实施者，又只为全部计划中一部而已"②。

迁建工作对重庆市人口与各个行业部门的合理分配、拓展市区、形成一些环绕旧市区的新兴卫星城镇起了推动作用。重庆市政府针对大轰炸的破坏，首先计划复兴重庆，建设新都市问题，包括拓宽马路、开辟新马路、免费发给人民营建执照、建平民住宅等。③ 国民政府决定先按照市政府拟定计划建设，并拨款辅助，至于大重庆建设，"则以渝市既已定为陪都，建置，应具永久规模" 为原则，行政院决定组织陪都建设计划委员会，要求各机关详细规划。④ 其次，为了更好地建设大重庆，市政府依照国民政府颁布的《都市计划法》，筹备组建陪都建设委员会，聘请各项专家及士绅担任委员负责实际的设计工作，成立后要对重庆市进行 "通盘筹划，无论公共场所、公路及其他市政上应建设施，均于事前加以详密研究，一经决定即永不变更"。⑤ 并确定了建设大重庆设计原则，第一根据土地使用性质分别划区；第二建筑全市交通要道；第三修建下水道及规划公共卫生设施；第四修建公园与运动场。⑥ 分区按照政治区、工业区、商业区、教育区、风景区与住宅区来建设，交通方面要把整个新旧市区连成一体，其中建筑公路，北区从临江门开始经大溪沟、曾家岩转菜园坝直接与南区干路相衔接，并从菜园坝修路到九龙中区公路，除了与南北两区连接外，又由两路口修路到新桥，并将整个交通网扩到整个市区。⑦

1941 年 3 月，重庆陪都建设计划委员会建立，孔祥熙为主任，详细

---

① 中央社讯：《建设重庆市渝临时参会通过建设方案》，《大公报》1940 年 4 月 10 日，第三版。

② 吴华甫：《谈建设陪都》，《大公报》1943 年 10 月 10 日，第二版。

③ 中央社讯：《复兴重庆详细计划拟定》，《大公报》1940 年 9 月 1 日，第三版。

④ 中央社讯：《建设陪都，政院决议先办急需事项，另组建委会作详细计划》，《大公报》1940 年 9 月 18 日，第三版。

⑤ 本市消息：《建设大重庆筹组计划委员会》，《新蜀报》1939 年 12 月 29 日，第三版。

⑥ 本市消息：《建设大重庆原则》，《新蜀报》1940 年 1 月 12 日，第三版。

⑦ 本市消息：《重庆市扩大后划区计划已定》，《新蜀报》1940 年 5 月 20 日，第三版。

规划重庆建设事宜。① 早在上一年该委员会筹备期间就拟定复兴重庆的详细计划，宣布重庆在抗战时期是全国政治、军事、经济、文化中心，战后亦将为西南政治、经济中心，重庆建设分战时与平时，从而确定了重庆市建设的方向和规模。该委员会成立后，在将重庆市建设成为永久战时都城原则下，确定分区建设，城市街道及地下通道建设，都要配置完备的防空设施，即将重庆市建成能抵抗任何空中袭击的都城。②

1942 年，财政局根据分区建设的要求，针对重庆市土地使用的分区计划问题，认为"分区问题发生在于都市分为若干不同性质的区域是较大城市发展的自然趋势，其原因盖在地势、交通以及生活便利安全之故；在许多未曾设计的城市，其工业、商业以至住宅，均多集中于一个或数条街道或区域。市政专家鉴于此，多主张城市土地之分区使用"，但是，随着科技发展，土地分区使用的观点逐渐修正，放弃了设立政治、文化区的主张，尤其放弃了"绝对一区制"，由分区使用发展到计划使用。③ 可见，财政局对于城市规划的理论发展路径还是有所认识，但是仔细考察以下其拟定的供市政建设做参考的划分办法，仍然沿袭了旧有分区理念。

第一、行政区：分为陪都行政中心区（国府路一带）及市政中心区（较场口通远门一带）。

第二、商业区：商业分中心区（城区一、二、三区）及普通商业区（设于普通住宅区混合利用）。

第三、工业区：分原有的和新开辟的（弹子石至大田坎及其对岸），手工业区（可在普通住宅区内）。

第四、文化区：以沙坪坝为中心。

第五、住宅区：分高等住宅区（歌乐山、黄桷垭），普通住宅区（大坪、铜元局、香国寺），平民住宅区（为劳动者之住宅）。

第六、混合区：为商业手工业住宅等混合区域。

第七、绿地：分城区绿地及郊区绿地两系统（内有扩充之公园、

---

① 本市讯：《建设陪都计划委员会昨日开会》，《大公报》1941 年 3 月 1 日，第三版。
② 中央社讯：《建设陪都吴市长报告计划情形》，《大公报》1941 年 3 月 22 日，第三版。
③ 重庆市档案馆藏：《关于拟定陪都土地整理方案原则的提案》，全宗号：0053，目录号：0029，案卷号：00300，第 32、33 页。

新辟之公园、运动场、黄山寸滩北至山地等）。

第八、森林区：分整理与培植两种（歌乐山、小龙坎山顶、马家岩山顶、涂山、黄山、寸滩北之山地等）。

第九、风景区：有复兴关、歌乐山、黄山、汪山各地。

第十、国家公园：拟设歌乐山。

第十一、河岸利用：最高水位以上作堤路仓库、平民住宅、种植花木；平水位至最高水位间建码头及临时活动房屋；最低水位至中水位间作临时市街，枯水码头及临时堆栈。①

以上所拟划分的使用区，财政局提交陪都建设计划委员会以供市政府有关部门实施。依据这个布局，市民住宅筹建委员会制定了一个规划："划重庆市区为商业区，近郊为住宅区，沙坪坝划为文化区，南岸划为工业区，南北温泉划为风景区。"总的构思与财政局提交的规划一致，可惜在抗战特定条件下，人、财、物力均难真正实现上述规划。另外，参考财政局地政科所拟定的划分使用区，陪都建设计划委员会于1942年提出了新的具体规划，其中第一条就是根据城市的扩大和发展，提出重庆土地使用及分区计划，确定重庆范围和区域划分；其他则是在此基础上的水电、交通桥梁、码头等建设。这些规划是国民政府全面改变重庆市政建设面貌的重要步骤，成为市政府进行城市开发建设的基础目标。当时，囿于财力不足和战时环境及条件不利，有半数以上项目未能落实或做得不够，不过也为《陪都十年建设计划》的制定提供了经验和依据。国民政府根据重庆和后方城市开发的需要，颁布了《建筑法》《战时地籍整理条例》等政策法规，为重庆市各主管部门制定和实施相关法规提供了政策依据。

1940年的《重庆市建设计划》，虽然在城市经济建设部分提出"务倡都市经济建设，奠定民生主义基础"的总目标，仍然是"物质计划"。重庆陪都建设计划委员会，为了促进陪都建设，筹谋规划建设陪都的通盘计划，详细计划"大重庆"的建设事宜。②但是诚如吴华甫所评论的"惟以经费所限，所定计划，就整个市区言，仅及局部，其能实施者，又只为全

---

① 重庆市档案馆藏：《关于拟定陪都土地整理方案原则的提案》，全宗号：0053，目录号：0029，案卷号：00300，第32、33页。

② 重庆电：《行政院决组陪都建设计划委员会》，《申报》1940年9月18日，第四版。

部计划中一部而已"①。该委员会制订的计划虽然不是"一纸空文",除了政治原因外,在战时条件下,建设经费的严重不足始终困扰着陪都建设计划的实现。

1941 年之前,重庆市一直没有举办地籍整理工作,在整个市区土地状况不知晓的情况下,上述计划是否切合实际令人怀疑;退一步说,陪都计划即使有经费,一个和实际土地状况不符合的城市规划,是否有实行的价值?而且一旦规划公布,规划区内土地一般就会飞涨,有限经费如何应付日涨的地价,相关规划中的建设无法进行,这样的结果已是无疑。因此,该委员会制定的计划"是一纸空文"的结论大体公允。

在抗战时期,建设陪都的背景下,时人对重庆的城市建设和发展给予很大关注,因而重庆城市规划设计亦有不少好的建议,其中重庆市工务局长吴华甫的《陪都市政建设》很有代表性。

吴华甫对重庆市都市设计在抗战时期的重要性及特殊意义给以充分肯定。他认为重庆定为陪都之后,成为军事政治经济的枢纽。抗战以来,我国的国际地位日益提高,重庆为举世瞩目,不仅是中国抗战"司令台",也是世界政治中心之一,战后"更将成为西南建设之中心",因此市政规划更加重要。②

吴华甫指出,"计划为推行事业之张本,亦即行政中最要之一环"。有了城市规划,就可以"经纬万端,大而至于分区之拟定,小而至于一学舍之规划,无不需要精密审慎之考量。就现实客观条件而言,固难立即大举兴建,但为建设陪都,较要诸部门之设计,似应事前筹划,俾能逐步推进"③。他根据自己的五年重庆建设经验所得,对于主要的几个方面总结如下。

一、计划都市,应先注意交通。重庆地位重要,市内交通自应有适宜的配备。市外交通如飞机场、公路、铁路及码头的布置与联系,以及市内交通道路网的分布与交通工具的设备,均应妥为规划。

二、城市临江建设,最为适宜。沿江一带,如将土地善为利用,多建筑码头、仓库及堆栈等,则对于发展城市经济非常有利。如果再开辟广阔

---

① 吴华甫:《谈建设陪都》,《大公报》1943 年 10 月 10 日,第二版。

② 同上。

③ 同上。

的沿江道路，点缀以花木，作为小型公园，市民散步游乐其间，"尤可旷怡心神"。近代城市，凡是"临近水道交通地区，莫不尽责建设，旅客一履其地，顿觉井然有序"。然而重庆沿江一带，通道狭小，棚屋杂居，对于市容与实用皆不适合，若干地区虽然已经辟为轮船码头，但由于设备简陋，仍不足以应用。为了整顿市容及发展社会经济，应建设沿江道路及码头，尤其在抗战胜利以后，应立即兴建。

三、分区为城市计划工作中的重要工作之一。分区，即将市内主要部分的面积，按其使用性质划分若干区域，规定其使用，而对其建筑及设备加以地域限制。例如城市中心，一般为商业荟萃之处，需要广阔的街道与坚实的房屋，应规定为商业区。水陆交通便利，便于货物运输，又有充足动力供给的地区，应该划为工业区。至于僻静之地，名胜之处，则宜于划为住宅区。由于分区制度在当时理论上已经有所反对，但是针对当时重庆市被空袭的情形下，吴华甫认为仍然应继续分区制。更何况分区不是集中建筑，分区的目的是系统地就建筑使用的性质分类集合。而且以前重庆市自由发展的结果，旧城区内竞相聚集，各类房屋密集，而疏散区等地因为水陆交通及动力供给方便，工厂林立，杂处学校建筑之间，实在是一种畸形现象。为了便利管理及顾及市民健康，确实需要详加研究，"重新计划支配之必要"。①

因此，依照重庆市的实际情况，吴华甫主张应分为商业区、工业区、风景区、住宅区及市中心区，大体范围如下。

商业区：重庆旧城区，新市区、江北城区及南岸区的各一部分，已经具有商业雏形，若在交通要道架设大桥，横跨两江，连成一气，商业一定更加繁荣。因此，仍以旧城区、新市区、江北城区及南岸沿江一带为商业区，较为适宜。

工业区：重庆市扬子江下游、江北县城以东的鸡冠石唐家沱一带，江宽水深，可以停泊大船。将来铁路修成，可以设法与成渝线连接，水陆运输均极便利。而且位置处于重庆市的东面，相距不远，南面山岭高峻，可以避免煤烟污染，又在两江下游，污水不至于妨碍饮水水源，划为重工业区，比较适宜。嘉陵江两岸地势更好，交通也便利，可以划为轻工业区。

住宅区：住宅区是市民休息居住的地方，选择地点，不宜烦嚣。而且

① 吴华甫：《陪都市政建设》，《市政工程年刊》，1943年，第51—56页。

为了便利市民往返，应该与工作地点距离较近。简单说，可分为多个区域，中三路以西至李子坝一带，由于该区开拓不久，新式住宅建筑已经很多，尚且幽静，适合商业市民居住；化龙桥沿成渝公路至小龙坎一带，交通很方便，各界居住，均尚适宜。嘉陵江北岸一带地势颇佳，位置在工商业之间，而没有工商的烦扰，工人居住最为合适；南岸商业区附近，可供商民居住，往返非常便利。

风景区：城市之中，园林至为重要。园林可以陶冶性情、调节空气，并非仅为游乐。重庆的自然环境很优越，背山面水，风景美丽，如果再予以适当的建设，可成为优美的天然大公园即所谓的田园城市。因此，在重庆市建筑规章制度之中，对于风景区的建筑加以规定。该市东面黄山、汪山，西面歌乐山等地，林峦秀丽，风景幽雅，公路交通也很便利，且东西遥对，分布适宜，两者均应划为风景区。

中心区：中心区为全市行政中心之所在。市政发达以后，行政事务及管理人员，势必大增。工作地点，重庆市属各机关分散各处，过于散漫；公文往返接洽，极为不便。为了增加行政效率，必须集中办公。由此各机关必然居于附近，群相聚居，自然形成一区域，因此必须做有计划的布置。另外其他较大建筑，如大礼堂、图书馆、博物馆等，凡能会集一处的，均应设置在一区内，务使全区建筑的布置，"整齐合理，使能代表全市精神，且予以一般人士以深刻之印象"。①

市中心区所在地应与各区交通，脉脉相连。重庆市复九路与复新路交叉之间，地势比较平坦，村落稀少，可以征收土地加以建设，"自由布置之功，而免改造旧市、拆卸搬移之烦，费省而效宏，殊值吾人考量"。②

最后，吴华甫提出城市规划应该注意的问题，很有见地。他指出重庆市建设工作至为艰巨，如港务码头的经营、下水道的设备、公园的布置及公共建筑计划等，均须妥为规划，因此应该注意的是：①城市计划的拟定应具有远大眼光，计划的执行尤须切实努力。各项重要建设，均应以"国防第一"为依据。而且城市计划不是一朝一夕的事情，具有连续性，必须郑重考虑，既经决定以后，如果不是技术上发生困难，或因其他重大原因，不应轻率变更。即以道路系统为例，已经规定的道路，如果随意更

---

① 吴华甫：《陪都市政建设》，《市政工程年刊》，1943 年；第 51—56 页。

② 吴华甫：《谈建设陪都》，《大公报》1943 年 10 月 10 日，第二版。

改，则市民将受无穷损害，而"负责办理之人，亦易招致物议"。②城市建设的各种实施，应远在需要之前筹划。如此，工程费用轻，施工时纠纷少，进展就会井然有序。改善旧城市一般难于进行，而在新开辟地区发展新城区比较容易，道理即在于此。城市建设，最重要的是经费筹措。

一般来说，都市建设经费的来源有：在市税总收入内支付、征收受益费、借款或者发行建设公债、中央拨款补助。①用市税收入支付建设费用，则建设进度必然很迟缓，因为市行政费用所需很多，其能用于建设的必不充裕。②征收受益费，较为公平合理，既可减轻市库负担，而其来源亦无穷；依照国民政府的规定，凡建设一工程，其工程一切费用，得征摊60%于受益地区，其余由市库负担；只是推行不易，必须人民与政府互相深切了解，"通力合作，始克有济"。③为了迅速推进建设，应举行借款或发行公债，以建设后的生产能力偿还。④重庆市已经定为陪都，"则中外观瞻所系，中央亦必能视工程情形，酌予补助"。"凡此四种办法，均应兼筹并顾，从而使陪都建设，得以蒸蒸日上。"①

吴华甫参考当时城市规划的分区理念及田园都市思想就重庆市规划所提出的设计方案，具有相当的建设性。其对于重庆市分区的建议比地政科于1942年的规划更具体，尽管有一些问题在当时不能解决，但是对其后的城市规划、发展都产生了一定的影响。

1944年1月，重庆市成立地政局，掌理全市土地测量、规划及实施，土地估价与申报，土地登记，土地使用及管理，土地征收、租用等事宜，以地政为基础的城市规划成为当时重庆市的议事日程。地政局成立后，认为市区道路开辟，码头修理，公务设置，商业、工业区之区划，"亟有重行划分之必要"，并制定了具体的规定：根据防空疏散及隔离的要求，空地面积与建筑面积1∶3的比例应该打破，要求空地面积与建筑面积之比为6∶1—10∶1。只是这个新要求对于原有的旧城区皆不可能，在重庆市新市区也属于不易做到，因此主张对新旧市区暂不作任何决定，但是在计划时，应尽量设法使空地面积增高以符合要求。

对于上述建筑空间比例，重庆市的规划理论显然受"田园城市"理论的影响。根据防空疏散隔离的原则，空地面积与建筑面积之比应为6∶1—10∶1，且每平方千米居住人数不得超过10000人，理由并不仅仅

① 吴华甫：《谈建设陪都》，《大公报》1943年10月10日，第二版。

来自防空方面。"从最近统计材料显示，无论疾病、犯罪及一般道德堕落之情形，皆是城市愈大而愈多"，因而，在世界上曾经的以大城市而自豪的时代成为过去，限制城市的"城市乡村化"观念代之而兴。城市乡村化的意义不但是使一般市民不完全脱离乡村生活，而在健康方面有所补救；其另一个意义是使每一个人都多少可以参加农业生产，使其在生活上亦有所补助。"此事在西欧个人失业者过多之情况下固然需要，而吾人今日亦何曾不需要也！"① 重庆市政府对于卫星城市的大力推行，从城市规划理论角度分析，亦看到近代城市规划理念发展的轨迹。

## 第三节　城市规划与土地政策

### 一　城市发展与公平：土地行政对于城市规划的制约

城市规划的目的是对城市进行有效的建设和管理，内容主要是对城市的发展目标、土地利用、空间布局和各项建设做出具体安排，其核心是城市的土地利用，即合理用地、节约用地。地政是市政的基础，通过城市规划反映出来，城市规划不但是物质层面的，也应该注意社会问题。国民政府时期的地政，是执行其土地政策的行政，土地政策是孙中山所倡导的"平均地权"。城市平均地权的实施是孙中山民生主义的具体实现，也是政府解决城市土地问题的重要措施，尤其具有均富的重大意义。② 即在发展中解决公平，从而避免社会问题的出现，防患于未然。

20世纪二三十年代，处于市政运动影响下的市政建设，较少涉及城市社会福利以及大众的参与，各城市建设及规划一直主要是由通过严格培训的专家来设计、构建和管理，也就是时下比较流行的一种说法，市政往往是"顶层设计"。孙中山也许出于对"顶层设计"的担忧，力主实施解决城市土地问题的民生主义政策——"平均地权"。但是，抗战时期的城市土地行政，基本没有进行到实施土地政策层面，虽则完成地籍整理，而征收地价税成果不彰。城市建设如何顾及一般民众利益，是个值得探讨的问题。

---

① 重庆市档案馆藏：《关于拟定陪都土地整理方案原则的提案》，全宗号：0053，目录号：0029，案卷号：00300，第32、33页。

② 陈郁芬：《都市平均地权实施绩效之评估》，成文出版社1981年版，第5页。

正如司昆仑所评价那样，市政运动确实对每个省的市政机构组织都发生了影响。但是，作为由欧美学成回国的留学生掀起的这场市政运动，具体到市政建设层面，到底引进多少西方的城市规划理论，不得不产生疑问。用"非驴非马"①来描述当时的市政也有恰当之处：市政组织模仿欧美，如市自治、市政委员会等"与美国接轨"；市政建设则"民国特色"，停留在市政公所时期，如拆城墙、开马路的"物质计划"，而对于"社会规划"很少涉及，缺少城市社会福利的投入以及大众参与，对市容的关注往往多于对民众利益的关注。

一署名"古铎"的言论颇能反映对这种市政的质疑："在此马路日阔，洋房高耸，水电齐全，汽车风驰，一般生活，力求优裕的新重庆，而言救济贫民，岂非荒谬而不识时务。然吾人若非自瞽，睁目四望：则重庆人山人海中，衣冠整洁者几人？详询居民五万六千余户之日常生活费用不虞困乏者几家？苟从实调查：衣冠褴褛，家徒四壁，必较衣食周全者为多，可无疑义，此诚新重庆之玷污与隐患也。"古铎进一步发出呼吁："无论从积极方面为人群谋福利，消极方面而弭隐患于无形，救济贫民，均为当务之急。"② 这个呼吁内容和孙中山先生平均地权的主张具有同样的目的，通读古铎这篇关系民生的文章，全篇并没有关于与"总理遗教"的民生主义学说的任何呼应。此时的四川又似乎在"遵循总理遗教"的南京国民政府之"化外"，四川地方与中央关系，仔细探讨颇有耐人寻味之处。重庆的市政建设学习东部沿海城市，东部沿海城市学习欧美，这种抄袭又能有多少适合各自的城市实际发展需要？

1930年初，《道路月刊》发表署名郁樱的一篇文章，他对南京市修马路的评论，显示其对市政的关怀与古铎颇合。该文首先赞成修路目的在便利交通，使人生四大需要中之"行"的问题得到解决，是城市建设中的重要工作，任何人也不能加以反对。他接着申述道，虽然筑路目的是为民众谋幸福，然而筑路动机也不要离开了这个立场。假如筑路动机不为民众设想，即使大功告成，也要失掉它的效用，"倡使者虽别有用心，而却免

---

①　陈寅恪曾应俞平伯之请为俞曲园的《病中呓语》撰写跋语，其中说及"吾徒今日处身于不夷不惠之间，托命于非驴非马之国"。转引自罗志田《近代读书人的思想世界与治学取向》，北京大学出版社2009年版，第169页。

②　古铎：《重庆市救济贫民问题》，《心力》1934年第12期。

不了做民众的公敌"。作者举例说明，"像丹麦太子来京，某市长为了观瞻所系而拆屋；又如无锡县某县长，为了纪念吴稚晖而筑路；更有一般军阀为了军事便利而筑路；官僚们为了搜刮金钱而筑路，这些动机都离开了民众的立场很远，我们是应当起来反对的"。他继续举实例阐明立场，"前月南京各日报，载得消息"，言说"市工务局因为中山路至狮子桥一段，十分损坏，且又为外宾至外部必经之要道，不仅有碍交通，抑且攸关观瞻"，因此需要返修该段马路，对此作者大发感慨："我希望洋大人多跑到中国来，因为洋大人会给我们修路，即使不修的话，我们自家也要为洋大人走路而修，那么我们大中华的道路，不是容易贯通了么？我们小老百姓不是可以多得两条好路走么？"针对"南京狮子桥的路修好了，我们民众也乐得揩揩油，去走走的啊"的论调，作者反讥道："这样一来，我们就未免太可怜了，因为他们修路的动机，不是为的我们老百姓啊！"①

对于近代各城市修路之举，如果以倒放电影方式来研究，在"现代化"的语境之下，诉说中国城市发展史，则易于忽视当时一般民众的感受。他们如何看待如今所说的彼时的"现代化"，即如何认识当时的修路工程，有待发现资料，作进一步研究，也许会得出新的结论。"倡使者虽别有用心，而却免不了做民众的公敌"，此语不但在几十年前发聋震聩，当下仍不失为警世之言。

常人可以不对城市土地进行了解，而面对地图进行一番畅想，这无关宏旨。作为市政建设者，则是另外一回事，进行市政建设②必须有实际可行的城市规划，城市规划核心是城市土地利用。在城市区域内进行市政建设，首先确定范围举办测量，然后进行设计、筹集经费，同时进行征收土地包括公地的拨用、私地的征收、建筑及迁移的程序包括道路、公共必需的建筑，以及其他各项建筑等。可以说，没有城市地政基础性工作，城市规划只能是空中楼阁。退一步说，假使缺失地政，进行城市规划，则更会刺激规划区域内及其附近地带的土地投机，进而使土地使用情形恶化，城市发展难以控制。

为何如此？因为，一旦城市规划公布③，规划区域内建设所及之处，

---

① 郁樱：《修路的动机》，《道路月刊》1930 年第 32 卷第 1 期。

② 对于市政体制方面的建设，本书不涉及，亦非否定其重要性。

③ 不公布，有权知情者趁机投机——市政不透明的情况下这种情况往往是常态。

拥有土地的业主坐享暴利，因建设所需土地已经被征收的业主，却由于没有获得合理的补偿①，眼看着邻地获利的情形，就会四处陈情，甚至阻挠土地征收及当地建设的进行。由于规划区域及其附近地价飞涨，如果政府在该区域内再进行土地征收，由于耗资巨大已经不可能。在一般情况下，政府很难筹集巨资。试以连云港建市受挫为例，说明这种情况。

1935 年，江苏省政府拟在陇海路东端的连云港设市，计划市区为 200 平方里，以距港口数里的墟沟为市政筹备处所在地。由于在该地要设市的计划酝酿已久，而"消息通灵之土地投机者，则久已虎视眈眈，注意此问题之发展"并大量购买该市之土地。

因此，1935 年正式建市决定刚做出，市政筹备处还没有成立之前，平、津、京、沪各地的军阀、政客、资本家、巨绅、大贾等，即先后进行土地投机，"不数月间，连云港及墟沟之地，已大部为彼等所收买"。市政筹备处成立后，虽然积极测量并规划将来市政建设计划，如分全市区为码头区、工业区、商业区、学校区、风景区等，其设计也很理想，然而所有各建设区的土地，早已经全部为投机家所垄断，其中"且不乏强有力之份子"。市政府想按照自己理想从事建设，时机已经错过，对该地区的土地使用"则无全权支配"。②

曾经直接参与连云港市初期建设的张丕介，对此深有感触，他分析上述情况造成七大害：

　　一、市地既为少数投机家所垄断，则一切建设理想，必不能顺利进行；二、市政建设所需资金至巨，政府已不易应付，若再出巨额地价或地租征收或租用私有土地，更非政府所能负担；三、此市新开，一切工商业具无基础，欲谋发展，即须大量吸收国内各地工商资本，然我国资本有限，工商业投机于地价或地租太多，则其发展，必受限制；四、新开之市，对市民住宅建筑及公共建筑应有合理之设计，注意公共卫生、安全、风景等，其所需之土地面积及建筑费用颇大，既非市政府所能支配，亦非市民所能负担；五、连云地当海陆交通之交点，建设不容马虎，致再蹈旧时各大小都市之弊，以碍将来健全之发展，市政府如不能支配全市土地，则此理想必不能实现；六、连云市在国防上有重大之意义，全市建设计划须处处注意将来国防之需要，故土地支配极尤不能不谋根本之解决；七、平均地权之理想与办法对新开之市，稍嫌迟缓，而土地法对市地限制使用之规定，亦觉过宽，不能根本杜绝私有之流弊。①

从上面的分析可以看出，张丕介认为解决办法只能是"市地市有"。然而，他的设想前后有矛盾之处：既然国家没有资金，又不能没收土地，真正的市地市有只能是纸上谈兵。如果对照孙中山在其《建国方略》里的主张，两者实行市地市有的差别，主要是时机。孙中山设想的是对没有开发地区，利用其价格低廉，可以以很少资金购买土地达到市有，通过进一步开发后地价上涨，再把土地出售或出租，涨价归公获得大额资金，进行市政建设。

孙中山土地改革的指导思想是平均地权，而平均地权必须有地政工作做基础。按照《建国方略》的设想主要是把握时机，在地籍整理的基础上规定地价，否则涨价归公很难执行。推行平均地权的都市土地政策，必须地籍整理，核定地价，然后涨价归公，张丕介所说的"七害"才可以避免。

譬如，20世纪初的德国城市，一般预先地籍整理，随时对市区内、郊区内外偏僻之空地进行收买，成为市有土地。然后，再根据城市发展需要，进行规划建设，开辟街道等各种公共设施。地价上涨，再售予私人，或者由市政府土地主管之机关将土地贷与市民应用，市民如要借土地建筑房屋，得向市政府呈请租借，取税极低。但是，政府亦有很大收入，再投入城市建设，形成良性循环。由于实行上述土地政策，德国的城市对于住宅问题、工业区域、公园设置以及街道拓宽等皆能顺利解决；市内没有出现借土地进行投机垄断把持居奇的土地商人；地价公平，"绝对无暴涨土地价格事实发生"。②

抗战前十年，重庆市政建设，只是在城区内主要地段兴修马路，整理

---

① 张丕介：《连云市土地方案纪要》，《人与地》1941年第13期。
② 杨哲明：《都市土地政策之检讨》，《东方杂志》1935年第11期。

交通。但是，公路没有形成系统，缺乏环城路，贯通市中心的主干道仅一条而已，其他各线线道分歧，窄宽不一；而江北、南岸沿江没有公路，水陆之间缺乏联络线。随着近代市政制度的确立，城市规划开始进行。但是，没有地政工作的配合，城市规划可能成为空中楼阁，即不能对整个城市土地面积、土地利用、土地地权等状况了如指掌，实施城市规划必然困难重重。

抗战以后，随着重庆市的发展，出现了一系列的经济、社会、政治和生态方面的问题，引起市政当局和城市居民的关注和忧虑，开始注重城市规划。重庆市在 1940 年提出了《重庆市实行地方自治三年计划大纲》，虽然在城市经济建设部分提出"实行国民经济建设，奠定民生主义基础"的总目标，仍然是偏重"物质规划"。1940 年底，国民政府成立了重庆陪都建设计划委员会，促进陪都建设，筹谋规划建设陪都的通盘计划，"这个计划是一纸空文"，"除了政治原因外，在战时条件下，建设经费的严重不足始终困扰着陪都建设计划的实现"。[1] 上述评价大体公允。但是，笔者以为重庆市在 1941 年以前一直没有进行地籍整理，在不清晰重庆市的土地状况下，即使有经费，该计划的执行情况仍然值得怀疑；而且一旦规划公布，规划区内土地一般会快速上涨。那么，有限的经费很难应付日益增长的地价，相关规划中的建设无法进行，这样的结果已是无疑。

重庆市 1944 年才成立地政局，考虑到抗战时期的特殊环境，一切以抗战为中心，地政不能很好地开展也在情理之中。但是，缺失地政，城市居住条件的改善、市区布局的改进、土地重划等工作无从谈起，平均地权的目标遥不可期，城市发展没有带来很好的社会效益，只能增加更多的社会问题。

## 二　城市房屋救济

何谓房屋救济，根据《土地法》规定，市内房屋应以所有房屋总数2%，为准备房屋，以备随时可供租赁；如果准备房屋不及房屋总数 1%，且继续至六个月以上的，则进行"房屋救济"，即规定房屋标准租金、减免新建房屋的税款、建筑市民住宅。[2]

① 隗瀛涛主编：《近代重庆城市史》，四川大学出版社 1991 年版，第 561、563 页。
② 特载：《土地法》，《三民半月刊》1930 年第 5 卷第 1、2 期合刊。

可见，房屋救济在土地法上没有直接给以定义，而是以救济房屋的办法加以说明。重庆市自从 20 世纪二三十年代发展以来，房屋紧张，谈不上"准备房屋"，为了救济房屋，往往采取《土地法》所规定的办法。

抗战前，重庆市主要是以建造市民住宅来救济房屋。1936 年，重庆市筹建平民村①，"本市位于长江上游，为川中重镇，工商业之盛、人口之多，甲于全川，为国中有数之重要商埠。惜连年兵匪频仍，市政未修，尤以贫民住宅之不整治为甚，城区以内及附城沿江一带贫民住居之所，率皆简陋，既有碍于卫生，又有遭遇火灾水灾之危险，且对市容之妨害亦大"②。市政府鉴于此，倡议筹建平民村。从上述引文中亦可看出市政府的用意在于整顿市容、防禁灾害、讲求卫生，并使贫民生活得以改善。

建设平民村由李宏琨市长首倡，经过与刘航琛厅长仔细磋商，认为经费问题应该首先解决，这样才可以成功。刘航琛主张经费不需向各方劝募，应该由市政府向金融界借贷，利息最多一分，管理收租的权力由市政府掌管，借贷利息即由每月租金所得按期偿还。于是根据磋商意见，决定召集金融界协商一切，请求赞助，并由市政府拟就建筑平民村计划说明书。

1936 年 9 月 9 日，李宏琨召集金融界在康心之公馆首次会议，商讨建筑平民村问题。到会的有何北衡、张茂芹、吴受彤、王伯康、康心之、薛迪锦、潘昌猷、罗震川、刁培然、温少鹤、邓子文、徐广迟、鲜伯良、胡庶华、胡文澜、周季梅、赵子英、龙农赡等二十余人。会上，参加人员针对建造平民村要求金融界赞助的建议纷纷发表意见，认为"一、金融界连年垫款甚巨，受累极大，此种事业，如欲彻底，应扩大范围，不限金融界；二、本市平民生活，极为复杂，建筑平民村，须适应其生活环境，以免文不对题；三、市政府须绝对负责，免除过去一般人对政府主办事业之怀疑，而规避投资"③。

由金融界出资，遭到集体反对。但是，金融界也没有把话说死，经过长达三个小时的讨价还价，在原则上决定：扩大范围，筹设公司，招募股款；平民村建筑问题，按照市政府拟定计划建设适合平民居住的环境；先

---

① 《九年来重庆市政》，1936 年，第 56、57 页。

② 《渝市筹建平民村》，《四川经济月刊》1936 年第 6 卷第 4 期。

③ 同上。

集资 15 万，建造可以容纳 1400 多户的平民村，先让一部分平民居住，一旦反映良好，再继续筹建新的平民村。①

会议最终决定：组建重庆市平民村有限股份公司筹设所；经费暂定 15 万元，由金融界担任 7.5 万元，绅商承担 7.5 万元，并采用招股方式，市政府出地皮为股本，月息定为 1 分，由市政府向省府备案保息；推举银行公会主席吴受彤、钱业公会主席王伯康、商会主席温少鹤、公安局局长何北衡、市政府秘书长赵子英、市商会委员邓子文 6 人为筹备委员；地址决定黄沙溪或双溪沟建成第一村，试办若有成效，则相继筹建第二、第三村，并决定召开筹备会。

9 月 12 日，第一次筹备会在川盐银行召开，讨论开展工作的办法。参加会议的是赵子英、何北衡、温少鹤、吴受彤、王伯康、邓子文 6 位委员，筹备会决定：组织股份有限公司，发行一种股票公开募集，借以筹足预定金额；请市政府立即划拨公地充用，或划拨地皮，呈省政府准以最低价收买，市政府划拨地皮即作市政府股份；平民村地点选择，以无碍卫生商业为主；平民村修筑成功时，不绝对限定贫民居住，即力量不足者亦可；推举吴受彤、温少鹤负责起草公司章程。

9 月 19 日，在川盐银行召开第二次筹备会，赵子英、温少鹤、邓子文、吴伯康 4 位常委进行讨论章程。会议决定：公司名称为重庆平民住宅建筑有限公司；认股书与说明书由赵子英负责拟定；公司股本定为 20 万元，每股 100 元，官方市政府担任 500 股，商方绅商与金融界担任一手 500 股，市政府以地皮作为股本，商方股息周息 1 分，股息如有不足，由官方拨足，绅商股推举温少鹤、邓子文二人负责，金融界推举吴受彤、王伯康负责；平民村地址定在 21 日由市政府负责派人勘察后再决定具体地址；兴建两个平民村，根据成效再决定未来发展情况。

平民村建筑计划经官商两方合力进行，1936 年底财政科选定大溪沟、双溪沟、刘家台等五六处为地址；又派员分别前往菜园坝、上笕子背、江北三洞桥、青草坝、南岸岳坛庙等地勘测，也有若干地面可用，市政府打算在此几处选择一两个合适地址进行建设。经过筛选，确定四处为平民村地址，其中笕子背，水陆交通比较便利，面积 700 方丈，可住平民 350 户；江北青草坝，南山地势平坦，又临河岸，计面积 1300 平方丈，可住

---

① 《渝市筹建平民村》，《四川经济月刊》1936 年第 6 卷第 4 期。

平民650户；江北刘家台，地势平坦，计面积1500平方丈，可住平民750户；南岸黄桷渡，濒临长江，亦极平坦，计面积1500平方丈，可住平民750户。先定于筢子背建造一处，该处地皮测量确定使用820平方丈，市政府估价为每丈8元，地价由市政府负担。平民住宅根据计划又修改为第一步先解决2000户住居问题，根据成效，再陆续募款建筑第二、第三住宅。至于募股，由筹备员积极进行，并指定川盐银行为收款地点。①

1937年2月5日，平民住宅正式动工，建筑工程由新民建筑公司承包，承包资金共计3万元。同时，测量完成江北中山林对面山坡，并限期迁葬该处坟茔，按计划不久也要开工。② 各个平民村的建设情况，由于没有相关资料，因此不能详细说明。

对于渝市筹建平民村，舆论界抱有很大的期待，"渝市将兴建平民住宅，市政府已着令工务科办理，此后来渝难民，即设法安插于住宅区内"。③

但是，实际成效并不乐观，渝市召开平民村第二十一次会议曾经讨论的问题反映了困难：一是资金，"验收青草坝平民住宅付款办法、第三级四衖工程仅完成一部，距离验收工程尚远，不便验收，惟念商人垫款艰，暂付款1400元"。二是监工问题，"新民建筑社，监工人不力，致使第三级已成房屋两衖倾斜，应函该社克日修复，并将监工撤换"。三是驻军问题，"青草坝已成房屋租佃，颇感困难，且驻军测定在该地建筑碉堡，事实上，第六级十五衖，已无法建筑，移在他地建筑，仍照原约包与新民建筑社，至于民房样式，拟酌予变更，函新民建筑社知照，其已经修成的五级房屋二十一衖，照约折算付款，筢子背基脚工程另行招标承包"④。

抗日战争爆发以后，后方城市人口骤然增加，1938年10月国民政府行政院通过了《内地房屋救济办法》。该办法规定，在抗战时期房屋不敷使用的城市，公营住宅由市政府建筑，私营住宅由政府奖励人民建筑；公营住宅应该建筑在城市附近交通便利、环境适宜的地方，一般利用公有荒地，或者必要时依法征收私有土地；对于私营住宅的奖励办法主要是采取

① 《本市筹建平民村近讯》，《四川经济月刊》1936年第6卷第5期。

② 《一月来各地建设事业之发展》，《四川经济月刊》1937年第7卷第3期。

③ 《国内劳工消息》，《国际劳工通讯》1938年第5卷第11期。

④ 《渝蓉之新建筑》，《四川经济月刊》1937年第7卷第5、6期合刊。

减免房捐。① 该办法是对土地法救济房屋条款的具体细化，但是缺少对于房租方面的规定，显然有不足之处。

重庆市政当局为应付当时严峻的房屋问题，及处理房屋纠纷事件、限制房租高涨，一方面对土地及房屋买卖与租赁进行严格的管理与限制，规定租金。1938 年，成立了房租评定委员会，12 月通过《重庆市房屋租赁管理暂行办法》；1940 年 3 月，该办法由行政院正式公布，租金按月计算，退租要有一定手续。② 以后，又陆续实施《非常时期重庆市土地买卖租赁暂行办法》《战时重庆市房屋买卖租赁办法》。③

重庆市房屋救济办法弥补了《内地房屋救济办法》的不足，特别重视房租的规定。关于当时房租纠纷中比较多的增加房租、收房自用及空袭修理费负担三个问题，市政当局制定补充办法，"租金须按规定标准，按月收取，不得强迫一次收取一月以上之租金；房主收回房屋自用，须先经证明许可，并于三个月前通知，机关学校，须于一年前通知；空袭轰炸修复后加租，须依工料比例增加，如承租人修复，须依主料客工习惯，分别负担，惟主料负担以三个月租金为限"。④

另一方面，加紧建设市民住宅。市政府根据疏散人口的办法，在观音桥、小沙溪、黄桷垭及望龙门等地建筑平民村，以解决市民之住房问题，并向中国银行借款 300 万元，作为建筑费。该计划预计第一期先建造四处，后续八处。每一处有一个公园，一个运动场，四周环绕以商店与住宅。这些商店与住宅或由市政府修建，或者由民众自己建造。⑤ 而刚成立的社会局，确定的 1939 年度两个工作中心，其一就是设立平民住宅。⑥

重庆市在日机轰炸期间，进行疏散，加速建设进程。市政府召集有关机关开会讨论，要求派员督察，预计"月内可全部完成"。⑦ 与之配套，

① 国内要闻：《政院通过内地房屋救济办法》，《银行周报》1938 年第 22 卷第 40 期。

② 中央社：《渝市房屋租赁办法政院正式公布》，《新蜀报》1940 年 3 月 11 日，第三版。

③ 中央社讯：《限制高抬房租，房租评定委员会通过管理办法》，《大公报》1938 年 12 月 4 日，第三版；中央社讯：《渝市房屋租赁办法行政院令市政府公布施行》，《大公报》1941 年 1 月 21 日，第三版。

④ 中央社讯：《房租纠纷当局续订补充办法》，《大公报》1941 年 9 月 25 日，第三版。

⑤ 菊尘：《生气勃勃的新都》，《申报》1939 年 12 月 10 日，第十五版。

⑥ 本报特讯：《重庆市政府扩大组织》，《大公报》1938 年 12 月 6 日，第三版。

⑦ 《重庆建设平民住宅区》，《国际劳工通讯》1939 年第 6 卷第 4 期。

1940 年 1 月，吴国桢市长决定"适应环境之施政计划，其最要者：（一）短期间兴建三个平民区，以供沿江马路被疏散之棚户贫民居住。贫民区内，允许贫民贷款贸易，以维生计，地址已择定江北近郊；（二）设置义渡，两江轮渡渡资颇昂，非一般贫民苦力所能负担，故有设置必要；（三）兴建乡村住宅，解决一般平民住的恐慌。以上三计划短期内即着手办理"①。

1940 年 2 月，蒋介石下令准予拨款 25 万元，在市郊建设 5000 幢房屋的计划。② 此事由郊外市场营建委员会主持，负责筹备经费、选定地点及招标建筑第一期的 500 幢房屋。③ 5 月，第一期 500 幢基本落成，可以容纳 3000 人居住，由需要房屋的市民登记承租；市郊购地用了 5 万元，由政府四大银行提供款项，并设立一个联合商店，照标准价格出售日用品。④ 然而，随着疏散区新村的建立，对周边环境带来了影响。如嘉陵新村所在地，过去林木葱郁，其中较为名贵的经济树种如核桃、桂圆等已经在周边不多见，只有在高楼大厦旁，"偶有寒梅数株，疏花点点，供过路者之折枝"⑤。

值得一提的是，重庆市房屋救济，也得到了国际支持。美国红十字会捐款 20 万元，委托市政府在望龙门建立平民住宅，由市工务局直接负责营造，于 1941 年 3 月 27 正式建成。⑥

1942 年，渝市社会局"为了增进一般市民福利"，在石灰市仓坝子修建平民宿舍一所，"房舍宽敞，空气清新，设床一百二十张，每人每日宿费仅需二元"，该宿舍 7 月 16 日正式投入使用。⑦

1943 年，陪都辅助抗属委员会为扶植抗属自力更生，决定建立抗属

---

① 《重庆建设三大平民区》，《国际劳工通讯》1940 年第 7 卷第 3 期。

② 路透社电：《渝市建筑大批住宅》，《申报》1940 年 3 月 1 日，第三版。而该报同版 29 日海通电报道，这批房屋为茅屋。

③ 本市消息：《郊外市场营建委员会造房五千所，供市区疏散人民居住》，《新蜀报》1940年 2 月 17 日，第三版。

④ 中央社：《郊外平民住宅大部分建成》，《新蜀报》1940 年 5 月 8 日，第三版。

⑤ 《重庆点滴》，《大公报》1940 年 2 月 14 日，第三版。

⑥ 本社特讯：《美红会捐款二十万元修建平民住宅》，《新蜀报》1940 年 10 月 3 日，第三版；中央社讯：《望龙门平民住宅昨举行落成礼美大使致词盛赞我抗战精神》，《大公报》1941 年3 月 28 日，第三版。

⑦ 中央社讯：《渝平民宿舍定今日开幕》，《大公报》1943 年 7 月 16 日，第三版。

新村，向市政府租得安乐洞一带的荒地 25 平方丈，免费租给贫苦抗属自建茅屋，命名为"自力村"。①

1944 年，重庆市社会局包华国局长对记者谈解决重庆房荒问题，将从五方面着手，其方法之一，"即为组织住房合作社，共同建筑，则庭院路径厕所大门等，均可经济建造"。包氏并谓沙坪坝已有"一住房合作社，为四十余家组织，甚有成绩"。又包氏所谈五种方法，"已建议市政府酌办，市政府并已于本年 11 月着手建筑合作住宅"。②

疏散区的房屋建设，其质量参差不齐，有洋式楼房，有中式砖瓦房，也有简陋的茅屋。

对于市民建筑房屋，市政府在政策上给以辅助，采取奖励措施如减免建筑房屋税及其他方便措施。1944 年，市政府制定了奖励建造集体公寓的办法，主要对象是市民或者市区内的机关团体学校等法人，在可能实行合作的范围内，依法组织房屋合作社，兴建集体公寓。集体公寓每区设一所至五所，以各社员自住为原则，不得抵押变卖转租或者承担其他债务。建筑公寓所需基地，由市政府优先划拨公地，必要时征购或租赁民地。建筑资金由房屋合作社各社员自集二分之一，不足部分由市政府以房屋为担保向银行借款，分期偿还。这些公寓免征房捐及其他各项捐税。市政府决定，一旦这类公寓取得成效，市政府再奖励房屋合作社兴建公共福利建筑，如浴室、旅馆及食堂等。③

1945 年，重庆市政府为解决战时房荒，拟定办法奖励市民建筑房屋——《战时重庆市人民建筑房屋奖励办法》。依据该办法，凡是该市适合于建筑房屋的空旷荒地，由工务局会同地政局查明，公告并通知其所有权人，在接到通知的第二天开始，三个月内自行建筑或者租赁与需要土地的人建筑；如有重大原因须申请延期一个月。同时，为了实施奖励，由工务局分别制定标准图样给建造房屋的市民由其选择，照图样建造，准予免除领建筑执照；财政局在房屋完成六个月后再征房捐。适于建筑的土地，逾期不建筑或者不租赁出去，市政府须斟酌实际需要，准许需要土地的人请求承租或者购买，并强制其所有权人租赁或者卖与土地请求承租或购买

---

① 本报讯：《建立征属新村》，《大公报》1943 年 12 月 1 日，第三版。
② 《重庆市政府建筑合作住宅》，《合作事业》1944 年第 6 卷第 9、10 期合刊。
③ 中央社讯：《集体公寓市政府奖助兴建》，《大公报》1944 年 3 月 9 日，第三版。

者全部或者一部，同时要求承租或者购买者在一个月内开始建造房屋，如果有重大原因须要向政府申请延期一个月。至于承租或者购买的土地，其价格由地政局核定，对于市政府认为应保留作公共事业所需用的土地，不适用于该奖励办法。①

作为地政工作的主管机关，重庆市地政局在救济房屋方面亦有所举措。该局主要掌管全市地籍、地权、土地登记、土地买卖等项目，由于市政公用等各项事业皆需用地，地政管理的加强对城市建设起了直接推进作用。1945 年，地政局先后完成了所有的测量登记估价工作，着手土地使用工作，拟订计划。其第一步计划主要针对房荒，工作重点是利用和平路两侧的空地。和平路两侧地区，在大轰炸以后建筑物很少，空地很多，"断瓦颓垣，间有棚户，杂乱不堪。渝市房荒之际，此地实应利用"。地政局建议，征用该处土地建筑房屋，或者限期由业主建筑。由于建筑较少，新工程易于统一。②

但是，抗战结束后，前述许多办法已经不适用，1947 年 12 月呈行政院废止。因首都东迁，人口减少，房荒问题已经不严重，只为取缔沿江棚户，整顿市容，向农行贷款 10 亿元，修建平民住宅，以供棚户之用。在 1945 年 9 月，重庆市政府制定了《复员计划纲要》，重庆曾作为战时首都，一切建设都比战前扩大，而战争结束后，如何使其逐渐恢复原有状态而"合乎今后为一陪都之需要"，摆在市政当局面前。该计划原则首先就是检讨战时各种管制法令，对于人民过重负担及房地产方面的要修正或者废除；其次对于因轰炸而破产、疏散而损失的贫民，市政府要积极协助设法使其复业；再次是对于适应战时首都规模的政府机构要进行合并裁减，使之恢复到平时建设的需要；复次，由于人口东迁对工商业造成的衰减，要设法消除；最后，对于文化设施要合理利用，市政工程定期完成。③

可见重庆市膨胀发展的趋势已经改变，如何应对复员形势考验着市政当局。地价税又成为难题，按照原来的税率，货币贬值，征收数额太小；而重庆市临时参政会议员提请政府减轻重庆市战时所颁布的各税税

① 中央社讯：《奖励市民建筑房屋，市政府拟定办法呈准后施行》，《大公报》1945 年 3 月 22 日，第三版。
② 本报讯：《和平路两侧空地拟利用建筑房屋》，《大公报》1945 年 3 月 28 日，第三版。
③ 本报讯：《贺市长谈复员计划拟定今日会商》，《大公报》1945 年 9 月 1 日，第三版。

率，决议通过，[1] 增加税率已经不可能，地价税走上被取消的道路，势在难免。

## 第四节 土地征收补偿与冲突

### 一 重庆市土地征收与《建国方略》

孙中山借鉴欧美近代化的历史经验，结合中国国情，于 1917—1919 年写成《建国方略》，系统地提出了中国近代化的理论框架。其中《实业计划》集中体现了他关于中国城市近代化的战略构想。《实业计划》中的第一、第二、第三计划中，详尽规划兴建北方大港、南方大港、东方大港，要把上海（附近）、广州等改良为我国新型城市，建成三个国际化、枢纽化、现代化多功能港口城市，对于建设步骤、资金的筹建进行了详细论述，其中涉及土地管理部分是以其"平均地权"思想为指导，并包含了土地规划及分区等城市理论。[2]

一方面，孙中山主张在最适宜的地点，如北方大港于天津之外、东方大港于上海之外乍浦重新建设、南方大港于扩建的广州市新市街及住宅区的设计，是汲取了欧美城市发展的历史经验。他认为新兴城市港口应坚持"抵抗最少"之原则，选择适宜之处，进行合理规划设计，避免旧城改造的诸多问题，尤其是在城市扩建时征用土地方面，能够排除阻力，节省大量资金。

另一方面，孙中山在其构想中，对迅速成长的大城市持积极肯定态度。在他看来，城市经济效益与城市规模成正比例关系，三大港口城市带动近代化建设是以"平均地权"的城市土地政策实施为前提。城市建设的发展需要巨大的资金投入，而孙中山之所以对这一宏大计划始终充满信心，其主要原因即在于此：平均地权的办法可以顺利地解决上述难题。[3]

孙中山将计划建设中的世界大港和一些新建城市大多选择在未开发地

---

① 本报讯：《渝市复员计划纲要，临参大会昨日讨论通过》，《大公报》1945 年 9 月 26 日，第三版。

② 贾彩彦：《近代上海城市土地管理思想（1843—1949）》，复旦大学出版社 2007 年版，第 114 页。

③ 谢放：《孙中山与中国城市近代化》，《河北学刊》1997 年第 6 期。

区，即基于如此考虑。按照平均地权的原则，照价收买未开发土地，一般所费资金不大；如果发行债券，等城市发展再偿还，即使政府没有资金也可解决。这样政府掌握大量土地，不断满足城市发展的需要，城市因为工商业的发展，由于土地属于公有，涨价自然收"归公"之效，土地增值皆为国家所有，足可偿还买地公债以及城市发展所需要的巨额资金。如他规划北方大港的时候指出，该港的规划用地因属未开发之地，故"现在毫无价值可言"；若规划此廉价土地二三百平方英里，以为建筑将来都市之用，那么40年后，都市的"发达程度即令不如纽约……吾敢信地值所涨，已足偿还所投建筑资金矣"。①

国民政府对孙中山的《建国方略》实际上并没有付诸实施，但是抗战期间，重庆市的建设实践却与此颇吻合。关于重庆市政建设，没有看到有关是否以《建国方略》为具体指导的资料（不见得没有），鉴于《建国方略》是国民政府所遵循的"遗教"，建设三大港口的设计或未必与重庆市作牵强联系，但也不能因此便认为与重庆市政建设无关，况且重庆是西南重镇、长江上游第一大港，抗战时期是陪都，重庆市政当局的有关人员是否都读过《建国方略》尚待考证（有人读过的可能性更大），但重庆市抗战时期建设与《建国方略》一些构想的一致性，确实表明陪都建设过程中当局有意或无意间受到孙中山遗教思想的影响。

重庆在1928年划定新市区范围时，就迈出古城范围，面积为8平方千米，为旧城1倍；1933年再次划定市界，市区面积达93.5平方千米，为前次10倍多；1939年再次扩大市区，面积达300余平方千米，为前次的3倍强。1939年5月日军对重庆中心区大轰炸以后，沙坪坝、北碚，还有江北、南岸成为疏散区，原来未开发的"毫无价值可言"地区，随着疏散民众、工厂、学校的到来逐渐成为中小城镇，新建了许多道路逐渐把它们与市区联系在一起，在广大西部新区形成比较宽阔的道路网。

在抗战大背景下，日机对重庆的轰炸，国民政府及时决定在新扩展的市区中尚未开发的地点建立迁建区，征地不但容易，而且地价低廉，这样一个个"卫星城"建成，市郊公路的建设开发，在经济、文化上不但加强了市区与广大新城区的联系，而且有力地带动了各卫星市镇的开发形成

---

① 孙中山：《建国方略》，华夏出版社2002年版，第131页。

与发展，由主体在市区半岛的"小"城，变成真正的"大"重庆城。① 可以断言，抗战时期重庆市的扩建过程，是《建国方略》中孙中山先生所畅想的城市近代化的一次实践。

由此，对比成都市的城市扩建。按照刘湘的"大成都计划"，划定外南外东之间的华西坝到望江公园一带建立新村。由于政府抱定不出一分的决心，准备以农地价格收买土地，等开发后土地上涨再高价出售，利用开发前后期之间的差价所得进行新村一带公共设施建设，想法可以说很完美，似乎与《建国方略》的设计路径一致。但是，仔细推敲，发现一个问题：孙中山设想的是对没有开发的土地，政府抓紧时间出资收购，或出售公债全部收买"国有"，政府再进行建设基础设施就可避免花巨资购买土地之累，而基础设施建成之后从而使土地涨价，再把政府掌握的土地或高价"放领"，或者出租获得高额租金，实现涨价归公，获得的巨额资金既可以还清公债又可以进一步的建设城市。而成都市新村建设，是在划定开发区内没有及时购买土地，只是先估定地价，待修好公路、开辟城门后，把预定收买的土地高价卖出，再以估定的地价付给该地原有户主，由此矛盾产生，工作受阻。

再考察重庆市。虽然在疏散时没有按照《建国方略》中的步骤执行，但是及时协商购买地价，使疏散学校、团体机关、工厂乃至民众不至于被高涨的地价所困。因此，重庆市购买土地的时候比较顺利，再加上疏散区面积广大，很快建成几个卫星城镇，为大重庆打下了基础。而成都市新村建设只完成第一期工程不得不停止，到 1947 年"其发育已臻满壮年期之阶段"，仍然是以古城为主体，在四门之外略有发展而已。②

当然，对于重庆市的土地征收工作也不能给予过高评价。因为其土地征收，并不是按照孙中山所设计由政府征收或发行公债收买，从而实现城市土地国有，达到平均地权"涨价归公"的目的。根据档案资料记载：

　　国民政府中央及沦陷区域的地方机关法团、工厂等相继西迁，纷

---

① 刘凤凌：《抗战时期人口迁移与重庆城市化进程》，《重庆文理学院学报》（社会科学版）2009 年第 3 期。

② 沈如生、孙敏贤：《成都都市地理之研究》，《地理学报》第 14 卷第 3、4 期合刊。

纷请求重庆市政府征收土地，而且需要土地的机关、工厂多不明瞭征收土地法令的规定及应具备的手续，财政局以最短的时间，"依法妥为处理"，以协议方式，召集双方洽商以求公允，又以重庆市政建设，逐步扩充，所需用土地，也更加迫切，如建筑牛角沱码头、唐家沱码头、公共防空洞厕所、羊坝滩公墓，扩建绣壁街、民权路、较场口广场，修建黄桷垭及唐家沱新市场等，均系征收土地，其应给搬家津贴、房屋拆迁、青苗补偿、迁坟等费，亦均依法核定，按照规定标准发给，至于地价补偿，则召集双方协议照市给价合理解决，而免纠纷。①

从上述资料可知，重庆市土地征收并没有达到孙中山要求的"土地国有"，从而很难实现由于城市发展促成地价增值的自然归公，城市发展带来的土地增值，皆落入私有土地人之手，进而刺激土地投机并成为城市建设的巨大障碍。城市进一步发展的巨额资金如何解决，下一步只能由地政机关进行地籍整理，规定地价，征收地价税及土地增值税，实现"涨价归公"，来建设城市，使人民共享城市发展之成果。

重庆市在城市扩张中，按照万国鼎在 1941 年在《人与地》上发表的一篇文章来分析，确实是一次实施平均地权的"良机"。万氏的文章为《平均地权不能坐失良机》，首先该文回顾了平均地权施行状况："平均地权为国家之既定政策……民十六以来，吾党秉政，嗣复订颁土地法，规定地价税及土地增值税，以符平均地权之照价征税，及涨价归公，宜可实行矣。然十数年来，各省所行者何如？上焉者整理地籍而已，或嫌测丈迁缓，办理陈报，整理田赋而已。……去平均地权所主张之地价税，不啻霄壤也。而尤感遗憾者，地价税及土地增值税之未即行，为未测丈登记估价也……可实施土地增值税除广州市，未见一市踵行者何耶？"他针对"及抗日战起，各省地政，率多停顿，论者且谓战事方殷，无暇谈及地政，不急之事，理宜搁置"，反问道："然则平均地权遂可缓乎？将待抗战已胜，建国已成，然后从容测丈登记估价，再求平均地权之实现乎？"在该文中万氏强调"平均地权所以思患预防，故其实施不可缓"，由于平均地权

---

① 重庆市档案馆藏：《重庆市财政局土地行政工作报告书》，全宗号：0064，目录号：0008，案卷号：02728，第 41 页。

"照价征税，价愈多则税愈重，若待地价高涨时行之，则地主所纳骤增，必群起反对，阻挠多而难行"，因此实施平均地权必须实施于地价未高涨之时，万氏主张此时正是实施平均地权的"极佳之时而不容再缓，平均地权杜绝资本家投机土地之念，而移其资本于工商。故欲促进工商业之发展，亦须及早实施平均地权；若望革命完全成功，必须预先实施平均地权，解决土地问题。总之，无往而不显其时间性，及今不图，后将为患"。他以为抗战同时建国，建国需要巨资，而建国的结果又必然使地价高涨，如果涨价归公，以充市政建设之费，"岂不沛然有余乎"？万氏乐观地预测，"他日建设猛进，工商发达，全国土地增值之巨，实未可量，若能以此移供建设之费，愈可促进事业之进步"。否则，他警告道："地价之增涨，而若任其自然，利归地主，则将使富者愈富，贫者愈贫，造成百世无穷之祸。"正反对比，他认为："涨价归公则助长建设，归私则酿变乱，方今积极建国之时，实施平均地权之刻不容缓，岂非至明且显乎！"① 同样，张丕介亦持有抗战时期是大后方实行平均地权的极佳时机的观念。

但是万氏的呼吁没有结果，诚如本书前述，重庆等后方城市之所以要进行地籍整理，主要原因在于抗战后期，国民党统治区域物价飞涨，通胀压力很大，经济困顿。国民政府当局觉察到如果要避免因货币贬值而断送全部战争的努力，他们就必须增加岁入，削减支出。1941—1942年，政府开始认真寻求新的税收来源。由于在农村进行田赋征实，使政府获得了有保证的食粮来源，那么征收城市土地税亦成为开辟税源的选择之一。

对于明晰地权、整理地籍的地政工作，孙中山倡导的土地政策目的是平均地权，达到社会发展利益人民共享；而抗战时期重庆等城市地政的开展，正如蒋介石所说，"乃是中国今日要永远解决国家财政与根本问题的根本的政策，无论政府和国民个人都不能不认此为当前切身的要务"②。支持地政开展的张丕介虽然一再呼吁实施平均地权，但是他显然亦是注重"今抗战方殷，国家财政亟须开源，地价税势在必行，且不容再缓"。③ 解

---

① 万国鼎：《平均地权不能坐失时机》，《人与地》1941 年第 2 期。

② 孟光宇：《总裁对地政指示集义》，《服务杂志》1942 年第 6 卷第 4、5 期合刊。

③ 张丕介：《勉地政司新任司长》，《人与地》1941 年第 2 期。

决财政危机，成为首选。当然在抗战关头，胜利第一，对此亦应抱"理解之同情"。

## 二　土地征收补偿与冲突

1930 年的《土地法》规定，为国防公益或公营事业之用，政府得用价收买私有土地。这样使照价收买土地又增加了一个功能，从作为征收地价税的补助措施，转变为发展国家建设事业而在法律上独立的一个土地政策。根据城市土地税政策，征收的土地资金可以利用涨价归公的收入加以充实，而且也有充足资金进行市政建设，使城市规划得以切实施行。20 世纪二三十年代，城市土地政策由于地籍整理没有进行，重庆市地价税、土地增值税一直不能开展，上述奢望就成为泡影。但是抗战时期人口激增，市区要扩大，工厂要建立，新增加的人口要安排住房，街道要开辟，学校要建立，各机关也要建设等等，时不待我。在缺失一系列基本地政工作的情况下，重庆市的土地征收工作不得不开展起来。

1938 年以后，国民政府中央及沦陷区域的地方机关法团、工厂等相继西迁，纷纷请求重庆市政府征收土地，而且需要土地的机关、工厂大多不清楚征收土地法令的规定及应具备的手续，财政局以最短的时间，"依法妥为处理"，"法律自当尊重，而同时亦须兼顾人情"，该局制定了三点原则：其一，军事机关及新工业征用土地，务使征用时不受阻碍，而地主亦不致受损失，价格由市财政局协助订定。其二，新修建的公路，造价由沿路地主负担 60%，政府负担 40%，因为新路造成后，两岸房屋地价必涨，因此地主不致吃亏。其三，拆除火巷，涉及数万户，每人酌情给予搬家费，由于市民因为疏散"迁徙无定"，发给拆迁补偿费发生困难，财政局又重新调查，对拆迁避让土地面积切实估算，从疏建委员会处接收拆迁卷宗，根据卷册发放。①

针对补偿费，财政局想法筹措，计划 1940 年底完成土地清丈工作，以便征收地价税，以期"渐渐达到平均地权之目的"。②

总之，在土地征收过程中，采取的主要方法是以协议方式，召集需要

---

① 本市消息：《拆迁铺户，市财政局在兼办》，《新蜀报》1939 年 10 月 12 日，第四版。

② 本报讯：《渝市土地征用问题》，《大公报》1939 年 10 月 13 日，第三版。

土地与被征收土地双方洽商以求公允。重庆市政建设，逐步扩充，所需用土地也更加迫切，如建筑牛角沱码头、唐家沱码头、公共防空洞厕所、羊坝滩公墓、扩建绣壁街、民权路、较场口广场、修建黄桷垭及唐家沱新市场等，都是征收土地，应发给搬家津贴、房屋拆迁、青苗补偿、迁坟等费。财政局依法核定，按照规定标准发给，至于地价补偿，则召集双方协议照市给价合理解决，以免纠纷。[1]

1944 年，地政局成立后，针对建设事业及国防交通需要土地很多的情况延续财政局制定的办法，除一部分由用地机关直接协定收买之外，其余土地大多由该局依照《土地法》及《土地法施行法》规定来办理征收土地事宜，对于被征收土地业户，多以土地市价为标准，发给补偿金及拆迁费。[2]

从上述可知，重庆市征收土地的特点，一是按照《土地法》及《土地法施行法》办理；二是协议方式召集双方洽商；三是地价按照市价合理解决。

表 6 - 1　　　　　　　重庆市政建设及代办各机关征租或

收买土地面积统计（1939 年、1940 年）

| 类别 | 起数 | 面积（市亩） | 备注 |
| --- | --- | --- | --- |
| 征收地 | 20 | 7492.000 | 已办者 9 起，正办者 8 起，其余 3 起因征地机关无形搁置停办 |
| 租用地 | 10 | 915.124 | 已办者 4 起，正办者 4 起，其余 2 起因租地机关无形搁置停办 |
| 收买地 | 6 | 约 582.000 | 面积无测图，均系概数，已办者 2 起，正办者 3 起，其余 1 起因议价未成搁置 |

说明：军事征用土地，有关军事秘密，均未填明详细地址或征用面积。重庆市征收土地案件，由 1937 年至 1947 年，经统计合计为 107 件。其中补偿完竣者 83 件，手续尚未完成的 13 件。此类纠纷案件，多是抗战期间国府西迁，各级机关多为需要土地房屋迫切，征收人民土地，未经正常手续及时补偿，致使纠纷发生，正在办理征收手续尚有 11 件。

资料来源：《重庆市财政局土地行政报告书》，重庆市档案馆藏，全宗号：0064，目录号：0008，案卷号：02727，第 169 页。《四川省地政概况》，四川省地政局编印，1942 年 8 月，第 37—40 页。

---

① 重庆市档案馆藏：《重庆市财政局土地行政工作报告书》，全宗号：0064，目录号：0008，案卷号：02728，第 41 页。

② 重庆市图书馆藏：《四川省政府地政局工作报告》，第 14 页，出版时间不详。

表 6 – 2　　　　　　　　　　重庆市（未直辖前）征地一览

| 征收年份 | 征收机关 | 征收所在地 | 面积（亩） |
|---|---|---|---|
| 1939 | 兵工厂 | 重庆 | 不详 |
| 1939 | 军政部 | 重庆 | 不详 |
| 1939 | 兵工署二十厂 | 重庆 | 1300 |
| 1939 | 四川省公路局 | 重庆小龙坎 | 100 |

　　说明：军事征用土地，有关军事秘密，均未填明详细地址或征用面积。重庆市征收土地案件，由 1937 年至 1947 年，经统计合计为 107 件。其中补偿完竣者 83 件，手续尚未完成的 13 件。此类纠纷案件，多是抗战期间国府西迁，各级机关多为需要土地房屋迫切，征收人民土地，未经正常手续及时补偿，致使纠纷发生，正在办理征收手续尚有 11 件。

　　资料来源：《重庆市财政局土地行政报告书》，重庆市档案馆藏，全宗号：0064，目录号：0008，案卷号：02727，第 169 页。《四川省地政概况》，四川省地政局编印，1942 年 8 月，第 37—40 页。

　　参考表 6 – 1，可得知重庆市一年征收、租用、收买土地近 9000 市亩，共 36 起，已办成的 15 起，正在办理的 15 起，失败的 6 起。失败的原因中，5 起是征地机关无形搁置停办，1 起因议价未成搁置。可见土地所有权者占主动地位，价格不合适是不会答应的，由此推理其他 5 起征地机关无形搁置是否与土地所有权者索要地价过高有关，或者已经找到更合适地价的地方。

　　重庆市在开辟火巷时，为了拓展道路，也要征收土地，市政府决定进行补偿地价，根据中央指拨款项补偿，不足的用公债抵偿；另外对于地价在 1000 元（法币，下同）以下的，一概发放现金，1000 元以上的，"酌搭公债"，但是公债担保及偿还期限有明确规定，四大银行"应许作抵押品"。[①]对于小额补偿金及时现金发放，易于减少社会矛盾，有利于火巷开辟。

　　总之，重庆市财政局在办理土地征收的时候，按照市价，双方洽商是其能够成功办理土地征收的主要原因，且应给的搬家津贴、房屋拆迁、青苗补偿、迁坟等费，亦均依法核定，按照规定标准发给，这更加缓和了征收土地所造成的张力。当然其中亦有阻碍，因为毕竟有 6 起没有办理成功，但是这种阻碍并不是冲突。由于没有看到重庆市其他土地征收的档案资料，不能断然得出重庆市土地征收没有冲突的结论，但从上述所看到的

――――――――――

　　① 中央社讯：《渝临参会今闭幕，昨日大会通过重要议案》，《大公报》1940 年 11 月 13 日，第二版。

数据及重庆市征收土地所遵守的原则看，造成冲突的可能性不是很大。如果补偿不到位，纠纷发生是必然的。

而成都市土地征收则没有重庆市顺利，其中一个典型事例就是新村建设用地征收中的"外东事件"。① 该事件主要是新村建设征收土地没有按照土地法等法律进行征收。② 主要表现是：第一，"征地给价，高者每亩不过二百余元，低者五十元，放地收款，高者每亩至一千六百余元，低者亦九百余元"③。征收土地没有按照市价，而是按照农地价格。为何如此？根据土地征收原则，其经费从地价税或者以公债的形式解决，而成都的新村建设经费以自给自足为原则，来源主要是放地及借款，在新村建设中，公共工程由建设厅负责筹款建设，关于教育方面由教育厅负责，一切根据放地收入斟酌开支，实在无款也可向财政厅抵借，最后还是以放地收入作保证。当时主政者以为征收土地可以按照一般的较低价格征收，而经过政府规划后，设立交通等公共设施，那么就可以按照城市土地以高出原来收购数倍或者更高的地价放出，如水田一亩190元（法币，下同），旱地210元，一般杂地50元，而开发后放地价格每平方丈最高27元、最低16元，每亩60平方丈计，一亩最高价达1620元，最低960元，价值增大8—20倍。④

第二，档案资料记载："新村办事处股长严某率工人百余人砍伐未经给价之树木，吕某抗议，观者如织。……指挥之警察鸣枪射击，持刀乱刺……演成惨案。……所属职员与建筑公司有直接关系。""官吏兼营商业……其不合之点，已极显然，外饰新政，内实缘以年利，权其轻重缓急，不能假公营私。"⑤ 这些述说前部分是写实，突出了成都市土地征收的暴力之举，被征收土地的民众与征收土地机关明显对立；后部分所说为

① 成都市档案馆藏：《省政府新村筹建委员会关于新村放地卷》，全宗号：32，目录号：1，案卷号：73，第132页。
② 参见本社讯《新村人民代表昨宴新闻界报告外东惨案事件发生经过》，《新新新闻》，1938年7月29日，第九版。本报评论：《建设新村问题》，《新新新闻》1938年9月7日，第八版。
③ 成都市档案馆藏：《省政府新村筹建委员会关于新村放地卷》，全宗号：32，目录号：1，案卷号：73，第134页。
④ 同上书，案卷号：77，第62页。
⑤ 同上书，案卷号：73，第135、136页。

写意，不过是借题发挥另有所指，此非本书所要论及，故不申述。显然，写实部分陈述了该征收土地事件没有做到协议方式召集双方洽商，而民众产生对立情绪的根源在于征收土地的价格问题。新村建设的土地征收从以上所列数据看，明显不是土地征收，而是政府进行的一场与民争利的房地产开发事件。《新新新闻》评论道："强占民地，贱价收买，营谋新村，建造别墅，以博厚利。"① 一言中的，酿成事件，势在必行。

在新村外东事件中，居民反应强烈，理由大致为：一个是房产补偿及迁移费问题，一个是迁居地问题。首先分析第一个原因，新村建设中的太平上街等四街附近居民街房如何给价？筹备委员会一直按照川大迁移校地委员会制定的价格执行。这一区域，在新南门没有开建时，还不重要，加上沿河一带比较荒芜，收价不高。但是该会错过机会，等开建了新城门，沿河一段日益繁荣，地价自然增加。如果仍然按原来乡村地价酌情给价，当地住户不会接受。由于空袭，1939 年、1940 年城内居民纷纷在新村一带租佃房屋，或者临时搭棚暂住，有权势者直接盖房，还有工厂迁来盖厂房，或者租地做存货物之处，内迁的学校如齐鲁大学、朝阳大学纷纷租借地皮改建校舍，新村一带地价增长，大有利益可图，借疏散之际一些有权势者如贺国光、卫立煌，还有一些军队的司令、军长之类圈地盖房。②

再分析第二个理由，实际由第一个理由产生。一方面该处民众居于繁盛之地，以农地价格征收土地，迁出后由"富人"居住，而太平四街③的居民迁往"向为处死人之处"，显然大失公平；另一方面，随着敌机空袭加剧，因为疏散，市民还要前来躲避空袭——再让该地居民迁出，于理不合，一些本来因地价问题而不愿意迁出的业主反对更加激烈。

时值抗日时期，大量难民涌入成都附近，许多人需要临时安置，建设"模范新村"就显得格格不入。"在整个古旧的成都之链中，独立一人世

① 本报评论：《建设新村问题》，《新新新闻》1938 年 9 月 7 日，第八版。

② 成都市档案馆藏：《省政府新村筹建委员会关于纠纷卷》，全宗号：32，目录号：1，案卷号：46，第 101 页。

③ 从合江亭对岸的锦江南岸到九眼桥，四五百米的距离，有一条小街。这里在清光绪初年叫"皮房码头"，到光绪三十年（1904），这里已经形成了街市，即上太平街、中太平街、下太平街和太平巷（1924 年更名"太平后街"，1935 年恢复今名）。参见尺度、竹简《成都老房子·太平巷里》，成都时代出版社 2006 年版，第 12 页。

天堂的新村之环，似乎不免略涉空想之嫌。""即便在此成功，亦不过为中产阶级谋消费生活的便利，但要求消费生活的便利，是以劳苦大众最为迫切……为何不开辟工人新村呢？"①

从重庆市与成都市土地征收的矛盾背后，亦可以看出国民政府对西南的影响。重庆最先纳入国民政府实际控制，在重庆的市政建设中，遵守国府所定法律的程度相对比较高。尤其抗战时期作为陪都，行政院直接指导重庆市政府，在市政建设方面，"幸赖中央之补助有力，得以维持"，政府投入的经费相对宽裕，土地征收尚能遵照法律而行。而成都，四川地方势力仍然很强大，国民政府的法律是否能够很好执行，值得怀疑，经费问题亦是一困窘。考察刘湘的"大成都计划"，更多是一厢情愿的凭空设想，而且在执行过程中亦多是军人作风。抗战爆发后，刘湘积极抗战，不久病逝于武汉。国民政府趁此机会控制了成都，而有着种种矛盾冲突的新村建设在完成第一期（1938—1939 年）工程后，举步维艰，陷于停顿。②

抗战期间是重庆发展的机遇期，市政建设日新月异，基本完成地权整理工作，且进行了核定地价工作、实施了房屋救济等相关措施。面对陪都地价飞涨、土地投机盛行的情况，市政府仅仅实行了地籍整理，而未征收土地增值税，显然不能解决城市土地问题，反而使土地向少数人手中集中，土地投机更加猖獗，既增加社会不公、加剧贫富分化，又不利于工商业的发展。正如贺耀组在离职报告中所说"三年以来③，重庆市政因屡受物价波动之影响及经济条件之限制，甚少建树"，④ 虽有谦辞，但也可看出一些实际情况。

---

① 佚名：《成都市地价与房租之研究》，萧铮主编：《中国地政研究所丛刊77》，台湾成文出版社有限公司（美国）中文资料中心印行，1977 年 12 月，第 40927 页。

② 1939 年以后，由于日机轰炸成都，新村一带成为疏散地，大批市民以及西迁来的民众纷纷在此搭建临时房屋居住，一些有权势的人也圈地建房。1942 年 4 月四川省府令成都市对新村筹备处接受整理，4 月 20 日起市政府派员进行清理调查，以备接受整顿。成都市政府制定了解决新村问题的方案，1942 年 8 月呈交省府核准，当时把新村这些问题称作"新村事件"。见成都市档案馆藏《省政府新村筹建委员会关于处理土地产权纠纷以及有关产权核定文件和办法》，全宗号：32，目录号：1，案卷号：167，第 18、19、20、21 页。

③ 中央社讯：《贺市长即将就职》，《新华日报》1942 年 12 月 12 日第二版报道贺耀组于 1942 年 12 月 14 日就职。

④ 本报讯：《渝市政府移交定下月一日办理》，《大公报》1945 年 11 月 24 日，第三版。

# 结　语

　　孙中山目睹欧美在发展中出现的一系列城市问题，提出了平均地权的土地改革思想，他的改良方略体现了城市规划理念，对于近代社会改革思想发展史的贡献以及对于土地问题的关注，有其重要价值。正如华生教授在谈到城市土地改革方向问题时所说："至于方向，100 年前孙中山已经给我们想到了，'平均地权'、'涨价归公'。"[①]

## 一　土地政策的"局部施行"

　　综观孙中山平均地权思想的实现方法，其关键在于地价。对于城市土地，积极推行照价征税、照价收买与涨价归公，可使市地逐渐市有，市政建设畅通无阻。孙中山的土地改革思想——通过"涨价归公"实现"平均地权"，虽然未能获得具体实践的成效，但其对于近代社会改革思想发展史的贡献以及对于土地问题的关注，有其重要价值。

　　不过，我们要越过平均地权的经济层面，思考其社会价值。城市的发展绝非简单的物质建设，城市设计中包含一项更重大的任务：重新建造人类文明。回顾孙中山的平均地权思想遗产，探讨解决城市土地问题的途径，确实有着很大的现实意义。

　　孙中山的土地改革思想，是以当时我国社会土地关系为背景而产生的，并计划以其一手创建的中国国民党来领导实施这个改革方案。因此，孙中山的有关城市土地改革思想对中国国民党城市土地政策的方针、纲领产生重要的影响，是后人了解国民政府制定城市土地政策的重要思想来源。国民政府以平均地权为解决城市土地问题的总原则，以规定地价、照价征税、照价收买、涨价归公为其土地政策的主要内容。

---

　　① 华生：《收入分配改革：改谁，保谁》，《中国青年报》2013 年 1 月 16 日，第十二版。

1930 年颁布的《土地法》是国民政府遵守总理"遗教"实施土地政策的具体规定，也是进行土地行政的准则。随着时代变迁，国民政府的《土地法》在广东的地政及立法实践都对孙中山的平均地权思想有不少的调适。《土地法》是解决城市土地问题的方案，颁布后一直没有施行，致使当时各级地政工作者"每惑无所遵循"。1936 年《土地法》正式施行后，各省市地政工作较以前大有进展。但是，该法偏重城市，引起注重农地问题的地政学会的批评，掀起"土地法改革运动"。1937 年 5 月，通过了中央土地专门委员会提出的修改土地法原则，致使《土地法》难以有效实施。因此，抗战时期国民政府制定颁布了一系列的战时土地条例来弥补其缺失，置基本法于尴尬境地。从解决城市土地问题的角度看，《土地法》没有收到良好的效果，显然不是其本身的问题。

根据孙中山的民生主义原则，国民政府的城市土地政策讨论充分，制定的《土地法》是一套解决城市土地问题的良策。然而，要把一项国家重大决策落到实处，不但考验决策者的领导能力和执行能力，还要适应时代的需求。

抗日战争爆发以后，重庆市作为战时首都，人口日增，工商业日益繁荣，从一个区域性的商业都市，一跃而成为全国性大都市。人口增加，地价高涨，房租高昂，使房屋供不应求造成房荒；一些房主乘机抬高房价，加重市民负担，产生许多纠纷，进而引起一系列的社会问题；投机盛行造成土地集中垄断，并使土地资本压倒工业资本，妨害了工商业的发展，影响重庆城市建设。推行平均地权的城市土地政策，成为当时不少人的呼吁，也是时代的需要。

城市土地行政以地籍整理为前提、规定地价为基础，进一步推行城市土地政策，谋求城市地权的平均、地利的实现。① 因此，地政机构实施土地政策，首先进行地籍整理以明晰地权，进而规定地价以作为实行照价征收、照价征税及涨价归公的依据，为达到城市地政目的而奠定基础。

重庆市旧市区从 1940 年开始测量，到 1942 年初全部完成，新市区从 1942 年 1 月开始，到 1943 年 9 月底结束。重庆市土地整理虽遭遇困难，进展缓慢，"未能达到预期之成效"，但是，大量的基础性地政工作得以开展，为城市土地管理积累了经验。与此同时，重庆市进行了翔实的地价

---

①　冯小彭：《土地行政》，台湾五南图书出版公司 1981 年版，第 15 页。

估定工作，从 1942 年开始征收地价税。后由于地价上涨，土地科估定的地价已经与时价差距太大，1943 年重庆市财政局对全市区进行地价重新估定。1944 年地政局成立后，完成重估地价。在重估地价的时候，同时查估增值地价。重庆市业户为了逃避土地增值税，主动申请土地所有权转移登记的极少。大多数情况是当地政机关发现地权转移时，已经距法律行为开始的有效时间相当久远，难以查知当时土地市价或收益的资料，所以查估增值地价工作停滞不前。

这一时期，重庆市的地籍整理及土地登记完成得比较顺利，地价明确，产权清晰。但是，由于税率难以确定，土地法令不统一，土地税的征收受阻，加上抗战后物价飞涨，通胀剧烈，地价税失去征收的价值；由于查估增值地价存在困难，土地增值税一直难以开征。土地增值税表面上因为税率等问题不能开征，实际上是"既得利益集团"的反对而难以实现。

总之，抗战时期，城市土地政策受到种种主观、客观环境的限制，理论研究虽多，而实际施行则停留于局部状态。正如台湾学者所评价："内忧外患频仍，缺乏良好推行环境，无知政客、地主又为一己之私利，蛮横阻挠……致使平均地权之理想，始终处于一种断续施行的起步阶段。"[1]而抗战胜利后，国民政府忙于内战，对于土地增值税无暇顾及，遑论涨价归公，平均地权的目的难以实现。

## 二 平均地权理想与改善财政意图的冲突

中国长期以来是农业社会，政府的主要赋税来源是农业税。除非长期积累，仅靠农业税收入，很难应对大型的公共支出，[2] 若税收朝非农业方向发展，城市就成为最主要的财政税源，而我国产业落后，因此要广开税源，征收城市土地税成为民国时期政府议事日程。

征收城市土地税是一件新事物，必须进行地籍整理，费时耗财。一方面，每项工作都要大量花钱；另一方面，对各个城市政府而言，整理土地的开支是额外支出。更重要的问题在于，地籍整理不是那种可以一蹴而就的事情。而那时却充斥着急于求成的强劲世风——期待着一次性的"百废

① 陈郁芬：《都市平均地权实施绩效之评估》，台湾成文出版社 1981 年版，第 1 页。
② 罗志田：《革命的形成：清季十年的转折（上）》，《近代史研究》2012 年第 3 期。

不难俱举"，这种希望一举解决全部问题的心态，是相当普遍的。① 因此，又有了土地陈报工作的开展，使得土地整理纯粹为了增加政府收入，远离孙中山"平均地权"的宏旨。推行地政以平均地权为原则，实施规定地价、照价收税、照价征收、涨价归公的土地政策；而地政机关沦落为解决城市财政的工具，其工作也就成为时人诟病的对象。

抗战前，土地税由于基础工作难以完成，生财遥遥无期，却又带来很多新问题。因此，土地机关的设置逐渐成为政府的包袱，市政府对于寄予厚望的土地税也丧失了信心。于是，1927 年、1928 年相继建立市土地局的上海、南京、天津、北平、汉口、青岛等城市，除上海、南京外皆在1930 年相继撤并土地局。经费困难是城市地政维持不了的根本原因。

抗战时期，国民政府迫于通胀压力，为了开源，在重庆、成都等后方城市推行地籍整理，进而征收土地税。1944 年 3 月国民政府公布《战时征收土地税条例》，对于地价税率不论市地、乡地、改良地、未改良地，一律改用累进制，"实为土地立法上之最大改革"。②

根据平均地权的原则，城市土地政策的四个组成部分是有机整体，互相联系，一旦缺失某一项手段，则整体作用则难以发挥。地价税偏重于财政的意义，土地增值税偏重于社会意义，不属于财政税。因此，征收地价税有利于改善财政，土地增值税有利于促进社会公平。两者关系密切，土地增值税难以开征，往往间接地影响地价税。征收土地增值税的主要目的是实现社会政策，不仅防止土地集中，减少大地主的产生及土地垄断；而且遏制土地投机，促进土地改良。土地增值税的征收，使"土地资本家投机之念虽不能完全打消，然可使其淡于投机活动"，因为土地增值税使土地增值的一大部分或全部征收，地主资本家"视投机为可畏之途"；城市土地拥有者为了获利，往往任其荒芜不事建设，以期自然增值而获得巨额横财，而土地增值税就是对这部分自然增值加以征收，因此地主为了增加收入必然改良市地。③ 由此，地价不能暴涨，土地投机得到遏制，地价税征收的财政作用也可显现。可见，土地增值税有辅助地价税的功能。

① 罗志田：《革命的形成：清季十年的转折（上）》，《近代史研究》2012 年第 3 期。
② 黄桂：《土地行政》，江西省地政局印行，1947 年 2 月，第 35 页。
③ 刘不同：《战时横财重征论》，《大公报》1940 年 5 月 27 日，第三版。

但是，重庆市在抗战期间，由于既得利益者的阻挠，土地增值税难以开征，致使土地投机更加猖獗，地价暴涨，同时通胀严重，开征的地价税失去价值。因此，没有土地增值税的辅助，国民政府把征收地价税当作开源手段，难以取得明显效果①。土地税的开征，成绩"难如理想"，不过也要承认，毕竟征收土地税属于"税制新创，前无成规"，再加上抗战的特殊时期，造成了实施的困难。② 然而，国民政府重财政、轻公平才是根本原因。

### 三 平均地权是解决城市土地问题的良策

1949 年，退到台湾的蒋介石深感土地问题的重要性，鉴于过去的失败，总结教训。一方面，在台湾农村进行土地改革，陆续实施三七五减租，公地放领及耕者有其田政策；另一方面，于 1954 年制定城市平均地权条例，自 1956 年起在台北等城市全面实施"都市平均地权政策"。③ 城市平均地权在台湾的实施是孙中山民生主义的具体实现，也是解决台湾城市土地问题的重要措施，"尤其具有均富的重大意义"。④

但是，台湾平均地权的全面实施仅限定在城市，而并没有在农村推广。1973 年 2 月 2 日我国台湾地区行政当局制定平均地权条例，并于同年 4 月 1 日发布施行细则，开始在台湾地区全面实施平均地权，即将范围扩大到非都市土地特别是农地上来。之所以如此，与当时台湾人口城市化及经济发展密切相关。由于农村土地改革成绩很好，随着农村城市化的加速发展，物价上涨、人民购地保值、哄抬地价等诸般现象出现，为了满足各项大小建设、土地征收、土地使用计划管制，促进农地资源经济利用发挥高度效益，弥补发展中的不公平，促使社会在发展进步的过程中，社会各阶层的获利与牺牲不至于过分悬殊，土地政策的推行更加迫切需要。所

---

① 成都市新旧市区地籍整理从 1940 年 4 月开始，到 1943 年 2 月完成。其后续工作即对城市街道、河流、城墙及公路的测量至 1945 年结束。与此同时进行土地登记，截至 1942 年 7 月城厢区域完成，1943 年 2 月新市区亦完成。1944 年完成成都市估定地价工作，由于通货膨胀严重，货币贬值，收入甚微，1946 年再度重估地价，1947 年停止征收。

② 黄桂：《土地行政》，江西省地政局印行，1947 年 2 月，第 35 页。

③ 陈郁芬：《都市平均地权实施绩效之评估》，台湾成文出版社 1981 年版，第 1 页。

④ 同上书，第 5 页。

以，才要在台湾地区全面施行平均地权。① 可见，平均地权的土地政策主要是解决城市土地问题，当 1973 年台湾农村都市化加速之后，台湾地区开始考虑在农村推行平均地权。此时，平均地权才是全台湾性土地政策。

然而，推广到农地的目的没有实现，因为实现"平均地权"的主要工具——地价税及土地增值税最后都没有落实在农地上。《平均地权条例》明确规定七种农地仍然课征田赋而不征收地价税。到 1987 年，田赋全面停止，也不另征地价税，此前于 1986 年在《平均地权条例》中还加进了农用土地免征土地增值税的规定。这些规定使通过《平均地权条例》全面实施平均地权的想法，完全落空，《平均地权条例》的实施范围，又回到了《都市平均地权条例》适用的城市地区。②

在 21 世纪初，我国大陆地区也取消了农业税，这是符合社会经济发展趋势的。在以农业经济为主的时代，农业税占据主导地位，可是随着经济发展、工业时代的到来，乃至后工业时代，即使农地广大的中国，农业税在税收中地位已经是今非昔比。在此基础上，如果对于农民的土地增值税全部归公，或者按比率征收，失去公平。因为丧失土地的农民再把其出售土地的涨价收归国有，或收归一部分，将会极大地影响其以后生活。无疑，平均地权的土地政策比较适合城市。

国民政府时期，我国的主要财源是田赋，而根据孙中山的土地税政策，地价税代替田赋，其税率"值百抽一"，国民政府不愿意以较低的地价税取代田赋而减少财政收入。土地增值税只有对于城市才有意义，可是国民政府又担心触犯大额地产利益者，即使完成了地籍整理，也是难以推行。只有败退台湾后，蒋介石痛下决心推行城市土地政策，平均地权才得以实践。

对于台湾地区城市平均地权的研究，一般认为土地政策成绩可观，"值得吾人加以喝彩"。蒋介石在实施都市平均地权政策的时候就强调其社会目的就是使"社会均富、安和、乐利、发展地方建设，特别以之用于平民住宅、平民医院以及一切社会福利事业。经济目的是促进土地资源的合理分配和有效利用。财政目的是地价税、土地增值税的收入，可充实地

---

① 陈郁芬：《都市平均地权实施绩效之评估》，台湾成文出版社 1981 年版，第 6、7 页。

② 萧承勇：《台湾：从地税变迁看平均地权》，《中外房地产导报》2002 年第 8 期。

方财政的基础。"①

因此，台湾地区城市平均地权的实施，同时兼顾上述三项目的。"平心而论，都市平均地权实施二十年来，可谓已收到相当不错的宣传效果……而且无论就税收，地权分散情形，涨价归公（实则是土地增值税，笔者注）收入的运用，公共建设、社会福利的推动各方面，均已获得相当的成效。"②

据台湾地区学者郑宏南研究，自推行都市平均地权以来，都市地权呈分散趋势，促进了城市土地的有效利用，"土地笔数增多……均为土地分割之结果"，反映"建筑使用及分割出售二项作用"；"地住户数增多"，显示城市地权正趋平均；"大户地主纷纷出售土地"；"不在地主正趋减少"；"房屋建筑激增"，1966 年一年新建楼宇面积数，超过往年总数之和。总之，自 1956 年实施都市平均地权以来，地价税及土地增值税之征收，对于地方财政及促进城市土地利用与分配有成效。③

陈太先认为地价税及土地增值税的征收对平均地权起了好作用，二税皆采用累进税率，使业主占地越多，地价额越高或土地增值税越大，税率越高，税赋越重。这是公平合理的，实行起来，可收抑富济贫之效。④ 他引用张维一所著《民国地政史》的分析研究成果来加以证明。其中地价税，在 1991 年台湾地区地价税收入为 2732000 余万元（台币，下同），较 1956 年增长了 175 倍。地价税的增长，对国民教育的发展、国民住宅的兴建及社会福利的增进，助益甚多。累进税率不利于大地主，而有利于小地主及自住自房的普通老百姓。迫使大地主分家析产，促使地权分散。台湾历次实行"规定地价"，土地所有权人户数次次有增无减，正好说明这个问题。再者，土地增值税，其目的在于使土地因公共建设，经济发展、社会进步而增加的价值，全部归公，供公众共享。其第一步在课取地主不劳而获的暴利。就这点而论，课征土地增值税的目的已经基本达到。根据

① 陈郁芬：《都市平均地权实施绩效之评估》，台湾成文出版社 1981 年版，"序"第 1 页。

② 同上书，第 213 页。增值税的主要用途，按照条例规定为：育幼、养老、救灾、济贫、卫生等公共福利事业，兴建市区道路、上下水道等公共设施，国民教育及兴建国民住宅。从 1956 年至 1977 年，台湾地区共计收入土地增值税 242 亿元，对充裕政府财政收入甚有补益，不过"如果加强涨价归公的有关规定，可以断言，其数额当尚不止于此"。见该书第 152 页。

③ 郑宏南：《台湾地价税及土地增值税之研究》，台湾成文出版社 1981 年版，第 71 页。

④ 陈太先：《台湾土地问题研究》，广东省地图出版社 1995 年版，第 210 页。

张维一的研究，1980 年土地增值税收入中将 70% 取自涨价已达原地价三倍以上的不劳而获的暴利获得者。如此重税完全符合社会正义、公平的原则，对平均地权起到良好作用。①

不过陈郁芬亦在其研究的结论中提醒，对于台湾地区都市平均地权的城市土地政策也不能评价过高，也要认识到其过于理想型的一面。如口号说的与实际实行的常相矛盾，照价收买徒具虚名，土地使用未积极推动，以致平均地权实施以来 "予人的观念只不过是一个课税的条例而已"。尤其涨价归公，只能以土地增值税的形式才可以推行，而且始终阻力很大，土地法增值税率越来越低。1954 年都市平均地权条例规定对于超过 400% 部分全部收归公有，这个已经对 1947 年的土地法有所降低，1958 年第一次修正则把上条删除了。1964 年、1968 年、1972 年三次修正《土地法》，增值税率越来越低。虽然台湾当局一直宣传涨价归公，在观念上与孙中山的基本精神一致，实际上已经背离了这个精神。② 张维一在给陈太先的一封信中说："台湾固然经济繁荣，政治民主，但金权高涨，土地投机严重，与平均地权理想越去越远，不仅愧对萧师一生之奉献，更愧对中山先生在天之灵，令人感慨万千！"③

土地增值税的实际有效税率不到 40%，尚有 60% 的土地自然增值归私，与涨价归公构想相去甚远，欲期达到抑制土地投机的目的，并不容易。正如郑宏南所认为的，"对于防止土地投机垄断及抑制土地暴涨等方面效果欠佳，且对于促进地权平均消除剥削，以及提高土地利用发展都市建设等目的，距平均地权之理想尚远"④。台湾地区学者认为 "国父涨价归公是指土地涨价完全归公"，因此 "土地增值税率不宜减轻"，《都市平均地权条例》仍然坚持土地法的规定，只是一部分收归公有，与 "国父遗教不符"。⑤ 由于台湾地区土地涨价只是部分归公，平均地权的目的远未达到，"口号说的与实际实行的常相矛盾"，加上其他因素，人民多投机房地产致使 "房地产价格如脱缰野马"。⑥

---

① 张维一：《民国地政史》，台湾 "内政部" 编印，1993 年，第 196 页。
② 陈郁芬：《都市平均地权实施绩效之评估》，台湾成文出版社 1981 年版，第 214 页。
③ 陈太先：《台湾土地问题研究》，广东省地图出版社 1995 年版，第 247 页。
④ 郑宏南：《台湾地价税及土地增值税之研究》，成文出版社 1981 年版，第 71 页。
⑤ 同上书，第 72 页。
⑥ 陈郁芬：《都市平均地权实施绩效之评估》，台湾成文出版社 1981 年版，第 214 页。

从实践上来看，平均地权是解决城市土地问题比较理想的政策。其主要目的，不仅是解决财政收入，更注重防止赌博性土地投机，运用各种方法，祛除不平，使文明的福祉由全民共享，达到建设城市、繁荣城市的理想。换言之，如果这些目的不能完全发挥，则基本上可以说实施的不是都市平均地权政策。上述台湾地区各位学者的研究成果中可以看出对于土地投机的深恶痛绝，但是缺少对土地投机双面性的理解，主张彻底铲除土地投机，不符合市场经济的规律。因为由于经济发展，必然出现游资过多，游资寻找出路，无孔不入，土地投机是必然的；而且，投资性土地投机是社会经济发展的动力。

总之，平均地权是解决城市土地问题的良策，彻底铲除赌博性的土地投机，是个过于理想化的设想，对于如何利用游资及规范土地投资行为，平均地权的土地政策并未给出答案。遏制土地投机是经济繁荣时期必须靠政府出面解决的一个复杂问题。根据台湾地区的地政实践，城市平均地权的土地政策如果执行得力，能够有效地遏制赌博性的土地投机，但在各种利益之间找出一条平衡而高效的道路则是政治家、经济学家的任务。